普通高等教育“十三五”规划教材

税　法

（第五版）

戴正华　宋柏良／主　编
周慧东　杨　为／副主编

立信会计出版社
LIXIN ACCOUNTING PUBLISHING HOUSE

图书在版编目(CIP)数据

税法/戴正华,宋柏良主编. —5版. —上海:立信会计出版社,2019.10
ISBN 978-7-5429-6304-8

Ⅰ.①税… Ⅱ.①戴… ②宋… Ⅲ.①税法—中国—高等学校—教材 Ⅳ.①D922.22

中国版本图书馆CIP数据核字(2019)第223135号

策划编辑 蔡伟莉 余 榕
责任编辑 余 榕
封面设计 南房间

税法(第五版)

出版发行 立信会计出版社
地 址 上海市中山西路2230号 邮政编码 200235
电 话 (021)64411389 传 真 (021)64411325
网 址 www.lixinaph.com 电子邮箱 lixinaph2019@126.com
网上书店 http://lixin.jd.com http://lxkjcbs.tmall.com
经 销 各地新华书店

印 刷 常熟市梅李印刷有限公司
开 本 787毫米×960毫米 1/16
印 张 21.5
字 数 445千字
版 次 2019年10月第5版
印 次 2019年10月第1次
印 数 1—3 100
书 号 ISBN 978-7-5429-6304-8/D
定 价 46.00元

第五版前言

FOREWORD

税收是国家财政收入的主要来源。马克思指出："赋税是政府机关的经济基础，而不是其他任何东西。""国家存在的经济体现就是捐税。"恩格斯也曾指出："为了维持这种公共权力，就需要公民缴纳费用——捐税。"

西方有句谚语："世界上只有两件事情是不可避免的：一是死亡；二是纳税。"《中华人民共和国宪法》规定，每个公民均有依法纳税的义务。

既要依法纳税，又要保障纳税人自身的合法权益。因而，税法知识和技能成为财经、管理、法律类专业知识结构中不可或缺的组成部分。同时，税法也是国家多种资格考试（如注册税务师、注册会计师、注册资产评估师、司法人员、会计职称等）的必考内容。

为帮助大家系统学习、全面了解我国目前税法的具体制度，掌握税法的基本原理，培养依法诚实纳税的意识，全面建设小康社会、全面推进依法治税，我们组织编写了本书。

本书主要内容包括税法概述、增值税法、消费税法、关税法、特别目的税类、资源税类、财产行为税类、企业所得税法、个人所得税法、税收征收管理法等。

本书参与编写的老师均为长期在教学一线从事教学的优秀教师，具有丰富的教学经验，在编写方面，以现行税收法律为依据，力求做到深入浅出、通俗易懂，结合案例，准确阐述税法的基本理论、基本知识和基本业务，坚持科学性、系统性与实用性的统一。本书自第一版问世以来，获得了有关专家、教育工作者的好评，深受广大读者的欢迎，连续再版并十多次印刷。

本书是“税法”课程的教科书，是高等院校经济、管理类专业开设“税法”课程较为理想的教材，也是注册会计师、注册税务师、会计专业技术资格考试的参考用书，以及社会各界人士学习税法较为理想的参考和培训教材。

本书由戴正华、宋柏良任主编，周慧东、杨为任副主编。

为了进一步适应税法教学、自学进修，业务学习、专业技术资格考试的需要，本书在第四版的基础上，按照国家税收改革的内容和要求，对相关税法内容进行了更新修订，特别是增值税、个人所得税、资源税和车辆购置税等。与第四版相比，第五版保留了原书的简明、实用、便于教学的特色，使内容更加准确、及时反映国家税收改革的精神和税法调整的内容。

参与本书第五版修订的人员有戴正华、盛国才、闫洁、杨为、施晴、周慧东等，由戴正华进行总纂。

由于税收理论在不断发展，国家税法也在不断地改革和完善，加上编者水平有限，因此，本书疏漏和不妥之处在所难免，欢迎读者批评指正。同时，本书的编写参考了许多国内同仁的研究成果与有关教材，书中未能一一注明，在此谨表歉意并致谢忱。

编　者

2019 年 10 月

目录
CONTENTS

第一章 税法概述

学习目的

通过本章的学习，学生应掌握税收法律关系的构成要素，理解并掌握税法按照不同标准的分类和纳税人、征税对象、税率等税法的基本构成要素，熟悉税收的概念及特征，了解我国税法的制定机关和我国现行的税收法律制度。

第一节 税收概述

一、税收

（一）税收的概念

税收是指以国家为主体，为实现国家职能，凭借政治权力，按照法律规定的标准和程序，强制、无偿地参与社会产品或国民收入分配，取得财政收入的一种特定分配形式。它是人类社会经济发展到一定历史阶段的产物。税收的基本含义可从以下方面理解：

（1）税收产生的基本前提是社会剩余产品和国家的存在。

（2）税收属于分配范畴。税收是国家参与社会产品或国民收入分配的一种重要手段，是国家取得财政收入的一种主要形式。

(3) 税收的依据。国家取得财政收入总是要凭借其政治权力或财产权力，国家税收凭借的只是唯一的政治权力而非财产权力，体现了政治权力凌驾于财产权力之上的特定经济关系，税收的实现受到法律保护并具有强制性。

(4) 征税的目的。国家征税的目的是为了实现其公共职能，提供社会公共产品，满足社会公共需要。

(二) 税收的特征

与其他财政收入形式相比，税收具有强制性、无偿性和固定性三个特征。这就是所谓的税收的“三性”。

1. 税收的强制性

税收的强制性即税收的法律性，是指国家凭借其政治权力，通过法律形式按法定的征收标准进行的强制课征。对负有纳税义务的主体而言，税收是一种非自愿的、受法律保护的强制形式，否则就要受到法律的制裁。税收的这一特性有利于国家维护社会整体利益，实现国家职能，体现了国家意志。

2. 税收的无偿性

税收的无偿性是指税收是国家向纳税人进行的无需偿还的征收，针对具体纳税人而言税收无直接返还性，也不会为此向纳税人支付任何对价。正因为税收是国家凭借政治权力所进行的一种特定形式的分配，所以其既不是国家凭借财产所有权取得的收入，如国有资产收入，也不像商品交换那样实行等价交换，如购买商品要支付对应的价款。当然国家将税收收入作为财政收入进行支出时，针对所有的纳税人和其他社会民众的整体利益，税收具有整体返还性。

3. 税收的固定性

税收的固定性是指税收的征纳严格按照法律规定的标准和程序连续进行，是一种经常收入形式。税收的固定性既包括其内容固定，如时间上连续、征税对象或税率固定，又包括其确定方式和表现形式固定。因为税收是由有立法权的国家机关按法定程序制定、颁布和实施的，税收体系完整、统一。当然税收的固定性特征只是表明税收在一定时期内具有相对的稳定性，未经严格的立法程序，任何主体对征税标准不得随意变更或修改，但随着经济的发展变化，税收可依法进行调整，如近年我国依法对《中华人民共和国企业所得税法》(以下简称《企业所得税法》)和《中华人民共和国个人所得税法》(以下简称《个人所得税法》)等进行了一定程度的调整。

以上税收的三个特征是税收所固有、缺一不可的。

二、税收的原则

税收的原则是国家制定税收制度，执行税收职能应遵循的基本指导思想和基本准则，其核心是如何使得税收关系适应一定的生产力关系的要求，它体现了政府课税的基本思想。一般认为,适应现代市场经济发展需要和税收体系设计要求,税收应遵循的基本原则主要有:财政原则、经济原则、公平原则等。

(一) 财政原则

税收的财政原则是指税收应为国家筹集充足的财政资金,以满足国家职能活动需要的原则。其内容包括财政收入和税务行政两方面,即要求税收必须保证财政收入的充分并富有弹性,同时又要求税务行政效率要高,税制必须是确定的、合法的,征税方法是便利的,征收费用是节约的、最少的。税收的财政原则是税收的共同原则。

(二) 经济原则

税收的经济原则是税收制度建立的原则之一。一方面,税制的建立应有利于保护国民经济,避免税收妨害市场经济机制发挥有效配置资源的作用;另一方面,国家征税必须使社会承受的负担最小,即以最小的额外负担换取最大的经济效益。

(三) 公平原则

税收的公平原则是指国家征税应根据纳税义务人的经济能力或纳税能力公平合理地分配税收负担。税收公平原则应包括两方面的内容:普遍原则和平等原则。

(1) 普遍原则。除特别情况外税收应由全体纳税义务人负担,不允许任何阶级、阶层,任何经济成分,任何个人或法人、组织享有免税特权。当然基于某种经济和社会原因,依法或依国际惯例,应予免税者除外。

(2) 平等原则。现代社会的公平原则主要是指平等原则。该原则体现在以下两个方面:横向公平和纵向公平。

横向公平是指对经济能力或纳税能力相同的纳税人同等课税。

纵向公平是指对经济能力或纳税能力不同的纳税人应区别课税。经济能力或纳税能力强的应多课税,经济能力或纳税能力弱的应少课税,无经济能力或纳税能力的不课税。

三、税收的职能

税收的职能是税收分配关系本身所固有的内在功能,是由税收的本质决定的,是税收本质的具体体现,是客观的、不以人们主观意志为转移的。税收具有以下三方面的职能。

(一) 财政职能

财政职能即税收的收入职能。税收是国家组织财政收入的重要手段,通过参与社会产品和国民收入的分配,将社会产品的一部分转变为国家所有,以满足国家需要。从历史上来看,税收自产生以来一直是国家组织财政收入的工具,当今世界许多国家税收收入已经达到本国财政收入的90%以上;从社会再生产的各个环节来看,税收渗透到物质生产、商品流通、收入分配、社会消费等各个领域。由于税收具有强制性、无偿性、固定性的特征，而且组织收入具有十分广泛的领域，它是其他组织收入形式所不可替代的重要手段。因此，税收的财政职能是税收首要的和基本的职能。

（二）经济职能

经济职能即税收的调节职能，是指通过税收分配，调节社会总需求与总供给的平衡，对资源配置、国民经济的地区分配格局、产业结构、社会财富分配和居民消费结构等进行调节的功能。在我国社会主义市场经济条件下，税收的经济职能是我国宏观经济调控的重要手段。

（三）监督职能

税收的监督职能有以下两层含义：一是税收分配活动渗透社会经济的方方面面，反映经济活动状况，通过相关信息的反馈监督经济的运行；二是税收通过对纳税人的生产、经营活动进行监督，促使其依法履行纳税义务、遵守国家经济政策。这说明税收监督职能既涉及宏观又涉及微观层次。

四、税收的作用

税收在社会主义市场经济中发挥着非常重要的作用，主要体现在以下方面。

（一）组织财政收入

税收是国家财政收入最重要的来源，为满足国家行使职能而组织财政收入是其基本职能。在世界大多数国家中，税收都是该国财政收入的重要支柱。

（二）优化资源配置

税收所筹集的财政资金通过为社会成员提供公共产品，介入并影响生产和消费，从而影响资源在部门间的配置。如政府增加对某种产品或服务的需求，则必然刺激投资需求；如加大社会保障或财政补贴支出，则必然刺激消费需求。

（三）调控宏观经济

税收是国家调控宏观经济的重要手段，国家可以通过制定不同的税收政策影响宏观经济运行。如当经济运行过热或投资需求过旺时，国家可以提高税率、扩大征税范围等形式进行抑制；相反，当经济运行低迷或投资需求不足时，国家可以采用调低税率、给予税收优惠等形式进行刺激。如我国新的《企业所得税法》将税率从33%调低到25%，这一调整将有利于促进企业生产的积极性。

（四）维护国家权益

一方面税收收入保证了国家机器的正常运转，体现了国家意志，维护了国家政权；另一方面在国际经济一体化的今天，运用国家的税收管辖权、国际税收双边或多边协定等手段，可以不断深入地进行国家、地区间的经济合作，吸引外资和先进的技术，维护和壮大国家利益。

第二节 税法的概念与分类

一、税法的概念

所谓税法,是指由国家制定的用以调整国家与纳税人之间在税收征纳活动方面的权利与义务关系的法律规范的总称。它是国家依法征税、纳税人依法纳税的行为规范,是国家法律的重要组成部分。旨在保障国家利益和纳税人的合法权益,维护社会经济秩序和税收征纳秩序,保证国家的财政收入。税法的含义可从以下几个方面理解:

首先,税法的调整对象是税收关系,包括税收体制关系、税收征纳关系、税收管理关系等。

其次,税法是调整税收关系的一系列税收法律规范的总称。

再次,税法是由国家权力机关或其授权的行政机关制定的。目前我国的立法机关是国家最高权力机关(全国人民代表大会)或其授权机关(国务院、地方人民代表大会、财政部、国家税务总局等)。

税法与税收密不可分,税法是税收的法律表现形式,税收则是税法所确定的具体内容。税收以税法作为其依据和保障,税收活动应遵循税法的相应规定进行,同时税法的内容反映了国家和社会在一定时期内对税收收入和税收活动的客观需要,对税收的有序进行和税收目的的实现起着法律保障作用。

二、税收法律关系

税收法律关系是指由税收法律规范调整和确认的国家与纳税人之间、国家与国家之间以及各级政府之间在税收分配过程中所形成的权利和义务关系。税收法律关系的实质,既是税收征纳关系在法律上的体现,侧重于国家依法强制征税和纳税人依法无偿纳税的内容;又是税收分配关系在法律上的表现,侧重于国民收入在国家和纳税人之间的分配和再分配以及由此形成自身财政收入的全过程。税收法律关系在总体上和其他法律关系一样,都是由主体、客体和内容三个要素构成,只是在内涵上税收法律关系具有其特殊性。

(一) 税收法律关系的主体

税收法律关系的主体是指在税收法律关系中享有权利和承担义务的当事人,即税收法律关系的参与者,可分为权利主体和义务主体,即享有权利的一方当事人和应承担义务的一方当事人，两者是相对而言的；也可以分为征税主体和纳税主体。

1. 征税主体

征税主体是指税收法律关系中享有征税权利的一方当事人，即代表国家行使征税职责的税务行政执法机关，包括国家各级税务机关、海关等。在我国各级税务机关是指国家税务局、地方税务局及其分局；海关是国家的进出关境监督管理机关，如海关征收关税、代征进口环节的增值税和消费税等。

2. 纳税主体

纳税主体是指税收法律关系中负有纳税义务的一方当事人，即依法直接负有纳税义务的自然人、法人和其他组织。我国在确定纳税主体时，采取属人兼属地原则，即在华的外国企业、组织、外籍人、无国籍人以及在华虽然没有机构、场所但有来源于中国境内所得的外国企业或组织，都是我国税收法律关系的纳税主体。税款扣缴义务人和纳税担保人在一定条件下也是纳税主体。

(二) 税收法律关系的客体

税收法律关系的客体是指税收法律关系主体双方的权利和义务所共同指向的对象。例如，所得税法律关系的客体是生产、经营所得和其他所得；财产税法律关系的客体是财产；流转税法律关系的客体是纳税人生产、经营或提供劳务所发生的流转额。

(三) 税收法律关系的内容

税收法律关系的内容是指税收法律关系主体所享有的权利和应当承担的义务，这是税收法律关系中最实质的方面，是税法的灵魂所在。它具体规定了税收法律关系主体可以有什么行为，不可以有什么行为，若违反了这些具体规定，应承担什么相应的法律责任等。

1. 征税主体的权利

我国现行税法规定，税务机关的权利主要表现在有权依法征收税款、依法行政。

(1) 税款征收权。这是征税主体诸多权利的核心，是与纳税主体的纳税义务相对应的权利。该项权利主要包括税款核定权和税款入库权两个方面。为了保障上述权利的有效实现，征税主体在行使上述权利的过程中，还可具体行使委托代征权、税收保全权、税款追补权、代位权与撤销权等。

(2) 税务管理权。这是为了保障税收征收权的有效实现而由法律赋予征税机关的权利，主要包括税务登记管理权、账簿凭证管理权和纳税申报管理权等。

(3) 税务稽查权。在普遍采用纳税申报制度的情况下，加强税务稽查十分必要。税务稽查权主要包括税务稽核权和税务检查权两个方面。

(4) 获取信息权。即征税主体有权要求纳税主体提供一切与纳税有关的信息，也有权从其他的有关部门获得与纳税人纳税有关的信息。为了保障获取信息权的实现，征税主体可以行使税收检查权，也有权要求相关部门依法予以协助。

(5) 强制执行权。纳税人逾期不缴纳税款,经催告后在限期内仍不缴纳的,征税机关可以依法行使其强制执行权,采取旨在保障税款入库的强制执行措施。

(6) 违法处罚权。对于纳税主体违反税法规定的一般违法行为,征税机关有权依法予以处罚。若纳税主体的行为已构成犯罪,则应移交司法机关追究其刑事责任。

2. 征税主体的义务

(1) 依法征税的义务。征税主体必须严格依据税收实体法和税收程序法的规定征税。没有法律依据,税务机关不得擅自开征、停征或多征、少征。因此,征税主体必须依税收法定原则从事征税活动,包括税收保全措施、强制执行措施等均必须依法实行。

(2) 提供服务的义务。征税主体应当向纳税人宣传税法,为纳税人提供必要的信息资料和咨询,使纳税人在纳税过程中得到文明、高效的服务。

(3) 保守秘密的义务。征税主体不得侵犯纳税主体的隐私权或商业秘密,纳税主体提供给税务机关的信息资料只能用于估税或加强税收征管的目的,而不能被滥用于其他非征税的目的。除为了税收执法的需要外,征税主体不得披露纳税主体的有关信息。

(4) 依法告知的义务。征税主体应依法进行催告或告知,以使纳税人知道其纳税义务的存在和不履行义务将受到的处罚;在处罚违法纳税人时,也应告知其享有的各项权利。征税主体的这一义务对保障纳税主体的程序权利和实体权利的实现,均具有重要意义。

3. 纳税主体的权利

与征税主体的主要义务大略相对应,纳税主体主要享有以下几类权利:

(1) 限额纳税权。依法纳税本是纳税人的主要义务,但在法定的限额内纳税,则是纳税人的权利。因此,税收征纳活动必须依法进行,纳税人有权拒绝一切没有法律依据的税收义务,也没有义务在依法计算的应纳税额以外多纳税。对于多纳的税款,纳税人享有退还请求权。

(2) 税负从轻权。纳税人有权依法承担最低的税负,可以依法享有减税、免税等税收优惠,可以进行旨在降低税负的税收筹划活动,但不能从事与法律规定或立法宗旨相违背的逃税、避税活动。

(3) 诚实推定权。除非有足够的相反证据,纳税人有权被推定为是诚实的纳税人。这项权利与纳税人的申报义务和整个税收征管制度都是密切相关的。

(4) 获取信息权。获取信息权也称知情权,是指纳税人有权了解税制的运行状况和税款的用途,并且可以就相关问题提出质询;纳税人还有权了解与其纳税有关的各种信息或资料。

(5) 接受服务权。与征税主体提供服务的义务相对应,纳税人在纳税过程中,有权得到征税主体的文明、高效的服务。

(6) 秘密信息权。与征税主体的保守秘密的义务相对应,纳税人有权要求征税主体依法保守其隐私或商业秘密。

(7) 赔偿救济权。纳税人的合法权益受到征税主体的违法行为的侵害造成损失的,有权要求征税主体承担赔偿责任;若对征税主体的具体行政行为不服,有权依法申请复议或提起行政诉讼。

4. 纳税主体的义务

(1) 依法纳税的义务。纳税人应依据税收实体法和税收程序法的规定,及时、足额地缴纳税款。这是纳税人的一项最基本的义务。

(2) 接受管理的义务。纳税人应接受征税主体的税务管理,依法办理税务登记、设置和使用账簿和凭证、进行纳税申报。

(3) 接受稽查的义务。纳税人应接受征税主体依法进行的税务稽核和税务检查,这也是加强税收征管所必需的。

(4) 提供信息的义务。纳税人应诚实地向征税主体提供与纳税有关的信息,在必要时,还应接受征税主体依法实施的调查。

三、税法的分类

税法体系按各税法的立法目的、征税对象、权限划分、适用范围、职能作用的不同,税法可分为不同类型的税法。

(一) 按照税法的基本内容和效力的不同,税法可分为税收基本法和税收普通法

税收基本法是规定税收性质、税收立法、税种、税收制度和税务机构以及征纳双方的权利与义务等基本内容的法律规范。它是税法体系的主体和核心,在税法体系中起着税收母法的作用。我国中央人民政府 1949 年发布的《全国税政实施要则》就具有税收基本法的性质。我国目前还没有制定统一的税收基本法。

税收普通法是根据税收基本法的原则和指导思想,对税收基本法规定的事项分别立法实施,如《中华人民共和国增值税暂行条例》(以下简称《增值税暂行条例》)、《企业所得税法》和《中华人民共和国资源税法》(以下简称《资源税法》)等。

(二) 按照税法的功能效用的不同,税法可分为税收实体法和税收程序法

税收实体法主要是指确定税种立法,具体规定各税种的征收对象、征收范围、税目、税率、纳税地点等。例如,《个人所得税法》和《企业所得税法》就属于税收实体法。

税收程序法是指税务管理方面的法律,主要包括税收管理法、纳税程序法、发票管理法、税务机关组织法、税务争议处理法等。例如,《中华人民共和国税收征收管理法》(以下简称《税收征管法》)就属于税收程序法。

(三) 按照税法规定的征税对象的不同,税法可分为流转税法、所得税法、资源税法、财产税法和行为目的税法

流转税法是规定商品、货物的流转额和劳务收入额征税的法律规范,主要包括增值税、消费税、关税等税的税法。其特点是与商品生产、流通、消费有着密切联系。流转税种

是我国税收体系的主体税种，尤其是其中的增值税。

所得税法是规定对纳税单位和个人获取的各种应税所得额征税的法律规范，主要包括企业所得税、个人所得税等税的税法。其特点是可以直接调节纳税人收入，发挥其公平税负和调整分配关系的作用。所得税法被世界各国所普遍运用。

资源税法是规定对纳税人开发、利用各种资源的数量或价值征税的法律规范，主要包括资源税、土地税等税的税法。其特点是调节因自然资源或客观原因所形成的级差收入，保护合理使用各种资源。

财产税法是规定对纳税人财产的价值或数量征税的法律规范，主要包括房产税、车船税等税的税法。它一般以课征财产富有者来平均社会财富，以课征财产闲置者来合理有效使用财产。

行为目的税法是规定对某些行为及为实现国家特定政策目的征税的法律规范，主要包括城市维护建设税、印花税等税法。其特点是设置或废止比较灵活，有助于国家限制和引导某些特定行为。

（四）按照税收收入归属和征管管辖权限的不同，税法可分为中央（收入）税法和地方（收入）税法

中央税是指税收收入和管理权限归属于中央政府的税收，一般由中央统一征收管理，也是中央财政收入的主要来源。

地方税是指税收收入和管理权限归属于地方各级政府的税收，一般由各级地方政府负责征收管理，是地方财政的固定收入。1994 年，我国开始实行分税制财税管理体制，把税收划分为中央税、地方税、中央地方共享税三类。

中央税主要包括消费税、关税、海关代征的增值税和消费税等。

地方税主要包括城镇土地使用税、房产税、车船税、契税等。

中央与地方共享税是指中央与地方按照一定比例分成，共同享有税收收入的税种，主要包括增值税、资源税、企业所得税、个人所得税、证券交易印花税等。增值税划分比例为中央分享 75%，地方分享 25%。资源税按不同的资源品种划分，海洋石油资源税作为中央收入，其他资源税作为地方收入。所得税划分比例一般为中央分享 60%，地方分享 40%。证券交易印花税中央分享 94%，地方分享 6%。

以上税种划分和分享比例，国家可以根据需要进行调整。

（五）按照主权国家行使税收管辖权的不同，税法可分为国内税法、国际税法、外国税法

国内税法一般是按照属人或属地原则，规定一个国家的内部税收制度。

国际税法是指国家间形成的税收法律制度，主要包括双边或多边国家间的税收协定、条约和国际惯例等。

外国税法是指外国各国政府制定的税收法律制度。

第三节　税法的构成要素

税法要素又称课税要素，是税法具有的共同的基本构成要素的总称。各国税收制度、税法内容不尽相同，但税收实体法中总有一些共同的要素，主要包括纳税人、征税对象、税率、纳税环节、纳税期限、纳税地点、减免税、法律责任等要素，其中，纳税人、征税对象及税率是最基本的要素。

一、纳税人

纳税人又称纳税义务人，即纳税主体，是指税法中直接规定的负有纳税义务的单位和个人。这是税法最基本的要素之一，回答了由谁来纳税的问题。任何一个税种首先要解决的就是国家到底对谁征税的问题，如我国《个人所得税法》《企业所得税法》《增值税暂行条例》《中华人民共和国消费税暂行条例》（以下简称《消费税暂行条例》）和《中华人民共和国营业税暂行条例》（以下简称《营业税暂行条例》）的第 1 条规定的都是该税种的纳税义务人的范围。因此，每种税都要规定各自的纳税人，如增值税的纳税人为在中国境内销售货物或者提供加工、修理修配劳务以及进口货物的单位和个人；营业税的纳税人为在中国境内提供应税劳务、转让无形资产或销售不动产的单位和个人；契税的纳税人为在中国境内承受土地、房屋权属转移的单位和个人。

我们还必须明确与纳税人相联系的以下两个概念的区别：

(1) 纳税人有别于扣缴义务人，扣缴义务人是指税法直接规定的负有代收代缴、代扣代缴义务的单位和个人，如境外单位或个人在中国境内销售应纳增值税劳务而在中国境内未设经营机构的，其应纳税款以代理人为扣缴义务人。

(2) 纳税人不一定就是负税人。负税人是经济学上的纳税主体，即税款的实际负担者。当税收负担不能发生转嫁时，纳税人与负税人是一致的；当税收负担可以发生转嫁时，纳税人与负税人往往是不一致的。如增值税是一种易于转嫁的税种，其纳税人和最后负担税款的人是分离的。

二、征税对象

征税对象又称课税对象，是指税法规定征税的标的物，这一基本要素回答了对什么征税的问题。征税对象是各个税种间相互区别的根本标志，每种税都应当明确规定各自的征税对象，不同的征税对象决定税种的不同性质。国家可以根据客观经济发展的需要来选择征税对象,征税对象的正确选择,对税收制度的优化起着十分重要的作用。我国现行的税收法律法规中,各税种分别规定了征税对象,其内容十分广泛,主要包括货物、劳务、财产、行为、收入、所得、土地等。如流转税的征税对象是流转额,所得税的征税对象是所得额,资源税的征税对象是原油、天然气、煤炭和盐等。

与征税对象相关的有以下几个概念,应当明确它们之间的联系。

1. 计税依据

计税依据又称征税基础或计税标准,是指计算应纳税额的数量标志。征税对象体现对什么征税,属于质的规定性,计税依据则是从量上来限定征税对象,属于量的规定性。如消费税的征税对象是税法规定的消费品,其计税依据是消费品的销售收入;增值税的征税对象是增值额,其计税依据是货物或劳务的销售额。计税依据按照计量单位的性质划分,有两种情况:多数情况下是从价计征,即按征税对象的货币价值计算;另一种是从量计征,即直接按征税对象的自然单位计算,如重量、体积、面积等。

2. 税源和税本

税源是指税收的最终经济来源。税本是指产生税源的物质要素和基础条件。有的税种的征税对象与税源是一致的,如各种所得税,其征税对象和税源都是纳税人取得的所得或纯收入;有的税种的征税对象和税源是不同的,如各种财产税,征税对象是应税财产的数量或价值,税源却是财产带来的收益。税源是税本之果,有税本才有税源,有税源才有税收。

3. 税目

税目又称征税品目,是指税法规定的某种税的征税对象的具体项目,是征税对象在质上的具体化,体现了征税对象的广度。如我国现行消费税税目规定为烟、酒、成品油等15种消费品。

税目并非每一税种都必须具备的内容。有些税种的征税对象简单、明确,无进一步划分税目的必要,如房产税。当某一税种的征税对象范围较广、内容复杂时,才将其划分为税目以明确界定。划分税目是立法技术上的需要,便于税法的实际操作。同时,规定税目也是贯彻一定时期国家税收政策的需要。对在性质上属征税对象但没有列举为税目的,不能征税。税目的制定方法可分为列举法和概括法两种。列举法是按照每一种商品或经营项目分别设计税目,必要时还可以在税目之下划分若干子目。概括法是对同一征税对象用集中概括的方法将其分类归并。列举法和概括法各有优缺点,应配合运用。

三、税率

税率是应纳税额与征税对象或计税依据之间的比例,是计算应纳税额的尺度,反映了征税的深度。

在征税对象既定的情况下,税率的高低直接影响到国家财政收入的多少和纳税人税收负担的轻重，反映了国家和各个纳税人之间的经济利益关系，同时也反映了一定时期内国家税收政策的要求。因此，税率是税法的核心要素，是衡量国家税收负担是否适当的主要标志。税率形式包括比例税率、累进税率、定额税率和其他税率形式。

(一) 比例税率

比例税率是指对同一征税对象不管其数额大小，均采取同一比例征税的税率，如适用这种税率，则应纳税额随征税对象的量等比增加。

比例税率的特点是，就同一征税对象的不同纳税人而言，其税收负担相等；同时计算简便，符合税收效率原则。比例税率在具体运用上分为以下三种。

1. 单一比例税率

单一比例税率又称统一比例税率，是指对同一征税对象的所有纳税人都适用同一比例税率。如我国现行的企业所得税25%的税率规定。

2. 差别比例税率

差别比例税率是指对同一征税对象的不同纳税人适用不同的比例征税。根据我国现行税法，又分别因产品、行业和地区的不同将差别比例税率划分为：

(1) 产品差别比例税率，即对不同产品分别适用不同的比例税率，同一产品采用同一比例税率，如消费税等。

(2) 行业差别比例税率，即对不同行业分别适用不同的比例税率，同一行业采用同一比例税率，如增值税等。

(3) 地区差别比例税率，即区分不同的地区分别适用不同的比例税率，同一地区采用同一比例税率。例如，城市维护建设税按地区差别分别确定7%、5%和1%的不同税率。

3. 幅度比例税率

幅度比例税率是指税法只规定一个具有上下限的幅度税率，具体税率授权地方根据本地实际情况在该幅度内予以确定。如我国现行资源税对原油的征税，就是执行5%～10%的幅度比例税率。

(二) 累进税率

累进税率是指随征税对象数额的增多而相应逐级递增的税率。具体而言，就是把征税对象按一定标准划分为若干个等级并设置每一等级由低到高相应的税率。等级划分的标准可以是征税对象的金额；也可以是与征税对象相关的指标，如利润率、增长率等；还可以是征税对象某一数额的倍数。相应的累进税率分别称为全额累进税率、相对量累进税率和倍数累进税率。按照累进方式的不同，分为全数累进和超数累进。依据这两种方式和级次划分标准，可将累进税率分为全额累进税率和超额累进税率、全率累进税率和超率累进税率等。

1. 全额累进税率

全额累进税率是指对同一征税对象的全部数额都按与之相应的最高等级的税率计

征，也就是在征税对象数额增加到需要提高一个等级时，应就全部征税对象按高一级税率计算应纳税额。这样，一定的征税对象的数额只适用于一个等级的税率。

2. 超额累进税率

超额累进税率是指把征税对象按其数额由小到大分解为若干个等级，每个等级的征税对象分别适用该等级相应的税率。这时，一定征税对象的数额会同时适用几个等级的税率。其计算税款的方法就是，每个等级的征税对象的应税数额与该等级适用的税率相乘，得出该等级的应纳税额，然后将各等级应纳税额累计相加，即为该征税对象的应纳税总额。目前我国采用这种税率的有个人所得税。

例如，某纳税人的应税所得额为 3 050 元，如果依税法规定，应税所得额在 500 元以下(含 500 元)的，适用税率为 10%；应税所得额在 501～1 000 元的，适用税率为 20%；应税所得额在 1 001～3 000 元的，适用税率为 30%；应税所得额超过 3 000 元的，适用税率为 40%。请分别按全额累进税率和超额累进税率计算该纳税人应纳税款。

按全额累进税率应纳税＝3 050×40%＝1 220(元)

按超额累进税率应纳税＝500×10%＋(1 000－500)×20%＋(3 000－1 000)×30%＋(3 050－3 000)×40%＝770(元)

全额累进税率和超额累进税率的不同特点在于：

(1) 在名义税率相同的情况下，全额累进税率的累进程度高，超额累进税率程度低；在税率级次和比例相同时，前者的税负重，后者的税负轻。

(2) 在所得额级距的临界点附近，全额累进会出现税额增长超过所得额增长的不合理情况，超额累进则不存在这个问题。

3. 全率累进税率

全率累进税率是指按照一定的相对量(比率)制定分级全率累进表，计税时按纳税人的征税对象相对量确定适用税率，全部征税对象与适用税率的乘积，即为应纳税额。全率累进税率与全额累进税率原理相同，只是累进的依据不同，前者为征税对象的某种比率，如销售利润率等，后者是征税对象的数额。

4. 超率累进税率

超率累进税率是指对纳税人的全部征税对象，按税率表规定的相对量级距，划分为若干段分别适用不同的税率，各段应纳税额的总和就是全部征税对象的应纳税额。超率累进税率与超额累进税率的原理相同，不同的是，前者以征税对象的增长率为累进依据，后者则以征税对象的数额为累进依据。目前我国采用这种税率的是土地增值税。

累进税率的特点使其能够依纳税人的不同税收负担能力而设计不同的税率，体现了税收公平的原则。在适用于对所得征税时，调节纳税人的收入和利润作用明显，有利于缓解社会分配不公的矛盾。

(三) 定额税率

定额税率又称固定税额,是指按单位征税对象直接规定固定的应纳税额。定额税率不采用百分比形式规定征收比例,是税率的一种特殊形式。定额税率计算简便,适合于从量计征的税种,如车船税、资源税等。但由于税额的规定与市场价格的变化关联不大,所以当市场价格提高时,相应的税收收入不能得到同步增长;相反,还会影响纳税人生产经营的积极性。

定额税率在实际应用中可分为地区差别税额、幅度税额和分类分级税额等几种。

(四) 其他税率形式

税率除上述三种基本形式外,还有以下几种形式。

1. 名义税率与实际税率

名义税率是指税法中规定的税率。实际税率亦称实际负担率,是指实征税额与其实际计税金额或数量单位的比例,它是衡量纳税人实际税负的主要标志。在税收征纳实践中,由于计税依据等要素的变动或减免税等原因,名义税率与实际税率就会出现不一致的情况。区分名义税率和实际税率,为确定纳税人实际负担水平并建立完备的税法体系提供依据。

2. 平均税率与边际税率

平均税率是指纳税人全部税额与全部收入之比。边际税率是指在征税级距既定条件下,纳税人增加或减少一个单位的征税对象所引起的征税对象级距的变化而最后适用的那个税率,又指累进税率表中的最高一级税率。

3. 附加与加成

附加,即地方附加,是指在对纳税人征收正税以外,由地方附加征收的税款。所谓正税,又称独立税、主税、本税,是指与其他税没有依附关系,按税法规定的税率征收的税款。附加税必须依附于正税,是在征收正税的同时,向纳税人征收占一定比例的税款。附加收入一般归地方财政作机动财力或作特定用途。并非所有的税种都征收附加,有关征收附加的事项是由税收法律加以规定的,地方不得擅自决定征收附加。

加成,即税收加成,是指按法定税率计算出应纳税额后,再加征一定成数的税款。加征一成等于加征应纳税额的10%,加征十成等于加征应纳税额的100%,也就是加倍征收。

四、纳税环节

纳税环节是指税法规定的商品流通转让的各个环节中,具体被确定为应当缴纳税款的环节。任何税种都要确定纳税环节。有的税种纳税环节较明确、固定,有的税种则需要在商品流转环节选择,确定适当的纳税环节。按照确定纳税环节的多少,可以将税收课征制度分为“一次课征制”“两次课征制”和“多次课征制”。

(一) 一次课征制

一次课征制是指同一种税依法规定只在一个环节征税的制度,如我国现行的资源税、个人所得税等。

(二) 两次课征制

两次课征制是指同一种税选择两个环节征税的制度,如我国 1973 年试行的工商税。

(三) 多次课征制

多次课征制是指同一种税选择两个以上的环节征税的制度,如我国现行的增值税。

五、纳税期限

纳税期限是指税法规定的纳税主体发生纳税义务后向征税机关缴纳税款的期限。纳税期限是衡量征纳双方是否按时行使征税权利和履行纳税义务的尺度,是税收的强制性和固定性特征在时间上的体现。我国税法对不同税种规定了各自的纳税期限,如《中华人民共和国消费税暂行条例》规定消费税的纳税期限分别为 1 日、3 日、5 日、10 日、15 日、1 个月或 1 个季度。

六、纳税地点

纳税地点是指纳税人缴纳税款的场所,即指纳税人应向何地征税机关申报纳税并缴纳税款。纳税地点关系到征税管辖权和是否便利纳税等问题,在税法中明确规定纳税地点有利于防止漏征或重复征税。

七、减免税

(一) 减免税的概念

减免税又称税收优惠,是减税和免税的统称,指国家对某些特定的纳税人或者征税对象给予的一种税收优惠、照顾措施。其中,减税是对应纳税额少征一部分税款;免税是对应纳税额的全部免征。减税和免税在时间上又具体有两种情形:一是税法规定的长期减免税项目;二是依法给予的一定期限内的减免税措施,期满后仍按减免前纳税。这种措施有利于体现国家鼓励或扶持行业或项目发展的税收政策。我国现行的税收减免权限集中在国务院。如《营业税暂行条例》规定,学校和其他教育机构提供的教育服务、学生勤工俭学提供的劳务免征营业税。

(二) 减免税分类

根据减免方式的不同,减免税主要包括税基式减免、税率式减免和税额式减免。

1. 税基式减免

税基式减免是指通过缩小计税依据的方式达到减税、免税的目的。税基式减免具体包括起征点、免征额、项目扣除和跨期结转等。起征点是指税法规定开始计征税款的数额界限,征税对象的数额没有达到起征点的不征税,达到或超过起征点的就对其全部数额征税。如增值税销售货物的起征点为月销售额 2 000～5 000 元。免征额是指在征税对象全部数额中免予征税的数额。它是按照法定的标准在征税对象中扣除一部分给予减免,只对减除后的剩余部分的征税对象数额计征税款。如个人所得税中子女教育费用税前扣除免征额等。项目扣除是指在征税对象中扣除一定项目的数额,以剩余数额作为计税依据计征税款。跨期结转是指将以前纳税年度的经营亏损等在本纳税年度的计税依据中扣减。

2. 税率式减免

税率式减免是指通过直接降低适用税率的方式达到减免税的目的,包括零税率、低税率等。

3. 税额式减免

税额式减免是指通过直接减少纳税人应纳税额的方式达到减免税的目的。

八、法律责任

税收法律责任是指对不依法征税、纳税等一切违反税法的行为人采取的处罚措施。税收法律责任的确认必须依照税法规定,追究税收法律责任应以税收违法行为的存在为基本前提,必须按照法定的程序进行。纳税主体因违反税法应承担相应的法律责任;作为征税主体的国家机关,主要是实际履行税收征收管理职能的税务机关等因违反税法同样应当承担相应的法律责任。税收法律责任的形式主要是行政法律责任和刑事法律责任。

税法中的行政法律责任是行政违法引起的,用以调整和维护行政法律关系,具有一定的惩罚性。对于纳税主体而言,其行政法律责任形式主要是行政处罚。对于征税主体而言,税务机关承担的行政法律责任,主要有行政赔偿责任和撤销违法决定等,税务机关工作人员承担的行政法律责任主要是行政处分。

税法中的刑事法律责任是对违反法律情节严重,构成犯罪的责任人给予的刑事制裁。其形式从人身罚到财产罚,从拘役、有期徒刑到死刑。对于纳税主体而言,人身罚与财产罚是可以并处的;对于征税主体而言,原则上可以处以财产罚,如罚金;对于税务机关工作人员,则与其他税务犯罪一样承担刑事法律责任。

第四节　我国税法的制定与实施

一、税法的制定

税法的制定也就是一般所说的税收立法,即是指国家立法机关或其授权机关按照一定的立法程序，制定各种税收法律规范的过程，包括制定、修改、补充和废止税收法律规范等活动。正因为有了税法的制定或立法，我们才能做到有法可依、有法必依。税法的制定对维护国家利益、纳税人的合法权益，促进征税机关依法行政等方面都具有十分重要的意义。

（一）税法制定的原则

税法制定的原则是指税收立法活动所必须遵循的准则。各国因其社会制度、经济制度等因素不同，税收的立法原则也有所不同。我国的税收立法原则是根据我国的社会性质和本国国情而确定的，是立法机关根据社会经济活动、经济关系，特别是税收征纳双方的特点确定的。税法制定应遵循的原则主要有如下几个方面。

1. 从实际出发的原则

从实际出发，这是唯物主义的思想路线在税收立法实践中的运用和体现。唯物主义的思想路线要求我们在一切工作中必须从实际出发，也就是从客观存在的事实出发，从客观存在的事物中，引出规律，来指导我们的行动。贯彻这个原则，首先，要求税收立法必须根据经济、政治发展的客观需要，反映客观规律。也就是从中国国情出发，充分尊重社会经济发展规律和税收分配理论。其次，要客观反映一定时期社会政治、经济等各方面的实际情况，既不能被某些条条框框所束缚，也不能盲目抄袭别国的立法模式，在此基础上，充分运用科学的知识和技术手段，不断丰富税收立法理论，完善税法体系，以适应社会主义市场经济发展的客观需要。

2. 公平与效率的原则

在税收立法中一定要体现公平与效率原则。所谓公平，就是要体现合理负担原则。在市场经济体制下，参加市场竞争的各个主体需要有一个平等竞争的环境，而税收的公平是实现平等竞争的重要条件。公平主要体现在三个方面：一是从税收负担能力上看，负担能力大的应多纳税，负担能力小的应少纳税，没有负担能力的不纳税。二是从纳税人所处的生产和经营环境看，由于客观环境优越而取得超额收入或级差收益者多纳税；反之，少纳税。三是从税负平衡看，不同地区、不同行业间及多种经济成分之间的实际税负必须尽可能公平。所谓效率，就是指税法规范要有利于我国经济的有效运行、资源的有效配置，而且税法条款应尽可能简便易懂、有利于节省征纳者费用。

3. 民主决策的原则

民主决策的原则主要是指税收立法过程中必须充分倾听群众的意见，严格按照法定程序进行，确保税收法律能体现广大群众的根本利益。坚持这个原则，要求税收立法的主体应以人民代表大会及其常务委员会为主，按照法定程序进行；对税收法案的审议，要进行充分的辩论，倾听各方面意见；税收立法过程要公开化，让广大公众及时了解税收立法的全过程，以及立法过程中各个环节的争论情况和如何达成共识的。

4. 原则性与灵活性相结合的原则

在制定税法时，要求明确、具体、严谨、周密。但是，为了保证税法制定后在全国范围内、在各个地区都能贯彻执行，不致与现实脱节，又要求在制定税法时，不能规定得过细过死，这就要求必须坚持原则性与灵活性相结合的原则。具体来讲，就是必须贯彻法制的统一性与因时、因地制宜相结合。法制的统一性，表现在税收立法上，就是税收立法权只能由国家最高权力机关来行使，各地区、各部门不能擅自制定违背国家宪法和法律的所谓"土政策""土规定"。但是，我国又是一个幅员辽阔、人口众多、多民族的国家，各地区的经济文化发展水平不平衡，政治状况也不尽相同，因而对不同地区不能强求一样。因此，为了照顾不同地区，特别是少数民族地区不同的情况和特点，为了充分发挥地方的积极性，在某些情况下，允许地方在遵守国家法律法规的前提下，制定适合当地的实施办法等。因此，只有贯彻这个原则，才能制定出既符合全国统一性要求，又能适应各地区实际情况的税法。

5. 法律的稳定性、连续性与废、改、立相结合的原则

唯物辩证法认为，一切事物都是发展的，而在发展过程中，又有着不同的发展阶段。制定的税法，是与一定经济基础相适应的，税法一旦制定，在一定阶段内就要保持其稳定性，不能朝令夕改，变化不定。如果税法经常变动，不仅会破坏税法的权威和严肃性，而且会给国家经济生活造成非常不利的影响。但是，这种稳定性不是绝对的，因为社会政治、经济状况是不断变化的，税法也要进行相应的发展变化。这种发展变化具体表现在：有的税法，已经过时，需要废除；有的税法，部分失去效力，需要修改、补充；有的税法，根据新的情况，需要重新制定。此外，还必须注意保持税法的连续性，即税法不能中断，在新的税法未制定前，原有的税法不应随便中止；在修改、补充或制定新的税法时，应保持与原有税法的承续关系，应在原有税法的基础上，结合新的实践经验，修改、补充原有的税法和制定新的税法。只有遵循这个原则，才能制定出符合社会政治、经济发展规律的税法。

（二）税法的制定机关

依据现行法律的规定，税收立法机关包括以下几个部门。

1. 全国人民代表大会及其常务委员会（以下简称全国人大及其常委会）制定税收法律

根据《中华人民共和国宪法》（以下简称《宪法》）的规定，全国人大及其常委会作为我国最高权力机关，负责制定、修改或废止最基本的、全国性的税收法律，如税收的性质、税种的设置、税目税率的确定等，都应当由全国人大及其常委会行使国家立法权。

除《宪法》外，在税收法律体系中，税收法律具有最高法律效力，其他机关所制定的税收法规、规章等都不得与《宪法》和税收法律相抵触。现行税法中，《个人所得税法》《企业所得税法》《税收征管法》等都是税收法律。

2. 全国人大及其常委会授权国务院立法

授权立法是指全国人大及其常委会根据需要，授权国务院制定某些具有法律效力的

暂行条例或规定。国务院经授权立法所制定的条例或规定等，具有国家法律的性质和地位，它的法律效力高于行政法规，但在立法程序上还要报经全国人大常委会备案。

3. 国务院制定税收行政法规

国务院作为我国最高权力机关的执行机关，是最高的国家行政机关，拥有广泛的行政立法权。行政法规作为一种法律形式，在全国范围内普遍适用，其效力低于宪法、法律，但高于地方法规、部门规章、地方规章。行政法规的目的在于保证宪法和法律的实施，不得与宪法和法律相抵触，否则无效。《中华人民共和国税收征收管理法实施细则》(以下简称《税收征管法实施细则》)和《企业所得税法实施细则》等都是税收行政法规。

4. 地方人民代表大会及其常委会制定的税收地方性法规

省、自治区、直辖市的人民代表大会以及省、自治区的人民政府所在地的市和经国务院批准的较大的市的人民代表大会有制定地方性法规的权力。但由于我国在税收立法上坚持"统一税法"的原则，目前除海南省、民族自治地区依照全国人民代表大会授权立法的规定，在遵循宪法、法律和行政法规的原则基础上，可以制定有关税收的地方性法规外，地方权力机关一般没有被授权制定税收地方性法规。

5. 国务院税务主管部门制定的税收部门规章

依据法律规定，国务院各部、委员会根据法律和国务院的行政法规、决定、命令，在本部门的权限内，发布命令、指示和规章。有权制定税收部门规章的机关主要是财政部和国家税务总局，其制定规章的范围主要包括对有关税收法律法规的解释和税收征收管理的具体规定、办法等。税收部门规章在全国范围内具有普遍适用效力，但不得与税收法律、行政法规相抵触。如财政部颁发的《增值税暂行条例实施细则》、国家税务总局颁发的《税务代理试行办法》和《税务稽查工作规程》等均属于税收部门规章。

6. 地方政府制定的税收地方规章

依据法律规定，省、自治区、直辖市以及省、自治区的人民政府所在地的市和国务院批准的较大规模的市的人民政府，可以根据法律和国务院的行政法规制定规章，但不得与税收法律、行政法规相抵触。授权地方人民政府制定地方规章的主要目的是使地方政府能结合本地实际因地制宜进行税收征收管理，提高地方管理经济的积极性。

(三) 税法制定的程序

税法制定程序也就是税收立法程序。税收立法程序是指国家立法机关或其授权机关在制定、修改和废止税收法律规范的活动中应该履行的步骤和方法。税法的制定和修改必须依法定程序进行才具有法律效力，税收立法程序是使税收立法活动规范化、科学化的重要保证。我国税收立法的一般程序有以下几个方面。

1. 提出税法议案

税法议案包括起草税法草案和对原税法的修改或废止的草案，一般由国务院授权的机关起草并提出。国务院审议通过后，提交全国人大或其常委会审查。

2. 审议税法议案

税收法律经国务院审议通过后，提交全国人大常务委员会的工作部门，在广泛征求意见并可经多次修改后，提交全国人民代表大会或其常务委员会进行审议表决。表决的结果直接影响到税法草案能否成为法律。

3. 通过税法议案

这是整个税收立法程序中最重要的阶段，全国人大及其常委会以少数服从多数的原则通过税法议案，形成正式的法律，由国家主席发布。

4. 公布实施税法

立法机关或制定机关将通过的税法用一定形式正式公开发布。未经公开发布则不具备正式法律效力。我国税收法律由国家主席令的形式发布，并在重要的全国性报刊上刊登。税法公布之后，或立即生效，或在指定的日期生效。

二、税法的实施

税法的实施即税法的执行，包含税收执法和税收守法两个方面：它一方面要求税务机关和税务人员正确运用并严格执行税收法律，并对违法者实施制裁；另一方面要求税务机关、税务人员、公民、法人、社会团体以及其他组织严格遵守税收法律。在税收执法中，对其适用性或法律效力的判断上，一般按以下原则掌握：一是层次高的法律优于层次低的法律；二是同一层次的法律中，特别法优于普通法；三是国际法优于国内法；四是实体法从旧，程序法从新。

第五节　我国现行的税收法律体系

税收法律体系就是一国所有税收法律规范按一定标准组合为若干税收法律部门所构成的一个有机联系的整体。

我国现行的税收法律体系，经历了新中国建立以来不同时期的税制建设和1994年的税制改革，是在税制的建设和完善中逐步建立起来的。

一、1994年税制改革

截至1993年年底，我国税制体系中约有5大类35个税种。为了进一步深化税制改革，1994年起，我国实施了一系列税收法律制度的改革。这次税制改革的主要内容有以下几方面。

(一) 改革流转税制

建立增值税、消费税、营业税三税并立的税制。对货物的生产、销售和进口普遍征收增值税，选择部分消费品交叉征收消费税，对不征收增值税的劳务和第三产业征收营业税。原来征收产品税的农林牧水产品并入农业税中征收农业特产税。

（二）改革所得税制

改变多税种并立的所得税制，先统一内资企业所得税，取消国营企业调节税，待时机成熟后，再将企业所得税、外商投资企业和外国企业所得税合并为企业所得税；将个人所得税、个人收入调节税和城乡个体工商户所得税合并统一为个人所得税。

（三）改革其他税种

其他税种改革主要有：① 修订资源税，将盐税纳入资源税征收。② 开征土地增值税，按超率累进税率计征。③ 拟修订房产税、城镇土地使用税、车船税和城市维护建设税。④ 拟开征遗产税、证券交易税和社会保险税。⑤ 保留印花税、投资方向调节税、农业税、关税、契税、屠宰税、筵席税等税种，其中屠宰税和筵席税开征、停征权由省、自治区、直辖市人民政府决定。

1994 年税制改革是一次科学、突破性的改革。

二、我国现行的税收法律体系

（一）税收实体法体系

我国现行税收法律体系是在原有税制的基础上，经过 1994 年工商税制改革逐渐完善形成的。经全国人民代表大会通过，自 2006 年 1 月 1 日起在全国范围内废止《中华人民共和国农业税条例》，取消农业税。2006 年 4 月 28 日，国务院颁布了《中华人民共和国烟叶税暂行条例》（以下简称《烟叶税暂行条例》），并自公布之日起施行。2007 年 3 月 16 日，全国人民代表大会通过新的《企业所得税法》，并自 2008 年 1 月 1 日起施行，新法将原内、外资企业所得税法合并统一。2016 年 3 月 23 日，财政部、国家税务总局发布《关于全面推开营业税改征增值税试点的通知》《营业税改征增值税试点实施办法》《营业税改征增值税试点有关事项的规定》《营业税改征增值税试点过渡政策的规定》和《跨境应税行为适用增值税零税率和免税政策的规定》，经国务院批准自 2016 年 5 月 1 日起，在全国范围内全面推开营业税改征增值税。经过这些改革，从实体法上看，我国现行的税收法律按照其征税对象的性质分为以下五类：

（1）流转税法类，包括增值税、消费税和关税等税的税法，主要是以商品生产、商品流通和劳务服务的流转额为征税对象的一类税。

（2）所得税法类，包括企业所得税、个人所得税等税的税法，主要是以企业、个人的所得额为征税对象的一类税。

（3）资源税法类，包括资源税、城镇土地使用税等税的税法，主要是以自然资源和部分社会资源为征税对象的一类税。

（4）特定行为目的税法类，包括城市维护建设税、车辆购置税、烟叶税、环境保护税等税的税法，主要是以纳税人的某些特定行为为征税对象的一类税。

(5) 财产税法类,包括房产税、车船税和契税、印花税等税的税法,主要是以纳税人拥有的财产数量或财产价值为征税对象的一类税。

上述税种中的关税由海关负责征收管理,其他税种由税务机关负责征收管理。

(二) 税收程序法体系

除税收实体法外,我国的立法机关和经授权的行政机关还制定了税收程序法:

(1) 全国人大常委会制定。如《税收征管法》等,这是我国税收程序法体系的核心。

(2) 国务院制定。如《税收征管法实施细则》等。

(3) 财政部制定。如《中华人民共和国发票管理办法》(以下简称《发票管理办法》)等。

(4) 国家税务总局制定。如《中华人民共和国发票管理实施细则》(以下简称《发票管理实施细则》)等。

(5) 关税税则委员会制定。如《中华人民共和国进出口关税条例》(以下简称《进出口关税条例》)等。

上述税收实体法和税收程序法共同构成了我国现行税收法律体系。

本章小结

本章主要介绍了税收法律制度的基础知识,主要包括税收概述、税法的概念与分类、税法的构成要素、我国税法的制定与实施、我国现行的税收法律体系等内容。税法可以按照征税对象的不同划分为流转税法、所得税法、资源税法、财产税法和行为目的税法等,税法的基本构成要素有征税对象、纳税人和税率。

本章的重点是掌握税法如何进行分类,理解税法的基本构成要素;难点是掌握怎样按照征税对象的不同对税法进行分类,理解税法基本要素的含义及税率的形式。

思考题

1. 什么是税收?税收的特征有哪些?
2. 什么是税收法律关系?它有哪些构成要素?
3. 什么是税法?税法的基本要素有哪些?
4. 税法如何根据不同的标准进行分类?
5. 我国现行税收法律体系中的税种有哪些?

第二章 增值税法

学习目的

通过本章的学习，学生应掌握增值额的概念以及增值税的计税原理和增值税的基本税制要素，在此基础上掌握增值税应纳税额的计算和增值税出口退免税的计算。

第一节 增值税概述

增值税最早始于1954年法国，在其诞生以后的半个世纪，迅速风靡全世界，并且各国从理论到实践发挥得淋漓尽致，堪称世界税收史上一绝。

一、增值税的概念

增值税是指以生产经营者销售货物、提供应税劳务和进口货物的增值额为课税对象征收的一种流转税。简单地说，是指提供应税商品或劳务而取得的收入价格（不含购买者支付的增值税）与外购成本价格之间的价差；从经济学理论上讲即相当于商品价值（$C+V+M$）扣除在生产上消耗掉的生产资料的转移价值（C）之后的余额（$V+M$），见表2-1。

表 2-1　　增值额的形成　　单位:元

生 产 者	购买价格	销售价格	增 值 额
农民(木材)	0	300	300
家具加工商	300	600	300
油漆商	600	700	100
家具批发商	700	800	100
家具销售商	800	1 000	200
合 计			1 000

由表 2-1 可见,就一个环节而言,增值额就是产出减投入后余额,就全过程而言,最终形成的商品总值也就是每个环节的增值额之和。

二、增值税的类型

从理论上说,增值额即是商品价值($C+V+M$)扣除生产资料的转移价值(C),但在实际运用时,各国税法的规定不尽一致,主要体现在规定的扣除项目不同,导致增值额的内容也有所区别。

在一般情况下,生产资料的转移价值大概分为五种,即:① 原材料。② 低值易耗品。③ 燃料动力。④ 外购劳务。⑤ 固定资产。根据对可以扣除的部分进行不同的限定,增值税可以分为三种。

(一) 生产型增值税

在计算增值额时,可以扣除的生产资料部分包括①②③④,即不允许抵扣任何外购固定资产的已纳税款。从整个国民经济来看,这一课税基础在统计口径上大致相当于国民生产总值,故称为生产型增值税。由于固定资产的特点在于价值量大,而且要在较长使用周期内以折旧的方式逐步转移到产品价值中去,不允许抵扣其已纳税款则会使实际上的增值额大于理论上的增值额 $V+M$,故存在着对固定资产重复征税的问题,对加快技术进步的企业有不利影响,但有利于扩大财政收入。

(二) 收入型增值税

在计算增值额时,允许抵扣①②③④和⑤中的当期计入产品成本的折旧部分。从整个国民经济来看,这一课税基础在统计口径上大致相当于国民收入,故称收入型增值税。允许扣除每期固定资产的折旧使实际上的增值额等于理论上的增值额 $V+M$,是一种理论上最完善的增值税,但每期折旧转入部分没有合法的外购凭证,给凭票扣税的方法带来了操作上的困难,所以无法被广泛应用。

(三) 消费型增值税

在计算增值额时,允许抵扣①②③④以及⑤的全部,即允许抵扣外购固定资产的全部已纳税款。从整个国民经济来看,课税基础仅相当于消费资料,故称消费型增值税。在消费型增值税中,允许一次扣除外购固定资产的已纳税款,会使实际上的增值额小于理论上的增值额 $V+M$,实际上具有提前补偿固定资产价值的性质,客观上可鼓励投资,加速设备更新,可彻底解决重复征税的问题。对扩大固定资产投资具有较强的激励效应。而且一次性地凭票扣除,操作易行。

这三种类型的增值税中,生产型增值税的税基最大,主要注重其财政的作用;消费型增值税税基最小,主要注重其投资的作用,目前世界发达国家大多实行消费型增值税。从生产型到消费型的过渡是一个必然的过程。自 2009 年 1 月 1 日起,我国开始推行消费型增值税。

三、增值税的特点

(一) 税源充裕

从横向的关系看,凡是从事生产和经营的单位和个人,只要有增值额都应该缴纳增值税;从纵向的关系看,一个商品在每一个流转环节都应该以增值部分为基础缴纳增值税。征税具有广泛性、普遍性。

(二) 多环节征税扣税,但不重复征税

从纳税环节看,增值税实行多环节征税,即在生产、批发、零售、劳务提供或进口等各个经营环节分别课税,而不是只在某一环节征税。由于增值税只对商品或劳务销售额中的增值额征税,也就是对没有征过税的那部分价值征税,而对转移到销售额中在以前环节已征过税的那部分不再征税,从而有效解决了重复征税的问题。

(三) 税收负担随应税商品的流转而向前推移

对应税商品各个流转环节的经营者而言,他们作为增值税的纳税人,只是把从购买者那里收取的税款转交给政府,而经营者本身并未承担增值税款。这样随着交易活动在应税商品的各个流转环节逐次展开,应税商品的经营者在出售商品的同时,也为政府从购买者那里收取了该应税商品所承担的税款,当应税商品销售给最终消费者时,该商品在以前环节已缴纳的税款连同本环节的税款,便全部转嫁给了最终消费者。可见增值税的税收负担具有完全的转嫁性,作为纳税人的生产经营者并非增值税的真正负担者,最终的消费者才是增值税的最后归宿,因此增值税是典型的间接税。

四、我国增值税的其他特点

(一) 实行价外税,税负转嫁性质更明显

增值税实行价外计税的办法即以不含增值税额的价格为计税依据,将税款和价款严

格分离开。其好处是既可以使企业经济效益不受到影响,也可以更好地体现增值税作为一种流转税的税负转嫁的特点,明确企业只是税款的缴纳者,消费者才是税款的最终负担者。提高了国家和企业之间税收分配关系的透明度。

(二)不同规模纳税人采用不同方法

我国在借鉴国际通行的做法时,也考虑到了本国中小企业较多、经营规模小、会计核算不健全等实际情况,将纳税人区分为两类并采用不同的税款计征方法:一类是一般纳税人,采用购进扣税法;另一类是小规模纳税人,采用简易征税法,有利于加强征收管理。

(三)采用增值税专用发票制度

在全国范围内使用统一的增值税专用发票,实行根据发票注明税金进行税款抵扣的制度。即除直接向消费者销售货物或提供应税劳务、销售免税货物、小规模纳税人销售货物及提供应税劳务等情形必要时应开具普通发票外,企业对外销售其他应税货物或提供应税劳务时,还必须向购买方开具增值税专用发票。这样,企业即可依据增值税专用发票上记载的销项税额与购买时所付进项税额相抵后的余额,核定企业当期应纳的增值税。增值税专用发票避免了重复征税现象,明确了购销双方之间的纳税利益关系。

五、增值税的作用

(一)有利于保持财政收入的及时、稳定和持续增长

增值税实行普遍征收,其课税范围涉及社会的生产、流通、消费、劳务等诸多生产经营领域,凡从事货物销售、提供应税劳务和进口货物的单位和个人,只要取得增值额都要缴纳增值税,税基极为广阔。随着销售额的实现而征收增值税,可以保证财政收入的及时入库。只要有增值额就会有增值税的征收,且增值税不受生产结构、经营环节变化的影响,使收入具有稳定性。

(二)有利于促进专业化协作生产的发展和生产经营结构的合理化

现代工业生产随着科学技术的广泛应用,分工越来越细,工艺越来越复杂,技术要求越来越高,产品通常具有高、精、尖与大批量的特点,这就要求切实改进“大而全”“小而全”的低效能生产模式,大力发展生产专业化、协作化。实行增值税有效地排除了按销售金额计税所造成的重复征税的弊端,使税负不受生产组织结构和经营方式变化的影响,始终保持平衡。因此,增值税不但有利于生产向专业化协作方向发展,而且也不影响企业在专业化基础上的联合经营,从而有利于社会生产要素的优化配置,调整生产经营结构。从商品流通来看,增值税负担不受商品流转环节多寡的影响,有利于疏通商品流通渠道,搞活商品流通。

(三)有利于税收征管,有效防止偷税行为

与增值税实行税款抵扣的方法相适应,各国都实行凭发票扣税的制度,通过发票把买

卖双方连为一体，形成一个有机的扣税链条，即销售方销售货物开具的增值税发票既是销货方计算销项税额的凭证，也是购货方据以扣税的凭证。正是通过发票才把货物承担的税款从一个经营环节传到下一个经营环节，最后传到最终消费者身上。在这一链条中，如果哪一个环节少交了税款，必然导致下一个环节多交税款，故买卖双方在纳税上形成了一种利益制约的关系，一方面可以避免纳税人偷税；另一方面也有助于税务机关进行检查和监督。

第二节　增值税的基本要素

一、征税范围

我国增值税的征收范围可以按一般规定和特殊规定分别说明。一般规定限定了增值税的总体征税范围；特殊规定则针对某些特殊的情况。

（一）一般规定

在我国境内销售货物、加工、修理修配劳务、服务、无形资产或者不动产以及进口货物都属于增值税的征收范围。

1. 境内的含义

所谓在境内销售货物、加工修理修配劳务、服务、无形资产或者不动产，是指：

(1) 货物、加工修理修配劳务、服务（租赁不动产除外）或者无形资产（自然资源使用权除外）的销售方或者购买方在境内。

(2) 所销售或者租赁的不动产在境内。

(3) 所销售自然资源使用权的自然资源在境内。

(4) 财政部和国家税务总局规定的其他情形。

下列情形不属于在境内销售货物、加工修理修配劳务、服务、无形资产或者不动产：

(1) 境外单位或者个人向境内单位或者个人销售完全在境外发生的销售货物、加工修理修配劳务、服务、不动产。

(2) 境外单位或者个人向境内单位或者个人销售完全在境外使用的无形资产。

(3) 境外单位或者个人向境内单位或者个人出租完全在境外使用的有形动产。

(4) 财政部和国家税务总局规定的其他情形。

2. 销售的含义

销售货物、加工修理修配劳务、服务、无形资产或者不动产，是指有偿提供货物、加工修理修配劳务、服务、无形资产或者不动产。

所谓有偿，是指取得货币、货物或者其他经济利益。但属于下列非经营活动的情形除外：

(1) 行政单位收取的同时满足以下条件的政府性基金或者行政事业性收费：① 由国务院或者财政部批准设立的政府性基金，由国务院或者省级人民政府及其财政、价格主管部门批准设立的行政事业性收费。② 收取时开具省级以上（含省级）财政部门监（印）制的财政票据。③ 所收款项全额上缴财政。

(2) 单位或者个体工商户聘用的员工为本单位或者雇主提供取得工资的服务。

(3) 单位或者个体工商户为聘用的员工提供服务。

(4) 财政部和国家税务总局规定的其他情形。

(二) 特殊规定

1. 视同销售行为

下列情形视同销售货物、服务、无形资产或者不动产：

(1) 视同销售货物行为。即虽然没有直接发生销售，但也要按正常销售行为征税的行为。它包括：① 将货物交付他人代销。② 销售代销货物。③ 设有两个以上机构并实行统一核算的纳税人，将货物从一个机构移送到其他非同一县（市）的机构用于销售。例如，某计算机公司发往外省市分支机构 20 台计算机用于销售，应当征收增值税。④ 将自产或委托加工的货物用于非应税项目。例如，某企业委托其他单位加工一批货物，用于本企业职工浴室，应当征收增值税。⑤ 将自产、委托加工或购买的货物作为投资，提供给其他单位或个体经营者。⑥ 将自产、委托加工或购买的货物分配给股东或投资者。⑦ 将自产或委托加工的货物用于集体福利或个人消费。例如，某服装厂将自产的服装作为福利发给本厂职工，应当征收增值税。⑧ 将自产、委托加工或购买的货物无偿赠送他人。例如，某计算机公司为即将举行的全国体育运动会赠送计算机 50 台，应当征收增值税。

(2) 视同销售服务、无形资产或者不动产的行为：① 单位或者个体工商户向其他单位或者个人无偿提供服务，但用于公益事业或者以社会公众为对象的除外。② 单位或者个人向其他单位或者个人无偿转让无形资产或者不动产，但用于公益事业或者以社会公众为对象的除外。③ 财政部和国家税务总局规定的其他情形。

2. 兼营行为

纳税人销售货物、加工修理修配劳务、服务、无形资产或者不动产适用不同税率或者征收率的，应当分别核算适用不同税率或者征收率的销售额，未分别核算销售额的，按照以下方法适用税率或者征收率：

(1) 兼有不同税率的销售货物、加工修理修配劳务、服务、无形资产或者不动产，从高适用税率。

(2) 兼有不同征收率的销售货物、加工修理修配劳务、服务、无形资产或者不动产，从高适用征收率。

(3) 兼有不同税率和征收率的销售货物、加工修理修配劳务、服务、无形资产或者不动产;从高适用税率。

纳税人兼营免税、减税项目的,应当分别核算免税、减税项目的销售额;未分别核算的,不得免税、减税。

3. 混合销售行为

一项销售行为如果既涉及服务又涉及货物,为混合销售。从事货物的生产、批发或者零售的单位和个体工商户的混合销售行为,按照销售货物缴纳增值税;其他单位和个体工商户的混合销售行为,按照销售服务缴纳增值税。

从事货物的生产、批发或者零售的单位和个体工商户,包括以从事货物的生产、批发或者零售为主,并兼营销售服务的单位和个体工商户在内。

二、纳税义务人

(一) 纳税人义务人和扣缴义务人

1. 纳税义务人

在中华人民共和国境内(以下简称"境内")销售货物、劳务、服务、无形资产、不动产的单位和个人,为增值税纳税人。其中,单位是指企业、行政单位、事业单位、军事单位、社会团体及其他单位;个人是指个体工商户和其他个人。

单位以承包、承租、挂靠方式经营的,承包人、承租人、挂靠人(以下统称"承包人")以发包人、出租人、被挂靠人(以下统称"发包人")名义对外经营并由发包人承担相关法律责任的,以该发包人为纳税人;否则,以承包人为纳税人。

在采用承包、承租、挂靠经营方式下,应区分以下两种情况界定纳税人:

(1) 同时满足以下两个条件的,以发包人为纳税人:① 以发包人名义对外经营。② 由发包人承担相关法律责任。

(2) 不同时满足上述两个条件的,以承包人为纳税人。

资管产品运营过程中发生的增值税应税销售行为,以资管产品管理人为增值税纳税人。

纳税人应当按照国家统一的会计制度进行增值税会计核算。

2. 扣缴义务人

中华人民共和国境外(以下简称"境外")的单位或者个人在境内销售劳务,在境内未设有经营机构的,以其境内代理人为扣缴义务人;在境内没有代理人的,以购买方为扣缴义务人。

(二) 小规模纳税人的管理

为了适应纳税人经营管理规模差异大、财务核算水平不一的实际情况,有利于税务机关加强重点税源管理,简化小型企业的计算缴纳程序,有利于对专用发票正确使用与安全管理要求的落实，根据《中华人民共和国增值税暂行条例》（以下简称《增值税暂行条例》）及其实施细则的规定，增值税纳税人分一般纳税人和小规模纳税人。

增值税纳税人分类的基本依据是纳税人的会计核算是否健全和企业规模的大小。会计核算健全是指企业能够按照国家统一的会计制度规定设置账簿，根据合法、有效凭证核算。衡量企业规模的大小一般以年销售额为依据，因此，现行增值税制度是以纳税人年应税销售额的大小和会计核算水平这两个标准为依据来划分一般纳税人和小规模纳税人。

1. 小规模纳税人的标准

小规模纳税人是指年销售额在规定标准以下，并且会计核算不健全，不能按规定报送有关税务资料的增值税纳税人。其中，会计核算不健全是指不能正确核算增值税的销项税额、进项税额和应纳税额。

根据《增值税暂行条例》及其实施细则、《营业税改征增值税试点实施办法》（财税〔2016〕36 号）和《财政部　税务总局关于统一增值税小规模纳税人标准的通知》（财税〔2018〕33 号）规定，自 2018 年 5 月 1 日起，统一增值税小规模纳税人标准，即增值税小规模纳税人标准为年应征增值税销售额 500 万元及以下。

2. 小规模纳税人的类别

(1) 年应征增值税销售额 500 万元及以下的。

(2) 年应税销售额超过小规模纳税人标准的其他个人。

(3) 年应税销售额超过规定标准但不经常发生应税行为的单位和个体工商户，以及非企业性单位、不经常发生应税行为的企业，可选择按照小规模纳税人纳税。

(4) 兼有销售货物、提供加工修理修配劳务和应税服务，且不经常发生应税行为的单位和个体工商户可选择按小规模纳税人纳税。

小规模纳税人的标准由国务院财政、税务主管部门规定。

3. 小规模纳税人的管理

(1) 小规模纳税人按征收率，实行简易办法征收增值税。

(2) 小规模纳税人只能领购、使用增值税普通发票。

(3) 对按照《中华人民共和国增值税暂行条例实施细则》（以下简称《增值税暂行条例实施细则》）第二十八条规定已登记为增值税一般纳税人的单位和个人，同时符合以下条件的，可选择按照《财政部　税务总局关于统一增值税小规模纳税人标准的通知》（财税[2018]33 号）第二条的规定，转登记为小规模纳税人，或选择继续作为一般纳税人：第一，根据《增值税暂行条例》第十三条和《增值税暂行条例实施细则》第二十八条规定的规定，登记为增值税一般纳税人。第二，转登记日前连续 12 个月（以 1 个月为一个纳税期）或者连续 4 个季度（以 1 个季度为一个纳税期）累计应征增值税销售额未超过 500 万元。转登记日前连续 12 个月（以 1 个月为一个纳税期限）或者连续 4 个季度（以 1 个季度为一个纳税期）累计应征增值税销售额未超过 500 万元的纳税人，在 2019 年 12 月 31 日前，可转登记为小规模纳税人,其未抵扣的进项税额作转出处理。

(三)一般纳税人的管理

1. 一般纳税人的认定

为了进一步优化纳税服务,规范增值税一般纳税人管理,国家税务总局制定公布《增值税一般纳税人登记管理办法》(国家税务总局令第 43 号,以下简称《办法》),并于 2018 年 2 月 1 日开始执行。一般纳税人的认定,实行登记管理,增值税纳税人的年应税销售额超过财政部、国家税务总局规定的小规模纳税人标准的,除按规定可以不办理一般纳税人登记的外,应当向主管税务机关办理一般纳税人登记。其中,年应税销售额是指纳税人在连续不超过 12 个月或 4 个季度的经营期内累计应征增值税销售额,包括纳税申报销售额、稽查查补销售额、纳税评估调整销售额。

销售服务、无形资产或者不动产(以下简称"应税行为")有扣除项目的纳税人,其应税行为年应税销售额按未扣除之前的销售额计算。纳税人偶然发生的销售无形资产、转让不动产的销售额,不计入应税行为年应税销售额。

年应税销售额未超过规定标准的纳税人,会计核算健全,能够提供准确税务资料的,可以向主管税务机关办理一般纳税人登记。

下列纳税人不办理一般纳税人登记:

(1) 按照政策规定,选择按照小规模纳税人纳税的。

(2) 年应税销售额超过规定标准的其他个人。

纳税人办理一般纳税人登记的程序如下:

(1) 纳税人向主管税务机关填报《增值税一般纳税人登记表》,如实填写固定生产经营场所等信息,并提供税务登记证件。

(2) 纳税人填报内容与税务登记信息一致的,主管税务机关当场登记。

(3) 纳税人填报内容与税务登记信息不一致,或者不符合填列要求的,税务机关应当场告知纳税人需要补正的内容。

年应税销售额超过规定标准的纳税人,按规定可以不办理一般纳税人登记的,应当向主管税务机关提交书面说明。

纳税人在年应税销售额超过规定标准的月份(或季度)的所属申报期结束后 15 日内按规定办理相关手续;未按规定时限办理的,主管税务机关应当在规定时限结束后 5 日内制作《税务事项通知书》,告知纳税人应当在 5 日内向主管税务机关办理相关手续;逾期仍不办理的,次月起按销售额依照增值税税率计算应纳税额,不得抵扣进项税额,直至纳税人办理相关手续为止。

纳税人自一般纳税人生效之日起,按照增值税一般计税方法计算应纳税额,并可以按照规定领用增值税专用发票,财政部、国家税务总局另有规定的除外。所谓生效之日,是指纳税人办理登记的当月 1 日或者次月 1 日,由纳税人在办理登记手续时自行选择。

纳税人登记为一般纳税人后，不得转为小规模纳税人，国家税务总局另有规定的除外。

主管税务机关应当加强对税收风险的管理。对税收遵从度低的一般纳税人，主管税务机关可以实行纳税辅导期管理，具体办法由国家税务总局另行制定。

2. 一般纳税人的管理

(1) 一般纳税人可以领购、使用增值税专用发票和普通发票，按规定税率征税，可以按规定抵扣进项税额。

(2) 纳税人有下列情形之一的，按税率征税，不抵扣进项税额，不领购增值税专用发票：① 一般纳税人财务制度不健全，或不能向税务机关提供准确的纳税资料。② 纳税人年应税销售额超过小规模纳税人标准，未办理一般纳税人认定手续的。

三、税目

增值税的税目是增值税征税范围的具体体现，列入增值税征税税目的征收增值税；相反，未列入增值税税目的则不征收增值税。按照《增值税暂行条例》和《关于全面推开营业税改征增值税试点的通知》(财税〔2016〕36 号)，增值税的税目如下。

(一) 销售货物

货物是指有形的动产，包括电力、热力、气体在内。

(二) 提供应税劳务

提供应税劳务是指提供加工、修理修配劳务。其中，加工是指受托加工货物，即委托方提供原料及主要材料，受托方按照委托方的要求，制造货物并收取加工费的业务；修理修配是指受托对损伤和丧失功能的货物进行修复，使其恢复原状和功能的业务。

单位或个体经营者聘用的员工为本单位或雇主提供加工、修理修配劳务，不包括在内。

(三) 销售服务

销售服务是指销售交通运输服务、邮政服务、电信服务、建筑服务、金融服务、现代服务、生活服务。

1. 交通运输服务

交通运输服务是指利用运输工具将货物或者旅客送达目的地，使其空间位置得到转移的业务活动。它包括陆路运输服务、水路运输服务、航空运输服务和管道运输服务。

(1) 陆路运输服务。陆路运输服务是指通过陆路(地上或者地下)运送货物或者旅客的运输业务活动。它包括铁路运输服务和其他陆路运输服务。① 铁路运输服务是指通过铁路运送货物或者旅客的运输业务活动。② 其他陆路运输服务是指铁路运输以外的陆路运输业务活动。它包括公路运输、缆车运输、索道运输、地铁运输、城市轻轨运输等。出租车公司向使用本公司自有出租车的出租车司机收取的管理费用，按照陆路运输服务缴纳增值税。

(2) 水路运输服务。水路运输服务是指通过江、河、湖、川等天然、人工水道或者海洋航道运送货物或者旅客的运输业务活动。水路运输的程租、期租业务,属于水路运输服务。其中,程租业务是指运输企业为租船人完成某一特定航次的运输任务并收取租赁费的业务;期租业务是指运输企业将配备有操作人员的船舶承租给他人使用一定期限,承租期内听候承租方调遣,不论是否经营,均按天向承租方收取租赁费,发生的固定费用均由船东负担的业务。

(3) 航空运输服务。航空运输服务是指通过空中航线运送货物或者旅客的运输业务活动。航空运输的湿租业务,属于航空运输服务。湿租业务是指航空运输企业将配备有机组人员的飞机承租给他人使用一定期限,承租期内听候承租方调遣,不论是否经营,均按一定标准向承租方收取租赁费,发生的固定费用均由承租方承担的业务。

航天运输服务按照航空运输服务缴纳增值税。航天运输服务是指利用火箭等载体将卫星、空间探测器等空间飞行器发射到空间轨道的业务活动。

(4) 管道运输服务。管道运输服务是指通过管道设施输送气体、液体、固体物质的运输业务活动。

无运输工具承运业务按照交通运输服务缴纳增值税。无运输工具承运业务是指经营者以承运人身份与托运人签订运输服务合同,收取运费并承担承运人责任,然后委托实际承运人完成运输服务的经营活动。

2. 邮政服务

邮政服务是指中国邮政集团公司及其所属邮政企业提供邮件寄递、邮政汇兑和机要通信等邮政基本服务的业务活动。它包括邮政普遍服务、邮政特殊服务和其他邮政服务。

(1) 邮政普遍服务。邮政普遍服务是指函件、包裹等邮件寄递,以及邮票发行、报刊发行和邮政汇兑等业务活动。其中,函件是指信函、印刷品、邮资封片卡、无名址函件和邮政小包等;包裹是指按照封装上的名址递送给特定个人或者单位的独立封装的物品,其重量不超过 50 千克,任何一边的尺寸不超过 150 厘米,长、宽、高合计不超过 300 厘米。

(2) 邮政特殊服务。邮政特殊服务是指义务兵平常信函、机要通信、盲人读物和革命烈士遗物的寄递等业务活动。

(3) 其他邮政服务。其他邮政服务是指邮册等邮品销售、邮政代理等业务活动。

3. 电信服务

电信服务是指利用有线、无线的电磁系统或者光电系统等各种通信网络资源,提供语音通话服务,传送、发射、接收或者应用图像、短信等电子数据和信息的业务活动。它包括基础电信服务和增值电信服务。

(1) 基础电信服务。基础电信服务是指利用固网、移动网、卫星、互联网,提供语音通话服务的业务活动,以及出租或者出售带宽、波长等网络元素的业务活动。

（2）增值电信服务。增值电信服务是指利用固网、移动网、卫星、互联网、有线电视网络，提供短信和彩信服务、电子数据和信息的传输及应用服务、互联网接入服务等业务活动。

卫星电视信号落地转接服务，按照增值电信服务缴纳增值税。

4. 建筑服务

建筑服务是指各类建筑物、构筑物及其附属设施的建造、修缮、装饰，线路、管道、设备、设施等的安装以及其他工程作业的业务活动。它包括工程服务、安装服务、修缮服务、装饰服务和其他建筑服务。

（1）工程服务。工程服务是指新建、改建各种建筑物、构筑物的工程作业，包括与建筑物相连的各种设备或者支柱、操作平台的安装或者装设工程作业，以及各种窑炉和金属结构工程作业。

（2）安装服务。安装服务是指生产设备、动力设备、起重设备、运输设备、传动设备、医疗实验设备以及其他各种设备、设施的装配、安置工程作业。它包括与被安装设备相连的工作台、梯子、栏杆的装设工程作业，以及被安装设备的绝缘、防腐、保温、油漆等工程作业。

固定电话、有线电视、宽带、水、电、燃气、暖气等经营者向用户收取的安装费、初装费、开户费、扩容费以及类似收费，按照安装服务缴纳增值税。

（3）修缮服务。修缮服务是指对建筑物、构筑物进行修补、加固、养护、改善，使之恢复原来的使用价值或者延长其使用期限的工程作业。

（4）装饰服务。装饰服务是指对建筑物、构筑物进行修饰装修，使之美观或者具有特定用途的工程作业。

（5）其他建筑服务。其他建筑服务是指上列工程作业之外的各种工程作业服务，如钻井（打井）、拆除建筑物或者构筑物、平整土地、园林绿化、疏浚（不包括航道疏浚）、建筑物平移、搭脚手架、爆破、矿山穿孔、表面附着物（包括岩层、土层、沙层等）剥离和清理等工程作业。

5. 金融服务

金融服务是指经营金融保险的业务活动。它包括贷款服务、直接收费金融服务、保险服务和金融商品转让。

（1）贷款服务。贷款是指将资金贷与他人使用而取得利息收入的业务活动。各种占用、拆借资金取得的收入，包括金融商品持有期间（含到期）利息（保本收益、报酬、资金占用费、补偿金等）收入、信用卡透支利息收入、买入返售金融商品利息收入、融资融券收取的利息收入，以及融资性售后回租、押汇、罚息、票据贴现、转贷等业务取得的利息及利息性质的收入，按照贷款服务缴纳增值税。其中，融资性售后回租是指承租方以融资为目的，将资产出售给从事融资性售后回租业务的企业后，从事融资性售后回租业务的企业将该资产出租给承租方的业务活动。

以货币资金投资收取的固定利润或者保底利润，按照贷款服务缴纳增值税。

(2) 直接收费金融服务。直接收费金融服务是指为货币资金融通及其他金融业务提供相关服务并且收取费用的业务活动。它包括提供货币兑换、账户管理、电子银行、信用卡、信用证、财务担保、资产管理、信托管理、基金管理、金融交易场所(平台)管理、资金结算、资金清算、金融支付等服务。

(3) 保险服务。保险服务是指投保人根据合同约定，向保险人支付保险费，保险人对于合同约定的可能发生的事故因其发生所造成的财产损失承担赔偿保险金责任，或者当被保险人死亡、伤残、疾病或者达到合同约定的年龄、期限等条件时承担给付保险金责任的商业保险行为。它包括人身保险服务和财产保险服务。其中，人身保险服务是指以人的寿命和身体为保险标的的保险业务活动；财产保险服务是指以财产及其有关利益为保险标的的保险业务活动。

(4) 金融商品转让。金融商品转让是指转让外汇、有价证券、非货物期货和其他金融商品所有权的业务活动。其中，其他金融商品所有权的转让包括基金、信托、理财产品等各类资产管理产品和各种金融衍生品所有权的转让。

6. 现代服务

现代服务是指围绕制造业、文化产业、现代物流产业等提供技术性、知识性服务的业务活动。它包括研发和技术服务、信息技术服务、文化创意服务、物流辅助服务、租赁服务、鉴证咨询服务、广播影视服务、商务辅助服务和其他现代服务。

(1) 研发和技术服务。研发和技术服务包括研发服务、合同能源管理服务、工程勘察勘探服务、专业技术服务。① 研发服务也称技术开发服务，是指就新技术、新产品、新工艺或者新材料及其系统进行研究与试验开发的业务活动。② 合同能源管理服务是指节能服务公司与用能单位以契约的形式约定节能目标，节能服务公司提供必要的服务，用能单位以节能效果支付节能服务公司投入及其合理报酬的业务活动。③ 工程勘察勘探服务是指在采矿、工程施工前后，对地形、地质构造、地下资源蕴藏情况进行实地调查的业务活动。④ 专业技术服务是指气象服务、地震服务、海洋服务、测绘服务、城市规划服务、环境与生态监测服务等专项技术服务。

(2) 信息技术服务。信息技术服务是指利用计算机、通信网络等技术对信息进行生产、收集、处理、加工、存储、运输、检索和利用，并提供信息服务的业务活动。它包括软件服务、电路设计及测试服务、信息系统服务、业务流程管理服务和信息系统增值服务。① 软件服务是指提供软件开发服务、软件维护服务、软件测试服务的业务活动。② 电路设计及测试服务是指提供集成电路和电子电路产品设计、测试及相关技术支持服务的业务活动。③ 信息系统服务是指提供信息系统集成、网络管理、网站内容维护、桌面管理与维护、信息系统应用、基础信息技术管理平台整合、信息技术基础设施管理、数据中心、托管中心、信息安全服务、在线杀毒、虚拟主机等业务活动。它包括网站对非自有的网络游戏提供的网络运营服务。④ 业务流程管理服务是指依托信息技术提供的人力资源管理、财务经济管理、审计管理、税务管理、物流信息管理、经营信息管理和呼叫中心等服务的活动。⑤ 信息系统增值服务是指利用信息系统资源为用户附加提供的信息技术服务。它包括数据处理、分析和整合、数据库管理、数据备份、数据存储、容灾服务、电子商务平台等。

(3) 文化创意服务。文化创意服务包括设计服务、知识产权服务、广告服务和会议展览服务。① 设计服务是指把计划、规划、设想通过文字、语言、图画、声音、视觉等形式传递出来的业务活动。它包括工业设计、内部管理设计、业务运作设计、供应链设计、造型设计、服装设计、环境设计、平面设计、包装设计、动漫设计、网游设计、展示设计、网站设计、机械设计、工程设计、广告设计、创意策划、文印晒图等。② 知识产权服务是指处理知识产权事务的业务活动。它包括对专利、商标、著作权、软件、集成电路布图设计的登记、鉴定、评估、认证、检索服务。③ 广告服务是指利用图书、报纸、杂志、广播、电视、电影、幻灯、路牌、招贴、橱窗、霓虹灯、灯箱、互联网等各种形式为客户的商品、经营服务项目、文体节目或者通告、声明等委托事项进行宣传和提供相关服务的业务活动。它包括广告代理和广告的发布、播映、宣传、展示等。④ 会议展览服务是指为商品流通、促销、展示、经贸洽谈、民间交流、企业沟通、国际往来等举办或者组织安排的各类展览和会议的业务活动。

(4) 物流辅助服务。物流辅助服务包括航空服务、港口码头服务、货运客运场站服务、打捞救助服务、装卸搬运服务、仓储服务和收派服务。① 航空服务包括航空地面服务和通用航空服务。其中,航空地面服务是指航空公司、飞机场、民航管理局、航站等向在境内航行或者在境内机场停留的境内外飞机或者其他飞行器提供的导航等劳务性地面服务的业务活动。包括旅客安全检查服务、停机坪管理服务、机场候机厅管理服务、飞机清洗消毒服务、空中飞行管理服务、飞机起降服务、飞行通信服务、地面信号服务、飞机安全服务、飞机跑道管理服务、空中交通管理服务等。通用航空服务是指为专业工作提供飞行服务的业务活动,包括航空摄影、航空培训、航空测量、航空勘探、航空护林、航空吊挂播洒、航空降雨、航空气象探测、航空海洋监测、航空科学实验等。② 港口码头服务是指港务船舶调度服务、船舶通信服务、航道管理服务、航道疏浚服务、灯塔管理服务、航标管理服务、船舶引航服务、理货服务、系解缆服务、停泊和移泊服务、海上船舶溢油清除服务、水上交通管理服务、船只专业清洗消毒检测服务和防止船只漏油服务等为船只提供服务的业务活动。港口设施经营人收取的港口设施保安费按照港口码头服务缴纳增值税。③ 货运客运场站服务是指货运客运场站提供货物配载服务、运输组织服务、中转换乘服务、车辆调度服务、票务服务、货物打包整理、铁路线路使用服务、加挂铁路客车服务、铁路行包专列发送服务、铁路到达和中转服务、铁路车辆编解服务、车辆挂运服务、铁路接触网服务、铁路机车牵引服务等业务活动。④ 打捞救助服务是指提供船舶人员救助、船舶财产救助、水上救助和沉船沉物打捞服务的业务活动。⑤ 装卸搬运服务是指使用装卸搬运工具或者人力、畜力将货物在运输工具之间、装卸现场之间或者运输工具与装卸现场之间进行装卸和搬运的业务活动。⑥ 仓储服务是指利用仓库、货场或者其他场所代客储放、保管货物的业务活动。⑦ 收派服务是指接受寄件人委托，在承诺的时限内完成函件和包裹的收件、分拣、派送服务的业务活动。其中，收件服务是指从寄件人收取函件和包裹，并运送到服务提供方同城的集散中心的业务活动；分拣服务是指服务提供方在其集散中心对函件和包裹进行归类、分发的业务活动；派送服务是指服务提供方从其集散中心将函件和包裹送达同城的收件人的业务活动。

（5）租赁服务。租赁服务包括融资租赁服务和经营租赁服务。① 融资租赁服务是指具有融资性质和所有权转移特点的租赁活动。即出租人根据承租人所要求的规格、型号、性能等条件购入有形动产或者不动产租赁给承租人，合同期内租赁物所有权属于出租人，承租人只拥有使用权，合同期满付清租金后，承租人有权按照残值购入租赁物，以拥有其所有权。不论出租人是否将租赁物销售给承租人，均属于融资租赁。按照标的物的不同，融资租赁服务可分为有形动产融资租赁服务和不动产融资租赁服务。融资性售后回租不按照本税目缴纳增值税。② 经营租赁服务是指在约定时间内将有形动产或者不动产转让他人使用且租赁物所有权不变更的业务活动。按照标的物的不同，经营租赁服务可分为有形动产经营租赁服务和不动产经营租赁服务。将建筑物、构筑物等不动产或者飞机、车辆等有形动产的广告位出租给其他单位或者个人用于发布广告，按照经营租赁服务缴纳增值税。车辆停放服务、道路通行服务（包括过路费、过桥费、过闸费等）等按照不动产经营租赁服务缴纳增值税。水路运输的光租业务、航空运输的干租业务，属于经营租赁。其中，光租业务是指运输企业将船舶在约定的时间内出租给他人使用，不配备操作人员，不承担运输过程中发生的各项费用，只收取固定租赁费的业务活动；干租业务是指航空运输企业将飞机在约定的时间内出租给他人使用，不配备机组人员，不承担运输过程中发生的各项费用，只收取固定租赁费的业务活动。

（6）鉴证咨询服务。鉴证咨询服务包括认证服务、鉴证服务和咨询服务。① 认证服务是指具有专业资质的单位利用检测、检验、计量等技术，证明产品、服务、管理体系符合相关技术规范、相关技术规范的强制性要求或者标准的业务活动。② 鉴证服务是指具有专业资质的单位受托对相关事项进行鉴证，发表具有证明力的意见的业务活动。它包括会计鉴证、税务鉴证、法律鉴证、职业技能鉴定、工程造价鉴证、工程监理、资产评估、环境评估、房地产土地评估、建筑图纸审核、医疗事故鉴定等。③ 咨询服务是指提供信息、建议、策划、顾问等服务的活动。它包括金融、软件、技术、财务、税收、法律、内部管理、业务运作、流程管理、健康等方面的咨询。翻译服务和市场调查服务按照咨询服务缴纳增值税。

（7）广播影视服务。广播影视服务包括广播影视节目（作品）的制作服务、发行服务和播映（含放映，下同）服务。① 广播影视节目（作品）制作服务是指进行专题（特别节目）、专栏、综艺、体育、动画片、广播剧、电视剧、电影等广播影视节目和作品制作的服务。它具体包括与广播影视节目和作品相关的策划、采编、拍摄、录音、音/视频文字图片素材制作、场景布置、后期的剪辑、翻译（编译）、字幕制作、片头、片尾、片花制作、特效制作、影片修复、编目和确权等业务活动。② 广播影视节目（作品）发行服务是指以分账、买断、委托等方式，向影院、电台、电视台、网站等单位和个人发行广播影视节目（作品），以及转让体育赛事等活动的报道及播映权的业务活动。③ 广播影视节目（作品）播映服务是指在影院、剧院、录像厅及其他场所播映广播影视节目（作品），以及通过电台、电视台、卫星通信、互联网、有线电视等无线或者有线装置播映广播影视节目（作品）的业务活动。

（8）商务辅助服务。商务辅助服务包括企业管理服务、经纪代理服务、人力资源服务、安全保护服务。① 企业管理服务是指提供总部管理、投资与资产管理、市场管理、物业管理、日常综合管理等服务的业务活动。② 经纪代理服务是指各类经纪、中介、代理服务。它包括金融代理、知识产权代理、货物运输代理、代理报关、法律代理、房地产中介、职业中介、婚姻中介、代理记账、拍卖等。其中，货物运输代理服务是指接受货物收货人、发货人、船舶所有人、船舶承租人或者船舶经营人的委托，以委托人的名义，为委托人办理货物运输、装卸、仓储和船舶进出港口、引航、靠泊等相关手续的业务活动；代理报关服务是指接受进出口货物的收、发货人委托，代为办理报关手续的业务活动。③ 人力资源服务是指提供公共就业、劳务派遣、人才委托招聘、劳动力外包等服务的业务活动。④ 安全保护服务是指提供保护人身安全和财产安全，维护社会治安等的业务活动。包括场所住宅保安、特种保安、安全系统监控以及其他安保服务。

（9）其他现代服务。其他现代服务是指除研发和技术服务、信息技术服务、文化创意服务、物流辅助服务、租赁服务、鉴证咨询服务、广播影视服务和商务辅助服务以外的现代服务。

7. 生活服务

生活服务是指为满足城乡居民日常生活需求提供的各类服务活动。它包括文化体育服务、教育医疗服务、旅游娱乐服务、餐饮住宿服务、居民日常服务和其他生活服务。

（1）文化体育服务。文化体育服务包括文化服务和体育服务。① 文化服务是指为满足社会公众文化生活需求提供的各种服务。它包括：文艺创作、文艺表演、文化比赛，图书馆的图书和资料借阅，档案馆的档案管理，文物及非物质遗产保护，组织举办宗教活动、科技活动、文化活动，提供游览场所。② 体育服务是指组织举办体育比赛、体育表演、体育活动，以及提供体育训练、体育指导、体育管理的业务活动。

（2）教育医疗服务。教育医疗服务包括教育服务和医疗服务。① 教育服务是指提供学历教育服务、非学历教育服务、教育辅助服务的业务活动。其中，学历教育服务是指根据教育行政管理部门确定或者认可的招生和教学计划组织教学，并颁发相应学历证书的业务活动，它包括初等教育、初级中等教育、高级中等教育、高等教育等；非学历教育服务包括学前教育、各类培训、演讲、讲座、报告会等；教育辅助服务包括教育测评、考试、招生等服务。② 医疗服务是指提供医学检查、诊断、治疗、康复、预防、保健、接生、计划生育、防疫服务等方面的服务，以及与这些服务有关的提供药品、医用材料器具、救护车、病房住宿和伙食的业务。

(3) 旅游娱乐服务。旅游娱乐服务包括旅游服务和娱乐服务。① 旅游服务是指根据旅游者的要求，组织安排交通、游览、住宿、餐饮、购物、文娱、商务等服务的业务活动。② 娱乐服务是指为娱乐活动同时提供场所和服务的业务。它具体包括：歌厅、舞厅、夜总会、酒吧、台球、高尔夫球、保龄球、游艺(包括射击、狩猎、跑马、游戏机、蹦极、卡丁车、热气球、动力伞、射箭、飞镖)。

(4) 餐饮住宿服务。餐饮住宿服务包括餐饮服务和住宿服务。① 餐饮服务是指通过同时提供饮食和饮食场所的方式为消费者提供饮食消费服务的业务活动。② 住宿服务是指提供住宿场所及配套服务等的活动，包括宾馆、旅馆、旅社、度假村和其他经营性住宿场所提供的住宿服务。

(5) 居民日常服务。居民日常服务是指主要为满足居民个人及其家庭日常生活需求提供的服务，包括市容市政管理、家政、婚庆、养老、殡葬、照料和护理、救助救济、美容美发、按摩、桑拿、氧吧、足疗、沐浴、洗染、摄影扩印等服务。

(6) 其他生活服务。其他生活服务是指除文化体育服务、教育医疗服务、旅游娱乐服务、餐饮住宿服务和居民日常服务之外的生活服务。

(四) 销售无形资产

销售无形资产是指转让无形资产所有权或者使用权的业务活动。无形资产是指不具有实物形态，但能带来经济利益的资产，包括技术、商标、著作权、商誉、自然资源使用权和其他权益性无形资产。其中，技术包括专利技术和非专利技术；自然资源使用权包括土地使用权、海域使用权、探矿权、采矿权、取水权和其他自然资源使用权；其他权益性无形资产包括基础设施资产经营权、公共事业特许权、配额、经营权(包括特许经营权、连锁经营权、其他经营权)、经销权、分销权、代理权、会员权、席位权、网络游戏虚拟道具、域名、名称权、肖像权、冠名权、转会费等。

(五) 销售不动产

销售不动产是指转让不动产所有权的业务活动。不动产是指不能移动或者移动后会引起性质、形状改变的财产，包括建筑物、构筑物等。其中，建筑物包括住宅、商业营业用房、办公楼等可供居住、工作或者进行其他活动的建造物；构筑物包括道路、桥梁、隧道、水坝等建造物。转让建筑物有限产权或者永久使用权的，转让在建的建筑物或者构筑物所有权的，以及在转让建筑物或者构筑物时一并转让其所占土地的使用权的，按照销售不动产缴纳增值税。

四、税率和征收率

（一）基本税率

纳税人销售货物、劳务、有形动产租赁服务或者进口货物，适用基本税率。2018 年 4 月 30 日之前，基本税率为 17%。2018 年 5 月 1 日至 2019 年 3 月 31 日，基本税率为 16%；自 2019 年 4 月 1 日起，基本税率为 13%。

（二）较低税率

纳税人销售交通运输、邮政、基础电信、建筑、不动产租赁服务，销售不动产，转让土地使用权，销售或者进口下列货物适用较低税率：

（1）粮食等农产品、食用植物油、食用盐。

（2）自来水、气、冷气、热水、煤气、石油液化气、天然气、二甲醚、沼气、居民用煤炭制品。

（3）图书、报纸、杂志、音像制品、电子出版物。

（4）饲料、化肥、农药、农机、农膜。

（5）国务院规定的其他货物。

其中，农产品是指种植业、养殖业、林业、牧业、水产业生产的各种植物、动物的初级产品，包括植物类（粮食、蔬菜、烟叶、园艺植物、药用植物、油料植物、纤维植物、糖料植物、林业产品及其他植物）、动物类（水产品、畜牧产品、动物皮张、动物毛绒、其他动物组织）等产品。

2017 年 7 月 1 日之前，较低税率为 13%；2017 年 7 月 1 日至 2018 年 4 月 30 日，较低税率为 11%；2018 年 5 月 1 日至 2019 年 3 月 31 日，较低税率为 10%；自 2019 年 4 月 1 日起，较低税率为 9%。

（三）低税率

纳税人销售服务、无形资产和增值电信服务，除另有规定外适用低税率，税率为 6%。

（四）零税率

出口货物、劳务或者境内单位和个人发生的跨境应税行为，税率为零。

（1）出口货物。

（2）国际运输服务。国际运输服务是指在境内载运旅客或者货物出境、在境外载运旅客或者货物入境、在境外载运旅客或者货物。

（3）航天运输服务。

（4）向境外单位提供的完全在境外消费的下列服务：① 研发服务。② 合同能源管理服务。③ 设计服务。④ 广播影视节目（作品）的制作和发行服务。⑤ 软件服务。⑥ 电路设计及测试服务。⑦ 信息系统服务。⑧ 业务流程管理服务。⑨ 离岸服务外包业务。⑩ 转让技术。

(5) 财政部和国家税务总局规定的其他服务。

(五) 其他规定

纳税人提供适用不同税率或者征收率的货物、应税劳务和应税行为,应当分别核算适用不同税率或者征收率的销售额;未分别核算的,从高适用税率。

(六) 征收率

增值税征收率是指对特定的货物或特定的纳税人发生应税销售行为在某一生产流通环节应纳税额与销售额的比率。

由于小规模纳税人会计核算不健全,无法准确核算进项税额和销项税额,在增值税征收管理中,采用简便方式,按照其销售额与规定的征收率计算缴纳增值税,不准许抵扣进项税,也不允许自行开具增值税专用发票。

增值税征收率适用于两种情况:一是小规模纳税人;二是一般纳税人发生应税销售行为按规定可以选择简易计税方法计税的。

1. 3%征收率的适用范围

(1) 小规模纳税人在中华人民共和国境内销售货物、销售服务、无形资产或不动产,适用简易方法计税,增值税征收率为3%(适用5%征收率的除外),征收率的调整,由国务院决定。

小规模纳税人(除其他个人外,下同)销售自己使用过的固定资产,减按2%的征收率征收增值税,并且只能开具普通发票,不得由税务机关代开增值税专用发票。

(2) 小规模纳税人销售自己使用过的除固定资产以外的物品,应按3%的征收率征收增值税。

(3) 纳税人销售旧货,按照简易办法依3%征收率减按2%征收增值税。

(4) 对于一般纳税人生产销售的特定货物和应税服务,可以选择适用简易计税方法计税,增值税征收率为3%。

2. 5%征收率的适用范围

(1) 一般纳税人销售不动产,选择适用简易计税方法,征收率为5%。

(2) 房地产开发企业的一般纳税人销售自行开发的房地产老项目,选择适用简易计税方法,征收率为5%。

(3) 小规模纳税人销售不动产,适用5%征收率。

(4) 一般纳税人出租其2016年4月30日前取得的不动产,选择按简易方法计税,征收率为5%。

(5) 小规模纳税人出租不动产,征收率为5%。

(6) 纳税人提供劳务派遣服务,选择差额纳税的,征收率为5%。

(7) 纳税人提供安全保护服务，选择差额纳税的，征收率为5%。

(8) 一般纳税人提供人力资源外包服务，选择简易计税方式计税的，征收率为5%。

3. 个人出租住房的征收率

个人出租住房，按照5%的征收率减按1.5%计算纳税。

第三节　增值税的减免

一、不征收增值税项目

(1) 根据国家指令无偿提供的铁路运输服务、航空运输服务，属于《营业税改征增值税试点实施办法》第十四条规定的用于公益事业的服务。

(2) 存款利息。

(3) 被保险人获得的保险赔付。

(4) 房地产主管部门或者其指定机构、公积金管理中心、开发企业和物业管理单位代收的住宅专项维修资金。

(5) 在资产重组过程中，通过合并、分立、出售、置换等方式，将全部或者部分实物资产以及与其相关联的债权、负债和劳动力一并转让给其他单位和个人，其中涉及的不动产、土地使用权转让行为。

二、增值税的减免规定

(一)《增值税暂行条例》

根据《增值税暂行条例》的规定，下列项目免征增值税：

(1) 农业生产者销售的自产农业产品。即从事种植业、养殖业、林业和水产业的单位和个人销售的自产初级农业产品。初级农业产品的具体范围由国家税务总局直属分局确定。

(2) 销售和进口的避孕药品和用具。

(3) 销售和进口向社会收购的古旧图书。

(4) 直接用于科学研究、科学试验和教学的进口仪器和设备。

(5) 外国政府、国际组织无偿援助的进口物资和设备。

(6) 对符合国家产业政策要求的国内投资项目，在投资总额内进口的自用设备(特殊规定不予免税的少数商品除外)。

(7) 由残疾人组织直接进口供残疾人专用的物品。

(8) 销售自己使用过的物品。即个人(不包括个体经营者)销售自己使用过的除游艇、汽车、摩托车以外的货物。

(二)《营业税改征增值税试点过渡政策的规定》

根据《关于全面推开营业税改征增值税试点的通知》(财税〔2016〕36号)之《营业税改征增值税试点过渡政策的规定》,下列项目免征增值税:

(1) 托儿所、幼儿园提供的保育和教育服务。托儿所、幼儿园是指经县级以上教育部门审批成立、取得办园许可证的实施0~6岁学前教育的机构,包括公办和民办的托儿所、幼儿园、学前班、幼儿班、保育院、幼儿院。超过规定收费标准的收费,以开办实验班、特色班和兴趣班等为由另外收取的费用以及与幼儿入园挂钩的赞助费、支教费等超过规定范围的收入,不属于免征增值税的收入。

(2) 养老机构提供的养老服务。养老机构是指依照民政部《养老机构设立许可办法》(民政部令第48号)设立并依法办理登记的为老年人提供集中居住和照料服务的各类养老机构;养老服务是指上述养老机构按照民政部《养老机构管理办法》(民政部令第49号)的规定,为收住的老年人提供的生活照料、康复护理、精神慰藉、文化娱乐等服务。

(3) 残疾人福利机构提供的育养服务。

(4) 婚姻介绍服务。

(5) 殡葬服务。

(6) 残疾人员本人为社会提供的服务。

(7) 医疗机构提供的医疗服务。

(8) 从事学历教育的学校提供的教育服务。

(9) 学生勤工俭学提供的服务。

(10) 农业机耕、排灌、病虫害防治、植物保护、农牧保险以及相关技术培训业务,家禽、牲畜、水生动物的配种和疾病防治。

(11) 纪念馆、博物馆、文化馆、文物保护单位管理机构、美术馆、展览馆、书画院、图书馆在自己的场所提供文化体育服务取得的第一道门票收入。

(12) 寺院、宫观、清真寺和教堂举办文化、宗教活动的门票收入。

(13) 行政单位之外的其他单位收取的符合《试点实施办法》第十条规定条件的政府性基金和行政事业性收费。

(14) 个人转让著作权。

(15) 个人销售自建自用住房。个人将购买不足2年的住房对外销售的,按照5%的征收率全额缴纳增值税;个人将购买2年以上(含2年)的住房对外销售的,免征增值税。

(16) 纳税人提供的直接或者间接国际货物运输代理服务。

(17) 下列利息收入:① 国家助学贷款。② 国债、地方政府债。③ 人民银行对金融机构的贷款。④ 住房公积金管理中心用住房公积金在指定的委托银行发放的个人住房贷款。⑤ 外汇管理部门在从事国家外汇储备经营过程中,委托金融机构发放的外汇贷款。

(18) 被撤销金融机构以货物、不动产、无形资产、有价证券、票据等财产清偿债务。

(19) 保险公司开办的1年期以上人身保险产品取得的保费收入。

(20) 下列金融商品转让收入:① 合格境外投资者(QFII)委托境内公司在我国从事证券买卖业务。② 香港市场投资者(包括单位和个人)通过沪港通买卖上海证券交易所上市A股。③ 对香港市场投资者(包括单位和个人)通过基金互认买卖内地基金份额。④ 证券投资基金(封闭式证券投资基金,开放式证券投资基金)管理人运用基金买卖股票、债券。⑤ 个人从事金融商品转让业务。

(21) 金融同业往来利息收入。

(22) 符合条件的担保机构从事中小企业信用担保或者再担保业务取得的收入(不含信用评级、咨询、培训等收入)3年内免征增值税。

(23) 国家商品储备管理单位及其直属企业承担商品储备任务,从中央或者地方财政取得的利息补贴收入和价差补贴收入。

(24) 纳税人提供技术转让、技术开发和与之相关的技术咨询、技术服务。

(25) 符合条件的合同能源管理服务。

(26) 2017年12月31日前,科普单位的门票收入,以及县级及以上党政部门和科协开展科普活动的门票收入。

(27) 政府举办的从事学历教育的高等、中等和初等学校(不含下属单位),举办进修班、培训班取得的全部归该学校所有的收入。

(28) 政府举办的职业学校设立的主要为在校学生提供实习场所,并由学校出资自办、由学校负责经营管理、经营收入归学校所有的企业,从事《销售服务、无形资产或者不动产注释》中"现代服务"(不含融资租赁服务、广告服务和其他现代服务)"生活服务"(不含文化体育服务、其他生活服务和桑拿、氧吧)业务活动取得的收入。

(29) 家政服务企业由员工制家政服务员提供家政服务取得的收入。

(30) 福利彩票、体育彩票的发行收入。

(31) 军队空余房产租赁收入。

(32) 为了配合国家住房制度改革,企业、行政事业单位按房改成本价、标准价出售住房取得的收入。

(33) 将土地使用权转让给农业生产者用于农业生产。

(34) 涉及家庭财产分割的个人无偿转让不动产、土地使用权。

(35) 土地所有者出让土地使用权和土地使用者将土地使用权归还给土地所有者。

(36) 县级以上地方人民政府或自然资源行政主管部门出让、转让或收回自然资源的使用权(不含土地使用权)。

(37) 随军家属就业。为安置随军家属就业而新开办的企业,自领取税务登记证之日起,其提供的应税服务3年内免征增值税。享受税收优惠政策的企业,随军家属必须占企业总人数的60%(含)以上,并有军(含)以上政治和后勤机关出具的证明。从事个体经营的随军家属,自办理税务登记事项之日起,其提供的应税服务3年内免征增值税。

(38) 军队转业干部就业。从事个体经营的军队转业干部,自领取税务登记证之日起,其提供的应税服务3年内免征增值税。为安置自主择业的军队转业干部就业而新开办的企业,凡安置自主择业的军队转业干部占企业总人数60%(含)以上的,自领取税务登记证之日起,其提供的应税服务3年内免征增值税。

(三) 跨境应税行为的免税规定

根据《关于全面推开营业税改征增值税试点的通知》之《跨境应税行为适用增值税零税率和免税政策的规定》,境内的单位和个人销售的下列服务和无形资产免征增值税,但财政部和国家税务总局规定适用增值税零税率的除外:

(1) 下列服务:① 工程项目在境外的建筑服务。② 工程项目在境外的工程监理服务。③ 工程、矿产资源在境外的工程勘察勘探服务。④ 会议展览地点在境外的会议展览服务。⑤ 存储地点在境外的仓储服务。⑥ 标的物在境外使用的有形动产租赁服务。⑦ 在境外提供的广播影视节目(作品)的播映服务。⑧ 在境外提供的文化体育服务、教育医疗服务、旅游服务。

(2) 为出口货物提供的邮政服务、收派服务、保险服务。为出口货物提供的保险服务包括出口货物保险和出口信用保险。

(3) 向境外单位提供的完全在境外消费的下列服务和无形资产:① 电信服务。② 知识产权服务。③ 物流辅助服务(仓储服务、收派服务除外)。④ 鉴证咨询服务。⑤ 专业技术服务。⑥ 商务辅助服务。⑦ 广告投放地在境外的广告服务。⑧ 无形资产。

(4) 以无运输工具承运方式提供的国际运输服务。

(5) 为境外单位之间的货币资金融通及其他金融业务提供的直接收费金融服务,且该服务与境内的货物、无形资产和不动产无关。

(6) 财政部和国家税务总局规定的其他服务。

纳税人销售货物或者应税劳务适用免税规定的,可以放弃免税,依照税法规定缴纳增值税。放弃免税后,36个月内不得再申请免税。

三、扣减增值税的规定

(一) 退役士兵创业就业

(1) 对自主就业退役士兵从事个体经营的,在3年内按每户每年8 000元为限额依次扣减其当年实际应缴纳的增值税、城市维护建设税、教育费附加、地方教育附加和个人所得税。限额标准最高可上浮20%,各省、自治区、直辖市人民政府可根据本地区实际情况在此幅度内确定具体限额标准,并报财政部和国家税务总局备案。

(2) 对商贸企业、服务型企业、劳动就业服务企业中的加工型企业和街道社区具有加工性质的小型企业实体,在新增加的岗位中,当年新招用自主就业退役士兵,与其签订1年以上期限劳动合同并依法缴纳社会保险费的,在3年内按实际招用人数予以定额依次扣减增值税、城市维护建设税、教育费附加、地方教育附加和企业所得税优惠。定额标准为每人每年4 000元,最高可上浮50%,各省、自治区、直辖市人民政府可根据本地区实际情况在此幅度内确定具体定额标准,并报财政部和国家税务总局备案。

(二) 重点群体创业就业

对持《就业创业证》(注明"自主创业税收政策"或"毕业年度内自主创业税收政策")或2015年1月27日前取得的《就业失业登记证》(注明"自主创业税收政策"或附着《高校毕业生自主创业证》)的人员从事个体经营的,在3年内按每户每年8 000元为限额依次扣减其当年实际应缴纳的增值税、城市维护建设税、教育费附加、地方教育附加和个人所得税。限额标准最高可上浮20%,各省、自治区、直辖市人民政府可根据本地区实际情况在此幅度内确定具体限额标准,并报财政部和国家税务总局备案。

四、增值税的即征即退

(1) 增值税一般纳税人销售其自行开发生产的软件产品,或将进口软件产品进行本地化改造后对外销售,按17%税率征收增值税后,对其增值税实际税负超过3%的部分实行即征即退政策。

(2) 一般纳税人提供管道运输服务,对其增值税实际税负超过3%的部分实行增值税即征即退政策。

(3) 安置残疾人的单位,实行由税务机关按单位实际安置残疾人的人数,限额即征即退增值税的办法。

(4) 经中国人民银行、银监会、商务部批准经营融资租赁业务的试点纳税人中的一般纳税人提供有形动产融资租赁服务,对其增值税实际税负超过3%的部分实行增值税即征即退政策。

五、增值税的起征点

起征点指的是税法规定的征税起点,达到起征点的全额征税,达不到起征点的可以不纳税。规定税收的起征点是对纳税人给予的一种照顾性措施,我国现行增值税的起征点规定只适用于个人,不适用于登记为一般纳税人的个体工商户。起征点的具体幅度有如下规定：

(1) 销售货物的起征点为月销售额5 000～20 000元(含本数)。

(2) 销售应税劳务的起征点幅度为5 000～20 000元(含本数)。

(3) 按次纳税的起征点幅度为每次(日)300～500元(含本数)。

上述销售额指不含增值税的销售额,各地区具体适用的起征点由国家税务总局直属分局在以上规定的幅度内根据实际情况确定,并报国家税务总局备案。

第四节 应纳增值税的计算

从理论上讲,增值税应纳税额计算方法包括加法、减法和税额抵扣法三种方法。目前世界各国普遍采用的是税额抵扣法。

我国目前根据我们国情,将纳税人区分为一般纳税人和小规模纳税人,分别采取了不同计算方法,一般纳税人发生应税行为适用一般计税方法计税,小规模纳税人发生应税行为适用简易计税方法计税。

一般纳税人发生财政部和国家税务总局规定的特定应税行为,可以选择适用简易计税方法计税,但一经选择,36个月内不得变更。

境外单位或者个人在境内发生应税行为,在境内未设有经营机构的,扣缴义务人按照下列公式计算应扣缴税额：

应扣缴税额＝购买方支付的价款÷(1＋税率)×税率

一般计税方法的应纳税额是指当期销项税额抵扣当期进项税额后的余额。应纳税额计算公式为：

应纳税额＝当期销项税额－当期进项税额

当期销项税额小于当期进项税额不足抵扣时,其不足部分可以结转至下期继续抵扣。

所以当期应纳税额的多少,取决于当期销项税额和当期进项税额这两个因素。在分别确定销项税额和进项税额的情况下,就不难计算出应纳税额。

一、销项税额的计算

销项税额是指纳税人销售货物、加工修理修配劳务、服务、无形资产或者不动产,按照销售额、劳务收入额和《增值税暂行条例》规定的税率计算并向购买方收取的增值税额。当期销项税额的计算公式为：

当期销项税额＝销售额×税率

(一) 一般销售方式下的销售额

1. 销售货物

销售额是指纳税人销售货物、加工修理修配劳务、服务、无形资产或者不动产向购买方收取的全部价款和价外费用,但不包括收取的销项税额。

价外费用是指在价格以外向购买方收取的手续费、补贴、基金、集资费、返还利润、奖励费、违约金(延期付款利息)、包装费、包装物租金、储备费、优质费、运输装卸费、代收款项及其他各种性质的价外费用。但下列项目不包括在内:

(1) 受托加工应征消费税的消费品所代收代缴的消费税;向购买方收取的代购买方缴纳的车辆购置税、车辆牌照费;销售货物时代办保险等向购买方收取的保险费。

(2) 同时符合以下两个条件的为代垫运费:① 承运部门的运费发票开具给购货方的。② 纳税人将该项发票转交给购货方的。

(3) 同时满足以下条件的政府性基金或者行政事业性收费:① 由国务院或者财政部批准设立的政府性基金,由国务院或者省级人民政府及其财政、价格主管部门批准设立的行政事业性收费。② 收取时开具省级以上(含省级)财政部门监(印)制的财政票据。③ 所收款项全额上缴财政。

(4) 以委托方名义开具发票代委托方收取的款项。

销售额以人民币计算。纳税人按照人民币以外的货币结算销售额的,应当折合成人民币计算,折合率可以选择销售额发生的当天或者当月1日的人民币汇率中间价。纳税人应当在事先确定采用何种折合率,确定后12个月内不得变更。

【例2-1】 某服装厂为一般纳税人,其2019年7月份不含税销售额为100万元。试计算其增值税销项税额。

解: 增值税销项税额＝100×13%＝13(万元)

对于开具在普通发票上的价税合并定价的含税销售额,应换算为不含税销售额,按下列公式计算:

不含税销售额＝含税销售额÷(1＋税率)

公式中的税率为销售的货物或者应税劳务按条例规定所适用的税率。

【例2-2】 某商场为增值税一般纳税人,其2019年7月份取得零售收入339万元。试计算其本月零售收入的增值税销项税额。

解: 不含税销售额＝339÷(1＋13%)＝300(万元)

应纳税额＝300×13%＝39(万元)

2. 销售服务

销售服务包括提供修理修配劳务、运输服务、邮政服务、电信服务、建筑服务、金融服务、现代服务、生活服务等。

(1) 提供加工修理修配劳务。提供加工修理修配劳务的收入额为纳税人提供加工修理修配劳务从劳务接受方收取的全部价款和价外费用,但不包括收取的销项税额。全部价款和价外费用包括收取的加工修理修配劳务费和代垫的辅助材料费。

【例 2-3】 某生产喷雾器的农机厂为增值税一般纳税人,该厂 2019 年 3 月销售喷雾器,取得不含税销售收入 50 万元,为农民修理喷雾器取得的修理费现金收入 10 万元。当月购入零配件增值税专用发票上注明的税款为 2.6 万元,零配件已入库。试计算该厂 3 月份应纳增值税的销项税额。

解:农机产品适用 9%的低税率,修理修配适用 13%税率。为农民修理喷雾器取得的修理费现金收入 10 万元为含税收入。

销项税额 $=50\times9\%+10\div(1+13\%)\times13\%=5.65$(万元)

进项税额 $=2.6$(万元)

应纳税额 $=5.65-2.6=3.05$(万元)

(2) 提供运输服务。交通运输业的销售额是指客运收入、货运收入、装卸搬运收入、其他运输收入和运输票价中包含的保险费收入和随同票价、货运价向客户收取的各种建设基金。铁路运输以纳税人为旅客、托运人、收货人和其他铁路运输企业提供铁路运输及辅助服务取得的收入为销售额。一般纳税人提供客运场站服务,以其取得的全部价款和价外费用,扣除支付给承运方运费后的余额为销售额。航空运输企业的销售额不包括代收的机场建设费和代售其他航空运输企业客票而代收转付的价款。

【例 2-4】 A 运输公司接受 B 公司委托,将一批货物从甲地运至乙地,含税运费 300 万元,开具货物运输业增值税专用发票;A 运输公司又将部分货物委托给 C 运输公司运送,支付含税运费 120 万元,C 运输公司开具运输业增值税专用发票。试计算 A 运输公司增值税的应纳税额。

解:

进项税额 $=120\div(1+9\%)\times9\%=9.908$(万元)

销项税额 $=300\div(1+9\%)\times9\%=24.771$(万元)

应纳税额 $=24.771-9.908=14.863$(万元)

(3) 提供邮政服务。邮政业务的营业额为纳税人从事传递函件或者包件、邮汇、报刊发行、邮政物品销售、邮政储蓄或其他邮政业务所取得的营业收入额。

总机构汇总的销售额,为总机构及其分支机构提供邮政服务的销售额。总机构汇总的进项税额是指总机构及其分支机构提供邮政服务而购进货物、接受加工修理修配劳务和应税服务，支付或者负担的增值税额。总机构及其分支机构取得的与邮政服务相关的固定资产、专利技术、非专利技术、商誉、商标、著作权、有形动产租赁的进项税额，由总机构汇总缴纳增值税时抵扣。

分支机构提供邮政服务，销售额为分支机构对外(包括向邮政服务接受方和本总、分支机构外的其他邮政企业)提供邮政服务取得的收入。

邮政企业为中国邮政速递物流股份有限公司及其所属机构代办速递物流类业务，从寄件人取得的收入，由总机构并入汇总的销售额计算缴纳增值税。

总机构应当依据《邮政企业分支机构增值税汇总纳税信息传递单》，汇总计算当期提供邮政服务的应纳税额，抵减分支机构提供邮政服务当期已缴纳的增值税额后，向主管税务机关申报纳税。抵减不完的，可以结转至下期继续抵减。计算公式为：

总机构当期汇总应纳税额＝当期汇总销项税额－当期汇总的允许抵扣的进项税额

总机构当期应补(退)税额＝总机构当期汇总应纳税额－分支机构当期已缴纳税额

【例 2－5】 某市邮政局为增值税一般纳税人。2019 年 7 月，该邮政局按照国家规定提供邮政普遍服务，取得邮政服务收入价税合计 290 万元；按照国家规定提供特殊服务业务，取得服务收入价税合计 300 万元；同时，提供其他邮政服务，取得服务收入价税合计 109 万元；提供收派服务，取得服务收入价税合计 106 万元。另外，该邮政局为其他企业出口货物，提供邮政业服务和收派服务收入价税合计 80 万元；给中国邮政速递物流股份有限公司代办业务取得代理收入价税合计 60 万元；为金融机构代办金融保险业务，取得代理收入价税合计 70 万元。已知该邮政局当月共取得符合抵扣条件的增值税进项税额 30 万元，但无法准确划分征免税进项税额。试计算该邮政局应纳增值税。

解：　免税收入＝290＋300＋80＋60＋70＝800(万元)

应税收入价税＝109＋106＝215(万元)

应税收入不含税收入＝109÷(1＋9%)＋106÷(1＋6%)＝200(万元)

进项税额转出＝30×[800÷(800＋200)]＝24(万元)

应纳增值税＝[109÷(1＋9%)×9%]＋[106÷(1＋6%)×6%]－(30－24)

＝9(万元)

(4) 提供电信服务。总机构汇总的销售额为总机构及其分支机构提供电信服务及其他应税服务的销售额。总机构汇总的进项税额是指总机构及其分支机构提供电信服务及其他应税服务而购进货物、接受加工修理修配劳务和应税服务，支付或者负担的增值税额。

总机构及其分支机构取得的与电信服务及其他应税服务相关的固定资产、专利技术、非专利技术、商誉、商标、著作权、有形动产租赁的进项税额，由总机构汇总缴纳增值税时抵扣。

分支机构销售额为分支机构对外(包括向电信服务及其他应税服务接受方和本总机构、分支机构外的其他电信企业)提供电信服务及其他应税服务取得的收入。

电信企业提供电信业服务附赠电信终端：取得的全部价款和价外费用中（销售方），① 暂按不低于电信终端的成本价作为货物价格（13%）。② 剩余部分按照公允价值拆分为基础电信价格（9%）和增值电信价格（6%），按各自适用的税率计算缴纳增值税。

【例 2-6】 2019 年 8 月 1 日，用户张某准备在营业厅购买一台 iPhone8，选择“预存话费送手机”的合约计划，用户在网 24 个月，选择 286 套餐，预存总计 5 899 元，其中话费 4 000 元，按 24 个月分月返还，购机款为 1 899 元，即以优惠价格 1 899 元购得原价为 5 288 元的 iPhone8 一部，该手机成本为 4 960 元，假设用户协议期内无溢出通话部分，每月另外收取电信营业款 119.33 元；该套餐每月话费使用时，基础电信服务占 30%，增值电信服务占 70%，入网当期手机暂按成本价来确定销售额计算税款，合约期内每期暂按公允价值分摊电信服务收入。试计算该营业厅的应纳增值税额。

解：　购入手机当期进项税额 $=4\ 960 \div (1+13\%) \times 13\% = 570.62$（元）

入网当期销项税额 $=4\ 960 \div (1+13\%) \times 13\% = 570.62$（元）

预收账款 $=5\ 899-4\ 960=939$（元）

合约期内每期应确认收入 $=939 \div 24=39.13$（元）

合约期内每期基础电信销项税额 $=(39.13+119.33) \times 30\% \div (1+9\%) \times 9\% = 3.93$（元）

合约期内每期增值电信销项税额 $=(39.13+119.33) \times 70\% \div (1+6\%) \times 6\% = 6.28$（元）

合约期内每期销项税额 $=3.93+6.28=10.21$（元）

合约期内每期项目销项税额总额 $=10.21 \times 24=245.04$（元）

应纳增值税额 $=570.62+245.04-570.62=245.04$（元）

（5）提供建筑服务。建筑服务是指各类建筑物、构筑物及其附属设施的建造、修缮、装饰，线路、管道、设备、设施等的安装以及其他工程作业的业务活动。它包括工程服务、安装服务、修缮服务、装饰服务和其他建筑服务。

建筑业服务的营业额为纳税人向对方收取的工程价款和各项价外费用。建筑安装企业向对方收取的临时设施费、劳动保护费、施工迁移费，施工企业收取的材料差价款、抢工费、全优工程奖和提前竣工奖等应并入营业额。

从事建筑、修缮、装饰工程作业，无论怎样结算，营业额均包括工程所用原材料及其他物资和动力的价款。从事安装工程作业，凡所安装的设备的价值作为安装工程产值的，营业额包括设备的价款。

房地产开发企业中的一般纳税人销售其开发的房地产项目，以取得的全部价款和价外费用，扣除受让土地时向政府部门支付的土地价款后的余额为销售额。

纳税人提供建筑服务适用简易计税方法的，以取得的全部价款和价外费用扣除支付的分包款后的余额为销售额。

【例 2-7】 某建筑企业为增值税一般纳税人。2019 年 9 月,该企业发生如下经济业务:

(1) 购进办公楼 1 幢,取得的增值税专用发票上注明的价款为 1 000 万元,增值税额为 90 万元。

(2) 购进钢材等商品,取得的增值税专用发票上注明的价款为 8 700 万元,增值税额为 1 131 万元。

(3) 从农民手中收购农产品,农产品收购发票上注明的价款为 3 万元;从个体户张某处购得沙石料 51.5 万元,取得税务机关代开的增值税专用发票。

(4) 在南昌销售 2017 年 3 月开工的建筑服务,开具的增值税专用发票上注明的价款为 1 000 万元。

(5) 在南昌销售 2018 年 5 月开工的建筑服务,开具的增值税专用发票上注明的价款为17 000 万元,增值税额为 1 530 万元。

(6) 为南昌某敬老院无偿建造一幢老年公寓,价值为 400 万元。

(7) 该企业武汉工程项目部在武汉销售建筑服务,开具的增值税专用发票上注明的价款为1 500 万元,增值税额为 135 万元。

(8) 在泰国提供建筑服务,取得的收入折合人民币 200 万元。

试计算 2019 年 9 月该企业应纳增值税。

解: 进项税额 $=90\times60\%+1\,131+3\times9\%+51.5\div(1+3\%)\times3\%$
$=1\,186.77$(万元)

根据《营业税改征增值税试点有关事项的规定》,适用一般计税方法的试点纳税人,2016 年 5 月 1 日后取得并在会计制度上按固定资产核算的不动产或者 2016 年 5 月 1 日后取得的不动产在建工程,其进项税额应自取得之日起分 2 年从销项税额中抵扣,第一年抵扣比例为 60%,第二年抵扣比例为 40%。

$$销项税额=1\,000\times9\%+1\,530+135=1\,755(万元)$$

根据《营业税改征增值税试点有关事项的规定》,一般纳税人为建筑工程老项目提供的建筑服务,可以选择适用简易计税方法计税。为敬老院无偿建造老年公寓,用于公益事业,不视同销售,不缴纳增值税。境外销售建筑服务,属于工程项目在境外的建筑服务,因此免征增值税。其中,建筑工程老项目是指《建筑工程施工许可证》上注明的合同开工日期在 2016 年 4 月前的建筑工程项目。

一般纳税人销售 2016 年 4 月 30 日前取得(不含自建)的不动产,可以选择适用简易计税方法,以取得的全部价款和价外费用减去该项不动产购置原价或取得不动产时作价后的余额作为销售额。

$$应纳税额=销项税额-进项税额=1\ 755-1\ 186.77=568.23(万元)$$

(6) 提供金融服务。金融是以银行为中心的货币和信用的授受及与之相联系的经济活动的总称。它具体包括货币的发行与回笼,货币资金的存入与支取,信贷资金的发放与偿还,企业之间由商品交易引起的资金结算与往来,金银、外汇等金融商品的买卖,有价证券的发行、购买、转让与贴现,信托,保险,国内、国际货币结算等。金融服务是指经营金融保险的业务活动。它包括贷款服务、直接收费金融服务、金融商品转让和经济代理服务。

纳税人的营业额为纳税人提供金融服务收取的全部价款和价外费用。① 贷款服务以提供贷款服务取得的全部利息及利息性质的收入为销售额。② 直接收费金融服务以提供直接收费金融服务收取的手续费、佣金、酬金、管理费、服务费、经手费、开户费、过户费、结算费、转托管费等各类费用为销售额。③ 金融商品转让按照卖出价扣除买入价后的余额为销售额。转让金融商品出现的正负差,按盈亏相抵后的余额为销售额。若相抵后出现负差,可结转下一纳税期与下期转让金融商品销售额相抵,但年末时仍出现负差的,不得转入下一个会计年度。金融商品的买入价,可以选择按照加权平均法或者移动加权平均法进行核算,选择后 36 个月内不得变更。④ 经纪代理服务以取得的全部价款和价外费用,扣除向委托方收取并代为支付的政府性基金或者行政事业性收费后的余额为销售额。

【例 2-8】 某建设银行 2019 年 5 月发生以下经济业务:① 利息收入 100 万元。② 另有一项转贷业务利息收入为 10 万元,借款利息支出为 4 万元。③ 手续费收入 3 万元。④ 从事股票买卖,买入价为 50 万元,卖出价为 80 万元。试计算本月其应纳增值税销售额。

解:转贷业务收入营业额以贷款利息收入减去借款利息支出的余额为营业额。金融企业从事股票、债券买卖业务以股票、债券的卖出价减去买入价后的余额为营业额。金融经纪业务和其他金融业务营业额为手续费类的全部收入。

$$销售额=100+10+3+(80-50)=143(万元)$$

(7) 提供现代服务。现代服务是指围绕制造业、文化产业、现代物流产业等提供技术性、知识性服务的业务活动。它包括研发和技术服务、信息技术服务、文化创意服务、物流辅助服务、有形动产租赁服务、鉴证咨询服务。

【例 2-9】 某设计公司为增值税一般纳税人,2019 年 6 月发生以下经济业务:

(1) 为甲个人提供服装设计服务,取得收入 100 000 元。

(2) 为乙个人提供创意策划服务,取得收入 80 000 元。

(3) 为丙企业提供环境设计服务,取得收入 60 000 元。

(4) 提供创意策划服务,取得收入 10 000 元。

试计算该公司 2019 年 6 月的销项税额。

解：销项税额=(100 000+80 000+60 000+10 000)÷(1+6%)×6%
=14 150.94(元)

(8) 提供生活服务。纳税人提供旅游服务,可以选择以取得的全部价款和价外费用,扣除向旅游服务购买方收取并支付给其他单位或者个人的住宿费、餐饮费、交通费、签证费、门票费和支付给其他接团旅游企业的旅游费用后的余额为销售额。娱乐业服务的销售额为经营娱乐业收取的全部价款和价外费用,包括门票费、台位费、点歌费、烟酒、饮料、茶水、鲜花、小吃等收费及经营娱乐业的其他各项收费。

【例 2-10】 某卡拉 OK 歌舞厅 2019 年 7 月取得门票收入 10 万元,台位费 5 万元,点歌费 4 万元,出售烟酒和饮料的柜台本月营业额为 16 万元。试计算该卡拉 OK 歌舞厅 7 月应纳增值税的销售额。

解：　　　　销售额=10+5+4+16=35(万元)

【例 2-11】 某餐馆为增值税一般纳税人,每月购买适用 9%税率的面粉、油等原材料 20 万元,购买适用 13%税率的酒水、饮料等原材料和燃料 10 万元。上述采购均取得合法增值税专用发票。该餐馆每月营业额为 100 万元。试计算该餐馆应交增值税。

解：进项税额=20÷(1+9%)×9%+10÷(1+13%)×13%=2.80(万元)
销项税额=100÷(1+6%)×6%=5.66(万元)
应交增值税=5.66-2.80=2.86(万元)

旅游企业组织旅游团到中华人民共和国境外旅游,在境外改由其他旅游企业接团,以全程旅游费减去付给该接团企业的旅游费后的余额为营业额。旅游企业组织旅游团在中国境内旅游的,以收取的旅游费减去替旅游者支付给其他单位的房费、餐费、交通、门票和其他代付费用后的余额为营业额。改由其他旅游企业接团的,按照境外旅游的办法确定营业额。

【例 2-12】 某旅行社 2019 年 7 月份在境内组织旅游,取得收入 30 万元,其中包括代旅游团成员支付的交通、住宿、门票等费用 20 万元;同月,该旅行社组团出境旅游,到境外后由外国某旅游公司接团,共取得收入 40 万元,支付给境外旅游公司 10 万元。试计算该旅行社当月应纳增值税的销售额。

解：　　　　销售额=(30-20)+(40-10)=40(万元)

3. 销售无形资产

纳税人销售无形资产(不含转让土地使用权)的销售额,是指纳税人发生应税行为取得的全部价款和价外费用。

【例 2-13】 甲企业为增值税一般纳税人。2019 年 5 月 10 日，甲企业转让一项专利技术，收取价款 106 万元，并于当日转让完成。甲企业当月购进一批办公用电脑，取得的增值税专用发票上注明的销售额为 20 万元，销项税额为 2.6 万元。试计算甲企业 2019 年 5 月增值税的应纳税额。

解： 不含税销售额＝106÷(1＋6%)＝100(万元)

销项税额＝100×6%＝6(万元)

应纳税额＝6－2.6＝3.4(万元)

4. 销售不动产

【例 2-14】 某纳税人为增值税一般纳税人。2019 年 6 月 25 日，该纳税人销售其 2019 年 4 月 30 日前取得的写字楼 1 层，开具增值税专用发票 1 张，注明金额 500 000 元。该楼层原购置价格为 438 450 元。试计算该纳税人增值税的销项税额。

解：(1) 在企业主管地税机关预缴税款：

应预缴税款＝(500 000－438 450)÷(1＋5%)×5%＝2 930.95(元)

(2) 在企业主管国税机关申报纳税：

销项税额＝500 000×9%＝45 000(元)

本期应补(退)税额＝45 000－2 930.95＝42 069.05(元)

按照国家税务总局关于发布《纳税人转让不动产增值税征收管理暂行办法》的公告(国家税务总局公告 2016 年第 14 号)，一般纳税人转让其 2016 年 4 月 30 日前取得(不含自建)的不动产，选择适用一般计税方法计税的，以取得的全部价款和价外费用为销售额计算应纳税额。纳税人应以取得的全部价款和价外费用扣除不动产购置原价或取得不动产时的作价后的余额，按 5%的预征率向不动产所在地地税机关预缴税款，向机构所在地主管国税机关申报纳税。

一般纳税人转让其 2016 年 4 月 30 日前自建的不动产，可以选择适用简易计税方法计税，以取得的全部价款和价外费用为销售额，按照 5%的征收率计算应纳税额。纳税人应按照上述计税方法向不动产所在地主管税务机关预缴税款，向机构所在地主管税务机关申报纳税。

(二) 特殊销售方式下的销售额

1. 采取折扣方式销售

(1) 折扣销售(商业折扣)：因购货方购货数量较大等原因，而给予购货方的价格优惠。① 如果销售额和折扣额在同一张发票上分别注明的，可以按折扣后的销售额征收增值税。② 如果将折扣额另开发票，不论其在财务上如何处理，均不得从销售额中减除折扣额。

【例 2-15】 某工业企业为一般纳税人，当月以折扣方式销售货物销售额为 300 万元，折扣额为 30 万元，销售额和折扣额在同一张发票上注明；另以折扣方式销售货物，销售额为 80 万元，开出红字发票折扣 8 万元，销售的货物已发出。试计算其增值税的销项税额。

解：　　销项税额＝(300＋80)×13％＝49.4(万元)

(2) 销售折扣(现金折扣)：为鼓励及早付款给予购货方的一种折扣优待。可将其理解为“先销售后折扣”，在销售时不能确定回收多少价款，如“2/10，1/20，N/30”。销售折扣是一种融资性质的理财费用，其折扣额不得从销售额中扣除。

【例 2-16】 某商场为一般纳税人，2019 年 10 月，该商场批发一批货物，不含税销售额为 20 万元，因对方提前 10 天付款，所以按合同规定给予 5％的折扣，实际只收款 19 万元。试计算其增值税的销项税额。

解：　　销项税额＝20×13％＝2.6(万元)

2. 以旧换新方式销售货物

纳税人采取以旧换新方式销售货物的(金银首饰除外)，应按新货物的同期销售价格确定销售额，不得扣减旧货物的收购价格。

【例 2-17】 某计算机公司 2019 年 10 月采取以旧换新的方式销售计算机 100 台，每台计算机不含税售价为 9 000 元，收购旧型号计算机不含税折价 2 500 元，实际收款 650 000元。试计算其增值税的销项税额。

解：　　销项税额＝100×9 000×13％＝11 7000(元)

3. 还本销售方式销售货物

还本销售指纳税人在销售货物后，到一定期限由销售方一次或分次退还给购货方全部或部分价款，这种方式实际上是筹集资金，是以货物换取资金的使用价值，到期还本不付利息的方法。在这种销售方式下，其销售额就是货物的销售价格，不得从销售额中减除还本支出。

【例 2-18】 某汽车贸易公司为增值税一般纳税人。2019 年 6 月，该公司销售汽车 10 辆，不含税售价为 50 万元/辆，5 年后返还货款 100 万元。试计算其增值税的销项税额。

解：　　销项税额＝50×10×13％＝65(万元)

4. 采取以物易物方式销售

以物易物是一种较为特殊的购销活动，是指购销双方不是以货币结算，而是以同等价款的货物相互结算,实现货物购销的一种方式。在这种销售方式下,购销双方都应作购销处理,以各自发出的货物核算销售额并计算销项税额,以各自收到的货物核算购货额并计算进项税额。

【例 2-19】 某彩电厂(增值税一般纳税人)采取以物易物方式向显像管厂提供 21 寸彩电 2 000 台,每台售价为 2 000 元(含税价)。显像管厂向彩电厂提供显像管 4 000 台。双方均已收到货物,并商定不再开票进行货币结算。试计算该彩电厂增值税的销项税额。

解: 销项税额=2 000×2 000÷(1+13%)×13%=460 176.99(元)

5. 包装物押金是否计入销售额

(1) 纳税人为销售货物而出租出借的包装物收取的押金,单独记账核算且 1 年以内未逾期的,不并入销售额征税。

(2) 逾期(以 1 年为期限)不再退还的押金,应按包装货物的适用税率计算销项税额。注意要将押金换算为不含税价,再并入销售额征税。

【例 2-20】 某家具厂(一般纳税人)2019 年 12 月销售一批家具,取得不含税销售额为30 000元,同时收取包装物押金 800 元,合同规定期限为 3 个月;本月逾期不再退还的包装物押金为 1 130 元。试计算其 8 月份应纳增值税额。

解: 应税销售额=30 000+1 130÷(1+13%)=31 000(元)

销项税额=31 000×13%=4 030(元)

(3) 啤酒、黄酒收取的押金按上述一般规定处理,啤酒、黄酒外的其他酒类产品在销售时收取的包装物押金,均应并入当期销售额征税。

6. 对视同销售行为的销售额的确定

如果纳税人发生视同销售行为而无销售额,或销售货物、加工修理修配劳务、服务、无形资产或者不动产时的价格明显偏低、且无正当理由的,或者价格偏高且不具有合理商业目的时,主管税务机关有权按照下列顺序确定销售额:

(1) 按纳税人当月销售同类货物、加工修理修配劳务、服务、无形资产或者不动产的平均价格确定。

(2) 按纳税人最近时期同类销售货物、加工修理修配劳务、服务、无形资产或者不动产的平均价格确定。

(3) 按组成计税价格确定。组成计税价格的公式为:

组成计税价格=成本×(1+成本利润率)

即: 组成计税价格=成本+利润

征收增值税的货物，同时又征收消费税的，其组成计税价格中应加计消费税税额。其组成计税价格公式为：

组成计税价格＝生产成本×(1＋成本利润率)＋消费税额

或：　组成计税价格＝[生产成本×(1＋成本利润率)＋应税消费品计税数量×消费税定额税率]÷(1－消费税税率)

对于公式中的成本利润率，若《消费税法》中有规定的，按规定执行；没有规定的，统一按10%计算。

所谓不具有合理商业目的，是指以谋取税收利益为主要目的，通过人为安排，减少、免除、推迟缴纳增值税税款，或者增加退还增值税税款。

【例2-21】 某钢厂为增值税一般纳税人。2019年12月，该钢厂将成本价为16万元的钢材，用于对外投资。假设成本利润率为10%，试计算其增值税的销项税额。

解：　销项税额＝160 000×(1＋10%)×13%＝22 880(元)

【例2-22】 某厂(增值税一般纳税人)于2019年10月将自产针织内衣作为福利发给本厂职工，共发放A型内衣100件，售价为15元/件(不含税)；发放B型内衣200件，无售价，制作B型内衣的总成本为36 000元。假设成本利润率为10%，试计算A型、B型内衣应纳增值税的销项税额。

解：　销售额＝100×15＋36 000×(1＋10%)＝41 100(元)

销项税额＝41 100×13%＝5 343(元)

7. 兼营行为

纳税人销售货物、加工修理修配劳务、服务、无形资产或者不动产适用不同税率或者征收率的，应当分别核算适用不同税率或者征收率的销售额；未分别核算销售额的，从高适用税率。

【例2-23】 甲企业是一家从事货物销售兼有设计业务的企业(不同业务实行分开核算)，属增值税一般纳税人。2019年7月，该企业发生如下业务：销售货物取得不含税收入261.54万元；提供设计服务取得不含税收入100万元。7月发生进项税额10万元，上月留抵税额40万元。试计算该企业2019年7月应纳增值税。

解：　货物部分的销项税额＝261.54×13%＝34(万元)

设计部分的销项税额＝100×6%＝6(万元)

进项税额＝10(万元)

应纳税额＝34＋6－10＝30(万元)

货物部分应纳税额＝34÷(34＋6)×30＝25.5(万元)

设计部分应纳税额 $=6\div(34+6)\times 30=4.5$(万元)
货物部分实际应纳税额 $=25.5-40=-14.5$(万元)
设计部分实际应纳税额 $=4.5$(万元)

2019 年 7 月,该企业应纳增值税 4.5 万元,留抵税额 14.5 万元。

【例 2-24】 某餐馆为增值税一般纳税人,每月购买适用 9%税率的面粉、油等原材料 20 万元,购买适用 13%税率的酒水、饮料等原材料和燃料 10 万元。上述采购均取得合法增值税专用发票。该餐馆每月营业额为 100 万元,其中外卖收入 20 万元。试计算该餐馆的增值税额。

解:(1) 如果该餐馆能分开核算,则分开纳税。餐饮收入按提供服务销售适用 6%税率征税,外卖收入按销售货物适用 13%税率征税。

进项税额 $=20\div(1+9\%)\times 9\%+10\div(1+13\%)\times 13\%=2.80$(万元)
销项税额 $=80\div(1+6\%)\times 6\%+20\div(1+13\%)\times 13\%=6.83$(万元)
应交增值税 $=6.83-2.80=4.03$(万元)

(2) 如果该餐馆不能分开核算,则统一按销售动产适用 13%税率计税。

进项税额 $=20\div(1+9\%)\times 9\%+10\div(1+13\%)\times 13\%=2.80$(万元)
销项税额 $=100\div(1+13\%)\times 13\%=11.50$(万元)
应交增值税 $=11.50-2.80=8.70$(万元)

8. 混合经营

一项销售行为如果既涉及服务又涉及货物,为混合销售。从事货物的生产、批发或者零售的单位和个体工商户的混合销售行为,按照销售货物缴纳增值税;其他单位和个体工商户的混合销售行为,按照销售服务缴纳增值税。

【例 2-25】 2019 年 11 月,某粮油食品加工厂销售给某食品厂(增值税一般纳税人)面粉一批,增值税专用发票上注明价款 26 万元;销售给某单位食堂面粉一批,开具的普通发票上注明价税合计 3.39 万元,货物由本企业负责运输,向购买方收取运输费 0.1 万元;零售加工食用油,取得收入 2 万元;零售挂面,取得收入 0.5 万元。试计算该粮油食品加工厂本期的增值税销项税额。

解:

$$\begin{aligned}销项税额 &= 260\,000\times 9\%+[33\,900\div(1+9\%)]\times 9\% \\ &\quad +[20\,000\div(1+9\%)]\times 9\%+[1\,000\div(1+9\%)]\times 9\% \\ &\quad +[5\,000\div(1+13\%)]\times 13\%=28\,508.25(元)\end{aligned}$$

9. 销货退回或折让的税务处理

(1) 增值税一般纳税人因销货退回或折让而退还给买方的增值税额,应从发生退回或折让当期的销项税额中扣减。

（2）因进货退出或折让而收回的增值税额，应从发生进货退出或折让当期的进项税额中扣减。

企业在发生进货退出或折让并收回价款和增值税额时，没有相应减少当期进项税额，造成进项税额虚增，减少纳税，造成不纳税或少纳税的，都将被认定是偷税行为，并按偷税予以处罚。

【例 2-26】 某商场 2019 年 6 月因商品质量问题，被顾客退回 4 月份零售的空调，退款为 5 650 元。该商场与厂方联系，将此空调退回厂家，并提供了税务局开具的退货证明单，收回退货款及税金 4 520 元。试计算该商场应冲减当期的销项税额和进项税额。

解：冲减当期销项税额＝5 650÷(1＋13%)×13%＝650(元)

冲减当期进项税额＝4 520÷(1＋13%)×13%＝520(元)

【例 2-27】 某商场 2019 年 7 月发生以下经济业务：

（1）销售上月购入的空调 400 台（进价为 3 500/台），售价为 4 500 元/台。

（2）按进价卖给内部职工空调 50 台。

（3）以旧换新销售冰箱 80 台，旧冰箱收购价为 200 元/台，新冰箱出售实际收款为 1 800元/台。

（4）5 年前以还本销售方式售出彩电 1 000 台，本月为还本期，还本额为 200 元/台。

（5）从生产厂家购进同一品牌、同一型号空调 100 台，取得的增值税专用发票上注明的税款为 45 500 元。

（6）为了改善工作环境，将上月购入空调 20 台用于改善职工集体福利设施。

试计算该商场 7 月份应纳的增值税额（假设以上价格均为不含税价）。

解：（1）卖给内部职工的空调 50 台，应视同销售货物，按同类货物售价计征增值税。

销项税额＝(400＋50)×4 500×13%＝263 250(元)

（2）以旧换新销售，应以新货物销售价格计算销项税额，而不能扣减旧货的收购价格。

销项税额＝(1 800＋200)×80×13%＝20 800(元)

（3）以还本销售方式销售下的还本支出，不得从销售额中扣减。

（4）增值税专用发票上注明税额可直接抵扣。进项税额为 45 500 元。

（5）将购买的货物用于职工集体福利，不允许扣除进项税额。

进项税额转出＝3 500×20×13%＝9 100(元)

销项税额＝263 250＋20 800＝284 050(元)

进项税额＝45 500－9 100＝36 400(元)

应纳税额＝销项税额－进项税额＝284 050－36 400＝247 650(元)

二、进项税额的计算

进项税额是指纳税人购进货物或者接受应税劳务，所支付或者负担的增值税额。它是与销项税额相对应的概念。在开具增值税专用发票的情况下，两者之间的关系是，销售方收取的销项税额，就是购买方支付的进项税额。

准予抵扣进项税额的只限增值税一般纳税人，增值税小规模纳税人在计算应纳增值税时不得抵扣进项税额。

在理解进项税额概念时，应注意以下两点：第一，进项税额是由购买方支付给销售方的，由销售方办理纳税。第二，进项税额是抵扣销项税额的依据，只有增值税一般纳税人才发生进项税额。

(一) 准予从销项税额中抵扣的进项税额

1. 凭票扣税

(1) 从销售方取得的增值税专用发票(含税控机动车销售统一发票，下同)上注明的增值税额。

【例 2-28】 某电器公司为增值税一般纳税人，2019 年 5 月购进一批原材料，取得的增值税专用发票上注明的原材料价款为 20 000 元，增值税额为 2 600 元。试计算其可抵扣的进项税额。

解：可抵扣的进项税额＝增值税专用发票上注明的增值税额＝2 600(元)

(2) 从海关取得的海关进口增值税专用缴款书上注明的增值税额。

(3) 从境外单位或者个人购进服务、无形资产或者不动产，自税务机关或者扣缴义务人取得的解缴税款的完税凭证上注明的增值税额。

【例 2-29】 下列项目中，可以抵扣增值税进项税额的发票有(　)。

A. 增值税专用发票　　B. 货物运输业增值税专用发票

C. 机动车销售统一发票　　D. 农产品收购凭证

E. 通用缴款书

解：答案为 ABCE。

2. 计算扣税

购进农业生产者销售的农业产品或向小规模纳税人处购进农产品的进项税额，按照买价和规定的扣除率计算。其计算公式为：

进项税额＝买价×扣除率

式中，买价是指纳税人购进农产品在农产品收购发票或者销售发票上注明的价款和按照规定缴纳的烟叶税。

从2017年7月1日起，纳税人购进农产品，按下列规定抵扣进项税额：

(1) 纳税人购进农产品，取得一般纳税人开具的增值税专用发票或海关进口增值税专用缴款书的，以增值税专用发票或海关进口增值税专用缴款书上注明的增值税额为进项税额；从按照简易计税方法依照3%征收率计算缴纳增值税的小规模纳税人取得增值税专用发票的，以增值税专用发票上注明的金额和11%的扣除率计算进项税额；取得(开具)农产品销售发票或收购发票的，以农产品销售发票或收购发票上注明的农产品买价和11%的扣除率计算进项税额。

(2) 2018年5月1日至2019年3月31日，纳税人购进农产品，原适用11%扣除率的，扣除率调整为10%。纳税人购进用于生产销售或委托加工16%税率货物的农产品，按照12%的扣除率计算进项税额。取得批发零售环节纳税人销售免税农产品开具的免税发票以及小规模纳税人开具的增值税普通发票，均不得计算抵扣进项税额。

自2019年4月1日起，纳税人购进农产品，原适用10%扣除率的，扣除率调整为9%。纳税人购进用于生产或者委托加工13%税率货物的农产品，按照10%的扣除率计算进项税额。

(3) 纳税人从批发、零售环节购进适用免征增值税政策的蔬菜、部分鲜活肉蛋而取得的普通发票，不得作为计算抵扣进项税额的凭证。

【例2-30】 某生产企业为增值税一般纳税人，生产的产品均适用13%的增值税税率。该企业2019年4月销售产品，取得不含税销售额200万元；从农业生产者购进农产品作为生产用原材料，收购发票上注明买价为56万元；购进其他材料，取得的增值税专用发票上注明的金额为100万元，税额为13万元。试计算2009年4月该企业应纳增值税。

解：　销项税额＝200×13%＝26(万元)

进项税额＝56×10%＋13＝18.60(万元)

2019年4月该企业应纳增值税额＝26－18.60＝7.40(万元)

烟叶收购单位收购烟叶时按照国家有关规定以现金形式直接补贴烟农的生产投入补贴(以下称价外补贴)，属于农产品买价，为“价款”的一部分。但烟叶收购单位，应将价外补贴与烟叶收购价格在同一张农产品收购发票上分别注明；否则，价外补贴不得计算增值税进项税额进行抵扣。

【例2-31】 某卷烟厂(增值税一般纳税人)从农民手中收购烟叶一批。收购凭证上注明收购价为100万元，支付给农民价外补贴为收购价的10%。烟叶税税率为20%。试计算该卷烟厂可抵扣的进项税额。

解： 烟叶的买价＝烟叶收购价×(1＋10%)＝100×(1＋10%)＝110(万元)

烟叶税＝收购金额×税率＝100×(1＋10%)×20%＝22(万元)

增值税进项税额＝买价×扣除率＝(110＋22)×9%＝11.88(万元)

(二) 不得从销项税额中抵扣的进项税额

(1) 用于简易计税方法计税项目、免征增值税项目、集体福利或者个人消费的购进货物、加工修理修配劳务、服务、无形资产和不动产。纳税人的交际应酬消费属于个人消费。

【例 2-32】 某工业企业(增值税一般纳税人)既生产增值税应税产品，又生产销售免税产品，5 月份用于可抵扣的进项税额为 50 000 元，假设当月应税产品耗用原材料为 80%，免税产品耗用原材料为 20%，且当月生产产品全部销售出去。试计算当月允许抵扣的进项税额。

解： 进项税额＝50 000×80%＝40 000 元(元)

【例 2-33】 某百货公司(一般纳税人)某月购进商品 1 000 件，取得的增值税专用发票上注明的价款为 10 万元，税款为 1.3 万元，其中 100 件作为福利发给职工个人，其余用于销售。试计算该公司本月可抵扣的增值税进项税额。

解： 进项税额＝13 000×(1 000－100)÷1 000＝11 700(元)

(2) 非正常损失的购进货物，以及相关的加工修理修配劳务和交通运输服务。

非正常损失是指因管理不善造成货物被盗、丢失、霉烂变质，以及因违反法律、法规造成货物或者不动产被依法没收、销毁、拆除的情形。

注：人力不可抗拒的自然灾害的损失，其进项税额可以抵扣。

【例 2-34】 某工业企业(增值税一般纳税人)2019 年年末盘存，发现 11 月购进的原材料钢材短少，经查为经营管理不善被盗。已知其购进成本为80 000 元。试计算其增值税的进项税额转出额。

解： 进项税额转出额＝80 000×13%＝10 400(元)

(3) 非正常损失的在产品、产成品所耗用的购进货物(不包括固定资产)、加工修理修配劳务和交通运输服务。

(4) 非正常损失的不动产，以及该不动产所耗用的购进货物、设计服务和建筑服务。

(5) 非正常损失的不动产在建工程所耗用的购进货物、设计服务和建筑服务。纳税人新建、改建、扩建、修缮、装饰不动产，均属于不动产在建工程。

已抵扣进项税额的不动产，发生非正常损失，或者改变用途，专用于简易计税方法计税项目、免征增值税项目、集体福利或者个人消费的，按照下列公式计算不得抵扣的进项税额，并从当期进项税额中扣减：

不得抵扣的进项税额＝已抵扣进项税额×不动产净值率

不动产净值率＝(不动产净值÷不动产原值)×100%

按照规定不得抵扣进项税额的不动产，发生用途改变，用于允许抵扣进项税额项目的，按照下列公式在改变用途的次月计算可抵扣进项税额：

可抵扣进项税额＝增值税扣税凭证注明或计算的进项税额×不动产净值率

(6) 购进的旅客运输服务、贷款服务、餐饮服务、居民日常服务和娱乐服务。

(7) 财政部和国家税务总局规定的其他情形。纳税人取得的增值税扣税凭证不符合法律、行政法规或者国家税务总局有关规定的，其进项税额不得从销项税额中抵扣。纳税人凭完税凭证抵扣进项税额的，应当具备书面合同、付款证明和境外单位的对账单或者发票。资料不全的，其进项税额不得从销项税额中抵扣。

三、应纳税额的计算

一般纳税人销售货物或提供应税劳务、销售无形资产和不动产，采用一般计税方法的应纳税额，是指当期销项税额抵扣当期进项税额后的余额。应纳税额的计算公式为：

应纳税额＝当期销项税额－当期进项税额

(一) 进项税额抵扣的时间限定

根据《国家税务总局关于进一步明确营改增有关征管问题的公告》(国家税务总局公告 2017 年第 11 号)规定："自 2017 年 7 月 1 日起，增值税一般纳税人取得的 2017 年 7 月 1 日及以后开具的增值税专用发票和机动车销售统一发票，应自开具之日起 360 日内认证或登录增值税发票选择确认平台进行确认，并在规定的纳税申报期内，向主管税务机关申报抵扣进项税额。增值税一般纳税人取得的 2017 年 7 月 1 日及以后开具的海关进口增值税专用缴款书，应自开具之日起 360 日内向主管税务机关报送《海关完税凭证抵扣清单》，申请稽核比对。"

增值税专用发票的认证期限是 360 日而不是 360 个工作日，所以节假日不能顺延，也就是说 360 日是自然天数，包含节假日。对于 2017 年 6 月 30 日之前开具增值税专用发票和机动车销售统一发票、海关进口增值税专用缴款书抵扣认证期还是 180 天。

增值税申报有按月申报、按季申报等。增值税专用发票在认证通过后，应当在规定的纳税申报期内，向主管税务机关申报抵扣进项税额，否则不予抵扣进项税额。

(二) 进项税额不足抵扣的处理

由于增值税实行购进扣税法，企业当期购进的货物很多时，会出现当期销项税额比当期进项税额小的情况，此时增值税为负值，说明当期进项税扣不尽，根据税法规定，当期进项税额不足抵扣的部分可以结转下期继续抵扣。

【例 2－35】 某企业为增值税一般纳税人。2019 年 7 月，该企业的购销情况如下：

(1) 购进原料一批，取得增值税专用发票上注明的价款和税款分别为 230 万元和 29.9 万元，另外支付运费(取得发票)3 万元。

(2) 购进钢材 20 吨，取得增值税专用发票上注明的价款和税款分别为 80 万元和 10.4 万元。

(3) 直接向农民购进农产品一批，经税务机关批准的收购凭证上注明的价款为 42 万元。

(4) 销售产品一批，向购买方开具的增值税专用发票上注明的销售额为 300 万元。

(5) 将本月外购钢材 20 吨移送本企业修建产品仓库工程使用。

试计算该企业当期应纳增值税额和期末留抵进项税额。

解：　当期销项税额 $=300\times13\%=39$(万元)

当期进项税额 $=29.9+3\times9\%+10.4+42\times9\%$

$=44.35$(万元)

应纳税额＝当期销项税额－当期进项税额 $=39-44.35=-5.35$(万元)

所以，本期不纳增值税，期末留抵进项税额为 5.35 万元，可以结转下期继续抵扣。

按照《财政部　税务总局　海关总署关于深化增值税改革有关政策的公告》(财政部　税务总局　海关总署公告 2019 年第 39 号)规定，自 2019 年 4 月 1 日起，《营业税改征增值税试点有关事项的规定》(财税〔2016〕36 号印发)第一条第(四)项第 1 点、第二条第(一)项第 1 点停止执行，纳税人取得不动产或者不动产在建工程的进项税额不再分 2 年抵扣。此前按照上述规定尚未抵扣完毕的待抵扣进项税额，可自 2019 年 4 月税款所属期起从销项税额中抵扣。

四、小规模纳税人应纳税额的计算

小规模纳税人应纳税额的计算与上述所讲的一般纳税人的计算方法不同。小规模纳税人不能使用增值税专用发票，售货时只能开具增值税普通发票。购货时无论取得何种发票均不得抵扣进项税，而是采用简易计算办法。

小规模纳税人销售货物或者应税劳务，按照销售额和条例规定的 3% 的征收率计算应纳税额，不得抵扣进项税额。应纳税额的计算公式为：

$$应纳税额=不含税销售额\times征收率$$

【例 2－36】 某商品流通企业为增值税小规模纳税人。2019 年 5 月，该企业有关购销业务如下：购进货物的货款为 5 000 元，支付税款 850 元；购进免税农产品 20 000 元；销售货物取得收入共计 106 000 元。试计算该企业当月应纳增值税额。

解：　应纳增值税额 $=106\,000\div(1+3\%)\times3\%=3\,087.38$(元)

【例 2-37】 甲企业为增值税小规模纳税人。2019 年 5 月 10 日，该企业转让一项专利技术，收取价款 51.5 万元，并于当日转让完成。甲企业当月购进一批办公用电脑共计 5 万元，并取得增值税普通发票。试计算该企业 2019 年 5 月增值税的应纳税额。

解： 不含税销售额 $= 51.5 \div (1 + 3\%) = 50$（万元）

应纳税额 $= 50 \times 3\% = 1.5$（万元）

五、进口货物应纳税额的计算

1. 进口货物的纳税人

(1) 进口货物的收货人。

(2) 办理进口报关手续的单位和个人。

(3) 对于委托代理进口应征增值税的货物，一般由进口代理者代交进口环节增值税。纳税后，由代理者将已纳税款和进口货物价款费用等与委托方结算，由委托者承担已纳税款。

2. 进口货物的适用税率

进口货物适用税率与国内销售货物适用税率相同。

3. 应纳税额的计算

纳税人进口货物，按照组成计税价格和条例规定的税率计算应纳税额，不得抵扣任何税额（是指在计算进口环节应纳增值税额时，不得抵扣发生在我国境外的各种税金）。组成计税价格和应纳税额的计算公式为：

$$应纳税额 = 组成计税价格 \times 税率$$

不需要缴纳消费税的进口货物的组成计税价格公式为：

$$组成计税价格 = 关税完税价格 + 关税$$

需要缴纳消费税的进口货物的组成计税价格为：

$$组成计税价格 = 关税完税价格 + 关税 + 消费税$$

其中，关税完税价格的确定参见第四章中关税的相关内容。

【例 2-38】 某进出口公司于 2019 年 12 月进口一批货物，海关审定的关税完税价格为 700 万元，该货物关税税率为 10%，增值税税率为 13%。试计算该公司当月应纳增值税额。

解： 进口货物应纳税额 $= (700 + 700 \times 10\%) \times 13\% = 100.1$（万元）

4. 进口货物的征收管理

(1) 纳税义务发生时间:报关进口的当天。

(2) 纳税地点:报关地海关。

(3) 纳税期限:自海关填发税款缴纳证的次日起15日内缴纳税款。

进口货物的增值税由海关代征。

六、应纳税额综合举例

【例2-39】 甲白酒厂为增值税一般纳税人。2019年7月,该厂发生以下经济业务:

(1) 2日,向农户购进免税粮食,开具的收购发票上注明的价款为200 000元,取得的运输业增值税专用发票注明的运费为2 000元,税额为180元。

(2) 8日,外购一批包装材料,取得的增值税专用发票上注明的价款为100 000元,增值税额为13 000元,货款已付。

(3) 22日,销售粮食白酒5吨,不含增值税的销售价格为120元/斤,另外向购货方收取包装物押金22 600元,销售酒精取得不含税收入100 000元。

已知:增值税税率为13%;免税粮食增值税的扣除率为9%;农业品收购发票、增值税专用发票已经向税务机关认定。试计算甲白酒厂当月应纳增值税。

解:　进项税额=200 000×9%+180+13 000=31 180(元)

销项税额=[5×2 000×120+22 600÷(1+13%)+100 000]×13%

=171 600(元)

应纳增值税=171 600-31 180=140 420(元)

【例2-40】 某市有国际运输资质的运输公司为增值税一般纳税人。2019年6月,该公司的经营情况如下:

(1) 从事运输服务,开具增值税专用发票,注明运输费320万元、装卸费36万元。

(2) 从事仓储服务,开具增值税专用发票,注明仓储收入110万元,装卸费18万元。

(3) 从事国内运输服务,价税合计277.5万元;运输至中国香港、澳门,价税合计51.06万元。

(4) 出租客货两用车,取得含税收入60.84万元。

(5) 销售使用过的未抵扣进项税额的固定资产,普通发票上注明的含税价为3.09万元。

(6) 进口货车,成交价为160万元,境外运费为12万元,保险费为8万元。

(7) 国内购进小汽车,取得增值税专用发票,价款为80万元,增值税为10.4万元;销售货物接受运输服务,取得增值税专用发票,价款为6万元,增值税为0.54万元。

(8) 购买矿泉水,取得增值税专用发票,价款为8万元,增值税为1.04万元,其中

60%赠送给客户,40%用于职工福利。

已知进口货车适用的关税税率为10%,试计算该公司应纳增值税。

解:进口环节应纳增值税＝180×(1＋10%)×13%＝25.74(万元)

境内销售环节的销项税额＝320×9%＋36×6%＋110×6%＋18×6%＋277.5÷(1＋9%)×9%＋60.84÷(1＋13%)×13%＋3.09÷(1＋3%)×2%＝68.61(万元)

进项税额＝25.74＋10.4＋0.54＋1.04×60%＝37.304(万元)

应纳增值税＝68.61－37.304＝31.306(万元)

【例2-41】 2019年7月,某加油站通过加油机加注成品油700吨(包括加油站自用车辆自用汽油660升,加油站检测自用汽油60升)。其中:汽油500吨、柴油200吨;汽油、柴油的平均零售价均为6.5元/升;当月发售加油卡30万元;购进汽油、柴油取得的增值税专用发票上注明的金额为450万元,当月通过认证并申报抵扣。试计算该加油站当月应纳增值税(汽油1吨＝1 388升;柴油1吨＝1 176升)。

解:经主管税务机关确定的加油站自用车辆自用油、检测用油允许在当月成品油销售数量中扣除;发售加油卡、加油凭证销售成品油的纳税人,在售卖加油卡、加油凭证时,按预收账款做相关账务处理,不征收增值税。

该加油站当月应纳增值税＝(500×1 388＋200×1 176－660－60)×6.5÷(1＋13%)×13%÷10 000－450×13%＝10.93(万元)

第五节　增值税的出口退税

我国的出口货物税收政策分为以下三种形式。

一、出口免税并退税

出口免税是指对货物在出口环节不征收增值税、消费税。它是对货物在出口前实际承担的税收负担,按规定的退税率计算后予以退还。

(一) 范围

(1) 生产企业自营出口或委托外贸企业代理出口的自产货物。

(2) 有出口经营权的外贸企业收购后直接出口或委托其他外贸企业出口。

(3) 下列货物出口特准退税:抽纱、工艺品、香料油、山货、革柳竹藤制品、渔网渔具、松香、五倍子、生漆、鬃尾。

(二) 退税率

1. 退税率的一般规定

除财政部和国家税务总局根据国务院决定而明确的增值税出口退税率(以下简称“退税率”)外,出口货物的退税率为其适用税率。国家税务总局根据上述规定将退税率通过出口货物劳务退税率文库予以发布,供征纳双方执行。退税率有调整的,除另有规定外,其执行时间以货物(包括被加工修理修配的货物)出口货物报关单(出口退税专用)上注明的出口日期为准。

应税服务退税率为应税服务适用的增值税税率。即有形动产租赁服务退税率为13%;交通运输业服务、邮政业服务退税率为9%;现代服务业服务(有形动产租赁劳务除外)退税率为6%。

根据《财政部　税务总局关于调整增值税税率的通知》(财税〔2018〕32号)规定,2018年5月1日至2019年3月31日,原适用17%税率且出口退税率为17%的出口货物,出口退税率调整至16%。原适用11%税率且出口退税率为11%的出口货物、跨境应税行为,出口退税率调整至10%。

自2019年4月1日起,原适用16%税率且出口退税率为16%的出口货物劳务,出口退税率调整为13%;原适用10%税率且出口退税率为10%的出口货物、跨境应税行为,出口退税率调整为9%。适用13%税率的境外旅客购物离境退税物品,退税率为11%;适用9%税率的境外旅客购物离境退税物品,退税率为8%。

外贸企业2018年7月31日以前出口的上述业务所涉货物、销售的上述业务所涉跨境应税行为,购进时已按调整前税率征收增值税的,执行调整前的出口退税率;购进时已按调整后税率征收增值税的,执行调整后的出口退税率。生产企业2018年7月31日以前出口的上述业务所涉货物、销售的上述业务所涉跨境应税行为,执行调整前的出口退税率。

2019年4月1日起调整出口退税率后至2019年6月30日以前,退税率的执行口径与上述规定相同。

调整出口货物退税率的执行时间及出口货物的时间,以出口货物报关单上注明的出口日期为准,调整跨境应税行为退税率的执行时间及销售跨境应税行为的时间,以出口发票的开具日期为准。

2. 退税率的特殊规定

(1) 外贸企业购进按简易办法征税的出口货物、从小规模纳税人购进的出口货物,其退税率分别为简易办法实际执行的征收率、小规模纳税人征收率。上述出口货物取得增值税专用发票的,退税率按照增值税专用发票上的税率和出口货物退税率孰低的原则确定。

(2) 出口企业委托加工修理修配货物,其加工修理修配费用的退税率,为出口货物的退税率。

适用不同退税率的货物劳务,应分开报关、核算并申报退(免)税,未分开报关、核算或划分不清的,从低适用退税率。

(三) 计算办法

1. "免、抵、退"税的计算方法(适用于自营和委托出口自产货物的生产企业)

在"免、抵、退"方法中,"免"税是指对生产企业出口的自产货物,免征本企业生产销售环节增值税;"抵"税是指生产企业自产货物所负担的应予退还的进项税额,可以抵顶内销货物的应纳税额;"退"税是指生产企业出口的自产货物在当月内应抵顶的进项税额大于应纳税额时,对未抵顶完的部分给予退税。具体计算方法如下:

(1) 计算"免、抵、退"税不得免征和抵扣进项税额,将其计入产品销售成本。其计算公式为:

"免、抵、退"税不得免征和抵扣税额＝当期出口货物的离岸价格×外汇人民币牌价
×(出口货物征税率－出口货物退税率)

(2) 计算当期内销货物应缴纳的增值税额。其计算公式为:

当期应纳税额＝当期内销货物的销项税额－(当期进项税额
－当期免抵退税不得免征和抵扣税额)－上期未抵扣完的进项税额

(3) 计算当期免、抵、退税额。其计算公式为:

免、抵、退税额＝出口货物的离岸价格×外汇人民币牌价×出口货物退税率

其中: 免、抵、退税额抵减额＝免税购进原材料价格×出口货物退税率

(4) 计算当期应退税额和免抵税额。其计算分以下两种情况:

其一,当期期末留抵税额(应纳税额为负数且绝对值)≤当期免抵退税额时,其计算公式为:

当期应退税额＝当期期末留抵税额(应纳税额的绝对值)
当期免抵税额＝当期免抵退税额－当期应退税额

其二,当期期末留抵税额(应纳税额为负数且绝对值)＞当期免抵退税额时,其计算公式为:

当期应退税额＝当期免抵退税额
当期免抵税额＝0
结转下期抵扣的进项税额＝当期期末留抵税额－当期应退税额

当期期末留抵税额根据当期《增值税纳税申报表》中"期末留抵税额"确定。

(5)"免、抵、退"计算实例。

【例 2-42】 某化工生产企业系一般纳税人,兼营内销与外销。2019 年 9 月,该企业发生以下业务:

(1) 国内采购原料,取得的增值税专用发票上注明的价款为 100 万元,准予抵扣的进项税额为 13 万元。

(2) 当月进料加工免税进口料件的组成计税价格为 50 万元。

(3) 内销货物的不含税价格为 80 万元,外销货物的销售额为 120 万元。该出口货物退税率为 9%,上期留抵税额为 2 万元。

试计算该企业"免抵退"应退税额。

解:当期免抵退税不得免征和抵扣税额 $=120\times(13\%-9\%)-50\times(13\%-9\%)=2.8$(万元)

当期应纳税额 $=80\times13\%-(13-2.8)-2=-1.8$(万元)

当期免抵退税额 $=120\times13\%-50\times13\%=9.1$(万元)

当期应纳税额 <0,且当期期末留抵税额 $<$ 当期免抵退税额

当期应退税额 = 当期期末留抵税额 $=1.8$(万元)

当期免抵税额 = 当期免抵退税额 − 当期应退税额 $=9.1-1.8=7.3$(万元)

2. 外贸企业"先征后退"的计算方法

其计算公式为:

当期应退税额 = 当期外贸收购不含税增值税购进金额 × 退税率

【例 2-43】 2019 年 12 月,某进出口公司出口服装 10 000 件,出口的不含税销售额为 200 元/件,已知其购进这批服装时取得增值税专用发票上注明价款为 180 元/件,退税率为 13%。试计算其应退税额。

解: 应退税额 $=180\times10\,000\times13\%=234\,000$(元)

二、出口免税不退税

出口免税的含义如前所述。出口不退税是指出口货物在前一生产、销售或进口环节是免税的,故出口时本身并不含税,也无须退税。

其范围如下:

(1) 属于生产企业的小规模纳税人自营出口或委托外贸企业代理出口的自产货物。

(2) 外贸企业从小规模纳税人购进并持有普通发票出口。

(3) 外贸企业直接购进国家规定的免税货物。

(4) 下列特定货物出口:① 来料加工复出口的货物。② 列入免税项目的避孕药品和工具、古旧图书、免税农产品。③ 国家计划内出口的卷烟及军品。④ 国家规定的其他免税货物,如农业生产者销售的自产农业产品、饲料、农膜等。

三、出口不免税也不退税

出口不免税是指对国家限制或禁止出口的某些货物的出口环节视同内销环节,照常征税;出口不退税是指对这些货物出口不退还出口前其所承担的税款。适用这个政策的货物主要有:① 国家计划外原油。② 援外出口货物。③ 税法列举限制或禁止出口的货物,如天然牛黄、麝香、铜及铜基合金、白银等。

第六节 增值税的征收管理

一、纳税义务发生时间

销售货物或者应税劳务,其纳税义务发生的时间,总的原则是为收讫销售货款或者取得索取销售凭证的当天,根据销售结算方式的不同,具体规定如下:

(1) 采用直接收款方式销售货物、服务、加工修理修配、无形资产或者不动产,为收到销售额或取得索取销售款项凭据的当天;先开具发票的,为开具发票的当天。纳税人从事金融商品转让的,为金融商品所有权转移的当天。

(2) 采取托收承付和委托银行收款方式销售货物,为发出货物并办妥托收手续的当天。

(3) 采取赊销和分期收款方式销售货物,为按合同约定的收款日期的当天。

(4) 采取预收货款方式销售货物,为货物发出的当天;纳税人提供建筑服务、租赁服务采取预收款方式的,其纳税义务发生时间为收到预收款的当天。

(5) 委托其他纳税人代销货物,为收到代销单位的代销清单或者收到全部或部分货款的当天。未收到代销清单及货款的为发生代销货物满 180 天的当天。

(6) 纳税人发生的列为视同销售行为的,为货物移送、服务及无形资产转让完成的当天。

(7) 进口货物,为报送进口的当天。

增值税扣缴义务发生时间为纳税人增值税纳税义务发生的当天。

二、纳税期限

增值税的纳税期限分别为 1 日、3 日、5 日、10 日、15 日、1 个月或者 1 个季度。

纳税人的具体纳税期限，由主管税务机关根据纳税人应纳税额的大小分别核定。以1个季度为纳税期限的规定适用于小规模纳税人、银行、财务公司、信托投资公司、信用社，以及财政部和国家税务总局规定的其他纳税人。不能按照固定期限纳税的，可以按次纳税。

纳税人以1个月或者1个季度为一个纳税期的，自期满之日起15日内申报纳税；以1日、3日、5日、10日或者15日为一个纳税期的，自期满之日起5日内预缴税款，于次月1日起15日内申报纳税并结清上月应纳税款。

扣缴义务人解缴税款的期限，按照上述规定执行。

纳税人进口货物，应当自海关填发海关进口增值税专用缴款书之日起15日内缴纳税款。

三、纳税地点

(1) 固定业户应当向其机构所在地主管税务机关申报纳税。

(2) 固定业户到外县(市)销售货物的，应当向其机构所在地主管税务机关申请开具外出经营活动税收管理证明，向其机构所在地主管税务机关申报纳税。

(3) 非固定业户销售货物或者应税劳务，应当向销售地主管税务机关申报纳税。

(4) 进口货物，应当由进口人或其代理人向报关地海关申报纳税。

四、纳税申报

增值税一般纳税人应按规定申报纳税，纳税申报表见表2-2。

表2-2　　增值税纳税申报表

(适用于增值税一般纳税人)

根据《中华人民共和国增值税暂行条例》第二十二条和第二十三条的规定制定本表。纳税人不论有无销售额，均应按主管税务机关核定的纳税期限填报本表，并于次月一日起十日内，向当地税务机关申报。

税款所属时间：自　年　月　日至　年　月　日　　填表时期：　年　月　日　金额单位：元至角分

<table>
<tr><td>纳税人识别号</td><td colspan="5"></td><td colspan="2">所属行业：</td></tr>
<tr><td>纳税人名称</td><td>(公章)</td><td>法定代表人姓名</td><td></td><td>注册地址</td><td></td><td>营业地址</td><td></td></tr>
<tr><td colspan="2">开户银行及账号</td><td colspan="2"></td><td colspan="2">企业登记注册类型</td><td>电话号码</td><td></td></tr>
</table>

（续表）

	项目	栏次	一般货物及劳务		即征即退货物及劳务	
			本月数	本年累计	本月数	本年累计
销售额	（一）按适用税率征税货物及劳务销售额	1				
	其中：应税货物销售额	2				
	应税劳务销售额	3				
	纳税检查调整的销售额	4				
	（二）按简易征收办法征税货物销售额	5				
	其中：纳税检查调整的销售额	6				
	（三）免、抵、退办法出口货物销售额	7				
	（四）免税货物及劳务销售额	8				
	其中：免税货物销售额	9				
	免税劳务销售额	10				
税款计算	销项税额	11				
	进项税额	12				
	上期留抵税额	13				
	进项税额转出	14				
	免、抵、退货物应退税额	15				
	按适用税率计算的纳税检查应补缴税额	16				
	应抵扣税额合计	17＝12＋13－14－15＋16				
	实际抵扣税额	18（如 17＜11，则为 17，否则为 11）				
	应纳税额	19＝11－18				
	期末留抵税额	20＝17－18				
	按简易征收办法计算的应纳税额	21				
	按简易征收办法计算的纳税检查应补缴税额	22				
	应纳税额减征额	23				
	应纳税额合计	24＝19＋21－23				

（续表）

项　　目		栏　次	一般货物及劳务		即征即退货物及劳务	
			本月数	本年累计	本月数	本年累计
税款缴纳	期初未缴税额（多缴为负数）	25				
	实收出口开具专用缴款书退税额	26				
	本期已缴税额	27＝28＋29＋30＋31				
	① 分次预缴税额	28				
	② 出口开具专用缴款书预缴税额	29				
	③ 本期缴纳上期应纳税额	30				
	④ 本期缴纳欠缴税额	31				
	期末未缴税额（多缴为负数）	32＝24＋25＋26－27				
	其中：欠缴税额（≥0）	33＝25＋26－27				
	本期应补（退）税额	34＝24－28－29				
	即征即退实际退税额	35				
	期初未缴查补税额	36				
	本期入库查补税额	37				
	期末未缴查补税额	38＝16＋22＋36－37				

授权声明		申报人声明	
授权声明	如果你已委托代理人申报，请填写下列资料： 为代理一切税务事宜，现授权 （地址）　　　　为本纳税人的代理申报人，任何与本申报表有关的往来文件，都可寄予此人。 授权人签字：	申报人声明	此纳税申报表是根据《中华人民共和国增值税暂行条例》的规定填报的，我相信它是真实的、可靠的、完整的。 声明人签字：

以下由税务机关填写
收到日期：　　　　　　　　　　　　　　　　接收人：
主管税务机关盖章：

第七节　增值税发票的使用与管理

一、增值税专用发票

增值税专用发票(以下简称“专用发票”)是增值税一般纳税人销售货物或者提供应税劳务开具的发票,是购买方支付增值税额并可按照增值税有关规定据以抵扣增值税进项税额的凭证。一般纳税人应通过增值税防伪税控系统使用专用发票。使用包括领购、开具、缴销、认证纸质专用发票及其相应的数据电文。防伪税控系统是指经国务院同意推行的,使用专用设备和通用设备、运用数字密码和电子存储技术管理专用发票的计算机管理系统。其中,专用设备是指金税卡、C卡、读卡器金税盘、报税盘和其他设备。

通用设备是指计算机、打印机、扫描器具和其他设备。

(一) 增值税专用发票的联次

增值税专用发票由基本联次或者基本联次附加其他联次构成,基本联次为三联:发票联、抵扣联和记账联。其中,发票联作为购买方核算采购成本和增值税进项税额的记账凭证;抵扣联作为购买方报送主管税务机关认证和留存备查的凭证;记账联作为销售方核算销售收入和增值税销项税额的记账凭证。其他联次及其用途由一般纳税人自行确定。

(二) 增值税专用发票的领购

一般纳税人凭“发票领购簿”、IC卡和经办人身份证明领购增值税专用发票。

一般纳税人有下列情形之一的,不得领购开具增值税专用发票:

(1) 会计核算不健全,不能向税务机关准确提供增值税销项税额、进项税额、应纳税额数据及其他有关增值税税务资料的。上列其他有关增值税税务资料的内容,由省、自治区、直辖市和计划单列市国家税务局确定。

(2) 有《中华人民共和国税收征收管理法》(以下简称《税收征管法》)规定的税收违法行为,拒不接受税务机关处理的。

(3) 有下列行为之一,经税务机关责令限期改正而仍未改正的:① 虚开增值税专用发票。② 私自印制增值税专用发票。③ 向税务机关以外的单位和个人买取增值税专用发票。④ 借用他人增值税专用发票。⑤ 未按要求开具发票的。⑥ 未按规定保管专用发票和专用设备。有下列情形之一的,为未按规定保管增值税专用发票和专用设备:一是未设专人保管增值税专用发票和专用设备;二是未按税务机关要求存放增值税专用发票和专用设备;三是未将认证相符的增值税专用发票抵扣联、“认证结果通知书”和“认证结果清单”装订成册;四是未经税务机关查验,擅自销毁增值税专用发票基本联次。⑦ 未按规定申请办理防伪税控系统变更发行。⑧ 未按规定接受税务机关检查。

有上列情形的，如已领购增值税专用发票，主管税务机关应暂扣其结存的增值税专用发票和IC卡。

(4) 新办纳税人首次申领增值税发票规定。《国家税务总局关于新办纳税人首次申领增值税发票有关事项的公告》(国家税务总局公告 2018 年第 29 号)规定：① 同时满足下列条件的新办纳税人首次申领增值税发票，主管税务机关应当自受理申请之日起 2 个工作日内办结，有条件的主管税务机关当日办结：一是纳税人的办税人员、法定代表人已经进行实名信息采集和验证(需要采集、验证法定代表人实名信息的纳税人范围由各省税务机关确定)；二是纳税人有开具增值税发票需求，主动申领发票；三是纳税人按照规定办理税控设备发行等事项。② 新办纳税人首次申领增值税发票主要包括发票票种核定、增值税专用发票(增值税税控系统)最高开票限额审批、增值税税控系统专用设备初始发行、发票领用等涉税事项。③ 税务机关为符合上述规定的首次申领增值税发票的新办纳税人办理发票票种核定，增值税专用发票最高开票限额不超过 10 万元，每月最高领用数量不超过 25 份；增值税普通发票最高开票限额不超过 10 万元，每月最高领用数量不超过 50 份。各省税务机关可以在此范围内结合纳税人税收风险程度，自行确定新办纳税人首次申领增值税发票票种核定标准。

(三) 专用发票的开具范围

1. 一般纳税人开具增值税专用发票

(1) 一般纳税人发生应税销售行为，应向购买方开具专用发票。

(2) 一般纳税人有下列销售情形，不得开具专用发票：① 商业企业一般纳税人零售的烟、酒、食品、服装、鞋帽(不包括劳保专用部分)、化妆品等消费品不得开具专用发票。② 发生应税销售行为适用免税规定的。③ 销售报关出口的货物、在境外销售应税劳务。④ 将货物用于集体福利或个人消费。⑤ 将货物无偿赠送他人(如果受赠者为一般纳税人，可根据受赠人的要求开具增值税专用发票)。⑥ 向小规模纳税人销售应税项目，可以不开具增值税专用发票。⑦ 应税销售行为的购买方为消费者个人的。⑧ 城镇公共供水企业缴纳的水资源税对应的水费收入，不计征增值税，按“不征税自来水”项目开具增值税普通发票。

2. 小规模纳税人申请代开增值税专用发票

小规模纳税人需要开具增值税专用发票，可以向主管税务机关申请代开。

3. 小规模纳税人自行开具增值税专用发票

为方便纳税人使用发票，国家税务总局在“营改增”后先后对多个行业的小规模纳税人自开增值税专用发票进行了试点。

自 2016 年 11 月 4 日起，月销售额超过 3 万元(或季销售额超过 9 万元)的住宿业小规模纳税人提供住宿服务、销售货物或发生其他应税行为，需要开具增值税专用发票的，可以通过增值税发票管理新系统自行开具，主管税务机关不再为其代开。

自2017年3月1日起，月销售额超过3万元（或季销售额超过9万元）的鉴证咨询业增值税小规模纳税人，提供认证服务、鉴证服务、咨询服务、销售货物或发生其他增值税应税行为，需要开具增值税专用发票的，可以通过增值税发票管理新系统自行开具，主管税务机关不再为其代开。

自2017年6月1日起，月销售额超过3万元（或季销售额超过9万元）的建筑业增值税小规模纳税人提供建筑服务、销售货物或发生其他增值税应税行为，需要开具增值税专用发票的，通过增值税发票管理新系统自行开具。

自2018年2月1日起，月销售额超过3万元（或季销售额超过9万元）的工业以及信息传输、软件和信息技术服务业增值税小规模纳税人发生增值税应税行为，需要开具增值税专用发票的，可以通过增值税发票管理新系统自行开具。

自2019年3月1日起，将小规模纳税人自行开具增值税专用发票试点范围由住宿业，鉴证咨询业，建筑业，工业，信息传输、软件和信息技术服务业，扩大至租赁和商务服务业，科学研究和技术服务业，居民服务、修理和其他服务业。上述8个行业小规模纳税人发生增值税应税行为，需要开具增值税专用发票的，可以自愿使用增值税发票管理系统自行开具。

试点纳税人所开具的专用发票应缴纳的税款，应在规定的纳税申报期内，向主管税务机关申报纳税。在填写增值税纳税申报表时，应将当期开具专用发票的销售额，按照3%和5%的征收率，分别填写在《增值税纳税申报表》（小规模纳税人适用）中。

以上试点行业小规模纳税人销售其取得的不动产，需要开具增值税专用发票的，仍须向税务机关申请代开。

《国家税务总局关于纳税人申请代开增值税发票办理流程的公告》（国家税务总局公告2016年第59号），纳税人代开发票（纳税人销售取得的不动产和其他个人出租不动产代开增值税发票业务除外）办理流程如下：

（1）在办税服务厅指定窗口：① 提交《代开增值税发票缴纳税款申报单》。② 自然人申请代开发票，提交身份证件及复印件；

（2）在同一窗口缴纳有关税费、领取发票。其他纳税人申请代开发票，提交加载统一社会信用代码的营业执照（或税务登记证或组织机构代码证）、经办人身份证件及复印件。

（四）增值税专用发票的开具要求

增值税专用发票应按下列要求开具：

（1）项目齐全，与实际交易相符。

（2）字迹清楚，不得压线、错格。

（3）发票联和抵扣联加盖财务专用章或者发票专用章。

（4）按照增值税纳税义务的发生时间开具。

对不符合上述要求的增值税专用发票，购买方有权拒收。

一般纳税人发生应税销售行为可汇总开具增值税专用发票。汇总开具增值税专用发票的，同时使用防伪税控系统开具《销售货物或者提供应税劳务清单》，并加盖财务专用章或者发票专用章。

（五）红字专用发票的开具

（1）增值税一般纳税人开具增值税专用发票后，发生销货退回、开票有误、应税服务中止等情形但不符合发票作废条件，或者因销货部分退回及发生销售折让，需要开具红字专用发票的，按以下方法处理：① 购买方取得专用发票已用于申报抵扣的，购买方可在增值税发票管理新系统（以下简称“新系统”）中填开并上传《开具红字增值税专用发票信息表》（以下简称《信息表》），在填开《信息表》时不填写相对应的蓝字专用发票信息，应暂依《信息表》所列增值税额从当期进项税额中转出，待取得销售方开具的红字专用发票后，与《信息表》一并作为记账凭证。购买方取得专用发票未用于申报抵扣，但发票联或抵扣联无法退回的，购买方填开《信息表》时应填写相对应的蓝字专用发票信息。销售方开具专用发票尚未交付购买方，以及购买方未用于申报抵扣并将发票联及抵扣联退回的，销售方可在新系统中填开并上传《信息表》。销售方填开《信息表》时应填写相对应的蓝字专用发票信息。② 主管税务机关通过网络接收纳税人上传的《信息表》，系统自动校验通过后，生成带有“红字发票信息表编号”的《信息表》，并将信息同步至纳税人端系统中。③ 销售方凭税务机关系统校验通过的《信息表》开具红字专用发票，在新系统中以销项负数开具。红字专用发票应与《信息表》一一对应。④ 纳税人也可凭《信息表》电子信息或纸质资料到税务机关对《信息表》内容进行系统校验。

（2）税务机关为小规模纳税人代开专用发票，需要开具红字专用发票的，按照一般纳税人开具红字专用发票的方法处理。

（3）纳税人需要开具红字增值税普通发票的，可以在所对应的蓝字发票金额范围内开具多份红字发票。红字机动车销售统一发票需与原蓝字机动车销售统一发票一一对应。

（4）按照《国家税务总局关于纳税人认定或登记为一般纳税人前进项税额抵扣问题的公告》（国家税务总局公告 2015 年第 59 号）的规定，需要开具红字专用发票的，按照上述规定执行。

上述规定自 2016 年 8 月 1 日起施行。

自 2019 年 4 月 1 日起，增值税一般纳税人在增值税税率调整前已按原 16%、10%适用税率开具的增值税发票，发生销售折让、中止或者退回等情形需要开具红字发票的，按照原适用税率开具红字发票；开票有误需要新开具的，先按照原适用税率开具红字发票后，再重新开具正确的蓝字发票。

增值税一般纳税人在增值税税率调整前未开具增值税发票的增值税应税销售行为，

需要补开增值税发票的，应当按照原适用税率补开。

（六）增值税专用发票不得抵扣进项税额的规定

1. 不得作为增值税进项税额的抵扣凭证

经认证，有下列情形之一的，不得作为增值税进项税额的抵扣凭证，税务机关退还原件，购买方可要求销售方重新开具增值税专用发票：

（1）无法认证。无法认证是指增值税专用发票所列密文或者明文不能辨认，无法产生认证结果。

（2）纳税人识别号认证不符。纳税人识别号认证不符是指增值税专用发票所列购买方纳税人识别号有误。

（3）增值税专用发票代码、号码认证不符。增值税专用发票代码、号码认证不符是指增值税专用发票所列密文解译后与明文的代码或者号码不一致。

2. 暂不得作为增值税进项税额的抵扣凭证

经认证，有下列情形之一的，暂不得作为增值税进项税额的抵扣凭证，税务机关扣留原件，查明原因，分别情况进行处理：

（1）重复认证。重复认证是指已经认证相符的同一张增值税专用发票再次认证。

（2）密文有误。密文有误是指增值税专用发票所列密文无法解译。

（3）认证不符。认证不符是指纳税人识别号有误，或者增值税专用发票所列密文解译后与明文不一致，认证不符不含第1项的第(2)、第(3)项所列情形。

（七）增值税专用发票的管理

1. 丢失已开具的专用发票

从2014年5月1日起，购买方一般纳税人丢失已开具的增值税专用发票，分别按照以下办法处理：

（1）一般纳税人丢失已开具专用发票的发票联和抵扣联，如果丢失前已认证相符的，购买方可凭销售方提供的相应专用发票记账联复印件及销售方主管税务机关出具的《丢失增值税专用发票已报税证明单》或《丢失货物运输业增值税专用发票已报税证明单》（以下统称《证明单》），作为增值税进项税额的抵扣凭证；如果丢失前未认证的，购买方凭销售方提供的相应专用发票记账联复印件进行认证，认证相符的可凭专用发票记账联复印件及销售方主管税务机关出具的《证明单》，作为增值税进项税额的抵扣凭证。专用发票记账联复印件和《证明单》留存备查。

（2）一般纳税人丢失已开具专用发票的抵扣联，如果丢失前已认证相符的，可使用专用发票发票联复印件留存备查；如果丢失前未认证的，可使用专用发票发票联认证，专用发票发票联复印件留存备查。

（3）一般纳税人丢失已开具专用发票的发票联，可将专用发票抵扣联作为记账凭证，专用发票抵扣联复印件留存备查。

2. 对代开、虚开增值税专用发票的处理

代开发票是指为与自己没有发生直接购销关系的他人开具发票的行为，虚开发票是指在没有任何购销事实的前提下，为他人、为自己或让他人为自己或介绍他人开具发票的行为。代开、虚开发票的行为都是严重的违法行为。对代开、虚开增值税专用发票的一律按票面所列货物的适用税率全额征补税款，并按《税收征管法》的规定按偷税给予处罚。对纳税人取得代开、虚开的增值税专用发票，不得作为增值税合法抵扣凭证抵扣进项税额。代开、虚开发票构成犯罪的，按全国人大常委会发布的《关于惩治虚开、伪造和非法出售增值税专用发票犯罪的决定》处以刑罚。

根据《关于纳税人对外开具增值税专用发票有关问题的公告》(国家税务总局公告2014年第39号)的政策精神，对外开具增值税专用发票同时符合以下情形的，不属于对外虚开增值税专用发票：

(1) 纳税人向受票方纳税人销售了货物、劳务、服务、无形资产、不动产。

(2) 纳税人向受票方纳税人收取了所销售货物、劳务、服务、无形资产、不动产的款项，或者取得了索取销售款项的凭据。

(3) 纳税人按规定向受票方纳税人开具的增值税专用发票相关内容，与所销售货物、劳务、服务、无形资产、不动产相符，且该增值税专用发票是纳税人合法取得、并以自己名义开具的。

受票方纳税人取得的符合上述情形的增值税专用发票，可以作为增值税扣税凭证抵扣进项税额。

3. 纳税人善意取得虚开的增值税专用发票的处理

根据《国家税务总局关于纳税人善意取得虚开的增值税专用发票处理问题的通知》(国税发〔2000〕187号)及其他相关规定：

(1) 纳税人善意取得虚开的增值税专用发票指购货方与销售方存在真实交易，且购货方不知取得的增值税专用发票是以非法手段获得的。

纳税人善意取得虚开的增值税专用发票，如能重新取得合法、有效的增值税专用发票，准许其抵扣进项税款；如不能重新取得合法、有效的增值税专用发票，不准其抵扣进项税款或追缴其已抵扣的进项税款。

纳税人善意取得虚开的增值税专用发票被依法追缴已抵扣税款的，不属于《税收征管法》第三十二条“纳税人按照规定期限缴纳税款”的情形，不适用该条“税务机关除责令限期缴纳外，从滞纳税款之日起，按日加收滞纳税款万分之五的滞纳金”的规定。

(2) 购货方与销售方存在真实的交易，销售方使用的是其所在省(自治区、直辖市和计划单列市)的增值税专用发票，增值税专用发票注明的销售方名称、印章、货物数量、金额及税额等全部内容与实际相符，且没有证据表明购货方知道销售方提供的增值税专用发票是以非法手段获得的，对购货方不以偷税或者骗取出口退税论处。但应按有关规定不予抵扣进项税款或者不予出口退税;购货方已经抵扣的进项税款或者取得的出口退税,应依法追缴。

(3) 购货方能够重新从销售方取得防伪税控系统开出的合法、有效专用发票的,或者取得手工开出的合法、有效增值税专用发票且取得了销售方所在地税务机关已经或者正在依法对销售方虚开增值税专用发票行为进行查处证明的,购货方所在地税务机关应依法准予抵扣进项税款或者出口退税。

(4) 如有证据表明购货方在进项税款得到抵扣或者获得出口退税前知道该增值税专用发票是销售方以非法手段获得的,对购货方应按《国家税务总局关于纳税人取得虚开的增值税专用发票处理问题的通知》(国税发〔1997〕134 号)和《国家税务总局关于〈国家税务总局关于纳税人取得虚开的增值税专用发票处理问题的通知〉的补充通知》(国税发〔2000〕182 号)的规定处理。

(5) 依据国税发〔2000〕182 号文件规定,有下列情形之一的,无论购货方(受票方)与销售方是否进行了实际的交易,增值税专用发票所注明的数量、金额与实际交易是否相符,购货方向税务机关申请抵扣进项税款或者出口退税的,对其均应按偷税或者骗取出口退税处理:① 购货方取得的增值税专用发票所注明的销售方名称、印章与其进行实际交易的销售方不符的,即国税发〔1997〕134 号文件第二条规定的"购货方从销售方取得第三方开具的增值税专用发票"的情况。② 购货方取得的增值税专用发票为销售方所在省(自治区、直辖市和计划单列市)以外地区的,即国税发〔1997〕134 号文件第二条规定的"从销货地以外的地区获得增值税专用发票"的情况。③ 其他有证据表明购货方明知取得的增值税专用发票系销售方以非法手段获得的即 134 号文件第一条规定的"受票方利用他人虚开的增值税专用发票,向税务机关申报抵扣税款进行偷税"的情况。

(6) 纳税人虚开增值税专用发票,未就其虚开金额申报并缴纳增值税的,应按照其虚开金额补缴增值税;已就其虚开金额申报并缴纳增值税的,不再按照其虚开金额补缴增值税。税务机关对纳税人虚开增值税专用发票的行为,应按《税收征管法》《发票管理办法》的有关规定给予处罚。纳税人取得虚开的增值税专用发票,不得作为增值税合法有效的扣税凭证抵扣其进项税额。

二、增值税普通发票

增值税普通发票是将除商业零售以外的增值税一般纳税人纳入增值税防伪税控系统开具和管理。也就是说,一般纳税人可以使用同一套增值税防伪税控系统开具增值税专用发票、增值税普通发票等,俗称"一机多票"。

增值税普通发票的格式、字体、栏次、内容与增值税专用发票完全一致,按发票联次分为两联票和五联票两种。基本联次为两联:第一联为记账联,销售方用作记账凭证;第二联为发票联，购买方用作记账凭证。此外，为满足部分纳税人的需要，在基本联次后添加了三联的附加联次，即五联票，供企业选择使用。

2017年12月，(国家)税务总局发布公告，从2018年1月1日起调整增值税普通发票(折叠票)发票代码从现行的10位到12位。发票右上角12位代码的含义：第1位为0，第2～5位代表省、自治区、直辖市和计划单列市，第6～7位代表年度，第8～10位代表批次，第11～12位代表票种和联次，其中04代表二联增值税普通发票(折叠票)、05代表五联增值税普通发票(折叠票)。

增值税普通发票第二联(发票联)采用防伪纸张印制。

代码采用专用防伪油印制，号码的字型为专用异型体。各联次的颜色依次为蓝、橙、绿蓝、黄绿和紫红色。

三、增值税电子普通发票

为进一步适应经济社会发展和税收现代化建设需要，满足纳税人开具增值税电子普通发票的需求，国家税务总局在2015年11月发布了《国家税务总局关于推行通过增值税电子发票系统开具的增值税电子普通发票有关问题的公告》(国家税务总局公告2015年第84号)推行通过增值税电子发票系统开具的增值税电子普通发票，对降低纳税人经营成本、节约社会资源、方便消费者保存使用发票、营造健康公平的税收环境有着重要作用。其具体内容如下：

(1) 增值税电子普通发票的开票方和受票方需要纸质发票的，可以自行打印增值税电子普通发票的版式文件，其法律效力、基本用途、基本使用规定等与税务机关监制的增值税普通发票相同。

(2) 增值税电子普通发票的发票代码为12位，编码规则：第1位为0，第2～5位代表省、自治区、直辖市和计划单列市，第6～7位代表年度，第8～10位代表批次，第11～12位代表票种(11代表增值税电子普通发票)。发票号码为8位，按年度、分批次编制。

四、机动车销售统一发票

(一) 机动车销售统一发票联次

《国家税务总局关于使用新版机动车销售统一发票有关问题的通知》(国税函〔2006〕479号)规定：《机动车销售统一发票》为电脑六联式发票。第一联为发票联(购货单位付款凭证)，第二联为抵扣联(购货单位扣税凭证)，第三联为报税联(车购税征收单位留存)，第四联为注册登记联(车辆登记单位留存)，第五联为记账联(销货单位记账凭证)，第六联为存根联(销货单位留存)。第一联印色为棕色，第二联印色为绿色，第三联印色为紫色，第四联印色为蓝色，第五联印色为红色，第六联印色为黑色。发票代码、发票号码印色为黑色，当购货单位不是增值税一般纳税人时，第二联抵扣联由销货单位留存。

(二)机动车销售统一发票适用范围

国税函〔2006〕479号规定:凡从事机动车零售业务的单位和个人,从2006年8月1日起,在销售机动车(不包括销售旧机动车)收取款项时,必须开具税务机关统一印制的新版《机动车销售统一发票》(以下简称《机动车发票》),并在发票联加盖财务专用章或发票专用章,抵扣联和报税联不得加盖印章。

《国家税务总局关于〈机动车销售统一发票〉注册登记联加盖开票单位印章问题的通知》(国税函〔2006〕813号)规定,从2006年10月1日起,《机动车销售统一发票》注册登记联一律加盖开票单位印章。

本章小结

增值税是流转税中最重要的税种,本章由七节组成。第一节是增值税概述,主要介绍增值税的概念、类型、特点和作用。第二节是增值税的基本要素,包括征税范围、纳税人、税目、税率和征收率。征税范围既有一般规定,即在我国境内销售货物、劳务、服务、无形资产、不动产;又有特殊项目和特殊行为的规定。纳税人根据其生产经营规模可以分为一般纳税人和小规模纳税人,要重点掌握两者的区分。税率有基本税率、较低税率、低税率、零税率和征收率。第三节是增值税的减免,主要是《增值税暂行条例》中规定的减免情况和起征点的规定。第四节是应纳增值税的计算,按照销项税额、进项税额和应纳税额三部分进行阐述。销项税额的计算重点是不同销售方式下销售额的确定,进项税额的计算重点是允许抵扣和不能抵扣的情况要区别开来。第五节是增值税的出口退税,一共有三种政策,分别为出口免税并退税、出口免税不退税和出口不免税也不退税。第六节是增值税的征收管理,主要介绍了增值税的纳税义务发生时间、纳税期限、纳税地点和纳税申报。第七节是增值税发票的使用与管理。

思考题

1. 简述增值税的类型。
2. 简述一般纳税人与小规模纳税人的划分标准。
3. 增值税进项税额在哪些情况下可以从销项税额中抵扣?
4. 简述增值税的纳税义务发生时间。
5. 简述增值税的出口退税政策及适用。

第三章 消费税法

学习目的

通过本章的学习，学生应了解我国现行消费税的特点，掌握消费税具体的征收范围；并在学习增值税有关内容的基础上，理解增值税和消费税之间存在的各种关系；在熟悉消费税有关税制要素和征税办法的前提下，熟练掌握消费税应纳税额的计算以及应退消费税的计算。

第一节 消费税概述

一、消费税的产生与发展

十五六世纪，资本主义生产方式开始在欧洲大陆萌芽，但封建国家的苛捐杂税严重束缚着资本主义生产力的发展，但少数地主贵族阶层享有广泛的免税特权。

新兴资产阶级上台后，首先取消了对工商各业征收的原始直接税，代之以消费税。

消费税可称为间接税，税款随着商品销售转嫁出去，农民和城市劳动者购买力低下，所以购买商品并负担消费税的实际上主要是富裕的贵族，这样既可以充实资产阶级实力，又可削弱封建势力。

到18世纪，消费税为主导的间接税成了主导税制。20世纪后，才被所得税代替。

我国自1994年开始征收。消费税不仅是国家组织财政收入的重要手段，还具有独特的调节功能，在体现国家奖励政策、引导消费方向、调节市场供求、缓解社会成员之间分配不均等方面发挥着越来越重要的作用。

二、消费税的概念

消费税是以特定消费品为课税对象所征收的一种税。属于流转税的范畴。

消费税是一种价内税，并实行单一环节征收，只是对部分货物的生产、委托加工和进口环节征税，在以后的批发、零售等环节中，由于价款中已包含消费税，因此，不必再缴纳消费税。

三、消费税的特点

(1) 征收范围具有选择性。一般是选择部分消费品和消费行为征收。

(2) 征收环节具有单一性。消费税负担的最终归宿虽然是消费者，但是为了加强源泉控制，防止税款流失，消费税的纳税环节主要确定在生产环节或进口环节。也就是说，应税消费品在生产环节或进口环节征税之后，行销全国不再征收消费税。个别消费品的纳税环节为零售环节。但无论在哪个环节征税，都实行单一环节征收。这样既可以减少纳税人的数量，降低税款征收费用和税源流失的风险，又可以防止重复课税。

(3) 征收方法具有灵活性。既可以采取对消费品的数量实行从量定额的征收方法，也可以实行从价定率的征收方法。

(4) 税率税额具有差别性。可以根据消费品的价格水平、国家的产业政策和消费政策等情况，对不同消费品制定不同的税率、税额。

(5) 采用价内税形式。国外的消费税一般都采用了价外税形式，税金在销售发票上另行注明，由缴纳税款的经营者向购买消费品的消费者在产品价格之外另行收取，以达到调节消费、控制消费的作用。但是考虑到我国国情特殊，主要是经过改革后的增值税实行价外税形式，而与之交叉征收的消费税的税金要包含在增值税的税基之中。为了避免对应税产品在交叉征收过程中划分税基的麻烦和误解，我国现行的消费税采用了价内税形式，即消费税税金包括在应税消费品价格之中，应税产品价格亦为含税价格，这样实行从价定率计征的消费品的税基，就和增值税的税基相同，即都包含消费税，而不包含增值税的销售价格。

(6) 税负具有转嫁性。消费税是对消费应税消费品的课税。因此，税负归宿应为消费者，但是为了简化征收管理，直接以应税消费品的生产消费者为纳税人，于生产制造、销售环节缴纳税款，并成为商品价格的一个组成部分向买者收回，消费者为税负的最终归宿，故税负具有转嫁性。

四、消费税的作用

1. 有利于调节消费

(1) 贯彻消费政策，调节消费结构。改革开放以来，我国经济得到极大发展，人民生活水平得到大幅度提高。但也出现了一些不正常的消费倾向：一是对某些特殊消费品，如卷烟、鞭炮的过度消费，严重危害了人民身体健康、社会秩序和生态环境；二是部分消费者对某些奢侈品、非生活必需品的超前消费或者高消费，这既加剧了市场供求矛盾，滋长了不健康的社会消费行为，也与我国经济发展水平较低，甚至还有部分地区农民尚处在贫困线下的现实不相符。对此，政府需要制定正确的消费政策对消费需求和消费结构进行调节，使之同我国国情相适应。开征消费税会对纳税人的消费行为起到较好的调节作用。例如，王小姐每月打算在护肤品和化妆品上花 300 元钱，如果对护肤品免税，化妆品征 30%的税，王小姐就可能会减少花在化妆品上的钱。消费税对她的消费选择就产生了重要影响。

(2) 限制过度消费，平衡供求关系。在市场经济条件下，由于价值规律的作用，使某些消费品的需求量的变化对其生产起到刺激作用。所以，需要加强对社会消费需求及其结构的宏观调控，提高资源配置的效率。如汽油是一种难以再生的稀缺资源，政府希望人们节约，但宣传并不能解决问题，最有效的方法就是增加消费税，油价上涨消费量就会降下来。

2. 有利于增加财政收入

按照改革的总体思路，消费税和增值税交叉配合征收。增值税对所有货物进行普遍征收，由于增值税强调中性公平原则，税率设计较为单一，这就使在增值税征税后，一部分消费品的税负较改革前的增值税和产品税相比大为降低，国家财政难以承受。通过征收消费税，把这一部分消费品减少的税负补上来，使其基本维持改革前的税负水平，确保国家财政收入的稳定。另一方面，消费税以应税消费品的销售额或销售量为计税依据，不论消费品的成本、费用大小，也不论企业生产销售应税消费品有无盈利均要纳税，从而保证了财政收入的稳定性。

3. 有利于缩小收入差距

现阶段，我国处于社会主义初级阶段，居民个人之间存在收入水平上的差距，这必然导致他们在消费水平与消费结构上存在差异，如珠宝玉石、小汽车等高档生活消费品主要由高收入阶层购买和消费，而低收入者很少问津，故将高档消费品或奢侈品作为消费税的课征重点之一，就可以在一定程度上缓解贫富差距和社会分配不公的矛盾。

第二节　消费税的基本要素

一、课税对象及征税范围

消费税的课税对象是在我国境内生产、委托加工和从国外进口的应税消费品。

1. 具体征税范围

(1) 纳税人生产销售的应税消费品,包括纳税人自制自用和对外投资以及无偿捐赠的应税消费品。所谓销售,是指有偿转让应税消费品及所有权的行为,即以从受让方取得货币、货物、劳务或其他经济利益上的好处为条件,转让应税消费品所有权的行为。销售的应税消费品包括用于换取生产资料和消费资料,支付代购手续费或者销售回扣,以及在销售数量之外另付给购货方或中间人作为奖励和报酬的应税消费品。所谓自制自用,是指纳税人自己生产的应税消费品,用于本企业的生活福利设施、专项工程、基本建设以及职工福利、奖励等方面。换句话说,就是纳税人将自己生产的应税消费品,在本企业内部用于非应税消费品的生产性使用和非生产性使用。企业自制自用,在税法上视同销售,应依法缴纳消费税。纳税人将自制应税消费品用于应税消费品的连续加工生产使用,不属于这里所讲的自制自用,不课税。纳税人将应税消费品作价用于对外投资,或无偿捐赠、赞助等,在税法上视同销售,应依法缴纳消费税。

工业企业以外的单位和个人将外购的消费税非应税产品以消费税应税产品对外销售的,或者将外购的消费税低税率应税产品作为高税率应税产品对外销售的,视为应税消费品的生产行为,按规定征收消费税。

(2) 委托加工的应税消费品。委托加工的应税消费品是指由委托方提供原料和主要材料,受托方只收取加工费和代垫部分辅助材料费进行加工应税消费品的行为。对于由受托方提供原材料生产的应税消费品,或者受托方先将原材料卖给委托方,然后再接受委托加工的应税消费品,以及受托方以委托方的名义购进原材料生产的应税消费品,不论纳税人在财务上是否作消费处理,都不得作为委托加工应税消费品,而应按照销售自制应税消费品缴纳消费税。

(3) 进口的应税消费品。进口的应税消费品是指纳税人从境外报关进口的应税消费品。

1995 年 1 月 1 日起,金银首饰改为零售环节征税,2002 年 1 月 1 日起,钻石及钻石饰品改为零售环节征税。2009 年 5 月 1 日起,卷烟分别按生产销售和批发两个环节征税。自 2016 年 12 月 1 日起,对超豪华小汽车在零售环节加征 10%的消费税。

2. 征税的具体税目

《消费税暂行条例》对应税消费品采用了正列举法。对税源大、界限清楚的消费品，按产品独立设置税目；对界限不清的，按类别设置税目，避免了征税时确定税目的随意性，提高了可操作性。

我国自1994年开始征收消费税，确定对烟、酒及酒精、化妆品、护肤护发品、首饰珠宝玉石、鞭炮焰火、汽油、柴油、汽车轮胎、摩托车、小汽车11个税目征税。2006年4月1日，国家对消费税的税目、税率进行了全面调整，新增高尔夫球及球具、高档手表、游艇、木制一次性筷子、实木地板税目；取消汽油、柴油税目，增列成品油税目；取消护肤护发品税目，将原属于护肤护发品征税范围的高档护肤类化妆品列入化妆品税目。调整后的税目为14个。2014年12月1日，我国取消汽车轮胎税目；取消酒精消费税，取消酒精消费税后，“酒及酒精”品目相应改为“酒”；取消车用含铅汽油消费税，汽油税目不再划分二级子目，统一按照无铅汽油税率征收消费税；取消气缸容量250毫升(不含)以下的小排量摩托车消费税。为促进节能环保，经国务院批准，自2015年2月1日起，我国对电池、涂料征收消费税。2016年10月，我国取消对普通美容、修饰类化妆品征收消费税，将“化妆品”税目更名为“高档化妆品”，税率调整为15%。我国现行消费税税目共计15个，有的税目下还划分有若干子目。具体税目如下：

(1) 烟。凡是以烟叶为原料加工生产的产品，不论使用何种辅料，均属于本税目的征收范围，包括卷烟、雪茄和烟丝。

(2) 酒。本税目下设子目粮食白酒、薯类白酒、黄酒、啤酒、其他酒。关于酒的征收范围有如下规定：① 外购酒精生产的白酒，应按酒精所用原料确定白酒的适用税率。凡酒精所用原料无法确定的，一律按粮食白酒的税率征税。② 外购两种以上白酒，一律从高适用税率。③ 对粮食和薯类以外的其他原料混合生产的白酒，一律按薯类白酒的税率征税。

(3) 高档化妆品。根据财税〔2016〕103号文件规定，自2016年10月1日起，原“化妆品”税目改为“高档化妆品”税目。本税目征收范围包括高档美容、修饰类化妆品、高档护肤类化妆品和成套化妆品。其中，高档美容、修饰类化妆品、高档护肤类化妆品是指生产(进口)环节销售(完税)价格(不含增值税)在10元/毫升(克)或15元/片(张)及以上的美容、修饰类化妆品和护肤类化妆品。

(4) 贵重首饰及珠宝玉石。凡以金、银、白金、宝石、珍珠、钻石、翡翠、珊瑚、玛瑙等贵重稀有物质以及其他金属、人造宝石等制作的各种经采掘、打磨、加工的各种珠宝玉石，都属于本税目的征收范围。

(5) 鞭炮焰火。本税目包括各种鞭炮焰火。体育比赛上用的发令纸、鞭炮药引线，不按本税目征收。

(6) 成品油。本税目包括汽油、柴油、石脑油、溶剂油、航空煤油、润滑油、燃料油七个子目。变压器油、导热类油等绝缘油类产品不属于应征消费税的“润滑油”，不征收消费税。

（7）小汽车。小汽车是指由动力驱动，具有4个或4个以上车轮的非轨道承载的车辆。本税目征收范围包括含小汽车、中轻型商用客车、超豪华小汽车[《财政部　国家税务总局关于对超豪华小汽车加征消费税有关事项的通知》（财税〔2016〕129号）规定，自2016年12月1日起，增设此税目]。① 小汽车。驾驶员座位在内最多不超过9个座位（含）的，在设计和技术特性上用于载运乘客和货物的各类乘用车。对于购进乘用车或中轻型商用客车整车改装生产的汽车，应按规定征收消费税。② 中轻型商用客车。驾驶员座位在内的座位数在10～23座（含23座）的在设计和技术持性上用于载运乘客和货物的各类中轻型商用客年。车身长度大于7米（含），并且座位在10至23座（含）以下的商用客车，不属于中轻型商用客车，不属于征税范围，不征收消费税。③ 超豪华小汽车。每辆零售价格在130万元（不含增值税）及以上的乘用车和中轻型商用客车，即乘用车和中轻型商用客车子税目中的超豪华小汽车。电动汽车、沙滩车、雪地车、卡丁车、高尔夫车不属于消费税征收范围，不征收消费税。

根据《国家税务总局关于厢式货车改装生产的汽车征收消费税问题的批复》（国税函〔2008〕452号）》规定，企业购进货车或用厢式货车改装生产的商务车、卫星通信车等专用汽车不属于消费税征税范围，不征收消费税。

（8）摩托车。本税目含气缸容量250毫升（含）以上的轻便摩托车和摩托车。气缸容量250毫升以下的小排量摩托车免税不征税。电动摩托车不属于本税目征收范围。

（9）高尔夫球和球具。本税目包括高尔夫球、高尔夫球杆、高尔夫球包。高尔夫球杆的杆头、杆身和握把也属于本税目的征税范围。

（10）高档手表。高档手表是指不含增值税的销售价格每只在10 000元（含10 000元）以上的各类手表。

（11）游艇。本税目征收范围包括艇身长度大于8米（含）小于90米（含），内置发动机，船体由玻璃钢、钢、铝合金、塑料等多种材料制作，可以在水上移动，一般为私人或团体购置，主要用于水上运动和休闲娱乐等非牟利活动的各类机动艇。无动力艇、帆艇不征税。

（12）木制一次性筷子。木制一次性筷子是指以木材为原料，经过锯段、浸泡、旋切、刨切、烘干、筛选、打磨、倒角、包装等环节加工而成的各类一次性使用的筷子。未经打磨、倒角的木制一次性筷子属于本税目征税范围。

（13）实木地板。实木地板是指以木材为原料，经锯割、干燥、刨光、截断、开榫、涂漆等工序加工而成的块状或条状的地面装饰材料。实木地板按生产工艺不同，可分为独板（块）实木地板、实木指接地板、实木复合地板三类；按表面处理状态不同，可分为未涂饰地板（白坯板、素板）和漆饰地板两类。本税目征收范围包括各类规格的实木地板、实木指接地板、实木复合地板及用于装饰墙壁、天棚的侧端面为榫、槽的实木装饰板。未经涂饰的素板属于本税目征税范围。

(14) 电池。本税目包括原电池、蓄电池、燃料电池、太阳能电池和其他电池。其中,① 原电池又称一次电池,是按不可以充电设计的电池。按照电极所含的活性物质分类,原电池包括锌原电池、锂原电池和其他原电池。② 蓄电池又称二次电池,是按可充电、重复使用设计的电池。它包括酸性蓄电池、碱性或其他非酸性蓄电池、氧化还原液流蓄电池和其他蓄电池。③ 燃料电池是指通过一个电化学过程,将连续供应的反应物和氧化剂的化学能直接转换为电能的电化学发电装置。④ 太阳能电池是指将太阳光能转换成电能的装置。它包括晶体硅太阳能电池、薄膜太阳能电池、化合物半导体太阳能电池等,但不包括用于太阳能发电储能用的蓄电池。⑤ 其他电池是指除原电池、蓄电池、燃料电池、太阳能电池以外的电池。

(15) 涂料。涂料是指涂于物体表面能形成具有保护、装饰或特殊性能的固态涂膜的一类液体或固体材料之总称。

二、纳税义务人

根据《消费税暂行条例》规定,在中华人民共和国境内生产、委托加工和进口规定的应税消费品的单位和个人,为消费税的纳税义务人。其中,单位包括企业和行政单位、事业单位、社会团体以及其他单位。个人是指个体工商户及其他个人。

此外,为了加强对税收源泉的控制,简化征管手续,我国消费税制度还规定,对委托加工的应税消费品,以委托方为纳税人,受托方为代收代缴义务人(受托方为个体经营者的除外);对进口的应税消费品,以进口人或其代理人为纳税义务人。

三、税率

消费税税率采用三种形式:复合税率、比例税率和定额税率。卷烟、粮食白酒、薯类白酒采用从量定额和从价定率征收相结合的复合税率;黄酒、啤酒、成品油采用定额税率即单位税额;其他采用比例税率。消费税税目税率表如表 3-1 所示。

表 3-1　　消费税税目税率表

税　　目	税　　率
一、烟	
1. 卷烟	
工业	
(1) 甲类卷烟[调拨价 70 元(不含增值税)/条以上(含 70 元)]	56%加 0.003 元/支(生产环节)
(2) 乙类卷烟[调拨价 70 元(不含增值税)/条以下]	36%加 0.003 元/支(生产环节)
商业批发	11%加 0.005 元/支(批发环节)
2. 雪茄	36%(生产环节)
3. 烟丝	30%(生产环节)

（续表）

税　目	税　率
二、酒	
1. 白酒	20%加0.5元/500克（或0.5元/500毫升）
2. 黄酒	240元/吨
3. 啤酒	
(1) 甲类啤酒[每吨出厂价（含包装物及包装物押金）在3 000元（含3 000元，不含增值税）以上的]	250元/吨
(2) 乙类啤酒[每吨出厂价（含包装物及包装物押金）在3 000元（不含增值税）以下的]	220元/吨
4. 其他酒	10%
三、高档化妆品（含高档护肤护发品）	15%
四、贵重首饰及珠宝玉石	
1. 金银首饰、铂金首饰、钻石饰品	5%
2. 其他贵重首饰及珠宝玉石	10%
五、鞭炮、焰火	15%
六、成品油	
1. 汽油	1.52/升
2. 石脑油	1.52/升
3. 溶剂油	1.52/升
4. 润滑油	1.52/升
5. 柴油	1.2/升
6. 航空煤油	1.2/升
7. 燃料油	1.2/升
七、摩托车	
1. 气缸容量（排气量，下同）在250毫升（含250毫升）以下的	3%
2. 气缸容量在250毫升以上的	10%
八、小汽车	
1. 乘用车	
(1) 气缸容量（排气量，下同）在1.0升（含1.0升）以下的	1%
(2) 气缸容量在1.0升以上至1.5升（含1.5升）的	3%
(3) 气缸容量在1.5升以上至2.0升（含2.0升）的	5%
(4) 气缸容量在2.0升以上至2.5升（含2.5升）的	9%
(5) 气缸容量在2.5升以上至3.0升（含3.0升）的	12%
(6) 气缸容量在3.0升以上至4.0升（含4.0升）的	25%
(7) 气缸容量在4.0升以上的	40%
2. 中轻型商用客车	5%
3. 超豪华小汽车（零售环节）	10%

（续表）

税　　目	税　　率
九、高尔夫球及球具	10%
十、高档手表(10 000 元及 10 000 元以上/只)	20%
十一、游艇	10%
十二、木制一次性筷子	5%
十三、实木地板	5%
十四、电池	4%(铅蓄电池,2016 年 1 月 1 日起征)
十五、涂料	4%

对纳税人生产经营过程中的一些特殊情况应按以下特殊规定确定其适用税率:

(1) 纳税人兼营两种不同税率的应税消费品,应当分别核算其销售额和销售量,分别确定适用税率。但对未分别核算销售额、销售量或者将不同税率的应税消费品组成成套消费品销售的,则应从高确定适用税率。

(2) 卷烟适用税率的确定。纳税人生产销售的卷烟,如果卷烟价格经常发生上下浮动,使卷烟类别和适用税率难以确定的,应以该牌号规格卷烟销售当月的加权平均销售价格确定卷烟类别和适用税率,但销售的卷烟如果价格明显偏低而无正当理由,或者无销售价格,则不得列入加权平均计算。

纳税人生产卷烟由于接装过滤嘴、改变包装或其他原因而提高销售价格,应以新销售价格按上述标准确定卷烟类别和适用税率。

纳税人自产自用的卷烟应当按照同牌号规格的卷烟销售价格确定卷烟类别和适用税率,没有牌号规格卷烟销售价格的,一律从高确定适用税率。

残次品卷烟应当按同牌号规格正品卷烟的类别确定适用税率。

进口卷烟、白包卷烟、手工卷烟以及未经国务院批准纳入计划的企业和个人生产的卷烟,不分类别一律从高确定适用税率。

(3) 纳税人兼营卷烟批发和零售业务的,应当分别核算批发和零售环节的销售额、销售数量;未分别核算批发和零售环节销售额、销售数量的,按照全部销售额、销售数量计征批发环节消费税。

四、消费税纳税环节的特殊规定

(一) 关于金银首饰零售环节征收消费税的规定

根据《财政部　国家税务总局关于调整金银首饰消费税纳税环节有关问题的通知(财税字〔1994〕95 号)》的规定,金银首饰消费税由生产销售环节征收改为零售环节征收。

1. 纳税义务人

在中华人民共和国境内从事金银首饰零售业务的单位和个人，为金银首饰消费税的纳税义务人。委托加工（除另有规定外）、委托代销金银首饰的，受托方也是纳税人。

2. 改为零售环节征收消费税的金银首饰范围

财税字〔1994〕95号规定改为零售环节征收消费税的金银首饰范围仅限于：金银和金基、银基合金首饰，以及金、银和金基、银基合金的首饰。从2002年1月1日起，钻石及钻石饰品消费税改为零售环节征税。从2003年5月1日起，铂金首饰消费税改为零售环节征税。

既销售金银首饰，又销售非金银首饰的生产经营单位，应将两类商品划分清楚，分别核算销售额。凡划分不清楚或不能分别核算的，在生产环节销售的，一律从高适用税率征收消费税；在零售环节销售的，一律按金银首饰征收消费税。金银首饰与其他产品组成成套消费品销售的，应按销售额全额征收消费税。

3. 应税与非应税的划分

经营单位兼营生产、加工、批发零售业务的，应分别核算销售额，未分别核算销售或者划分不清的，一律视同零售征收消费税。

2004年6月25日，国家税务总局发布《关于取消金银首饰消费税纳税人认定行政审批后有关问题的通知》（国税函〔2004〕826号），停止执行金银首饰消费税纳税人的认定。

4. 税率

金银首饰消费税税率为5%。

5. 计税依据

按照有关规定，金银首饰的计税依据如下：

（1）纳税人销售金银首饰，其计税依据为不含增值税的销售额。如果纳税人销售金银首饰的销售额中未扣除增值税额，在计算消费税时，应按以下公式换算为不含增值税额的销售额：

金银首饰的销售额＝含增值税的销售额÷（1＋增值税税率或征收率）

（2）金银首饰连同包装物销售的，无论包装物是否单独计价，也无论会计上如何核算，均应并入金银首饰的销售额，计征消费税。

（3）带料加工的金银首饰，应按受托方销售同类金银首饰的销售价格确定计税依据征收消费税。没有同类金银首饰销售价格，按照组成计税价格计算纳税。计算公式为：

组成计税价格＝（材料成本＋加工费）÷（1－金银首饰消费税税率）

（4）纳税人采用以旧换新（含翻新改制）方式销售的金银首饰，应按实际收取的不含增值税的全部价款确定计税依据征收消费税。

（5）生产、批发、零售单位用于馈赠、赞助、集资、广告、样品、职工福利、奖励等方面的金银首饰，应按纳税人销售同类金银首饰的销售价格确定计税依据征收消费税；没有同类金银首饰销售价格的，按照组成计税价格计算纳税。计算公式为：

组成计税价格＝购进原价×（1＋利润率）÷（1－金银首饰消费税税率）

纳税人为生产企业时，式中的“购进原价”为生产成本，“利润率”一律定为6%。

（6）金银首饰消费税改变纳税环节后，用已税珠宝玉石生产的镶嵌首饰，在计税时一律不得扣除已纳的消费税款。

6. 纳税环节

纳税人销售（指零售，下同）的金银首饰（含以旧换新），于销售时纳税；用于捐赠、赞助、广告、样品、职工福利、奖励等方面的金银首饰，于移送时纳税；带料加工、新改制的金银首饰，于受托方交付时纳税。

金银首饰消费税改变征税环节后，经营单位进口金银首饰的消费税，由进口环节征收改为在零售环节征收；出口金银首饰由出口退税改为出口不退消费税。

个人携带、邮寄金银首饰进境，仍按海关现行规定征税。

（二）卷烟批发环节征收消费税的规定

为了适当增加财政收入，完善烟产品消费税制度，自2009年5月1日起，我国在卷烟批发环节加征一道从价税。2015年5月10日起，卷烟批发环节消费税税率有所调整。

（1）纳税义务人：在中华人民共和国境内从事卷烟批发业务的单位和个人。

（2）征收范围：纳税人批发销售的所有牌号规格的卷烟。

（3）计税依据：纳税人批发卷烟的销售额（不含增值税）。

（4）纳税人应将卷烟销售额与其他商品销售额分开核算；未分开核算的，一并征收消费税。

（5）适用税率：从价税率11%，从量税率0.005元/支。

（6）纳税人销售给纳税人以外的单位和个人的卷烟于销售时纳税。纳税人之间销售的卷烟不缴纳消费税，即多环节批发，只征收一次。

（7）卷烟消费税在生产和批发两个环节征收后，批发企业在计算纳税时不得扣除已含的生产环节的消费税税款。

（三）超豪华小汽车零售环节征收消费税的规定

为了引导合理消费，促进节能减排，经国务院批准，我国对超豪华小汽车加征消费税。

（1）纳税人。将超豪华小汽车销售给消费者的单位和个人为超豪华小汽车零售环节纳税人。

（2）纳税环节及税率。对超豪华小汽车，在生产（进口）环节按现行税率征收消费税的基础上，在零售环节加征消费税，税率为10%。

（3）超豪华小汽车零售环节消费税应纳税额的计算。应纳税额的计算公式为：

应纳税额＝零售环节销售额(不含增值税)×零售环节税率

国内汽车生产企业直接销售给消费者的超豪华小汽车，消费税税率按照生产环节税率和零售环节税率加总计算。消费税应纳税额计算公式为：

应纳税额＝销售额×(生产环节税率＋零售环节税率)

第三节　应纳消费税的计算

一、一般情况下消费税的计算

(一) 从价定率计算方法

在从价定率的计算方法下，消费税应纳税额的计算取决于应税消费品的销售额和适用税率两个因素。其计算公式为：

应纳税额＝应税消费品的销售额×适用税率

1. 销售额的确定

根据《消费税暂行条例》的规定，销售额为纳税人销售应税消费品向购买方收取的全部价款和价外费用。其中代垫运费除外，代垫运费必须满足以下两个条件：一是承运部门的运费发票开具给购货方；二是纳税人将该项发票转交给购货方。

其他价外费用，无论是否属于纳税人的收入，均应并入销售额计算征税。

收取的包装物押金如果单独核算又未过期的，可以不并入应税消费品销售额中征税。但对逾期未收回的包装物不再退还的或已收取1年以上的押金，应并入应税消费品销售额中，按照应税消费品的适用税率征收消费税。

对酒类产品生产企业销售酒类产品(黄酒、啤酒除外)而收取的包装物押金，无论押金是否返还与会计上如何核算，均需并入酒类产品销售额中，依酒类产品的适用税率征收消费税。

2. 含增值税销售额的换算

应纳消费品的销售额＝含增值税的销售额÷(1＋增值税税率或征收率)

【例3-1】　某化妆品厂为一般纳税人，销售化妆品给某公司(一般纳税人)，开具专用发票注明价款为100 000元，税款为17 000元，同时收取优质费2 000元。试计算其销售额。

解：　销售额＝100 000＋2 000÷(1＋17%)＝101 709.4(元)

(二) 从量定额计算方法

在从量定额的计算方法下，应税消费品的应纳税额取决于消费品的销售数量和单位税额两个因素。其计算公式为：

应纳税额＝应税消费品的销售数量×单位税额

1. 销售数量的确定

对采用定额税率征税的货物，必须核定其销售数量来作为计税依据。具体的核定方法如下：

(1) 销售应税消费品的，为应税消费品的销售数量。

(2) 自产自用应税消费品的，为应税消费品的移送使用数量。

(3) 委托加工应税消费品的，为纳税人收回的应税消费品数量。

(4) 进口的应税消费品，为海关核定的应税消费品的进口数量。

【例 3-2】 某啤酒厂 8 月份售啤酒 400 吨，每吨出厂价为 2 800 元。试计算其 8 月份消费税的应纳税额(每吨出厂价格在 3 000 元以下，适用税额为 220 元/吨)。

解：　　　应纳税额＝220×400＝88 000(元)

2. 计量单位的换算标准

实践中，常有纳税人将吨与升两个计量单位混用，为规范不同的计量单位，财政部、国家税务总局确定两个计量单位的换算标准为：

啤酒：1 吨＝988 升　　汽油：1 吨＝1 388 升

黄酒：1 吨＝962 升　　柴油：1 吨＝1 176 升

石脑油：1 吨＝1 385 升　　溶剂油：1 吨＝1 282 升

润滑油：1 吨＝1 126 升　　燃料油：1 吨＝1 015 升

航空煤油：1 吨＝1 246 升

(三) 从价定率和从量定额混合计算办法

在现行消费税的征税范围中，只有卷烟、粮食白酒、薯类白酒采用混合计算办法。其计算公式为：

应纳税额＝应税销售数量×单位税额＋应税消费品的销售额×适用比例税率

【例 3-3】 某酒厂(增值税一般纳税人)主要生产粮食白酒、薯类白酒、啤酒、黄酒等各类酒品。2015 年 4 月份发生下列业务：

(1) 4 月 8 日，销售薯类白酒 30 吨，每吨不含税单价为 4 000 元，收取包装物押金 23 400元，款项全部存入银行。

(2) 4 月 16 日，销售啤酒 60 吨，每吨不含税单价为 3 500 元，收取包装物押金 58 500 元，款项全部存入银行。

根据上述资料，试计算该酒厂当月应纳消费税。

解：(1) 4月8日，销售薯类白酒30吨，按税法规定，白酒包装物押金无论是否返还及会计上如何核算，均应并入酒类产品销售额中征税(采用复合计税法)：

从价定率方法计算的应纳税额 $=[4\,000\times30+23\,400\div(1+17\%)]\times20\%=28\,000$(元)

从量定额方法计算的应纳税额 $=2\,000\times30\times0.5=30\,000$(元)

应纳消费税 $=28\,000+30\,000=58\,000$(元)

(2) 4月16日，销售啤酒60吨，啤酒采用从量定额的方法计算：

应纳消费税 $=250\times60=15\,000$(元)

共计应纳消费税 $=58\,000+15\,000=73\,000$(元)

(四) 计税依据的特殊规定

(1) 自设非独立核算门市部销售的自产应税消费品，应按照门市部对外销售额或者销售数量征收消费税。

【例3-4】 某摩托车厂为一般纳税人，将自产摩托车30辆给自设非独立核算门市部销售，出厂价为12 000元/台(不含税)，门市部以16 380/台售给消费者。试计算其消费税的应纳税额(摩托车适用税率为10%)。

解：　　应纳税额 $=16\,380\div(1+17\%)\times30\times10\%=42\,000$(元)

(2) 纳税人用于换取生产资料和消费资料、投资入股和抵偿债务等方面的应税消费品，应当以纳税人同类应税消费品的最高销售价格作为计税依据计算消费税。

【例3-5】 某汽车厂以自产小汽车10辆换取某钢厂生产的钢材200吨，钢材价格3 000元/吨(不含税)。该厂生产同一型号小汽车售价分别为9.5万元/辆销售了5辆，9万元/辆销售了8辆，8.5万元/辆销售了10辆。试计算其消费税的应纳税额(小汽车消费税税率为5%)。

解：　　应纳税额 $=9.5\times10\times5\%=4.75$(万元)

(3) 纳税人将自产的应税消费品与外购或自产的非应税消费品组成套装销售的，以套装产品的销售额(不含增值税)为计税依据计算消费税。

【例3-6】 某日化公司(一般纳税人)为了促销，将化妆品同香皂组成套装进行零售，共销售出11 700元，其中化妆品零售额为10 000元，香皂零售额为1 700元，已知化妆品消费税税率为30%。试计算其消费税的应纳税额。

解：　　应纳税额 $=11\ 700\div(1+17\%)\times30\%=3\ 000$（元）

(4) 自 2009 年 8 月 1 日起对白酒消费税实行最低计税价格核定管理办法。对于已核定最低计税价格的白酒，白酒生产企业销售给销售单位的白酒，生产企业实际销售价格高于消费税最低计税价格的，按实际销售价格申报纳税；实际销售价格低于消费税最低计税价格的，按最低计税价格申报纳税。

最低计税价格的核定，白酒生产企业销售给销售单位的白酒，生产企业消费税计税价格高于销售单位对外销售价格 70%（含 70%）以上的，税务机关暂不核定消费税最低计税价格。销售单位对外销售价格 70%以下的，消费税最低计税价格由税务机关根据生产规模、白酒品牌、利润水平等情况在销售单位对外销售价格 50%～70%范围内自行核定。已核定最低计税价格的白酒，销售单位对外销售价格持续上涨或下降时间在 3 个月以上、累计上涨或下降幅度在 20%（含）以上的白酒，税务机关重新核定最低计税价格。

二、外购已税消费品生产应税消费品应纳税额的计算

用外购已税的应税消费品连续生产的应税消费品，在计税时准予按当期生产领用数量计算扣除外购的应税消费品已纳的消费税款。

1. 扣除范围

(1) 外购已税烟丝生产的卷烟。

(2) 外购已税化妆品生产的化妆品。

(3) 外购已税珠宝玉石生产的贵重首饰及珠宝玉石。

(4) 外购已税鞭炮、焰火生产的鞭炮、焰火。

(5) 外购已税汽车轮胎（内胎和外胎）生产的汽车轮胎。

(6) 外购已税摩托车生产的摩托车。

(7) 外购已税杆头、杆身和握把为原料生产的高尔夫球杆。

(8) 外购已税木制一次性筷子为原料生产的木制一次性筷子。

(9) 外购已税实木地板为原料生产的实木地板。

(10) 外购已税石脑油为原料生产的应税消费品。

(11) 外购已税润滑油为原料生产的润滑油。

(12) 以外购已税汽油、柴油为原料连续生产汽油、柴油。

上述当期准予扣除外购应税消费品已纳消费税税款的计算公式为：

$$\begin{array}{c}当期准予抵扣的外购\\应税消费品已纳税款\end{array}=\begin{array}{c}当期准予扣除的外购\\应税消费品的买价\end{array}\times\begin{array}{c}外购应税消费\\品的适用税率\end{array}$$

$$\begin{array}{c}当期准予扣除的外购\\应税消费品的买价\end{array}=\begin{array}{c}期初库存的外购\\应税消费品的买价\end{array}+\begin{array}{c}当期购进的应税\\消费品的买价\end{array}-期末库存的外购应税消费品的买价$$

2. 需要注意事项

(1) 改在零售环节征收消费税的金银首饰(镶嵌首饰)在计税时一律不得扣除外购珠宝玉石的已纳税款。

(2) 自己不生产应税消费品,只是向工业企业购进后再销售应税消费品的工业企业,其销售的化妆品、鞭炮、焰火和珠宝玉石,凡不能构成最终消费品,需进一步生产加工的应当征收消费税,同时允许扣除上述外购应税消费品的已纳税款。

(3) 允许扣除已纳税款的应税消费品只限于从工业企业购进,对从境内商业企业购进应税消费品的已纳税款一律不得扣除。

【例3-7】 某卷烟厂,用外购已税烟丝生产卷烟,当月销售额为180万元(每标准条不含增值税调拨价格为180元,共计40标准箱),当月月初库存外购烟丝账面余额70万元,当月购进烟丝30万元,月末库存外购烟丝账面余额为50万元。试计算该厂当月销售卷烟应纳消费税款。

解:(1) 卷烟调拨价格为每标准条180元,故应适用比例税率为56%。

当月应纳消费税额$=180\times 56\%+0.015\times 40=101.4$(万元)

(2) 当月准予扣除外购烟丝已纳税款$=(70+30-50)\times 30\%=15$(万元)

(3) 当月销售卷烟实际应缴纳消费税$=101.4-15=86.4$(万元)

三、自产自用应税消费品应纳税额的计算

(一) 用于连续生产应税消费品

用于连续生产应税消费品是指自产应税消费品作为最终应税消费品的材料,并最终构成产品实体。消费税由最终构成产品实体的消费品负担。

根据《消费税暂行条例》的规定,纳税人自产自用的应税消费品,用于连续生产应税消费品的,不纳税。

(二) 用于其他方面的规定

根据《消费税暂行条例》的规定,纳税人自产自用的应税消费品,不是用于连续生产应税消费品的,而是用于其他方面的,于移送使用时纳税。所谓“用于其他方面的”,是指纳税人用于生产非应税消费品和在建工程、管理部门、非生产机构、提供劳务以及用于馈赠、赞助、集资、广告、样品、职工福利费、奖励等方面的应税消费品。

例如,摩托车厂把自己生产的摩托车赠送或赞助给其他单位使用,属于将自产应税消费品用于其他方面,应于移送时缴纳消费税。如果将自己生产的摩托车用于连续生产三轮摩托车,则在移送环节无须纳税。

(三) 应纳税额的计算

纳税人自产自用的应税消费品,凡用于其他方面应该纳税的,按照纳税人生产的同类

消费品的销售价格计算纳税；没有同类消费品销售价格的，按照组成计税价格计算纳税。同类消费品的销售价格是指纳税人当月销售的同类消费品的销售价格，如果当月同类消费品各期销售价格高低不同的，应按销售数量加权平均计算。

组成计税价格的计算公式为：

$$组成计税价格=成本+利润+消费税$$

$$=\frac{成本+利润+消费税定额税}{1-消费税比例税率}$$

$$=\frac{成本\times(1+成本利润率)+自用数量\times消费税定额税率}{1-消费税比例税率}$$

$$应纳税额=组成计税价格\times适用税率$$

其中，成本是指消费品的产品生产成本，成本利润率由国家税务总局确定。根据2006年3月国家税务总局颁发的《消费税若干问题的规定》，确定全国平均成本利润率如表3-2所示。

表3-2　各类货物全国平均成本利润率

货物名称	利润率	货物名称	利润率
1. 甲类卷烟	10%	11. 贵重首饰及珠宝玉石	6%
2. 乙类卷烟	5%	12. 汽车轮胎	5%
3. 雪茄烟	5%	13. 摩托车	6%
4. 烟丝	5%	14. 高尔夫球及球具	10%
5. 粮食白酒	10%	15. 高档手表	20%
6. 薯类白酒	5%	16. 游艇	10%
7. 其他酒	5%	17. 木制一次性筷子	5%
8. 酒精	5%	18. 实木地板	5%
9. 化妆品	5%	19. 乘用车	8%
10. 鞭炮、焰火	5%	20. 中轻型商用客车	5%

【例3-8】 某卷烟厂新研制一种低焦油卷烟，提供10标准箱用于某展览会样品，并分送参会者。由于其难以确定销售价格，因此，只能按实际生产成本10 000元/大箱计算价格，已知成本利润率为10%，适用消费税税率为56%。试计算10标准箱卷烟消费税的应纳税额。

解：每标准箱组成计税价格 $=[10\,000\times(1+10\%)+150]\div(1-56\%)=25\,340.91$（元）

应纳税额 $=25\,340.91\times10\times56\%+10\times150=143\,409.10$（元）

四、委托加工应税消费品应纳税额的计算

(一) 委托加工应税消费品的确定

委托加工应税消费品的确定条件为：

(1) 由委托方提供原料和主要材料。

(2) 受托方只收取加工费和代垫部分辅助材料。

以上两个条件缺一不可。无论是委托方还是受托方凡不符合规定条件的，都不能按委托加工应税消费品进行税务处理。

(二) 委托加工应税消费品纳税的规定

税法规定，委托加工应税消费品的，由受托方在向委托方交货时代收代缴消费税。但对纳税人委托个人加工应税消费品，一律于委托方收回后在委托方所在地缴纳消费税。

对受托方未按规定代收代缴税款，委托方要补交税款。受托方应处以应代收代缴税款50%以上3倍以下的罚款。

(三) 代收代缴消费税款的计算

委托加工的应税消费品，按照受托方的同类消费品的销售价格计算纳税，没有同类消费品销售价格的，按组成计税价格计算纳税。组成计税价格计算公式为：

$$组成计税价格=委托加工材料成本+加工费+消费税$$

$$=\frac{委托加工材料成本+加工费+委托加工收回数量\times 消费税定额税率}{1-消费税比例税率}$$

$$应纳税额=组成计税价格\times 适用税率$$

其中，"材料成本"是指委托方所提供加工材料的实际成本；"加工费"是指受托方加工应税消费品向委托方所收取的全部费用，包括代垫辅助材料的实际成本，但不含向委托方收取的增值税。

【例3-9】 甲卷烟厂(增值税一般纳税人)接受乙卷烟厂(增值税一般纳税人)将烟叶加工成烟丝的业务。已知烟叶的成本为50 000元，加工费为20 000元，烟丝的消费税税率为30%。甲卷烟厂没有同类产品的对外售价。乙卷烟厂将烟丝收回后直接对外销售，取得销售收入120 000元(不含税)。试计算甲卷烟厂加工完毕提货环节应纳增值税和消费税。

解：应缴纳的增值税＝20 000×17%＝3 400(元)

组成计税价格＝(50 000＋20 000)÷(1－30%)＝100 000(元)

代收代缴乙卷烟厂消费税＝100 000×30%＝30 000(元)

(四) 委托方收回应税消费品后的纳税规定

委托方将收回的应税消费品以不高于受托方的计税价格出售的，为直接出售，不再缴纳消费税；以高于受托方的计税价格出售的，不属于直接出售，需按照规定申报缴纳消费税，在计税时准予扣除受托方已代收代缴的消费税。

委托方收回货物后用于连续生产应税消费品的，其已纳税款准予从连续生产的应税消费品的应纳消费税额中抵扣。准予抵扣范围如下：

(1) 委托加工收回的已税烟丝生产的卷烟。

(2) 委托加工收回的已税化妆品生产的化妆品。

(3) 委托加工收回的已税珠宝玉石生产的贵重首饰及珠宝玉石。

(4) 委托加工收回的已税鞭炮、焰火生产的鞭炮、焰火。

(5) 委托加工收回的外购已税汽车轮胎(内胎和外胎)生产的汽车轮胎。

(6) 委托加工收回的已税摩托车生产的摩托车。

(7) 委托加工收回的已税杆头、杆身和握把为原料生产的高尔夫球杆。

(8) 委托加工收回的已税木制一次性筷子为原料生产的木制一次性筷子。

(9) 委托加工收回的已税实木地板为原料生产的实木地板。

(10) 委托加工收回的外购已税石脑油为原料生产的应税消费品。

(11) 委托加工收回的已税润滑油为原料生产的润滑油。

(12) 以委托加工收回的已税汽油、柴油为原料连续生产汽油、柴油。

上述当期准予扣除委托加工收回应税消费品已纳消费税税款的计算公式为：

$$\text{当期准予扣除的委托加工应税消费品已纳税款}=\text{期初库存的委托加工应税消费品已纳税款}+\text{当期收回的委托加工应税消费品已纳税款}-\text{期末库存的委托加工应税消费品已纳税款}$$

【例 3-10】 某卷烟厂委托某烟丝加工厂加工一批烟丝，卷烟厂提供的烟叶在委托加工合同上注明的成本金额为 60 000 元。烟丝加工完，卷烟厂提货时支付的加工费为 3 700元，并支付了烟丝加工厂按烟丝组成计税价格计算的消费税款。卷烟厂将这批加工好的烟丝全部用于生产卷烟 50 标准箱并在当期全部予以销售。按调拨价向购货方开具的增值税专用发票上注明的价税合计款为 1 017 000 元。试计算卷烟厂销售卷烟的应纳消费税(烟丝消费税税率为 30%)。

解：委托加工烟丝组成计税价格 =(60 000 + 3 700) ÷ (1 − 30%) = 91 000(元)

烟丝厂代收代缴烟丝的消费税额 = 91 000 × 30% = 27 300(元)

卷烟不含税价款 = 1 017 000 ÷ (1 + 13%) = 900 000(元)

每标准条的调拨价为 72 元(900 000 ÷ 50 ÷ 250)，适用税率为 56%。

销售卷烟应纳消费税 = 900 000 × 56% + 50 × 150 − 27 300 = 484 200(元)

五、进口应税消费品应纳税额的计算

(1) 实行从价定率办法的应税消费品的应纳税额的计算公式为:

组成计税价格=关税完税价格+关税+消费税

$$=\frac{\text{关税完税价格}\times(1+\text{关税税率})+\text{进口数量}\times\text{消费税定额税率}}{1-\text{消费税比例税率}}$$

应纳税额=组成计税价格×消费税税率

其中,"关税完税价格"是指海关核定的关税计税价格。

(2) 实行从量定额办法的应税消费品的应纳税额的计算公式为:

应纳税额=应税消费品数量×消费税单位税额

进口环节消费税除国务院另有规定外,一律不得给予减税、免税。

(3) 实行从价定率和从量定额复合计税方法的计算公式为:

应纳税额=组成计税价格×消费税税率+应税消费品数量×消费税单位税额

【例3-11】 某外贸进出口公司当月从日本进口140辆小轿车,每辆小轿车海关的关税完税价格为8万元,已知小轿车关税税率为110%,消费税税率为5%。试计算进口这些轿车应纳的消费税。

解:小轿车进口关税税额=8×140×110%=1 232(万元)

消费税组成计税价格=(8×140+1 232)÷(1-5%)=2 475.79(万元)

进口应纳消费税=2 475.79×5%=123.79(万元)

第四节 消费税的减免与出口退税

一、消费税的减免

(1) 对生产销售达到低污染排放的小轿车、越野车和小客车减征30%的消费税。

减征税额=按法定税率计算的消费税额×30%

应征税额=按法定税率计算的消费税 -减征税额

(2) 石脑油、溶剂油、润滑油、燃料油暂按应纳税额的30%征收消费税;航空煤油暂缓征收消费税。

(3) 子午线轮胎免征消费税。

(4) 对无汞原电池、金属氢化物镍蓄电池(又称氢镍蓄电池或镍氢蓄电池)、锂原电池、锂离子蓄电池、太阳能电池、燃料电池和全钒液流电池免征消费税。

(5) 对施工状态下挥发性有机物(volatile organic compounds, VOC)含量低于420克/升(含420克/升)的涂料免征消费税。

(6) 自2013年11月1日至2018年10月31日,对以回收的废矿物油为原料生产的润滑油基础油、汽油、柴油等工业油料免征消费税。

二、消费税出口退税

(一) 出口应税消费品退(免)税政策

出口应税消费品退(免)消费税在政策上分为以下三种情况。

1. 出口免税并退税

适用这个政策的有:有出口经营权的外贸企业购进应税消费品直接出口,以及外贸企业受其他外贸企业的委托代理出口应税消费品。

2. 出口免税但不退税

有出口经营权的生产性企业自营出口或生产企业委托外贸企业代理出口自产的应税消费品,依据其实际出口数量免征消费税,但不予办理退还消费税。

3. 出口不免税也不退税

除生产企业、外贸企业外的其他企业(具体指一般商贸企业),委托外贸企业代理出口应税消费品一律不予退(免)税。

(二) 退税率的确定

出口应税消费品应退消费税的税率或单位税额的确定,是依据《消费税暂行条例》所附《消费税税目税率(税额)表》来执行的。这是与退(免)增值税的一个重要区别。企业应将不同消费税税率的出口应税消费品分别核算和申报,凡划分不清适用税率的,一律从低适用税率计算应退消费税额。

(三) 出口应税消费品退税额的计算

(1) 属于从价定率计征消费税的应税消费品,应依据外贸企业从工厂购进货物时征收消费税的价格计算,其计算公式为:

$$应退消费税额=出口货物的工厂销售额\times税率$$

(2) 属于从量定额计征消费税的应税消费品,应按货物购进和报关出口的数量计算,其计算公式为:

$$应退消费税额=出口数量\times单位税额$$

【例 3-12】 某外贸企业从摩托车厂购进摩托车 500 辆，直接报关离境出口，取得的增值税专用发票上注明的单价为 5 000 元，支付从摩托车厂到出境口岸的运费 80 万元，装卸费 2 万元，离岸价每辆 720 美元（汇率 1∶7）。摩托车消费税税率为 10%，增值税税率为 13%（退税率为 13%）。试计算该企业应退消费税款和增值税款。

解：　应退消费税款＝出口货物的工厂销售额×税率

＝5 000×500×10%＝250 000（元）

应退增值税款＝购进货物的销售额×退税率

＝5 000×500×13%＝325 000（元）

第五节　消费税的征收管理

一、纳税义务发生时间

（1）纳税人销售的应税消费品，其纳税义务发生的时间为：① 采取赊销和分期收款结算方式的，为销售合同规定的收款日期的当天。② 采取预收货款结算方式的，为发出应税消费品的当天。③ 采取托收承付和委托银行收款结算方式销售的应税消费品，为发出应税消费品并办妥托收手续的当天。④ 采取其他结算方式的，为收到销售款或者取得索取销售款的凭据的当天。

（2）纳税自产自用的应税消费品，其纳税义务的发生时间为移送使用的当天。

（3）纳税人委托加工的应税消费品，其纳税义务的发生时间为纳税人提货的当天。

（4）纳税人进口的应税消费品，其纳税义务的发生时间为报关进口的当天。

二、纳税期限

消费税的纳税期限分别为 1 日、3 日、5 日、10 日、15 日、1 个月或 1 个季度。纳税人的具体纳税期限，由主管税务机关根据纳税人应纳税额的大小分别核定。不能按固定期限纳税的，可以按次纳税。

纳税人以 1 个月或者 1 个季度为一个纳税期的，自期满之日起 15 日内申报纳税；以 1 日、3 日、5 日、10 日或 15 日为一个纳税期的，自期满之日起 5 日内预缴税款，于次月 1 日起 15 日内申报纳税并结清上月应纳税款。

纳税人进口应税消费品，应当自海关填发海关进口消费税专用缴纳书之日起 15 日内缴纳税款。

三、纳税地点

(1) 纳税人销售的应税消费品，以及自产自用的应税消费品，除国家另有规定外，应当向纳税人核算地主管税务机关申报纳税。

(2) 委托加工的应税消费品，除受托方是个体经营者外，由受托方代收代缴后向其所在地主管税务机关解缴消费税税款。

(3) 进口的应税消费品，由进口人或者其代理人向报关地海关申报纳税。

(4) 纳税人到外县(市)销售或委托外县(市)代销自产应税消费品的，于应税消费品销售后，回纳税人核算地或销售所在地缴纳税款。

(5) 纳税人的总机构与分支机构不在同一县(市)的，应在生产应税消费品的分支机构所在地缴纳消费税。但经国家税务总局及所属税务分局批准，纳税人分支机构应纳消费税税款也可由总机构汇总向总机构所在地主管税务机关缴纳(跨省的由国家税务总局批准；省内的由省级国家税务局批准)。

四、消费税纳税申报

消费税纳税申报表见表 3-3。

表 3-3 **消费税纳税申报表**

填表日期：　　　　年　　月　　日

纳税人识别号：

应税消费品名称	适用税目	应税销售额(数量)	适用税率(单位税额)	当期准予扣除外购应税消费品买价				外购应税消费品适用税率
				合　计	期初库存外购应税消费品买价	当期购进外购应税消费品买价	期末库存外购应税消费品买价	
1	2	3	4	5=6+7−8	6	7	8	9
合计								

应纳消费税		当期准予扣除外购应税消费品已纳税款	当期准予扣除委托加工应税消费品已纳税款			
本　期	累　计		合　计	期初库存委托加工应税消费品已纳税款	当期收回委托加工应税消费品已纳税款	期末库存委托加工应税消费品已纳税款
15=3×4−10或 3×4−11或 3×4−10−11	16	10=5×9	11=12+ 13−14	12	13	14

(续表)

已纳消费税		本期应补(退)税金额			
本期	累计	合计	上期结算税金额	补交本年度欠税	补交以前年度欠税
17	18	19=15−17+20+21+22	20	21	22

截至上年年底累计欠税额	本年度新增欠税额	
	本期	累计
23	24	25

如纳税人填报,由纳税人填写以下各栏		如委托代理人填报,由代理人填写以下各栏				备注
会计主管(签章)	纳税人(公章)	代理人名称		代理人(公章)		
		代理人地址				
		经办人		电话		
以下由税务机关填写						
收到申报表日期			接收人			

填表说明:

1. 表中2栏“适用税目”必须按照《中华人民共和国消费税暂行条例》规定的税目填写。
2. 本表一式三联,第一联纳税人留存,第二联由主管税务机关留存,第三联税务机关做税收会计原始凭证。

本章小结

消费税是以特定消费品为课税对象征收的流转税,与增值税实行交叉征收。本章分为五节:第一节是消费税概述,主要介绍了消费税的概念、产生和发展、特点和作用,要领会到消费税是单一环节征税。第二节讲述了消费税的基本要素,征税范围为生产、委托加工和进口的应税消费品,纳入征税范围的应税消费品为烟、酒、化妆品等14类货物,这14类货物分别适用比例税率和定额税率两种税率形式。第三节应纳税额的计算是本章的重点,一般销售方式下和进口时,消费税的计算分从价计征、从量计征和复合计税三种方式;当外购已税消费品生产应税消费品时涉及已纳税款的扣除;自产自用应税消费品时用于连续生产应税消费品可不计税,用于其他方面于移送环节计税;委托加工应税消费品时,收回时,应代扣代缴消费税,委托方收回后直接出售的,不再征收消费税,用于连续生产应税消费品的,其已纳税款准予扣除。第四节介绍了消费税的减免和出口退税。第五节说明了消费税的征收管理，主要是纳税义务发生时间、纳税期限、纳税地点和纳税申报的说明。

思考题

1. 简述消费税的特点。
2. 简述消费税的纳税义务时间。
3. 比较消费税与增值税在纳税环节上的异同。

第四章 关税法

学习目的

通过本章的学习，学生应理解关税的定义；懂得国境和关境的含义；掌握征税的范围，税率的设置和使用，税款的缴纳、减免和相关程序。

第一节 关税概述

一、关税的定义

关税法是指国家制定的调整关税征收与缴纳权利义务关系的法律规范。现行关税法律规范以全国人民代表大会于2000年7月修正颁布的《中华人民共和国海关法》(以下简称《海关法》)为法律依据，以国务院于2003年11月发布的《中华人民共和国进出口关税条例》(以下简称《进出口关税条例》)，以及由国务院关税税则委员会审定并报国务院，作为条例组成部分的《中华人民共和国海关进出口税则》和《中华人民共和国海关入境旅客行李物品和个人邮递物品征收进口税办法》为基本法规，由负责关税政策制定和征收管理的主管部门依据基本法规拟定的管理办法和实施细则为主要内容。

关税是海关依法对进出境货物、物品征收的一种税。所谓"境"是指关境，又称"海关境域"或"关税领域"，是我国《海关法》全面实施的领域。在通常情况下，一国关境与国境是一致的，包括国家全部的领土、领海、领空。但当某一国家在国境内设立了自由港、自由贸易区等，这些区域就进出口关税而言处在关境之外，这时，该国家的关境小于国境。如我国，根据《中华人民共和国香港特别行政区基本法》和《中华人民共和国澳门特别行政区基本法》，中国香港和中国澳门保持自由港地位，为我国单独的关税地区，即单独关境区。单独关境区是不完全适用该国海关法律、法规或实施单独海关管理制度的区域。当几个国家结成关税同盟，组成一个共同的关境，实施统一的关税法令和统一的对外税则，这些国家彼此之间货物进出国境不征收关税，只对来自或运往其他国家的货物进出共同关境时征收关税，这些国家的关境大于国境，如欧洲联盟。

二、关税的由来

关税是一个历史悠久的税种。它是伴随国家之间经济联系的需要而产生和发展起来的。在当今国际社会，它不仅是各国政府取得财政收入的一种形式，而且是在国际经济交往中维护国家权益的重要手段。

我国关税历史悠久，西周就有“关市之征”的记载，征税的目的是“关市之赋，以待王之膳服”。秦统一天下，国境的概念比较明显了。随着国际贸易往来的逐渐增多，陆地边境关卡的征税和沿海港口市舶机构的征税，具有国境关税的特征。清初时设立江、浙、闽、粤四处海关，其后在不平等条约下增开对外通商口岸设立海关，征收关税。但国内各地关卡林立，常关税、厘金税、子口税、转口税等国内关税与国境关税同时并存。

1931 年以后才逐步撤销了内地关税，只在国境征收进出口关税。新中国成立后，国家组建了海关总署，统一管理全国海关业务。1950 年 1 月原政务院颁布了《关于关税政策和海关工作的决定》，同年 5 月颁布了《中华人民共和国暂行海关法》《中华人民共和国进出口税则》和《中华人民共和国进出口税则暂行实施条例》，统一了新中国的关税政策，建立了完全独立自主的保护关税制度。

随着我国改革开放的发展，关税制度经历了多次修改和补充。自 1992 年以来，已多次大范围地自主降低关税税率，2006 年我国关税算术平均税率降至 9.9%。

三、关税的特点

（一）以进出国境或关境的货物和物品为征税对象

关税的征税对象是进出国境或关境的货物和物品。关税不同于因商品交换或提供劳务取得收入而课征的流转税，也不同于因取得所得或拥有财产而课征的所得税或财产税，而是对特定货物和物品途经海关通道进出口征税。

（二）以货物进出口统一的国境或关境为征税环节

关税是主权国家对进出国境或关境的货物和物品统一征收的税种。在封建社会里，由于封建割据，导致国内关卡林立，重复征税，所以那时的关税，主要为国内关税和境内的关税，它严重地阻碍着商品经济发展。资本主义生产方式取代封建生产方式之后，新兴资产阶级建立起统一的国家，主张国内自由贸易和商品自由流通，因而纷纷废除旧时的内陆关税，实行统一的国境关税。进口货物征收关税之后，可以行销全国，不再征收进口关税。

（三）实行复式税则

关税的税则是关税课税范围及其税率的法则。复式税则又称多栏税则，是指一个税目设有两个或两个以上的税率，根据进口货物原产国的不同，分别适用高低不同的税率。复式税则是一个国家对外贸易政策的体现。目前，在国际上除极个别国家外，各国关税普遍实行复式税则。

（四）关税具有涉外统一性，执行统一的对外经济政策

关税是一个国家的重要税种。国家征收关税不单纯是为了满足政府财政上的需要，更重要的是利用关税来贯彻执行统一的对外经济政策，实现国家的政治经济目的。在我国现阶段，关税被用来争取实现平等互利的对外贸易，保护并促进国内工农业生产发展，为社会主义市场经济服务。

（五）关税由海关机构代表国家征收

关税由海关总署及所属机构具体管理和征收，征收关税是海关工作的一个重要组成部分。《海关法》规定："中华人民共和国海关是国家的进出关境监督管理机关，海关依照本法和其他有关法律、法规，监督进出境的运输工具、货物、行李物品，征收关税和其他税费，查缉走私，并编制海关统计和其他海关业务。"监督管理、征收关税和查缉走私是当前我国海关的三项基本任务。

四、关税的作用

（一）维护国家主权和经济利益

对进出口货物征收关税，表面上看似乎只是一个与对外贸易相联系的税收问题，其实一国采取什么样的关税政策直接关系到国与国之间的主权和经济利益。历史发展到今天，关税已成为各国政府维护本国政治、经济权益，乃至进行国际经济斗争的一个重要武器。我国根据平等互利和对等原则，通过关税复式税则的运用等方式，争取国家间的关税互惠并反对他国对我国进行关税歧视，促进对外经济技术交往，扩大对外经济合作。

（二）保护和促进本国工农业生产的发展

一个国家采取什么样的关税政策，是实行自由贸易，还是采用保护关税政策，是由该国的经济发展水平、产业结构状况、国际贸易收支状况以及参与国际经济竞争的能力等多种因素决定的。国际上许多发展经济学家认为，自由贸易政策不适合发展中国家的情况。相反，这些国家为了顺利地发展民族经济，实现工业化，必须实行保护关税政策。我国作为发展中国家，一直十分重视利用关税保护本国的"幼稚工业"，促进进口替代工业发展，关税在保护和促进本国工农业生产的发展方面发挥了重要作用。

(三) 调节国民经济和对外贸易

关税是国家的重要经济杠杆,通过税率的高低和关税的减免,可以影响进出口规模,调节国民经济活动。如调节出口产品和出口产品生产企业的利润水平,有意识地引导各类产品的生产,调节进出口商品数量和结构,可促进国内市场商品的供需平衡,保护国内市场的物价稳定等等。

(四) 筹集国家财政收入

从世界大多数国家尤其是发达国家的税制结构分析,关税收入在整个财政收入中的比重不大,并呈下降趋势。但是,一些发展中国家,其中主要是那些国内工业不发达、工商税源有限、国民经济主要依赖于某种或某几种初级资源产品出口,以及国内许多消费品主要依赖于进口的国家,征收进出口关税仍然是他们取得财政收入的重要渠道之一。我国关税收入是财政收入的重要组成部分,新中国成立以来,关税为经济建设提供了可观的财政资金。目前,发挥关税在筹集建设资金方面的作用,仍然是我国关税政策的一项重要内容。

第二节　关税的基本要素

一、课税对象

关税的课税对象是准许进出境的货物和物品。货物是指贸易性商品;物品指入境旅客随身携带的行李物品、个人邮递物品、各种运输工具上的服务人员携带进口的自用物品、馈赠物品以及其他方式进境的个人物品。

二、纳税义务人

进口货物的收货人、出口货物的发货人、进出境物品的所有人,是关税的纳税义务人。进出口货物的收、发货人是依法取得对外贸易经营权,并进口或者出口货物的法人或者其他社会团体。进出境物品的所有人包括该物品的所有人和推定为所有人的人。一般情况下,对于携带进境的物品,推定其携带人为所有人;对分离运输的行李,推定相应的进出境旅客为所有人;对以邮递方式进境的物品,推定其收件人为所有人;以邮递或其他运输方式出境的物品,推定其寄件人或托运人为所有人。

三、关税税则、税目税率

(一) 进出口税则

进出口税则是一国政府根据国家关税政策和经济政策,通过一定的立法程序制定公布实施的进出口货物和物品应税的关税税率表。进出口税则以税率表为主体，通常还包括实施税则的法令、使用税则的有关说明和附录等。《中华人民共和国海关进出口税则》是我国海关凭以征收关税的法律依据，也是我国关税政策的具体体现。我国现行税则包括《进出口关税条例》《税率适用说明》《中华人民共和国海关进口税则》《中华人民共和国海关出口税则》及"进口商品从量税、复合税、滑准税税目税率表""进口商品关税配额税目税率表""进口商品税则暂定税率表""出口商品税则暂定税率表""非全税目信息技术产品税率表"等附录。

税率表作为税则主体，包括税则商品分类目录和税率栏两大部分。税则商品分类目录是把种类繁多的商品加以综合，按照其不同特点分门别类简化成数量有限的商品类目。分别编号按序排列，称为税则号列并逐号列出该号中应列入的商品名称。商品分类的原则即归类规则，包括归类总规则和各类、章、目的具体注释。税率栏是按商品分类目录逐项订出的税率栏目。我国现行进口税则为四栏税率，出口税则为一栏税率。按税则商品分类目录体系划分，新中国成立以来，我国分别于1951年、1985年、1992年先后实施了三部进出口税则，进出口商品都采用同一税则目录分类。

我国1951年5月公布实施的进出口税则，是我国第一部真正独立自主制定的税则，将进出口商品按自然属性、用途、加工程度分成17类、89章、939个税号，其商品目录主要参考了旧中国税则、苏联税则和前万国联盟(League of Nations)编制的《日内瓦统一税则目录》(Geneva Nomenclature)等，结构比较简单、归类较为容易。

从1992年1月至今，我国实施了以《商品名称及编码协调制度》(Harmonized Commodity Description and Coding System，简称HS)为基础的进出口税则。《商品名称及编码协调制度》是一部科学、系统的国际贸易商品分类体系，是国际上多个商品分类目录协调的产物，适合于与国际贸易有关的多方面的需要，如海关、统计、贸易、运输、生产等，成为国际贸易商品分类的一种"标准语言"。

HS是《HS公约》的附件，由海关合作理事会(Customs Co-Operation Council，简称CCC；1994年1月改名为世界海关组织——World Customs Organization，简称WCO)组织编制。根据公约规定，缔约国主要权利之一是缔约国不承担关税税率方面的任何义务。即缔约国对关税税率不加任何限制。缔约国的主要义务是发达国家在公约于本国生效之日起，要保证全部采用HS发展中国家可先行部分采用，在3～5年内全部采用。截至1993年3月，公约的缔约国为71个，正式使用HS的非缔约国48个，其中主要发达国家都采用了该制度。我国于1992年6月加入《HS公约》，于1992年1月1日起正式实施HS。

HS的总体结构有三部分：一是归类总规则，共6条。规定了分类原则和方法，以保证对HS使用和解释的一致性，使某一具体商品能够始终归入一个唯一编码；二是类(section)、章(chapter)、目(heading)和子目(sub-heading)注释，严格界定了相应的商品范围，阐述专用术语的定义或区分某些商品的技术标准及界限；三是按顺序编排的目与子目编码及条文。采用六位编码，将所有商品分为21类、97章（其中77章是留做备用的空章），章下再分为目和子目。编码前两位数代表“章”，前四位数代表“目”。五六位数代表“子目”。

我国现行税则采用八位编码，前六位等效采用HS编码，第七、第八位为我国根据中国进出口商品的实际情况，在HS基础上延伸的两位编码，也称增列税目。增列税目的原则主要是遵循HS分类原则和方法，适应科学技术发展需要，有利于对相关商品实行有区别的关税政策，有利于执行国家重要产业政策，有利于解决商品归类分歧，便于海关统计。一般情况下，增列税目的商品应当单独成类，不应是一个具体品牌或单个的商品；应当具有一定的进口量或进口额，不应为某一个部门或企业的特殊需要单列税目；应当有一定的技术先进性和前瞻性，生命周期较短的商品不宜增列；在海关现场要能够与其他商品鉴别。增列税目应重点考虑代表现代科技发展方向，尤其是能够促进环保和节能方面的新产品；国家产业政策重点支持和发展的产品；进口量或进口额较大，但没有单列税目的商品。到目前为止，我国自主增列税目2 092个，使我国2015年版进口税则的总税目数为8 285个，其中HS2002版有5 224个六位税目。我国2015年版出口税则税目总数为40个。

(二) 税率及运用

1. 进口关税税率

(1) 税率设置与适用。在我国加入世界贸易组织（WTO）之前，我国进口税则设有两栏税率，即普通税率和优惠税率。对原产于与我国未订有关税互惠协议的国家或者地区的进口货物，按照普通税率征税；对原产于与我国订有关税互惠协议的国家或者地区的进口货物，按照优惠税率征税。在我国加入WTO之后，为履行我国在加入WTO关税减让谈判中承诺的有关义务，享有WTO成员应有的权利，自2002年1月1日起，我国进口税则设有最惠国税率、协定税率、特惠税率、普通税率等税率。对进口货物在一定期限内可以实行暂定税率。

最惠国税率适用原产于与我国共同适用最惠国待遇条款的WTO成员国或地区的进口货物，或原产于与我国签订有相互给予最惠国待遇条款的双边贸易协定的国家或地区进口的货物，以及原产于我国境内的进口货物。

协定税率适用原产于我国参加的含有关税优惠条款的区域性贸易协定有关缔约方的进口货物。目前对原产于韩国、斯里兰卡和孟加拉国3个曼谷协定成员的739个税目进口商品实行协定税率（即曼谷协定税率）。

特惠税率适用原产于与我国签订特殊优惠关税协定的国家或地区的进口货物，目前对原产于孟加拉国的18个税目进口商品实行特惠税率（即曼谷协定特惠税率）。

普通税率适用于原产于上述国家或地区以外的其他国家或地区的进口货物。按照普通税率征税的进口货物,经国务院关税税则委员会特别批准,可以适用最惠国税率。

适用最惠国税率、协定税率、特惠税率的国家或者地区名单,由国务院关税税则委员会决定。

(2) 税率计征办法。我国对进口商品基本上都实行从价税,即以进口货物的完税价格作为计税依据,以应征税额占货物完税价格的百分比作为税率。从 1997 年 7 月 1 日起,我国对部分产品实行从量税、复合税和滑准税。

从量税是以进口商品的重量、长度、容量、面积等计量单位为计税依据。从量税是每一种进口商品的单位应税额固定,不受该商品进口价格的影响,因此这种计税方法的特点是税额计算简便、通关手续快捷,并能起到抑制质次价廉商品或故意低瞒价格商品的进价。目前我国对原油、部分鸡产品、啤酒、胶卷进口分别以重量、容量、面积计征从量税。

复合税是对某种进口商品同时使用从价和从量计征的一种计征关税的方法。复合税既可发挥从量税抑制低价商品进口的特点又可发挥从价税税负合理、稳定的特点。目前我国对录像机、放像机、摄像机、数字照相机和摄录一体机实行复合税。

滑准税是一种关税税率随进口商品价格由高到低而由低至高设置计征关税的方法,可以使进口商品价格越高,其进口关税税率越低,进口商品的价格越低,其进口关税税率越高。其主要特点是可保持滑准税商品的国内市场价格的相对稳定,尽可能减少国际市场价格波动的影响。目前我国对新闻纸实行滑准税。

(3) 暂定税率与关税配额税率。根据经济发展需要,国家对部分进口原材料、零部件、农药原药和中间体、乐器及生产设备实行暂定税率。暂定税率优先适用于优惠税率或最惠国税率,按普通税率征税的进口货物不适用暂定税率。同时,对部分进口农产品和化肥产品实行关税配额,即一定数量内的上述进口商品适用税率较低的配额内税率,超出该数量的进口商品适用税率较高的配额外税率。现行税则对 200 多个税目进口商品实行了暂定税率,对小麦、豆油等 10 种农产品和尿素等 3 种化肥产品实行关税配额管理。

(4) 税则附录中《非全税目信息技术产品税率表》。我国对 251 个税目的信息技术产品基本实行 0～7.2%的低税率,有少数产品税率超过 10%。其中有 15 类信息技术产品只占应归入税目商品中的一部分,即非全税目商品。如只对"离心机"税目中的"半导体晶片加工用离心干燥器"实行低税率。这类信息技术产品的税率列在现行进口税则附录《非全税目信息技术产品税率表》中,凡申报进口表列 15 类产品并要求适用低税率的,须经信息产业部审核并经海关确认后。方可以低税率计征关税。

2. 出口关税税率

我国出口税则为一栏税率,即出口税率。国家仅对少数资源性产品及易于竞相杀价、盲目进口、需要规范出口秩序的半制成品征收出口关税。2015 年对 40 种商品计征出口关税,税率为 20%～50%。现行税则对 36 种商品计征出口关税,主要是鳗鱼苗、部分有色金属矿砂及其精矿、生锑、磷、氟钽酸钾、苯、山羊板皮、部分铁合金、钢铁废碎料、铜和铝原料及其制品、镍锭、锌锭、锑锭。但对上述范围内的23种商品实行0～20%的暂定税率，其中16种商品为零关税，6种商品税率为10%及以下。与进口暂定税率一样，出口暂定税率优先适用于出口税则中规定的出口税率。因此，我国真正征收出口关税的商品只有20种，税率也较低。

3. 特别关税

特别关税包括报复性关税、反倾销税与反补贴税、保障性关税。征收特别关税的货物、适用国别、税率、期限和征收办法，由国务院关税税则委员会决定，海关总署负责实施。

(1) 报复性关税。报复性关税是指为报复他国对本国出口货物的关税歧视，而对相关国家的进口货物征收的一种进口附加税。任何国家或者地区对其进口的原产于我国的货物征收歧视性关税或者给予其他歧视性待遇的，我国对原产于该国家或者地区的进口货物征收报复性关税。

(2) 反倾销税与反补贴税。反倾销税与反补贴税是指进口国海关对外国的倾销商品，在征收关税的同时附加征收的一种特别关税，其目的在于抵消他国补贴。在激烈的市场竞争中，倾销和补贴行为在国际贸易中时常发生，且有越演越烈之势，其危害是使用不公平手段抢占市场份额，抑制我国相关产业的发展。为保护我国产业，根据《中华人民共和国反倾销条例》和《中华人民共和国反补贴条例》规定，进口产品经初裁确定倾销或者补贴成立，并由此对国内产业造成损害的，可以采取临时反倾销或反补贴措施，实施期限为自决定公告规定实施之日起，不超过4个月。采取临时反补贴措施在特殊情形下，可以延长至9个月。经终裁确定倾销或者补贴成立，并由此对国内产业造成损害的，可以征收反倾销税和反补贴税，征收期限一般不超过5年，但经复审确定终止征收反倾销税或反补贴税，有可能导致倾销或补贴以及损害的继续或再度发生的，征收期限可以适当延长。反倾销税和反补贴税的纳税人为倾销或补贴产品的进口经营者。采取以上措施，由外经贸部(现商务部，下同)提出建议，国务院关税税则委员会根据外经贸部的建议作出决定，由外经贸部予以公告。采取临时反补贴措施要求提供现金保证金、保函或者其他形式的担保，由外经贸部做出决定并予以公告。海关自公告规定实施之日起执行。

(3) 保障性关税。当某类商品进口量剧增，对我国相关产业带来巨大威胁或损害时，按照WTO有关规则。可以启动一般保障措施，即在与有实质利益的国家或地区进行磋商后，在一定时期内提高该项商品的进口关税或采取数量限制措施，以保护国内相关产业不受损害。根据《中华人民共和国保障措施条例》规定，有明确证据表明进口产品数量增加，在不采取临时保障措施将对国内产业造成难以补救的损害的紧急情况下，可以做出初裁决定，并采取临时保障措施。临时保障措施采取提高关税的形式。终裁决定确定进口产品数量增加，并由此对国内产业造成损害的，可以采取保障措施。保障措施可以提高关税、数量限制等形式，针对正在进口的产品实施，不区分产品来源国家或地区。其中采取提高关税形式的，由外经贸部提出建议，国务院关税税则委员会根据建议作出决定，由外经贸部予以公告。

4. 税率的运用

我国《进出口关税条例》规定，进出口货物，应当依照税则规定的归类原则归入合适的税号，并按照适用的税率征税。其中：

(1) 进出口货物，应当按照纳税义务人申报进口或者出口之日实施的税率征税。

(2) 进口货物到达前，经海关核准先行申报的，应当按照装载此货物的运输工具申报进境之日实施的税率征税。

(3) 进出口货物的补税和退税，适用该进出口货物原申报进口或者出口之日所实施的税率，但下列情况除外：① 按照特定减免税办法批准予以减免税的进口货物，后因情况改变经海关批准转让或出售或移作他用需予补税的，适用海关接受纳税人再次填写报关单申报办理纳税及有关手续之日实施的税率征税。② 加工贸易进口料、件等属于保税性质的进口货物，如经批准转为内销，应按向海关申报转为内销之日实施的税率征税；如未经批准擅自转为内销的。则按海关查获日期所施行的税率征税。③ 暂时进口货物转为正式进口需予补税时，应按其申报正式进口之日实施的税率征税。④ 分期支付租金的租赁进口货物，分期付税时，适用海关接受纳税人再次填写报关单申报办理纳税及有关手续之日实施的税率征税。⑤ 溢卸、误卸货物事后确定需征税时，应按其原运输工具申报进口日期所实施的税率征税。如原进口日期无法查明的，可按确定补税当天实施的税率征税。⑥ 对由于税则归类的改变、完税价格的审定或其他工作差错而需补税的，应按原征税日期实施的税率征税。⑦ 对经批准缓税进口的货物以后交税时，不论是分期或一次交清税款，都应按货物原进口之日实施的税率征税。⑧ 查获的走私进口货物需补税时，应按查获日期实施的税率征税。

第三节　货物原产地的确定

确定进境货物原产国的主要原因之一是便于正确运用进口税则的各栏税率，对产自不同国家或地区的进口货物适用不同的关税税率。我国原产地规定基本上采用了“全部产地生产标准”“实质性加工标准”两种国际上通用的原产地标准。

一、全部产地生产标准

全部产地生产标准是指进口货物“完全在一个国家内生产或制造”，生产或制造国即为该货物的原产国。完全在一国生产或制造的进口货物包括：

(1) 在该国领土或领海内开采的矿产品。

(2) 在该国领土上收获或采集的植物产品。

(3) 在该国领土上出生或由该国饲养的活动物及从其所得产品。

(4) 在该国领土上狩猎或捕捞所得的产品。

(5) 在该国的船只上卸下的海洋捕捞物,以及由该国船只在海上取得的其他产品。

(6) 在该国加工船加工上述第(5)项所列物品所得的产品。

(7) 在该国收集的只适用于作再加工制造的废碎料和废旧物品。

(8) 在该国完全使用上述(1)～(7)项所列产品加工成的制成品。

二、实质性加工标准

实质性加工标准是适用于确定有两个或两个以上国家参与生产的产品的原产国的标准,其基本含义是:经过几个国家加工、制造的进口货物,以最后一个对货物进行经济上可以视为实质性加工的国家作为有关货物的原产国。"实质性加工"是指产品加工后,在进出口税则中四位数税号一级的税则归类已经有了改变,或者加工增值部分所占新产品总值的比例已超过30%及以上的。

三、其他

对机器、仪器、器材或车辆所用零件、部件、配件、备件及工具,如与主件同时进口且数量合理的。其原产地按主件的原产地确定,分别进口的则按各自的原产地确定。

第四节 关税减免

关税减免是对某些纳税人和征税对象给予鼓励和照顾的一种特殊调节手段。正是有了这一手段,使关税政策工作兼顾了普遍性和特殊性、原则性和灵活性。因此,关税减免是贯彻国家关税政策的一项重要措施。关税减免分为法定减免税、特定减免税和临时减免税。根据《海关法》规定,除法定减免税外的其他减免税均由国务院决定。减征关税在我国加入世界贸易组织之前以税则规定税率为基准,在我国加入世界贸易组织之后以最惠国税率或者普通税率为基准。

一、法定减免税

法定减免税是税法中明确列出的减税或免税。符合税法规定可予减免税的进出口货物，纳税义务人无须提出申请，海关可按规定直接予以减免税。海关对法定减免税货物一般不进行后续管理。《海关法》和《进出口关税条例》明确规定，下列货物、物品予以减免关税：

（1）关税税额在人民币50元以下的一票货物，可免征关税。

（2）无商业价值的广告品和货样，可免征关税。

（3）外国政府、国际组织无偿赠送的物资，可免征关税。

（4）进出境运输工具装载的途中必需的燃料、物料和饮食用品，可予免税。

（5）经海关核准暂时进境或者暂时出境，并在6个月内复运出境或者复运进境的货样、展览品、施工机械、工程车辆、工程船舶、供安装设备时使用的仪器和工具、电视或者电影摄制器械、盛装货物的容器以及剧团服装道具，在货物收发货人向海关缴纳相当于税款的保证金或者提供担保后，可予暂时免税。

（6）为境外厂商加工、装配成品和为制造外销产品而进口的原材料、辅料、零件、部件、配套件和包装物料，海关按照实际加工出口的成品数量免征进口关税；或者对进口料、件先征进口关税，再按照实际加工出口的成品数量予以退税。

（7）因故退还的中国出口货物，经海关审查属实，可予免征进口关税，但已征收的出口关税不予退还。

（8）因故退还的境外进口货物，经海关审查属实，可予免征出口关税，但已征收的进口关税不予退还。

（9）进口货物如有以下情形，经海关查明属实，可酌情减免进口关税：① 在境外运输途中或者在起卸时，遭受损坏或者损失的。② 起卸后海关放行前，因不可抗力遭受损坏或者损失的。③ 海关查验时已经破漏、损坏或者腐烂，经证明不是保管不慎造成的。

（10）无代价抵偿货物，即进口货物在征税放行后，发现货物残损、短少或品质不良，而由国外承运人、发货人或保险公司免费补偿或更换的同类货物，可以免税。但有残损或质量问题的原进口货物如未退运国外，其进口的无代价抵偿货物应照章征税。

（11）我国缔结或者参加的国际条约规定减征、免征关税的货物、物品，按照规定予以减免关税。

（12）法律规定减征、免征的其他货物。

二、特定减免税

特定减免税也称政策性减免税。在法定减免税之外，国家按照国际通行规则和我国实际情况，制定发布的有关进出口货物减免关税的政策，称为特定或政策性减免税。特定减免税货物一般有地区、企业和用途的限制，海关需要进行后续管理，也需要进行减免税统计。

(一) 科教用品

为有利于我国科研、教育事业发展,对科学研究机构和学校,不以营利为目的,在合理数量范围内进口国内不能生产的科学研究和教学用品,直接用于科学研究或者教学的,免征进口关税和进口环节增值税、消费税。

(二) 残疾人专用品

为支持残疾人的康复工作,对规定的残疾人个人专用品,免征进口关税和进口环节增值税、消费税;对康复、福利机构、假肢厂和荣誉军人康复医院进口国内不能生产的、规定明确的残疾人专用品,免征进口关税和进口环节增值税。

(三) 扶贫、慈善性捐赠物资

为促进公益事业的健康发展,对境外自然人、法人或者其他组织等境外捐赠人,无偿向经国务院主管部门依法批准成立的,以人道救助和发展扶贫、慈善事业为宗旨的社会团体以及国务院有关部门和各省、自治区、直辖市人民政府捐赠的,直接用于扶贫、慈善事业的物资,免征进口关税和进口环节增值税。

(四) 加工贸易产品

1. 加工装配和补偿贸易

加工装配即来料加工、来样加工及来件装配,是指由境外客商提供全部或部分原辅料、零配件和包装物料,必要时提供设备,由我方按客商要求进行加工装配,成品交外商销售,我方收取工缴费。客商提供的作价设备价款,我方用工缴费偿还。补偿贸易是指由境外客商提供或国内单位利用国外出口信贷进口生产技术或设备,由我方生产,以返销产品方式分期偿还对方技术、设备价款或贷款本息的交易方式。因有利于较快地提高出口产品生产技术,改善我国产品质量和品种,扩大出口,增加我国外汇收入,国家给予一定的关税优惠:进境料件不予征税,准许在境内保税加工为成品后返销出口;进口外商的不作价设备和作价设备,分别比照外商投资项目和国内投资项目的免税规定执行;剩余料件或增产的产品,经批准转内销时,价值在进口料件总值2%以内,且总价值在3 000元以下的,可予免税。

2. 进料加工

经批准有权经营进出口业务的企业使用进料加工专项外汇进口料件,并在1年内加工或装配成品外销出口的业务,称为进料加工业务,对其关税优惠为:对专为加工出口商品而进口的料件,海关按实际加工复出口的数量,免征进口税;加工的成品出口,免征出口税,但内销料件及成品照章征税;对加工过程中产生的副产品、次品、边角料,海关根据其使用价值分析估价征税或者酌情减免税;剩余料件或增产的产品,经批准转内销时,价值在进口料件总值2%以内,且总价值在5 000元以下的,可予免税。

(五) 边境贸易进口物资

为了鼓励我国边境地区积极发展与我国毗邻国家间的边境贸易与经济合作,国家制定了有关扶持、鼓励边境贸易和边境地区发展对外经济合作的政策措施。边境贸易有边民互市贸易和边境小额贸易两种形式。边民互市贸易指边境地区边民在边境线 20 公里以内、经政府批准的开放点或指定的集市上进行的商品交换活动。边民通过互市贸易进口的商品，每人每日价值在 3 000 元以下的，免征进口关税和进口环节增值税。边境小额贸易指沿陆地边境线经国家批准对外开放的边境县（旗）、边境城市辖区内经批准有边境小额贸易经营权的企业。通过国家指定的陆地边境口岸，与毗邻国家边境地区的企业或其他贸易机构之间进行的贸易活动。边境小额贸易企业通过指定边境口岸进口原产于毗邻国家的商品，除烟、酒、化妆品以及国家规定必须照章征税的其他商品外，进口关税和进口环节增值税减半征收。

（六）保税区进出口货物

保税区的主要关税优惠政策有：进口供保税区使用的机器、设备、基建物资、生产用车辆，为加工出口产品进口的原材料、零部件、元器件、包装物料，供储存的转口货物以及在保税区内加工运输出境的产品免征进口关税和进口环节税；保税区内企业进口专为生产加工出口产品所需的原材料、零部件、包装物料，以及转口货物予以保税；从保税区运往境外的货物，一般免征出口关税等。

（七）出口加工区进出口货物

出口加工区的主要关税优惠政策有：从境外进入区内生产性的基础设施建设项目所需的机器、设备和建设生产厂房、仓储设施所需的基建物资，区内企业生产所需的机器、设备、模具及其维修用零配件，区内企业和行政管理机构自用合理数量的办公用品，予以免征进口关税和进口环节税；区内企业为加工出口产品所需的原材料、零部件、元器件、包装物料及消耗性材料，予以保税；对加工区运往区外的货物，海关按照对进口货物的有关规定办理报关手续，并按照制成品征税；对从区外进入加工区的货物视同出口，可按规定办理出口退税。

（八）进口设备

为进一步扩大利用外资，引进国外先进技术和设备，促进产业结构的调整和技术进步，保持国民经济持续、快速、健康发展，国务院决定自 1998 年 1 月 1 日起，对国家鼓励发展的国内投资项目和外商投资项目进口设备，在规定范围内免征进口关税和进口环节增值税。

（九）特定行业或用途的减免税政策

为鼓励、支持部分行业或特定产品的发展，国家制定了部分特定行业或用途的减免税政策，这类政策一般对可减免税的商品列有具体清单。

三、临时减免税

临时减免税是指以上法定和特定减免税以外的其他减免税，即由国务院根据《海关法》对某个单位、某类商品、某个项目或某批进出口货物的特殊情况，给予特别照顾，一案一批，专文下达的减免税。一般有单位、品种、期限、金额或数量等限制，不能比照执行。

我国已加入世界贸易组织，为遵循统一、规范、公平、公开的原则，有利于统一税法、公平赋税、平等竞争，国家严格控制减免税，一般不办理个案临时性减免税，对特定减免税也在逐步规范、清理，对不符合国际惯例的税收优惠政策将逐步予以废止。

第五节　应纳关税的计算

一、完税价格的确定

(一) 一般进口货物完税价格

一般进口货物完税价格，以成交价格为基础的完税价格，其计算公式为：

进口货物完税价格＝货价＋采购费用

其中采购费用包括货物运抵中国关境内输入地起卸前的运输、保险和其他劳务等费用。货物以成交价格为基础，即买方为购买该货物，并按有关规定调整后的实付或应付价格。实际或应付价格调整规定如下：

(1) 如下列费用或者价值未包括在进口货物的实付或者应付价格中，应当计入完税价格。① 由买方负担的除购货佣金以外的佣金和经纪费。“购货佣金”是指买方为购买进口货物向自己的采购代理人支付的劳务费用。“经纪费”是指买方为购买进口货物向代表买卖双方利益的经纪人支付的劳务费用。② 由买方负担的与该货物视为一体的容器费用。③ 由买方负担的包装材料和包装劳务费用。④ 与该货物有关并作为卖方向我国销售该货物的一项条件，应当由买方直接或间接支付的特许权使用费。“特许权使用费”是指买方为获得与进口货物相关的、受著作权保护的作品、专利、商标、专有技术和其他权利的使用许可而支付的费用。

但是在估定完税价格时，进口货物在境内的复制权费不得计入该货物的实付或应付价格之中。

(2) 下列费用，如能与该货物实付或者应付价格区分，不得计入完税价格：① 厂房、机械、设备等货物进口后的基建、安装、装配、维修和技术服务的费用。② 货物运抵境内输入地点之后的运输费用。③ 进口关税及其他国内税、保险费和其他相关费用。

(二) 进口货物海关估价方法

海关应当依次使用下列方法估定完税价格：相同货物成交价格方法；类似货物成交价格方法；倒扣价格方法；计算价格方法；合理方法。

海关使用合理方法：应当根据本办法的估价原则，以在境内获得的数据资料为基础估定进口货物的完税价格，但不得使用以下价格：① 境内生产的货物在境内的销售价格。② 可供选择的价格中较高的价格。③ 货物在出口地市场的销售价格。④ 以本办法第十条第一款规定之外的价值或费用计算的价格。⑤ 出口到第三国或地区的货物的销售价格。⑥ 最低限价或武断、虚构的价格。

（三）特殊进口货物完税价格

（1）运往境外修理的机器、工具等。海关审定的正常修理费和料件费，以及该货物复运进境的运输及其相关费用、保险费估定完税价格。

（2）运往境外加工货物。运往境外加工的货物出境时已向海关报明，并在海关规定期限内复运进境的，应当以海关审定的境外加工费和料件费，以及该货物复运进境的运输及其相关费用、保险费估定完税价格。

（3）租赁方式进口的货物。租赁方式进口的货物以租金方式对外支付的租赁货物，在租赁期间以海关审定的租金作为完税价格；留购的租赁货物，以海关审定的留购价格作为完税价格；承租人申请一次性缴纳税款的，经海关同意，按照一般进口货物估价办法的规定，估定完税价格。

（4）准予暂时进口货物。对于经海关批准的暂时进境的货物，应当按照一般进口货物估价办法的规定，估定完税价格。

（5）予以补税的减免税货物。减税或免税进口的货物需予补税时，应当以海关审定的该货物原进口时的价格，扣除折旧部分价值作为完税价格。其计算公式为：

$$\text{完税价格}=\frac{\text{海关审定的该货物}}{\text{原进口时的价格}}\times\left[1-\frac{\text{申请补税时实际已使用的时间(月)}}{\text{监管年限}\times 12}\right]$$

（四）出口货物完税价格

由海关以货物向境外销售的成交价格为基础审定，并包括货物运至我国境内输出地点装载前的运输及其相关费用、保险费。但其中包含的出口关税税额，应当扣除。

出口货物的成交价格是指该货物出口销售到中华人民共和国境外时买方向卖方实付或应付的价格。出口货物的成交价格中含有支付给境外的佣金的，如果单独列明，应当扣除。出口货物的成交价格不能确定时，完税价格由海关依次使用下列方法估定：

（1）同时或大约同时向同一国家或地区出口的相同货物的成交价格。

（2）同时或大约同时向同一国家或地区出口的类似货物的成交价格。

（3）根据境内生产相同或类似货物的成本、利润和一般费用、境内发生的运输及其相关费用、保险费计算所得的价格。

（4）按照合理方法估定的价格。

（五）进出口货物完税价格中的运费及相关费用、保险费

一般陆运、空运、海运方式进口的货物的运保费：陆运、空运、海运方式进口的货物的运费和保险费,应当按照实际支付的费用计算。如果进口的货物的运费无法确定或未实际发生,海关应当按照该货物进口同期运输行业公布的运费率(额)计算运费;按照“货价加运费”两者总额的3‰计算保险费。

二、关税应纳税额的计算

关税以进出口货物的完税价格为计税依据,按照符合规定的适用税率相应计算应纳税额。

(一) 从价税应纳税额的计算

从价税应纳税额的计算公式为:

关税税额=应税进(出)口货物数量×单位完税价格×税率

(二) 从量税应纳税额的计算

从量税应纳税额的计算公式为:

关税税额=应税进(出)口货物数量×单位货物税额

(三) 复合税应纳税额的计算

我国目前实行的复合税都是先计征从量税,再计征从价税。其计算公式为:

关税税额=应税进(出)口货物数量×单位货物税额+应税进(出)口货物数量×单位完税价格×税率

(四) 滑准税应纳税额的计算

滑准税应纳税额的计算公式为:

关税税额=应税进(出)口货物数量×单位完税价格×滑准税税率

现行税则《进(出)口商品从量税、复合税、滑准税税目税率表》后注明了滑准税税率的计算公式,该公式是一个与应税进(出)口货物完税价格相关的取整函数。

【例4-1】 某公司进口机械设备2台,以境外口岸离岸价格成交,每台货价折合人民币200万元(其中包括:① 向其境外采购代理人支付的买方佣金每台8万元;② 进口后安装调试费用每台10万元。两者均单独计价并已经海关审查属实),已知该货物运抵中国关境内输入地点起卸前的包装费、运费、保险费和其他劳务费用每台30万元。该机械设备的关税税率为10%。试计算该公司应纳的进口关税。

解: 单位完税价格 = 200 - 8 - 10 + 30 = 212(万元)

应纳的进口关税 = 212× 2× 10% = 42.4(万元)

【例4-2】 某公司向境外出口甲产品一批,成交价格折合人民币为441万元。另支付承运方——A远洋运输公司运费28万元,支付给承保方——B保险公司保险费6万元，该货物出口关税税率为10%。试计算该公司应纳的出口关税。

解：

$$完税价格=\frac{离岸价格}{1+出口税率}=\frac{441-28-6}{1+10\%}=370(万元)$$

$$应纳的出口关税=370\times10\%=37(万元)$$

第六节　行李和邮递物品税

行李和邮递物品进口税简称行邮税，是海关对入境旅客行李物品和个人邮递物品征收的进口税。由于其中包含了在进口环节征收的增值税、消费税。因而也是对个人非贸易性入境物品征收的进口关税和进口商税收的总称。课税对象包括入境旅客、运输工具服务人员携带的应税行李物品、个人邮递物品、馈赠物品以及以其他方式入境的个人物品等项物品，简称进口物品。

对准许应税进口旅客行李物品、个人邮递物品以及其他个人自用物品，均应依据"入境旅客行李物品和个人邮递物品进口税税率表"征收行邮税。纳税人是携带应税个人自用物品入境的旅客及运输工具服务人员，进口邮递物品的收件人，以及以其他方式进口应税个人自用物品的收件人。上述所称的应税个人自用物品，不包括汽车、摩托车及其配件、附件。对进口应税个人自用汽车、摩托车及其配件、附件，以及超过海关规定自用合理数量部分的应税物品应按货物进口程序办理报关验放手续。

"中华人民共和国进境物品进口税率表"由国务院关税税则委员会审定后，海关总署对外公布实施。我国行邮税税目和税率经过了多次调整，现行行邮税税率分为60%、30%和15%三个档次。

(1) 烟、酒；贵重首饰及珠宝玉石；高尔夫球及球具；高档手表；化妆品，适用税率为60%。

(2) 运动用品(不含高尔夫球及球具)、钓鱼用品；纺织品及其制成品；电视摄像机及其他电器用具；自行车；税目(1)和(3)中未包含的其他商品，适用税率为30%。

(3) 书报、刊物、教育用影视资料；计算机、视频摄录一体机、数字照相机等信息技术产品；食品、饮料；金银；家具；玩具，游戏品、节日或其他娱乐用品，适用税率为15%。

进口税采用从价计征，完税价格由海关参照该项物品的境外正常零售平均价格确定。完税价格乘以进口税税率，即为应纳的进口税税额。海关按照填发税款缴纳书当日有效的税率和完税价格计算征收。纳税人应当在海关放行应税个人自用物品之前缴清税款。

第七节　关税的征收管理

一、关税缴纳

进口货物自运输工具申报进境之日起 14 日内,出口货物在货物运抵海关监管区后装货的 24 小时以前,应由进出口货物的纳税义务人向货物进(出)境地海关申报,海关根据税则归类和完税价格计算应缴纳的关税和进口环节代征税,并填发税款缴款书。纳税义务人应当自海关填发税款缴款书之日起 15 日内,向指定银行缴纳税款。如关税缴纳期限的最后 1 日是周末或法定节假日,则关税缴纳期限顺延至周末或法定节假日过后的第一个工作日。为方便纳税义务人,经申请且海关同意,进(出)口货物的纳税义务人可以在设有海关的指运地(启运地)办理海关申报、纳税手续。

关税纳税义务人因不可抗力或者在国家税收政策调整的情形下,不能按期缴纳税款的,经海关总署批准,可以延期缴纳税款,但最长不得超过 6 个月。

二、关税的强制执行

纳税义务人未在关税缴纳期限内缴纳税款,即构成关税滞纳。为保证海关征收关税决定的有效执行和国家财政收入的及时入库,《海关法》赋予海关对滞纳关税的纳税义务人强制执行的权利。强制措施主要有两类。

(一) 征收关税滞纳金

进出口货物的收发货人或其代理人,应当自海关填发税款缴纳证的次日起 7 日内缴纳税款,逾期缴纳而又未经批准缓缴的,除依法追缴外,由海关自缴纳期限期满之日的次日至缴清税款之日止,按日征收所欠税款的 5‰ 的滞纳金。周末或法定节假日不予扣除。

(二) 强制征收

如纳税义务人自海关填发缴款书之日起 3 个月仍未缴纳税款,经海关关长批准,海关可以采取强制扣缴、变价抵缴等强制措施。强制扣缴即海关从纳税义务人在开户银行或者其他金融机构的存款中直接扣缴税款。变价抵缴即海关将应税货物依法变卖,以变卖所得抵缴税款。

三、关税退还

关税退还是关税纳税义务人按海关核定的税额缴纳关税后,因某种原因的出现,海关将实际征收多于应当征收的税额(即溢征关税)退还给原纳税义务人的一种行政行为。根据《海关法》规定,海关多征的税款,海关发现后应当立即退还。

按规定,有下列情形之一的,进出口货物的纳税义务人可以自缴纳税款之日起 1 年内,书面声明理由,连同原纳税收据向海关申请退税并加算银行同期活期存款利息,逾期不予受理:

(1) 因海关误征,多纳税款的。

(2) 海关核准免验进口的货物,在完税后,发现有短卸情形,经海关审查认可的。

(3) 已征出口关税的货物,因故未将其运出口、申报退关,经海关查验属实的,对已征出口关税的出口货物和已征进口关税的进口货物,因货物品种或规格原因(非其他原因)原状复运进境或出境的,经海关查验属实的,也应退还已征关税。海关应当自受理退税申请之日起 30 日内,做出书面答复并通知退税申请人。本规定强调的是,"因货物品种或规格原因,原状复运进境或出境的"。如果属于其他原因且不能以原状复运进境或出境,不能退税。

四、关税补征和追征

补征和追征是海关在关税纳税义务人按海关核定的税额缴纳关税后,发现实际征收税额少于应当征收的税额(称为短征关税)时,责令纳税义务人补缴所差税款的一种行政行为。海关法根据短征关税的原因,将海关征收原短征关税的行为分为补征和追征两种。由于纳税人违反海关规定造成短征关税的,称为追征;非因纳税人违反海关规定造成短征关税的,称为补征。区分关税追征和补征的目的是为了区别不同情况适用不同的征收时效。超过时效规定的期限,海关就丧失了追补关税的权力。根据《海关法》规定,进出境货物和物品放行后,海关发现少征或者漏征税款,应当自缴纳税款或者货物、物品放行之日起 1 年内,向纳税义务人补征;因纳税义务人违反规定而造成的少征或者漏征的税款,自纳税义务人应缴纳税款之日起 3 年以内可以追征,并从缴纳税款之日起按日加收少征或者漏征税款万分之五的滞纳金。

五、关税纳税争议

为保护纳税人合法权益,我国《海关法》和《进出口关税条例》都规定了纳税义务人对海关确定的进出口货物的征税、减税、补税或者退税等有异议时,有提出申诉的权利。在纳税义务人同海关发生纳税争议时,可以向海关申请复议,但同时应当在规定期限内按海关核定的税额缴纳关税,逾期则构成滞纳,海关有权按规定采取强制执行措施。

纳税争议的申诉程序:纳税义务人自海关填发税款缴款书之日起 30 日内,向原征税海关的上一级海关书面申请复议。逾期申请复议的,海关不予受理。海关应当自收到复议申请之日起 60 日内做出复议决定,并以复议决定书的形式正式答复纳税义务人;纳税义务人对海关复议决定仍然不服的,可以自收到复议决定书之日起 15 日内。向人民法院提起诉讼。

本章小结

关税是对准许进出口的货物和物品征收的一种税，是维护国家主权和经济权益的重要手段。关税具有关境性、涉外性和灵活性的特点，在调控经济运行、促进对外经济贸易和国民经济的发展等方面发挥了重要作用。关税的征税对象是准许进出口的货物和进出境的物品，纳税人是进出口货物的收发货人和进出境物品的所有人。关税税则包括国家实施税则法令、税则的归类总规则和税目表，其中，税目表的税率栏列出了商品各自的税率。关税优惠主要有法定减免、特定减免和临时减免三种类型。关税完税价格是关税的计税依据，由海关以该货物的成交价格为基础审查确定。分从价计征、从量计征、复合计征、滑准计征关税税额。关税的征收管理主要有关税缴纳、缓纳、退还、补征与追征，关税保全和强制执行等。关税的保税制度包括保税仓库、保税工厂和保税区等。

思考题

1. 简述我国关税政策概况。
2. 简述关税分类的内容。
3. 如何确定关税的完税价格？
4. 某进出口公司从美国进口一批货物，其采购地批发价总额为 200 万元，出口税额为 10 万元，运抵我国输入地点时的运输费、包装费、保险费等共计 3 万元，进口关税税率为 10%。试计算该公司应纳的进口关税。

第五章 特别目的税类

学习目的

通过本章的学习，学生应了解城市维护建设税、车辆购置税、土地增值税、烟叶税和环境保护税的纳税人；掌握特别目的税的征税范围、计税依据、应纳税额的计算方法，以及税收征收管理的法律规定。

第一节 城市维护建设税法

一、城市维护建设税法概述

城市维护建设税法是指国家制定的调整城市维护建设税征收与缴纳之间权利及义务关系的法律规范。现行城市维护建设税的基本规范，是1985年2月8日国务院发布并于同年1月1日起实施的《中华人民共和国城市维护建设税暂行条例》。

城市维护建设税(以下简称“城建税”)是国家对缴纳增值税、消费税的单位和个人就其实际缴纳的增值税、消费税税额为计税依据而征收的一种税。它属于特定目的税，是国家为加强城市的维护建设，扩大和稳定城市维护建设资金的来源而采取的一项税收措施。

城建税具有以下两个显著的特征：一是具有附加税的性质，它以纳税人实际缴纳的增值税、消费税税额为计税依据，附加于增值税、消费税税额，本身并没有特定的、独立的征税对象；二是具有特定目的，城建税税款专门用于城市的公用事业和公共设施的维护建设。

二、城建税的纳税人和征税范围

城建税的纳税义务人是指负有增值税、消费税缴纳义务的单位和个人，包括国有企业、集体企业、私营企业、外商投资企业、外国企业、股份制企业、其他企业和行政单位、事业单位、军事单位、社会团体、其他单位，以及个体工商户、其他个人。

海关对进口货物代征的消费税和增值税，不征收城建税。

三、城建税的计税依据

城建税的计税依据，是纳税人实际缴纳的增值税、消费税税额。在此应注意：

（1）计税依据中不包括非税款项。如纳税人违反增值税、消费税有关税法而加收的滞纳金和罚款，是税务机关对纳税人违法行为的经济制裁，不作为城建税的计税依据，但纳税人在被查补增值税、消费税或被处以罚款时，应同时对其偷漏的城建税进行补税和罚款。

（2）海关对进口产品代征的增值税、消费税，不作为城建税的计税依据，不征城建税。

（3）城建税以增值税、消费税税额为计税依据并同时征收，如果要免征或者减征增值税、消费税，也就要同时免征或者减征城建税。

但对出口产品退还增值税、消费税的，不退还已缴纳的城建税。自2005年1月1日起，经国家税务总局审核批准的当期免抵的增值税额应纳入城建税和教育费附加的计税范围。

四、城建税的税率和应纳税额的计算

（一）城建税的税率

城建税的税率是指纳税人应缴纳的城建税税额与纳税人实际缴纳的增值税、消费税税额之间的比率。城建税按纳税人所在地的不同，设置了三档地区差别比例税率，即：

（1）纳税人所在地为市区的，税率为7%。

（2）纳税人所在地为同县城、镇的，税率为5%。

（3）纳税人所在地不在市区、县城或者镇的，税率为1%。

城建税的适用税率应当按纳税人所在地的规定税率执行。但是，对下列两种情况，可按缴纳增值税、消费税所在地的规定税率就地缴纳城建税：① 由受托方代扣代缴、代收代缴增值税、消费税的单位和个人，其代扣代缴、代收代缴的城建税按受托方所在地适用税率执行。② 流动经营等无固定纳税地点的单位和个人，在经营地缴纳增值税、消费税的，其城建税的缴纳按经营地适用税率执行。

（二）城建税应纳税额的计算

城建税纳税人的应纳税额大小是由纳税人实际缴纳的增值税、消费税税额决定的，其计算公式为：

应纳税额＝实际缴纳的增值税、消费税税额×适用税率

【例 5-1】 某市区企业 2019 年 9 月份实际缴纳增值税 13 万元，缴纳消费税 2 万元，因故被加收滞纳金 2 000 元。已知该地区的城建税税率为 7%。试计算该企业 9 月份应缴纳的城建税。

解：　　该企业 9 月份应缴纳的城建税＝(13＋2)×7%＝1.05(万元)

五、城建税的征收管理

城建税的纳税义务发生时间，就是纳税人缴纳增值税、消费税的时间。纳税人只要发生增值税、消费税的纳税义务，就应同时计算缴纳城建税。同样，城建税的纳税期限与增值税、消费税的纳税期限也是一致的。除特殊规定外，城建税的纳税地点与增值税、消费税是一致的。

六、教育费附加

(一) 教育费附加概述

教育费附加是以纳税人实际缴纳的增值税、消费税税额为依据征收的一种附加费。为了加快地方教育事业的发展，扩大地方教育经费的资金来源，国务院决定从 1986 年 7 月 1 日起，在全国范围内征收教育费附加。

缴纳增值税、消费税的单位和个人，除按照《国务院关于筹措农村学校办学经费的通知》缴纳农村教育费附加的单位外，都要缴纳教育费附加。但海关对进口产品征收的增值税、消费税，不征收教育费附加。

(二) 计征依据和计征比率

教育费附加的计征依据与城建税相同，以纳税人实际缴纳的增值税、消费税税额为计征依据，计征比率为 3%。

(三) 教育费附加的计算

一般单位和个人教育费附加的计算公式为：

应缴教育费附加＝(实际缴纳的增值税＋实际缴纳的消费税)×征收率

【例 5-2】 某市区一企业 2019 年 10 月份实际缴纳的增值税为 30 万元，实际缴纳的消费税为 30 万元。试计算该企业应缴纳的教育费附加。

解：　　应缴教育费附加＝(30＋30)×3%＝1.8(万元)

(四) 教育费附加的减免规定

(1) 对海关进口的产品征收的增值税、消费税，不征收教育费附加。

(2) 对由于减免增值税、消费税而发生退税的，可同时退还已征收的教育费附加。但

对出口产品退还增值税、消费税的，不退还已征收的教育费附加。

(3) 对机关服务中心为机关内部提供的后勤服务所取得的收入，在2005年12月31日前，暂免征收教育费附加。

第二节　车辆购置税法

一、车辆购置税法概述

车辆购置税是以在中国境内购置规定的车辆为课税对象、在特定的环节向车辆购置者征收的一种税。就其性质而言，属于直接税的范畴。

车辆购置税于2001年1月1日开始在我国实施，是一个新的税种，是在原交通部门收取的车辆购置附加费的基础上，通过“费改税”方式演变而来的。车辆购置税基本保留了原车辆购置附加费的特点。2014年12月2日，《车辆购置税征收管理办法》(国家税务总局令第3号)公布。2018年12月29日，第十三届全国人民代表大会常务委员会第七次会议通过《中华人民共和国车辆购置税法》(以下简称《车辆购置税法》)，并于2019年7月1日起施行。

车辆购置税作为一种特殊税，除具有税收的共同特点外，还有其自身特点：①征收范围单一，车辆购置税以购置的特定车辆为课税对象，属于一种特种财产税。②征收环节单一。车辆购置税实行一次性课征制，在消费领域中的特定环节一次征收，购置已征车辆购置税的车辆，不再征收车辆购置税。③征税具有特定目的。车辆购置税为中央税，其征税具有专门用途，由中央财政根据国家交通建设投资计划，统筹安排。④价外征收，不转嫁税负。

二、车辆购置税的纳税人

在中华人民共和国境内购置汽车、有轨电车、汽车挂车、排气量超过150毫升的摩托车(以下统称“应税车辆”)的单位和个人，为车辆购置税的纳税人。所谓购置，是指以购买、进口、自产、受赠、获奖或者其他方式取得并自用应税车辆的行为。车辆购置税实行一次性征收。购置已征车辆购置税的车辆，不再征收车辆购置税。

三、车辆购置税的征税对象和征税范围

按照《车辆购置税法》规定，车辆购置税的征税对象为在中华人民共和国境内购置汽车、有轨电车、汽车挂车、排气量超过150毫升的摩托车(以下统称“应税车辆”)。其具体征税范围见表5-1 。

表 5-1　车辆购置税征收范围表

应税车辆	具体征税范围	注　释
汽　车	各类汽车	
摩托车	轻便摩托车	最高设计时速不大于 50 km/h，发动机汽缸总排量不大于 50 cm^3 的两个或三个车轮的机动车
	二轮摩托车	最高设计车速大于 50 km/h，或发动机汽缸总排量大于 50 cm^3 的两个车轮的机动车
	三轮摩托车	最高设计车速大于 50 km/h，或发动机汽缸总排量大于 50 cm^3，空车重量不大于 400 kg 的三个车轮的机动车
电车	无轨电车	以电能为动力，由专用输电电缆线供电的轮式公共车辆
	有轨电车	以电能为动力，在轨道上行驶的公共车辆
挂车	全挂车	无动力设备，独立承载，由牵引车辆牵引行驶的车辆
	半挂车	无动力设备，与牵引车辆其同承载，由牵引车辆牵引行驶的车辆
农用运输车	三轮农用运输车	柴油发动机，功率不大于 7.4 W，重量不大于 500 kg，最高车速不大于 40 km/h 的三个车轮的机动车（三轮农用运输车，自 2004 年 10 月 1 日起免征车辆购置税）
	四轮农用运输车	油发动机，功率不大 28 W，重量不大于 1 500 kg，最高车速不大于 50 km/h 的四个车轮的机动

注：表中 50 cm^3＝50 立方厘米。

地铁、轻轨等城市轨道交通车辆，装载机、平地机、挖掘机、推土机等轮式专用机械车，以及起重机（吊车）、叉车、电动摩托车，不属于应税车辆。

《财政部　税务总局　工业和信息化部　科技部关于免征新能源汽车车辆购置税的公告》（财政部公告 2017 年第 172 号）规定，自 2018 年 1 月 1 日至 2020 年 12 月 31 日，对购置的新能源汽车免征车辆购置税。

四、车辆购置税的计税依据

（1）纳税人购买自用应税车辆的计税价格，为纳税人实际支付给销售者的全部价款，不包括增值税款。

纳税人购买自用应税车辆实际支付给销售者的全部价款，依据纳税人购买应税车辆相关凭证载明的价格确定，俗称裸车价。购置应税车辆时相关凭证是指原车辆所有人购置或者以其他方式取得应税车辆时载明价格的凭证。无法提供相关凭证的，参照同类应税车辆市场平均交易价格确定其计税价格。

原车辆所有人为车辆生产或者销售企业，未开具机动车销售统一发票的，按照车辆生产或者销售同类应税车辆的销售价格确定应税车辆的计税价格。无同类应税车辆销售价格的，按照组成计税价格确定应税车辆的计税价格。

(2) 纳税人进口自用应税车辆的计税价格，为关税完税价格加上关税和消费税。其中，纳税人进口自用应税车辆是指纳税人直接从境外进口或者委托代理进口自用的应税车辆，不包括在境内购买的进口车辆。

(3) 纳税人自产自用应税车辆的计税价格，按照纳税人生产的同类应税车辆的销售价格确定，不包括增值税款。

纳税人自产自用应税车辆的计税价格，按照同类应税车辆(即车辆配置序列号相同的车辆)的销售价格确定，不包括增值税税款；没有同类应税车辆销售价格的，按照组成计税价格确定。组成计税价格计算公式为：

组成计税价格＝成本×(1＋成本利润率)

属于应征消费税的应税车辆，其组成计税价格中应加计消费税税额。

上述公式中的成本利润率，由国家税务总局、各省、自治区、直辖市和计划单列市税务局确定。

(4) 纳税人以受赠、获奖或者其他方式取得自用应税车辆的计税价格，按照购置应税车辆时相关凭证载明的价格确定，不包括增值税款。

纳税人申报的应税车辆计税价格明显偏低，又无正当理由的，由税务机关依照《税收征管法》的规定核定其应纳税额。

纳税人以外汇结算应税车辆价款的，按照申报纳税之日的人民币汇率中间价折合成人民币计算缴纳税款。

五、车辆购置税的税率

我国《车辆购置税法》规定，车辆购置税的税率为10%的比例税率。

六、车辆购置税应按税额的计算

车辆购置税实行从价定率的方法计算应纳税额。其计算公式为：

应纳税额＝计税依据×税率

由于应税车辆的来源、应税行为的发生和计税依据组成的不同，车辆购置税应纳税额的计算方法也有区别。

(一) 购买自用应税车辆应纳税额的计算

在应纳税额的计算当中，应注意以下费用的计税规定：

(1) 购买者随购买车辆一起支付的工具件和零部件价款应作为购车价款的一部分，

并入计税依据中征收车辆购置税。

(2) 支付的车辆装饰费应作为价外费用并入计税依据中计税。

(3) 代收款项应区别征税。凡使用代收单位(受托方)票据收取的款项,应视作代收单位价外收费,购买者支付的价费款,应并入计税依据中一并征税;凡使用委托方票据收取,受托方只履行代收义务和收取代收手续费的款项,应按其他税收政策规定征税。

(4) 销售单位开给购买者的各种发票金额中包含增值税款,计算车辆购置税时,应换算为不含增值税的计税价格。

(5) 销售单位开展优质销售活动所开票收取的有关费用,应属于经营性收入,企业在代理过程中按规定支付给有关部门的费用,企业已作经营性支出列支核算,其收取的各项费用并在一张发票上难以划分的,应作为价外收入计算征税。

【例 5-3】 2019 年 12 月 8 日,张某从 4S 店购买一辆轿车供自己使用,支付含增值税车价款 106 000 元,另支付代收临时牌照费 150 元,代收保险费 352 元,支付车购买工具件和零配件价款 2 035 元,车辆装饰费 250 元。张某已收到相关票据。试计算车辆税购置税应纳税额。

解:计税价格=(106 000+2 035+250)×(1+13%)=122 362.05(元)

应纳税额=122 362.05×10%=12 236.205(元)

(二) 进口自用应税车辆应纳税额的计算

纳税人进口自用的应税车辆应纳税额的计算公式为:

应纳税额=(关税完税价格+关税+消费税)×税率

【例 5-4】 某外贸进出口公司 2019 年 11 月 12 日从国外进口 10 辆小轿车,汽缸容量为 1 800 毫升。该公司报关进口这批小轿车时,经报关地口岸海关对有关报关资料的审查,确定关税计税价格为 198 000 元/辆(人民币),海关按关税政策规定课征关税 1 980 元/辆,并按消费税、增值税有关规定分别代征进口消费 2 420 元/辆、增值税 3 146 元/辆。由于业务工作的需要,该公司将两辆小轿车用于本单位使用。试计算外贸进出口公司应纳的车辆购置税税额。

解:组成计税价格(辆)=关税完税价格+关税+消费税

=198 000+19 800+24 200=242 000(元)

应纳税额=自用数量×组成计税价格×税率

=2×242 000×10%=48 400(元)

(三) 其他自用应税车辆应纳税额的计算

纳税人自产自用应税车辆的计税价格,按照同类应税车辆(即车辆配置序列号相同的车辆)的销售价格确定,不包括增值税款;没有同类应税车辆销售价格的,按照组成计税价格确定。组成计税价格计算公式为：

组成计税价格＝成本×（1＋成本利润率）

属于应征消费税的应税车辆，其组成计税价格中应加计消费税额。

上述公式中的成本利润率，由国家税务总局、各省、自治区、直辖市和计划单列市税务局确定。

【例5-5】 2019年8月，某客车制造厂将自产的一辆19座客车用于本厂后勤生活服务，该厂在办理车辆上牌落籍前，出具该车的发票注明金额为100 000元，并按此金额向主管税务机关申报纳税。经审核，该车生产成本为100 000元。该厂对作价问题提不出正当理由。试计算该车应纳车辆购置税的税额（成本利润率为15%）。

解：　　应纳税额＝100 000×（1＋15%）×10%＝11 500（元）

纳税人受赠使用、获奖使用和以其他方式取得并自用应税车辆的，凡不能取得该型车辆的购置价格，或者申报价格低于同类车型应税车辆的最低计税价格，又无正当理由的，以国家税务总局核定的最低计税价格作为计税依据计算征收车辆购置税。国家税务总局核定的最低计税价格，由国家税务总局依据车辆生产企业提供的车辆价格信息，参照市场平均交易价格予以核定，并根据情况适时进行调整。

【例5-6】 2019年10月，王某在某公司举办的有奖销售活动中，中奖获得一辆小轿车，举办公司开具的销售发票不含税金为65 000元。王某申报纳税时，经主管税务机关审核，国家税务总局核定，该车型的最低计税价格为75 000元，王某对作价问题提不出正当理由。试计算王某应缴纳的车辆购置税税额。

应纳税额＝最低计税价格×税率＝75 000×10%＝7 500（元）

（四）免税条件消失车辆应纳税额的计算

已办理免税、减税手续因转让、改变用途等原因不再属于免税、减税范围的，纳税人应当在办理车辆转移登记或者变更登记前缴纳车辆购置税。计税价格以免税、减税车辆初次办理纳税申报时确定的计税价格为基准，每满1年扣减10%。应补税计算公式为：

应纳税额＝初次办理纳税申报时确定的计税价格×（1－使用年限×10%）×10%－已纳税额

备注：① 应纳税额不得为负数。② 使用年限的计算方法是，自纳税人初次办理纳税申报之日起，至不再属于免税、减税范围的情形发生之日止。使用年限取整计算，不满1年的不计算在内。

【例5-7】 某外国驻华使馆外籍工作人员因工作调整回国，回国前将个人使用一辆小轿车转让给中国居民张某。该车已使用4年。经审，该车最低计税价格为20万元。试计算该汽车应纳车辆购置税的税额。

解：车辆购置税的应纳税额＝20×(1－4×10%)×10%＝1.2(万元)

(五) 已税车辆发生退回应退税额的计算

纳税人将已征车辆购置税的车辆退回车辆生产企业或者销售企业的，可以向主管税务机关申请退还车辆购置税。

退税额以已缴税款为基准，自缴纳税款之日至申请退税之日，每满1年扣减10%。应退税额计算公式为：

应退税额＝已纳税额×(1－使用年限×10%)

备注：① 应退税额不得为负数。② 使用年限的计算方法是，自纳税人缴纳税款之日起，至申请退税之日止。

【例5-8】 某车主购买了一辆12万元(含增值税)的车，则需要缴纳约10 619元购置税，若车辆已经使用2年，但在使用过程中因某种原因需要退车。试计算其可申请退还车辆购置税的税额。

解：　可申请退还的车辆购置税＝10 619×(1－2×10%)＝8 495.2(元)

七、车辆购置税的减免

我国《车辆购置税法》规定，下列车辆免征车辆购置税：

(1) 依照法律规定应当予以免税的外国驻华使馆、领事馆和国际组织驻华机构及其有关人员自用的车辆。

(2) 中国人民解放军和中国人民武装警察部队列入装备订货计划的车辆。

(3) 悬挂应急救援专用号牌的国家综合性消防救援车辆。

(4) 设有固定装置的非运输专用作业车辆。

(5) 城市公交企业购置的公共汽电车辆。

根据国民经济和社会发展的需要，国务院可以规定减征或者其他免征车辆购置税的情形，报全国人民代表大会常务委员会备案。

八、车辆购置税的管理

(一) 纳税义务发生时间

车辆购置税的纳税义务发生时间为纳税人购置应税车辆的当日，具体按照下列情形确定：

(1) 购买自用应税车辆的为购买之日，即车辆相关价格凭证的开具日期。

(2) 进口自用应税车辆的为进口之日，即《海关进口增值税专用缴款书》或者其他有效凭证的开具日期。

(3) 自产、受赠、获奖或者以其他方式取得并自用应税车辆的为取得之日，即合同、法律文书或者其他有效凭证的生效或者开具日期。

(二) 纳税申报

纳税人办理纳税申报时应当如实填报《车辆购置税纳税申报表》，同时提供车辆合格证明和车辆相关价格凭证。

纳税人在办理车辆购置税免税、减税时还应当根据不同的免税、减税情形，分别提供相关资料的原件、复印件。

免税、减税车辆因转让、改变用途等原因不再属于免税、减税范围的，纳税人在办理纳税申报时，应当如实填报《车辆购置税纳税申报表》。发生二手车交易行为的，提供二手车销售统一发票；属于其他情形的，按照相关规定提供申报材料。

已经缴纳车辆购置税的，纳税人向原征收机关申请退税时，应当如实填报《车辆购置税退税申请表》，提供纳税人身份证明，并区别不同情形提供相关资料。

(三) 纳税申报地点

购置应税车辆的纳税人，应当到下列地点申报纳税：

(1) 需要办理车辆登记的，向车辆登记地的主管税务机关申报纳税。

(2) 不需要办理车辆登记的，单位纳税人向其机构所在地的主管税务机关申报纳税，个人纳税人向其户籍所在地或者经常居住地的主管税务机关申报纳税。

(四) 纳税期限

纳税人购买自用的应税车辆，自购买之日起 60 日内申报纳税；进口自用的应税车辆，应当自进口之日起 60 日内申报纳税；自产、受赠、获奖和以其他方式取得并自用应税车辆的，应当自取得之日起 60 日内申报纳税。

“购买之日”是指纳税人购车发票上注明的销售日期。“进口之日”是指纳税人报关进口的当天应税车辆因转让、改变用途等原因，其免税条件消失的，纳税人应在免税条件消失之日起 60 日内到主管税务机关重新申报纳税。

免税车辆发生转让，但仍属于免税范围的，受让方应当自购买或取得车辆之日起 60 日内到主管税务机关重新申报免税。

车辆购置税税款于纳税人办理纳税申报时一次缴清。

纳税人应当在向公安机关交通管理部门办理车辆注册登记前，缴纳车辆购置税。

公安机关交通管理部门办理车辆注册登记，应当根据税务机关提供的应税车辆完税或者免税电子信息对纳税人申请登记的车辆信息进行核对，核对无误后依法办理车辆注册登记。

第三节　土地增值税法

一、土地增值税法概述

土地增值税法是指国家制定的调整土地增值税征收与缴纳之间权利及义务关系的法律规范。现行土地增值税的基本规范，就是国务院1993年12月13日发布了《中华人民共和国土地增值税暂行条例》(以下简称《土地增值税暂行条例》)，决定自1994年1月1日起在全国开征土地增值税；财政部于1995年1月27日颁布了《中华人民共和国土地增值税暂行条例实施细则》(以下简称《土地增值税暂行实施细则》)，即日起施行。土地增值税是对有偿转让国有土地使用权及地上建筑物和其他附着物产权，并取得增值性收入的单位和个人征收的一种税。其作用有：一是增强国家对房地产开发和房地产市场的调控力度；二是抑制炒买炒卖土地投机获取暴利的行为；三是规范国家参与土地增值收益的分配方式，增加国家财政收入。

土地增值税有以下几个特点：① 以转让房地产取得的增值额为征税对象。② 征税面比较广。③ 采用扣除法和评估法计算增值额。④ 实行超率累进税率。⑤ 实行按次征收。

二、土地增值税的纳税人

土地增值税的纳税人是指转让国有土地使用权及地上建筑物和其他附着物产权、并取得收入的单位和个人。这里所称单位，包括各类企业单位、事业单位、国家机关和社会团体及其他组织。所称个人，包括个体经营者及其他个人。外商投资企业、外国企业及外国驻华机构以及外国公民、华侨、港澳台同胞等，均属纳税人之列。区分土地增值税的纳税人与非纳税人的关键在于看其是否因转让房地产的行为而取得了收益，只要以出售或其他方式转让房地产而取得收益的单位和个人，就是土地增值税的纳税人。

三、土地增值税的课税对象和征税范围

土地增值税的课税对象是指有偿转让国有土地使用权及地上建筑物和其他附着物产权所取得的增值额。

根据《土地增值税暂行条例》及其《土地增值税暂行实施细则》的规定，土地增值税的征税范围是指转让国有土地使用权、地上的建筑物及其附着物并取得收入。

所称国有土地，是指按国家法律规定属于国家所有的土地。所称地上建筑物，是指建于国有土地上的一切建筑物，包括地上地下的各种附属设施。所称附着物，是指附着于土地上的不能移动、一经移动即遭损坏的物品。所称收入，包括转让房地产的全部价款及有关的经济收益。

准确界定土地增值税的征税范围十分重要。在实际工作中，可以通过以下几条标准来判定：

(1) 转让的土地使用权必须是国家所有。

(2) 土地使用权、地上的建筑物及其附着物的产权必须发生转让。

(3) 必须取得转让收入。

因此，以继承、赠与方式无偿转让房地产的行为，以及房地产出租、抵押等未转让房产、土地使用权的行为不属于土地增值税的征税范围。

按照土地增值税条例及其细则的相关规定，纳税人发生下列行为，可减免土地增值税：

(1) 纳税人建造普通标准住宅出售，增值额未超过扣除项目金额之和20%的(含)，免征土地增值税；增值额超过扣除项目金额之和20%的，应对其全部增值额计税(包括未超过扣除项目金额20%的部分)。普通标准住宅，是指按所在地一般民用住宅标准建造的居住用住宅。高级公寓、别墅、度假村等不属于普通标准住宅。普通标准住宅与其他住宅的具体划分界限由各省、自治区、直辖市人民政府根据国家相关规定制定(见本书第七章第二节契税法)。

(2) 因国家建设需要依法征用、收回的房地产，免征土地增值税。

(3) 因城市市政规划、国家建设的需要而搬迁，由纳税人自行转让原房地产而取得的收入，免征土地增值税。

(4) 对个人因工作调动或改善居住条件而转让原自住房，凡居住满5年或5年以上的，经向税务机关申报批准，免予征收土地增值税；居住满3年未满5年的，减半征收土地增值税；居住未满3年，按规定计征土地增值税。

(5) 对个人之间互换自有居住用房地产的，经当地税务机关核实，免征土地增值税。

(6) 对于以房地产进行投资、联营的，投资、联营的一方以土地(房地产)作价入股进行投资或作为联营条件，将房地产转让到所投资、联营的企业中时，暂免征收土地增值税。对投资、联营企业将上述房地产再转让的，应征收土地增值税。

但是对于以土地(房地产)作价入股进行投资或联营的，凡所投资、联营的企业从事房地产开发的，或者房地产开发企业以其建造的商品房进行投资和联营的，不适用上述规定，应按规定计征土地增值税。

(7) 对于一方出地，一方出资金，双方合作建房，建成后按比例分房自用的，暂免征收土地增值税；建成后转让的，应征收土地增值税。

(8) 在企业兼并中,对被兼并企业将房地产转让到兼并企业中的,暂免征收土地增值税。

(9) 企事业单位、社会团体以及其他组织转让旧房作为改造安置住房房源且增值额未超过扣除项目金额20%的,免征土地增值税。

四、土地增值税的计税依据

土地增值税的计税依据是纳税人转让房地产所取得的土地增值额。

土地增值额的计算公式为:

土地增值额=转让房地产取得的收入-扣除项目

1. 土地增值额

土地增值税的计税依据是纳税人转让房地产的收入减除税法规定的扣除项目金额后的余额,即转让房地产的土地增值额。如果纳税人转让房地产没有土地增值额,则不需要缴纳土地增值税。

2. 转让房地产取得的收入

根据《土地增值税暂行条例》及其《土地增值税暂行实施细则》的规定,纳税人取得的转让房地产收入,包括转让房地产的全部价款和相关经济收益,形式上包括货币收入、实物收入和其他收入。

3. 扣除项目

根据《土地增值税暂行条例》的规定,土地增值税的扣除项目包括:

(1) 取得土地使用权所支付的金额。它是指纳税人为取得土地使用权所支付的地价款和按照国家统一规定缴纳的有关费用。

(2) 房地产开发成本。它是指纳税人开发土地和新建房及配套设施的成本,包括纳税人房地产开发项目实际发生的土地征用及拆迁补偿费、前期工程费、建筑安装工程费、基础设施费、公共配套设施费和开发间接费用。

(3) 房地产开发费用。它是指与房地产开发项目有关的销售费用、管理费用和财务费用。新建房是指建成后未使用的房产。根据财务会计制度规定,这三项费用作为期间费用,直接计入当期损益,不按成本核算对象进行分摊。故作为土地增值税扣除项目的房地产开发费用,不按纳税人房地产开发项目实际发生的费用进行扣除,而按税法规定的标准进行扣除。具体计算扣除的标准为:① 纳税人能够按转让房地产项目计算分摊利息支出,并能提供金融机构的贷款证明的,其允许扣除的房地产开发费用=利息+(取得土地使用权所支付的金额+房地产开发成本)×扣除比例(5%以内)。其中,利息支出允许按实际扣除,但最高不能超过按商业银行同类同期贷款利率计算的金额,利息的上浮幅度按国家的有关规定执行,超过上浮幅度的部分不允许扣除。对于超过贷款期限的利息部分和加罚的利息不允许扣除。② 纳税人不能按转让房地产项目计算分摊利息支出，或不能提供金融机构贷款证明的，其允许扣除的房地产开发费用＝(取得土地使用权所支付的金额＋房地产开发成本)×扣除比例(10%以内)。

(4) 与转让房地产有关的税金。与转让房地产有关的税金是指在转让房地产时缴纳的城市维护建设税、印花税。因转让房地产缴纳的教育费附加，也可视同税金予以扣除。

需要明确的是，房地产开发企业按照《施工、房地产开发企业财务制度》有关规定，其在转让时缴纳的印花税因已列入管理费用中，故在此不允许单独再扣除。其他纳税人缴纳的印花税(按产权转移书据所载金额的0.5‰贴花)允许在此扣除。

(5) 经过当地税务机关确认的旧房和建筑物的评估价格。它是指在转让已使用的房屋和建筑物的时候，由政府批准设立的房地产评估机构评定的重置成本价乘以成新度折旧率后的价格。其计算公式为：

评估价格＝重置成本价×成新度折扣率

纳税人转让旧房及建筑物，凡不能取得评估价格，但能提供购房发票的，经当地税务部门确认，取得土地使用权所支付的金额和新建房及配套设施的成本、费用可按发票所载金额并从购买年度起至转让年度止每年加计5%计算。对纳税人购房时缴纳的契税，凡能提供契税完税凭证的，准予作为“与转让房地产有关的税金”予以扣除，但不作为加计5%的基数。

对于转让旧房及建筑物，既没有评估价格，又不能提供购房发票的，按《税收征管法》的规定，实行核定征收。

(6) 从事房地产开发的纳税人可以按照上述第(1)(2)项金额之和加计20%的扣除额。

(7) 土地增值税以纳税人房地产成本核算的最基本的核算项目或者核算对象为单位计算。纳税人成片受让土地使用权后分期分批开发、转让房地产的，其扣除项目金额可以按照转让土地使用权的面积占总面积的比例计算分摊，或者按照建筑面积计算分摊，或者按照税务机关确认的其他方式计算分摊。

(8) 纳税人有下列情形之一的，按照房地产评估价格计算征收：如果纳税人转让房地产的成交价格低于房地产评估价格，并且没有正当的理由，或者隐瞒、虚报房地产成交价格，或者提供的扣除项目金额不真实，税务机关将按照房地产评估价格(指经过当地税务机关确认的、由政府批准设立的房地产评估机构根据相同地段、同类房地产综合评定的价格)计算征收土地增值税。

(9) 财政部规定的其他扣除项目。

五、土地增值税的税率

《土地增值税暂行条例》规定，土地增值税实行四级超率累进税率，具体税率见表5－2。

表5－2　土地增值税税率表

级数	增值额与扣除项目金额的比率	税率	速算扣除系数
1	不超过50%的部分	30%	0
2	超过50%～100%的部分	40%	5%
3	超过100%～200%的部分	50%	15%
4	超过200%的部分	60%	35%

六、土地增值税应纳税额的计算

在计算土地增值税应纳税额的时候，应当先用纳税人取得的房地产转让收入减除有关各项扣除项目金额，计算得出土地增值额。再按照增值额超过扣除项目金额的比例，分别确定增值额中各个部分的适用税率，依此计算各部分增值额的应纳土地增值税税额。各部分土地增值额应纳土地增值税税额之和，即为纳税人应纳的全部土地增值税税额。应纳税额计算公式为：

$$应纳税额=\sum(每级距的土地增值额\times 适用税率)$$

但在实际工作中，分步计算比较繁琐，一般可以采用速算扣除法计算。即计算土地增值税时，可按土地增值额全额乘以适用税率，减去扣除项目金额乘以速算扣除系数。具体公式为：

$$应纳税额=全部土地增值额\times 适用税率-扣除项目金额\times 速算扣除系数$$

具体计算步骤是：

(1) 确定扣除项目金额。

(2) 计算增值额。土地增值额＝收入额－扣除项目金额。

(3) 计算增值率。增值率＝增值额÷扣除项目金额。

(4) 依据增值率确定适用税率。

(5) 依据适用税率计算应纳税额。

【例5－9】 某企业出售房地产收入1 000万元，可以扣除的各项成本、费用和有关税金等共400万元。试计算该企业应纳的土地增值税。

解：采用分步计算法计算，则：

第一步，确定扣除项目金额为400万元。

第二步，计算增值额为600万元(1 000－400)。

第三步，计算增值额与扣除项目金额之比为150%(600÷400×100%)。

第四步，确定增值税率。因为增值额为扣除项目金额的150%，所以分别适用30%、40%、50%三档超率累进税率。

第五步，分别计算各级次土地增值税税额。

(1) 增值额未超过扣除项目金额50%的部分，适用税率30%。

这部分增值额为：

$$400 \times 50\% = 200(\text{万元})$$

$$\text{应纳税额} = 200 \times 30\% = 60(\text{万元})$$

(2) 增值额超过扣除项目金额50%，未超过100%的，适用税率40%。

这部分增值额为：

$$400 \times (100\% - 50\%) = 200(\text{万元})$$

$$\text{应纳税额} = 200 \times 40\% = 80(\text{万元})$$

(3) 增值额超过扣除项目金额100%，未超过200%的，适用税率50%。

这部分增值额为：

$$600 - 400 \times (200\% - 100\%) = 200(\text{万元})$$

$$\text{应纳税额} = 200 \times 50\% = 100(\text{万元})$$

第六步，将各级次的税额相加，得出总税额为：

$$\text{应纳税额} = 60 + 80 + 100 = 240(\text{万元})$$

采用速算扣除法计算，则：

第一步，计算增值额为600万元(1 000－400)。

第二步，计算增值额与扣除项目金额之比为150%(600÷400×100%)。

第三步，确定增值税率。因为增值额为扣除项目金额的150%，所以适用50%的税率，速算扣除系数为15%。

第四步，计算应纳的土地增值税。

$$\text{应纳税额} = 600 \times 50\% - 400 \times 15\% = 240(\text{万元})$$

不难看出，两种计算方法所得出的结果是一样的。

【例 5-10】 2019 年，某房地产开发公司转让写字楼一栋，共取得转让收入 6 000 万元，公司按税法及相关规定缴纳了印花税、城建税、教育费附加等 330 万元。已知公司为取得土地使用权而支付的地价款和按国家统一规定缴纳的有关费用为 400 万元，投入房地产开发成本为 1 600 万元；房地产开发费用中的利息支出为 130 万元，比按工商银行同类同期贷款利率计算的利息多 10 万元；公司所在地政府规定的其他房地产开发费用的计算扣除比例为 5%。试计算该公司转让此写字楼应纳的土地增值税。

解：扣除项目金额的计算过程如下：

(1) 取得土地使用权所支付的金额＝400(万元)。

(2) 房地产开发成本＝1 600(万元)。

(3) 房地产开发费用＝(130－10)＋(400＋1 600)×5%＝220(万元)。

(4) 与转让房地产有关的税金＝330(万元)。

(5) 其他＝(400＋1 600)×20%＝400(万元)。

注：从事房地产的纳税人可以按照上述第(1)、第(2)项加计扣除 20%。

扣除项目金额＝400＋1 600＋220＋330＋400＝2 950(万元)

土地增值额＝6 000－2 950＝3 050(万元)

增值率＝3 050÷2 950×100%＝103%

应纳土地增值税＝3 050×50%－2 950×15%＝1 082.5(万元)

土地增值税以人民币为计算单位。纳税人转让房地产取得的收入为外国货币的，应当以取得收入当天或者当月 1 日中国人民银行公布的人民币对外币的基准汇价(或者按照有关规定套算得出的汇价)折合成人民币，然后计算纳税。

七、土地增值税纳税义务发生时间、纳税地点、纳税期限

(一) 土地增值税纳税义务发生时间

纳税人应自转让房地产合同签订之日起 7 日内，向房地产所在地的主管税务机关办理纳税申报，同时向税务机关提交房屋和建筑物产权、土地使用权证书，土地转让、房产买卖合同，房地产评估报告及其他与转让房地产有关的资料，然后在税务机关核定的期限内缴纳土地增值税。

(二) 土地增值税的纳税地点

不论纳税人的机构所在地、经营所在地、居住所在地设在何处，均应在房地产的所在地申报纳税。

(三) 土地增值税的纳税期限

土地增值税按照转让房地产所取得的实际收益计算征收，由于计税时要涉及房地产

开发的成本和费用，有时还要进行房地产评估等，因此其纳税期限不同于其他税种有统一规定，而是根据房地产的不同情况，由主管税务机关具体确定，主要有以下情况：

(1) 以一次交割、付清价款方式转让房地产的，应在办理过户、登记手续前一次性缴纳全部税款。

(2) 以分期收款方式转让房地产的，可根据收款日期来确定具体的纳税期限。

(3) 项目全部竣工结算前转让房地产的，纳税人在项目全部竣工结算前转让房地产取得的收入，由于涉及成本核算或其他原因，无法据实计算土地增值税的，可以预征土地增值税，在该项目全部竣工办理结算后再进行清算，根据应征税额和已征税额进行清算，多退少补。

第四节 烟叶税法

烟叶税是指在中华人民共和国境内收购烟叶的单位和个人，以烟叶收购金额为计税依据所征收的一种税。所谓烟叶，是指晾晒烟叶、烤烟叶。

一、烟叶税的纳税人

在中华人民共和国境内收购烟叶的单位为烟叶税的纳税人。

二、烟叶税的税率和计税依据

(1) 税率。烟叶税实行比例税率，税率为20%。烟叶税税率的调整，由国务院决定。

(2) 计税依据。烟叶税的计税依据是纳税人的烟叶收购金额，包括纳税人支付给烟叶销售者的烟叶收购价款和价外补贴，价外补贴统一暂按烟叶收购价款的10%计算，即：

$$烟叶收购金额=烟叶收购价款\times(1+10\%)$$

三、烟叶税应纳税额的计算

烟叶税的应纳税额按照纳税人收购烟叶的收购金额和适用税率计算。应纳税额的计算公式为：

$$应纳税额=烟叶收购金额\times税率$$

应纳税额以人民币计算。

四、烟叶税的征收管理

烟叶税由地方税务机关征收。纳税人收购烟叶，应当向烟叶收购地的主管税务机关申报纳税。烟叶税的纳税义务发生时间为纳税人收购烟叶的当天。纳税人应当自纳税义务发生之日起30日内申报纳税。具体纳税期限由主管税务机关核定。

第五节 环境保护税法

一、环境保护税法概述

环境保护税是对在中华人民共和国领域和中华人民共和国管辖的其他海域，直接向环境排放应税污染物的企业、事业单位和其他生产经营者征收的一种税。

为了保护和改善环境，减少污染物排放，推进生态文明建设，2016年12月25日，第十二届全国人大常委会第二十五次会议表决通过了《中华人民共和国环境保护税法》(以下简称《环境保护税法》)。作为我国第一部推进生态文明建设的单行税法，《环境保护税法》将于2018年1月1日起施行。

环境保护税是国家实施的费改税的一项举措，由过去排污费改征环境保护税而来。其主要目的不在于筹集财政收入，而在于通过税收杠杆，引导排污单位减少污染物排放，为人民创造良好的生产生活环境。作为推进生态文明建设在财税领域的重大举措，环境保护税的开征进一步完善了我国的"绿色税收"体系，其环保意义远远大于财政收入意义。

二、环境保护税的纳税人

在中华人民共和国领域和中华人民共和国管辖的其他海域，直接向环境排放应税污染物的企业、事业单位和其他生产经营者，为环境保护税的纳税人。

三、环境保护税的征税对象

环境保护税的征税对象为在中华人民共和国领域和中华人民共和国管辖的其他海域，直接向环境排放的应税污染物。应税污染物是指《环境保护税法》所附的《环境保护税税目税额表》《应税污染物和当量值》规定的大气污染物、水污染物、固体废物和噪声4类应税污染物。

大气污染是指大气中污染物或由它转化成的二次污染物的浓度达到了有害程度的

现象。

水污染物是指使水质恶化的污染物质。水污染系水中的盐分、微量元素或放射性物质浓度超出临界值，使水体的物理、化学性质或生物群落组成发生变化的现象。

固体废物是指在生产、生活和其他活动中产生的丧失原有利用价值或者虽未丧失利用价值但被抛弃或者放弃的固态、半固态和置于容器中的气态的物品、物质以及法律、行政法规规定纳入固体废物管理的物品、物质。固体废物的分类方法有多种，按其组成可分为有机废物和无机废物；按其形态可分为固态废物、半固态废物和液态（气态）废物；按其污染特性可分为危险废物和一般废物等；按其来源可分为矿业的、工业的、城市生活的、农业的、放射性的废物。

噪声污染指人类在工业生产、建筑施工、交通运输和社会生活等活动中，产生的噪声干扰周围动物（动物包括人类）生活环境的现象。噪声污染按声源的机械特点可分为：气体扰动产生的噪声、固体振动产生的噪声、液体撞击产生的噪声和电磁作用产生的电磁噪声。噪声按声音的频率可分为：大于 400 Hz 的低频噪声，400 Hz 至 1 000 Hz 的中频噪声，大于 1 000 Hz 的高频噪声。

依法设立的城乡污水集中处理、生活垃圾集中处理场所超过国家和地方规定的排放标准向环境排放应税污染物的，应当缴纳环境保护税。

企业、事业单位和其他生产经营者贮存或者处置固体废物不符合国家和地方环境保护标准的，应当缴纳环境保护税。

有下列情形之一的，不属于直接向环境排放污染物，不缴纳相应污染物的环境保护税：

(1) 企业、事业单位和其他生产经营者向依法设立的污水集中处理、生活垃圾集中处理场所排放应税污染物的。

(2) 企业、事业单位和其他生产经营者在符合国家和地方环境保护标准的设施、场所贮存或者处置固体废物的。

四、环境保护税的计税依据

现行环境保护税以应税污染物的排放量作为计税依据。不同应税污染物，按照下列方法确定：

(1) 应税大气污染物按照污染物排放量折合的污染当量数确定。

(2) 应税水污染物按照污染物排放量折合的污染当量数确定。

(3) 应税固体废物按照固体废物的排放量确定。

(4) 应税噪声按照超过国家规定标准的分贝数确定。

应税大气污染物、水污染物的污染当量数，以该污染物的排放量除以该污染物的污染当量值计算。每种应税大气污染物、水污染物的具体污染当量值，依照环境保护税法所制定的《应税污染物和当量值表》（如表 5-3 所示）执行。

表 5-3　　应税污染物和当量值表

一、第一类水污染物污染当量值

污染物	污染当量值(千克)
1. 总汞	0.000 5
2. 总镉	0.005
3. 总铬	0.04
4. 六价铬	0.02
5. 总砷	0.02
6. 总铅	0.025
7. 总镍	0.025
8. 苯并(a)芘	0.000 000 3
9. 总铍	0.01
10. 总银	0.02

二、第二类水污染物污染当量值

污染物	污染当量值(千克)	备注
11. 悬浮物(SS)	4	
12. 生化需氧量(BOD_5)	0.5	同一排放口中的化学需氧量、生化需氧量和总有机碳,只征收一项
13. 化学需氧量(COD_{cr})	1	
14. 总有机碳(TOC)	0.49	
15. 石油类	0.1	
16. 动植物油	0.16	
17. 挥发酚	0.08	
18. 总氰化物	0.05	
19. 硫化物	0.125	
20. 氨氮	0.8	
21. 氟化物	0.5	
22. 甲醛	0.125	

（续表）

污染物	污染当量值（千克）	备注
23. 苯胺类	0.2	
24. 硝基苯类	0.2	
25. 阴离子表面活性剂（LAS）	0.2	
26. 总铜	0.1	
27. 总锌	0.2	
28. 总锰	0.2	
29. 彩色显影剂（CD-2）	0.2	
30. 总磷	0.25	
31. 单质磷（以 P 计）	0.05	
32. 有机磷农药（以 P 计）	0.05	
33. 乐果	0.05	
34. 甲基对硫磷	0.05	
35. 马拉硫磷	0.05	
36. 对硫磷	0.05	
37. 五氯酚及五氯酚钠（以五氯酚计）	0.25	
38. 三氯甲烷	0.04	
39. 可吸附有机卤化物（AOX）（以 Cl 计）	0.25	
40. 四氯化碳	0.04	
41. 三氯乙烯	0.04	
42. 四氯乙烯	0.04	
43. 苯	0.02	
44. 甲苯	0.02	
45. 乙苯	0.02	
46. 邻一二甲苯	0.02	
47. 对一二甲苯	0.02	

（续表）

污染物	污染当量值(千克)	备注
48. 间一二甲苯	0.02	
49. 氯苯	0.02	
50. 邻二氯苯	0.02	
51. 对二氯苯	0.02	
52. 对硝基氯苯	0.02	
53. 2，4-二硝基氯苯	0.02	
54. 苯酚	0.02	
55. 间-甲酚	0.02	
56. 2，4-二氯酚	0.02	
57. 2，4，6-三氯酚	0.02	
58. 邻苯二甲酸二丁酯	0.02	
59. 邻苯二甲酸二辛酯	0.02	
60. 丙烯腈	0.125	
61. 总硒	0.02	

三、pH 值、色度、大肠菌群数、余氯量污染当量值

<table>
<tr><th colspan="2">污染物</th><th>污染当量值</th><th>备注</th></tr>
<tr><td rowspan="6">1. pH 值</td><td>1.0—1，13—14</td><td>0.06 吨污水</td><td rowspan="6">pH 值 5—6 指大于等于 5,小于 6;pH 值 9—10 指大于 9,小于等于 10,其余类推</td></tr>
<tr><td>2.1—2，12—13</td><td>0.125 吨污水</td></tr>
<tr><td>3.2—3，11—12</td><td>0.25 吨污水</td></tr>
<tr><td>4.3—4，10—11</td><td>0.5 吨污水</td></tr>
<tr><td>5.4—5，9—10</td><td>1 吨污水</td></tr>
<tr><td>6.5—6</td><td>5 吨污水</td></tr>
<tr><td colspan="2">2. 色度</td><td>5 吨水·倍</td><td></td></tr>
<tr><td colspan="2">3. 大肠菌群数(超标)</td><td>3.3 吨污水</td><td rowspan="2">大肠菌群数和余氯量只征收一项</td></tr>
<tr><td colspan="2">4. 余氯量(用氯消毒的医院废水)</td><td>3.3 吨污水</td></tr>
</table>

四、禽畜养殖业、小型企业和第三产业污染物污染当量值

（本表仅适用于计算无法进行实际监测或物料衡算的禽畜养殖业、小型企业和第三产业等小型排污者的水污染物污染当量数）

类型		污染当量值	备注
禽畜养殖场	1. 牛	0.1 头	仅对存栏规模大于 50 头牛、500 头猪、5 000 羽鸡鸭等的禽畜养殖场征收
	2. 猪	1 头	
	3. 鸡、鸭等家禽	30 羽	
4. 小型企业		1.8 吨污水	
5. 饮食娱乐服务业		0.5 吨污水	
6. 医院	消毒	0.14 床	医院病床数大于 20 张的按照本表计算污染当量数
		2.8 吨污水	
	不消毒	0.07 床	
		1.4 吨污水	

五、大气污染物污染当量值

污染物	污染当量值(千克)
1. 二氧化硫	0.95
2. 氮氧化物	0.95
3. 一氧化碳	16.7
4. 氯气	0.34
5. 氯化氢	10.75
6. 氟化物	0.87
7. 氰化氢	0.005
8. 硫酸雾	0.6
9. 铬酸雾	0.000 7
10. 汞及其化合物	0.000 1
11. 一般性粉尘	4
12. 石棉尘	0.53
13. 玻璃棉尘	2.13
14. 碳黑尘	0.59
15. 铅及其化合物	0.02
16. 镉及其化合物	0.03
17. 铍及其化合物	0.000 4

（续表）

污染物	污染当量值(千克)
18. 镍及其化合物	0.13
19. 锡及其化合物	0.27
20. 烟尘	2.18
21. 苯	0.05
22. 甲苯	0.18
23. 二甲苯	0.27
24. 苯并(a)芘	0.000 002
25. 甲醛	0.09
26. 乙醛	0.45
27. 丙烯醛	0.06
28. 甲醇	0.67
29. 酚类	0.35
30. 沥青烟	0.19
31. 苯胺类	0.21
32. 氯苯类	0.72
33. 硝基苯	0.17
34. 丙烯腈	0.22
35. 氯乙烯	0.55
36. 光气	0.04
37. 硫化氢	0.29
38. 氨	9.09
39. 三甲胺	0.32
40. 甲硫醇	0.04
41. 甲硫醚	0.28
42. 二甲二硫	0.28
43. 苯乙烯	25
44. 二硫化碳	20

说明：1. 第一、第二类污染物的分类依据为《污水综合排放标准》(GB8 978—1996)。

2. 同一排放口中的生化需氧量(BOD_5)、化学需氧量(COD_{cr})和总有机碳(TOC)，只征收一项。

污染当量是指根据污染物或者污染排放活动对环境的有害程度和处理的技术经济性，衡量不同污染物对环境污染的综合性指标或者计量单位。同一介质相同污染当量的不同污染物，其污染程度基本相当。

每一排放口或者没有排放口的应税大气污染物，按照污染当量数从大到小排序，对前三项污染物征收环境保护税。

每一排放口的应税水污染物，按照税法所规定的《应税污染物和当量值表》，区分第一类水污染物和其他类水污染物，按照污染当量数从大到小排序，对第一类水污染物按照前五项征收环境保护税，对其他类水污染物按照前三项征收环境保护税。

省、自治区、直辖市人民政府根据本地区污染物减排的特殊需要，可以增加同一排放口征收环境保护税的应税污染物项目数，报同级人民代表大会常务委员会决定，并报全国人民代表大会常务委员会和国务院备案。

应税大气污染物、水污染物、固体废物的排放量和噪声的分贝数，按照下列方法和顺序计算：

(1) 纳税人安装使用符合国家规定和监测规范的污染物自动监测设备的，按照污染物自动监测数据计算。

(2) 纳税人未安装使用污染物自动监测设备的，按照监测机构出具的符合国家有关规定和监测规范的监测数据计算。

(3) 因排放污染物种类多等原因不具备监测条件的，按照国务院环境保护主管部门规定的排污系数、物料衡算方法计算。

(4) 不能上述方法计算的，按照省、自治区、直辖市人民政府环境保护主管部门规定的抽样测算的方法核定计算。

排污系数是指在正常技术经济和管理条件下，生产单位产品所应排放的污染物量的统计平均值。

物料衡算是指根据物质质量守恒原理对生产过程中使用的原料、生产的产品和产生的废物等进行测算的一种方法。

省、自治区、直辖市人民政府根据本地区污染物减排的特殊需要，可以增加同一排放口征收环境保护税的应税污染物项目数，报同级人民代表大会常务委员会决定，并报全国人民代表大会常务委员会和国务院备案。

五、环境保护税的税率

环境保护税的税率实行从量定额计征。基本税负，将以过去排污费收费标准作为环境保护税的税额下限，规定大气污染物税额幅度为每污染当量 1.2 元至 12 元；水污染物税额幅度为每污染当量 1.4 元至 14 元；固体废物按不同种类，税额为每吨 5 元至 1 000元；噪声按超标分贝数，税额为每月 350 元至 11 200 元。环境保护税税目税额表如

表 5-4 所示。

表 5-4　　环境保护税税目税额表

<table>
<tr><th colspan="2">税　目</th><th>计税单位</th><th>税　额</th><th>备注</th></tr>
<tr><td colspan="2">大气污染物</td><td>每污染当量</td><td>1.2 元至 12 元</td><td></td></tr>
<tr><td colspan="2">水污染物</td><td>每污染当量</td><td>1.4 元至 14 元</td><td rowspan="5"></td></tr>
<tr><td rowspan="4">固体废物</td><td>煤矸石</td><td>每吨</td><td>5 元</td></tr>
<tr><td>尾矿</td><td>每吨</td><td>15 元</td></tr>
<tr><td>危险废物</td><td>每吨</td><td>1 000 元</td></tr>
<tr><td>冶炼渣、粉煤灰、炉渣、其他固体废物（含半固态、液态废物）</td><td>每吨</td><td>25 元</td></tr>
<tr><td rowspan="6">噪声</td><td rowspan="6">工业噪声</td><td>超标 1～3 分贝</td><td>每月 350 元</td><td rowspan="6">1. 一个单位边界上有多处噪声超标，根据最高一处超标声级计算应纳税额；当沿边界长度超过 100 米有两处以上噪声超标，按照两个单位计算应纳税额
2. 一个单位有不同地点作业场所的，应当分别计算应纳税额，合并计征
3. 昼、夜均超标的环境噪声，昼、夜分别计算应纳税额，累计计征
4. 声源 1 个月内超标不足 15 天的，减半计算应纳税额
5. 夜间频繁突发和夜间偶然突发厂界超标噪声，按等效声级和峰值噪声，按等效声级和峰值噪声，按等效声级和峰值噪声两种指标中超标分贝值高的一项计算应纳税额</td></tr>
<tr><td>超标 4～6 分贝</td><td>每月 700 元</td></tr>
<tr><td>超标 7～9 分贝</td><td>每月 1 400 元</td></tr>
<tr><td>超标 10～12 分贝</td><td>每月 2 800 元</td></tr>
<tr><td>超标 13～15 分贝</td><td>每月 5 600 元</td></tr>
<tr><td>超标 16 分贝以上</td><td>每月 11 200 元</td></tr>
</table>

应税大气污染物和水污染物的具体适用税额的确定和调整，由省、自治区、直辖市人民政府统筹考虑本地区环境承载能力、污染物排放现状和经济社会生态发展目标要求，在《环境保护税法》所附《环境保护税税目税额表》规定的税额幅度内提出，报同级人民代表大会常务委员会决定，并报全国人民代表大会常务委员会和国务院备案。

六、环境保护税应纳税额的计算

环境保护税应纳税额应按不同应税污染物，分别采取下列不同计算方式计算：

应税大气污染物的应纳税额＝污染当量数×适用税额
应税水污染物的应纳税额＝污染当量数×适用税额
应税固体废物的应纳税额＝固体废物排放量×适用税额
应税噪声的应纳税额＝超过国家规定标准的分贝数对应的具体适用税额

不能按照《环境保护税法》规定的方法计算的，按照省、自治区、直辖市人民政府环境保护主管部门规定的抽样测算的方法核定计算。

【例题 5－11】 某化工厂 2019 年建厂，总排污口某月污水排放量为 90 000 吨，COD_{cr}浓度为 390 mg/L，BOD_5 浓度为 200 mg/L，SS 浓度为 85 mg/L，石油类浓度为 23 mg/L，pH 值为 4.5。试计算该厂总排污口每月应缴纳环境保护税。

解：(1) 计算排污口的各种污染物的排放量：

COD_{cr}排放量(kg/月)＝390×90 000÷1 000＝35 100(kg/月)
BOD_5排放量(kg/月)＝200×90 000÷1 000＝18 000(kg/月)
SS 排放量(kg/月)＝85×90 000÷1 000＝7 650(kg/月)
石油类排放量(kg/月)＝23×90 000÷1 000＝2 070(kg/月)

(2) 计算各种污染物的污染当量数：

COD_{cr}污染物当量数＝35 100÷1＝35 100
BOD_5 污染物当量数＝18 000÷0.5＝36 000
SS 污染物当量数＝7 650÷4＝1 912.5
石油类污染物当量数＝2 070÷0.1＝20 700
pH 污染物当量数＝90 000÷1＝90 000

(3) 确定税收因子：

根据同一排污口只征收排污当量数最大的前三项污染物和同一排放口中的化学需氧量(COD_{cr})、生化需氧量(BOD_5)只征收一项的原则，经排序，总排污口的税收因子为：PH＞BOD_5＞石油类三项污染物。

总排污口每月应纳税额＝(90 000＋36 000＋20 700)×1.4
＝205 380(元)

【例 5－12】 某餐饮公司通过安装水流量计测得 2019 年 8 月排放污水量为 100 吨，

污染当量值为0.5吨。假设当地水污染物适用税额为每污染当量2.8元。试计算该餐馆当月应纳环境保护税。

解：
$$水污染物当量数=100\div 0.5=200$$
$$应纳税额=20\times 2.8=560(元)$$

【例5-13】 假设某企业2019年5月产生尾矿800吨，其中综合利用的尾矿300吨(符合国家相关规定)，在符合国家和地方环境保护标准的设施贮存300吨。试计算该企业当月尾矿应纳的环境保护税。

解：
$$应纳税额=(800-300-300)\times 15=3\ 000(元)$$

【例5-14】 假设某工业企业的生产场所生产时间为8:00～18:00，边界处声环境功能区类型为1类，生产时产生噪声为60分贝，《工业企业厂界环境噪声排放标准》规定1类功能区昼间的噪声排放限值为55分贝，当月超标天数为22天。试计算该企业当月噪声污染应缴纳的环境保护税。

解：查《环境保护税税目税额表》，可得出该企业当月噪声污染超标5分贝对应的应缴纳环境保护税的税额为700元。

$$超标分贝数=60-55=5(分贝)$$

七、环境保护税的减免

下列情形，暂予免征环境保护税：

(1) 农业生产(不包括规模化养殖)排放应税污染物的。

(2) 机动车、铁路机车、非道路移动机械、船舶和航空器等流动污染源排放应税污染物的。

(3) 依法设立的城乡污水集中处理、生活垃圾集中处理场所排放相应应税污染物，不超过国家和地方规定的排放标准的。

(4) 纳税人综合利用的固体废物，符合国家和地方环境保护标准的。

(5) 国务院批准免税的其他情形。

纳税人排放应税大气污染物或者水污染物的浓度值低于国家和地方规定的污染物排放标准30%的，减按75%征收环境保护税。纳税人排放应税大气污染物或者水污染物的浓度值低于国家和地方规定的污染物排放标准50%的，减按50%征收环境保护税。

八、环境保护税的征收管理

环境保护税由税务机关依照《中华人民共和国税收征收管理法》(以下简称《税收征管法》)和《环境保护税法》的有关规定征收管理。由税务机关会同环境保护主管部门核定污染物排放种类、数量和应纳税额。县级以上地方人民政府应当建立税务机关、环境保护主管部门和其他相关单位分工协作工作机制，加强环境保护税征收管理，保障税款及时足额入库。

环境保护主管部门依照《环境保护税法》和有关环境保护法律、法规的规定负责对污染物的监测管理。

环境保护主管部门和税务机关应当建立涉税信息共享平台和工作配合机制。环境保护主管部门应当将排污单位的排污许可、污染物排放数据、环境违法和受行政处罚情况等环境保护相关信息，定期交送税务机关。税务机关应当将纳税人的纳税申报、税款入库、减免税额、欠缴税款和风险疑点等环境保护税涉税信息，定期交送环境保护主管部门。

纳税义务发生时间为纳税人排放应税污染物的当日。

纳税人申报缴纳时，应当向税务机关报送所排放应税污染物的种类、数量，大气污染物、水污染物的浓度值，以及税务机关根据实际需要要求纳税人报送的其他纳税资料。纳税人应当依法如实办理纳税申报，对申报的真实性和完整性承担责任。

环境保护税按月计算，按季申报缴纳。不能按固定期限计算缴纳的，可以按次申报缴纳。纳税人按季申报缴纳的，应当自季度终了之日起 15 日内，向税务机关办理纳税申报并缴纳税款；纳税人按次申报缴纳的，应当自纳税义务发生之日起 15 日内，向税务机关办理纳税申报并缴纳税款。

税务机关应当将纳税人的纳税申报数据资料与环境保护主管部门交送的相关数据资料进行比对。税务机关发现纳税人的纳税申报数据资料异常或者纳税人未按照规定期限办理纳税申报的，可以提请环境保护主管部门进行复核，环境保护主管部门应当自收到税务机关的数据资料之日起 15 日内向税务机关出具复核意见。税务机关应当按照环境保护主管部门复核的数据资料调整纳税人的应纳税额。

纳税人和税务机关、环境保护主管部门及其工作人员违反本法规定的，依照《税收征管法》《中华人民共和国环境保护法》和有关法律、法规的规定追究法律责任。

本章小结

本章主要介绍了城市维护建设税、车辆购置税、土地增值税、烟叶税和环境保护税的纳税人、征税范围、计税依据、应纳税额的计算，以及税收征收管理的法律规定。

本章重点是土地增值税的纳税人、征税范围、计税依据、应纳税额的计算。

本章难点是土地增值税增值额的确定、土地增值税应纳税额的计算。

思考题

1. 简述城市维护建设税、车辆购置税的基本内容。

2. 土地增值税的纳税人包括哪些?

3. 土地增值税的征税范围包括哪些?

4. 土地增值税的扣除项目包括哪些?

5. 某房地产开发公司建造普通标准住宅楼一栋,支付地价款100万元,建楼成本250万元,开发费用按地价款和开发成本的10%计算。楼房出售收入650万元,并按规定缴纳了有关税费。试计算其应纳土地增值税。

6. 环境保护税的征税范围包括哪些?

第六章 资源税类

学习目的

通过本章的学习，学生应熟悉资源税、城镇土地使用税的概念和特点，掌握资源税、城镇土地使用税的计算，并能运用所学知识进行各种税的缴纳和申报。

第一节 资源税法

一、资源税及其特点

（一）资源税的概念

资源税是指对开发和利用自然资源的单位和个人所征收的一种税。资源税按其性质可以分为一般资源税和级差资源税两种。一般资源税是对使用某种资源的单位和个人就其资源的数量或价值征收的一种税，它不考虑其所使用资源的贫富状况和开采利用条件，也不考虑其因开发利用资源所取得的收益的多少。级差资源税是按资源的级差收入分别征税，纳税人应纳税额的多少与其所使用的资源的贫富状况和开采利用条件有关。从世界各国资源税的立法状况来看，级差资源税由于考虑了资源差异的不同情况给应纳税单位和个人所带来的收入区别，具有较为广泛的适用性和针对性，所以征收的资源税大多属于级差资源税这一类。

我国《宪法》第九条规定，矿藏、水流、森林、山岭、草原、荒地、滩涂等自然资源，都属于国家所有，即全民所有。国家保障自然资源的合理利用，保护珍贵的动物和植物。禁止任何组织或者个人用任何手段侵占或者破坏自然资源。在当前经济发展中的中国，对属国家所有的资源进行合理的利用无疑是有利于国家经济发展综合目标，但由于自然资源分布的不均衡，有必要基于公平原则，让受益于或多受益于资源开发利用的单位和个人对未受益者或少受益者进行补偿，国家因此以税收的方式对此进行了再分配，这也就是资源税的根本宗旨。

我国现行的资源税是对在中华人民共和国领域及中华人民共和国管辖的其他海域开发应税资源征收的一种税。根据《关于全面推进资源税改革的通知》(财税〔2016〕53 号)，我国决定积极创造条件，逐步对水、森林、草场、滩涂等自然资源开征资源税。2016 年，我国在河北开展水资源税改革试点工作。而资源税法就是调整资源税征收与缴纳权利和义务关系的法律规范的总称。

(二) 资源税的特点

资源税是以法定列举的自然资源为课税对象的税种，与其他税种相比，资源税有以下特征。

1. 资源税的征税范围较小

我国现行资源税相关法律采取列举方法，仅将原油、天然气、煤炭、金属矿、非金属矿和盐等资源产品列入征税范围之内。对森林、草场、滩涂等自然资源，鉴于在各地区的市场开发利用情况不尽相同，对其全面开征资源税条件尚不成熟，暂没有决定在全国范围内统一规定对其征税。各省、自治区、直辖市(以下统称省级)人民政府可以结合本地实际，根据森林、草场、滩涂等资源开发利用情况提出征收资源税的具体方案建议，报国务院批准后实施。

2. 资源税的主要征收目的在于进行社会再分配，调节因资源差别所形成的级差收入

一般来说，征收资源税可以发挥多个方面的作用，如实现国有资源的有偿利用以促进国民经济的发展，加强对现有资源开发、利用和引导、监督，筹集国家财政资金等。但资源税存在的主要目的在于调节资源开采单位和个人因资源开采条件的差异所形成的级差收入以及受益者与未受益者之间所形成的差异，为资源开采者之间以及开采者与未参与开采者之间的公平分配创造条件。

3. 资源税采用品种差别税率，以从价征税为主、从量征收为辅的方式

目前，世界许多国家征收资源税的方法主要分为三类：一是从量定额征收；二是从价定率征收；三是以矿产资源的净收益为计税依据按率计征。我国资源税经历了一个由从量计征向从价计征的过程。

按照《关于全面推进资源税改革的通知》(财税〔2016〕53 号)的规定，资源税全面实行从价计征。对经营分散、多为现金交易且难以控管的粘土、砂石，按照便利征管原则，仍实行从量定额计征。对“资源税税目税率幅度表”中未列举名称的其他非金属矿产品，按照从价计征为主、从量计征为辅的原则，由省级人民政府确定计征方式。

4. 资源税属于中央和地方共享税

当今世界各国在征收资源税的管理权限和收入归属上，主要有三种情况，即中央税、地方税、中央和地方共享税。从我国现行资源税法相关法规规定来看，我国资源税属于中央和地方共享税，并按所列举的应税资源的种类划分收入归属。

二、纳税人及扣缴义务人

（一）资源税的纳税人

目前，我国的资源税收入主要来自从事原油、煤炭和铁矿石等矿产资源开采的国有企业。我国资源税的纳税人为在中国境内开采或生产应税资源产品的国有企业、集体企业、私营企业、股份制企业、外商投资企业、外国企业、其他企业、行政单位、事业单位、军事单位、社会团体、其他单位、个体经营者和其他个人。但是，进口矿产品和盐以及经营已税矿产品和盐以及经营已税矿产品和盐的单位和个人，均不属于纳税人的范围。

对资源税纳税人的理解应注意以下问题：

（1）资源税只针对境内资源。它是对在中国境内生产或开采应税资源的单位或个人征收，对进口应税资源产品的单位或个人不征资源税。

（2）资源税不属于流转税。它是对开采或生产的应税资源进行销售或自用的单位或个人，在出厂销售或移作使用时的一次性征收，而对已税产品再批发、零售的单位和个人不征资源税。

（3）资源税的征收对象包括中国企业、个人和外国企业。它不仅对符合规定的中国企业和个人征收，对外商投资企业和外国企业，除国务院另有规定以外，也要依法征收资源税。

（4）关于中外合作油气田及海上自营油气田资源税征收管理。2011 年 9 月 21 日，国务院第 173 次常务会议通过《中华人民共和国对外合作开采海洋石油资源条例》和《中华人民共和国对外合作开采陆上石油资源条例》修改决定。自 2011 年 11 月 1 日起，中外合作开采海洋石油资源和中外合作开采陆上石油资源的中国企业和外国企业依法缴纳资源税，不再缴纳矿区使用费。但是之前已依法订立的中外合作开采海洋石油资源的合同，在已约定的合同有效期内，继续依照当时国家有关规定缴纳矿区使用费，不缴纳资源税；合同期满后，依法缴纳资源税。自 2011 年 11 月 1 日起新签订的合同缴纳资源税，不再缴纳矿区使用费。开采海洋油气资源的自营油气田，自 2011 年 11 月 1 日起缴纳资源税，不再缴纳矿区使用费。

（二）资源税的扣缴义务人

资源税的扣缴义务人为独立矿山、联合企业和其他收购除原油、天然气、煤炭以外的资源税未税矿产品的单位。这里所称的“独立矿山”是指只有采矿或只有采矿和选矿、独立核算、自负盈亏的单位，其生产的原矿和精矿主要用于对外销售；“联合企业”是指采矿、选矿、冶炼(或加工)连续生产的企业或采矿、冶炼(或加工)连续生产的企业,其采矿单位,一般是该企业的二级企业或二级以下核算单位;"未税矿产品"是指资源税纳税人在销售其矿产品时不能向扣缴义务人提供"资源税管理证明"的矿产品。

三、征税范围

从原理上讲,资源税的征收范围应该包括一切可供开发和利用的国有资源,但由于考虑到在我国实践中,资源税是一个新的税种,在一些具体问题上缺乏经验,还需要在理论和实践中予以研究和探索。因此,现行的资源税只将关系到国计民生且级差收入差异较大的国有资源列入征收范围。根据《中华人民共和国资源税法》(以下简称《资源税法》2019年8月26日第十三届全国人民代表大会常务委员会第十二次会议通过),我国现行资源税的征税范围包括能源矿产、金属矿产、非金属矿产、水气矿产、盐五大类。另外,根据《资源税法》第十四条规定,国务院根据国民经济和社会发展需要,依照本法的原则,对取用地表水或者地下水的单位和个人试点征收水资源税。自2016年起,水资源税已经在河北等10省市开始试点征收。

(一) 能源矿产

能源矿产具体包括:

(1) 原油。

(2) 天然气、页岩气、天然气水合物。

(3) 煤。

(4) 煤成(层)气。

(5) 铀、钍。

(6) 油页岩、油砂、天然沥青、石煤。

(7) 地热。

(二) 金属矿产

金属矿产具体包括:

(1) 黑色金属。黑色金属具体包括:铁、锰、铬、钒、钛。

(2) 有色金属。有色金属具体包括:铜、铅、锌、锡、锑、镁、钴、铋、汞,铝土矿,钨,钼,金、银,铂、钯、钌、锇、铱、铑,轻稀土,中重稀土,铍、锂、锆、锶、铷、铯、铌、钽、锗、镓、铟、铊、铪、铼、镉、硒、碲。

(三) 非金属矿产

非金属矿产具体包括:

(1) 矿物类非金属矿产。矿物类非金属矿产具体包括:高岭土,石灰岩,磷,石墨,萤石、硫铁矿、自然硫,天然石英砂、脉石英、粉石英、水晶、工业用金刚石、冰洲石、蓝晶石、硅线石(矽线石)、长石、滑石、刚玉、菱镁矿、颜料矿物、天然碱、芒硝、钠硝石、明矾石、砷、硼、碘、溴、膨润土、硅藻土、陶瓷土、耐火粘土、铁矾土、凹凸棒石粘土、海泡石粘土、伊利石粘土、累托石粘土，叶蜡石、硅灰石、透辉石、珍珠岩、云母、沸石、重晶石、毒重石、方解石、蛭石、透闪石、工业用电气石、白垩、石棉、蓝石棉、红柱石、石榴子石、石膏，其他粘土(铸型用粘土、砖瓦用粘土、陶粒用粘土、水泥配料用粘土、水泥配料用红土、水泥配料用黄土、水泥配料用泥岩、保温材料用粘土)。

(2) 岩石类非金属矿乡。岩石类非金属矿产具体包括:大理岩、花岗岩、白云岩、石英岩、砂岩、辉绿岩、安山岩、闪长岩、板岩、玄武岩、片麻岩、角闪岩、页岩、浮石、凝灰岩、黑曜岩、霞石正长岩、蛇纹岩、麦饭石、泥灰岩、含钾岩石、含钾砂页岩、天然油石、橄榄岩、松脂岩、粗面岩、辉长岩、辉石岩、正长岩、火山灰、火山渣、泥炭，砂石。

(3) 宝玉石类非金属矿产。宝玉石类非金属矿产具体包括:宝石、玉石、宝石级金刚石、玛瑙、黄玉、碧玺。

(四) 水气矿产

水气矿产具体包括:二氧化碳气、硫化氢气、氦气、氡气，矿泉水。

(五) 盐

盐具体包括:钠盐、钾盐、镁盐、锂盐，天然卤水，海盐。

另外，根据我国《资源税法》第十四条规定，国务院根据国民经济和社会发展需要，依照本法原则，对取用地表水或者地下水的单位和个人试点征收水资源税。自 2016 年起，水资源税已经在河北等 10 省市开始试点征收。

水资源税的征税对象为地表水和地下水。其中，地表水是陆地表面上动态水和静态水的总称，包括江、河、湖泊(含水库)等水资源;地下水是埋藏在地表以下各种形式的水资源。

下列情形，不缴纳水资源税:

(1) 农村集体经济组织及其成员从本集体经济组织的水塘、水库中取用水的。

(2) 家庭生活和零星散养、圈养畜禽饮用等少量取用水的。

(3) 水利工程管理单位为配置或者调度水资源取水的。

(4) 为保障矿井等地下工程施工安全和生产安全必须进行临时应急取用(排)水的。

(5) 为消除对公共安全或者公共利益的危害临时应急取水的。

(6) 为农业抗旱和维护生态与环境必须临时应急取水的。

四、税目与税率

我国现行资源税的征收采用幅度定额税率，按应税资源产品的课税单位直接规定固定的税额幅度，实行从量定额征收。不同资源产品税额不同，同一资源产品因产品质量和产区不同，税额也不相同。

我国《资源税法》中所附的“资源税税目税率表”规定了各种应税产品的税率幅度(见表 6-1)。

表 6-1　　　　　　　　　　资源税税目税率表

税目			征税对象	税率
能源矿产	原油		原矿	6%
	天然气、页岩气、天然气水合物		原矿	6%
	煤		原矿或者选矿	2%～10%
	煤成(层)气		原矿	1%～2%
	铀、钍		原矿	4%
	油页岩、油砂、天然沥青、石煤		原矿或者选矿	1%～4%
	地热		原矿	1%～20%或者每立方米1～30元
金属矿产	黑色金属	铁、锰、铬、钒、钛	原矿或者选矿	1%～9%
	有色金属	铜、铅、锌、锡、镍、锑、镁、钴、铋、汞	原矿或者选矿	2%～10%
		铝土矿	原矿或者选矿	2%～9%
		钨	选矿	6.5%
		钼	选矿	8%
		金、银	原矿或者选矿	2%～6%
		铂、钯、钌、锇、铱、铑	原矿或者选矿	5%～10%
		轻稀土	选矿	7%～12%
		中重稀土	选矿	20%
		铍、锂、锆、锶、铷、铯、铌、钽、锗、镓、铟、铊、铪、铼、镉、硒、碲	原矿或者选矿	2%～10%
非金属矿产	矿物类	高岭土	原矿或者选矿	1%～6%
		石灰岩	原矿或者选矿	1%～6%或者每吨(或者每立方米)1～10元
		磷	原矿或者选矿	3%～8%
		石墨	原矿或者选矿	3%～12%
		萤石、硫铁矿、自然硫	原矿或者选矿	1%～8%
		天然石英砂、脉石英、粉石英、水晶、工业用金刚石、冰洲石、蓝晶石、硅线石(矽线石)、长石、滑石、刚玉、菱镁矿、颜料矿物、天然碱、芒硝、钠硝石、明矾石、砷、硼、碘、溴、膨润土、硅藻土、陶瓷土、耐火粘土、铁矾土、凹凸棒石粘土、海泡石粘土、伊利石粘土、累托石粘土	原矿或者选矿	1%～12%

（续表）

税目			征税对象	税率
非金属矿产	矿物类	叶蜡石、硅灰石、透辉石、珍珠岩、云母、沸石、重晶石、毒重石、方解石、蛭石、透闪石、工业用电气石、白垩、石棉、蓝石棉、红柱石、石榴子石、石膏	原矿或者选矿	2%～12%
		其他粘土（铸型用粘土、砖瓦用粘土、陶粒用粘土、水泥配料用粘土、水泥配料用红土、水泥配料用黄土、水泥配料用泥岩、保温材料用粘土）	原矿或者选矿	1%～5%或者每吨（或者每立方米）0.1～5元
	岩石类	大理岩、花岗岩、白云岩、石英岩、砂岩、辉绿岩、安山岩、闪长岩、板岩、玄武岩、片麻岩、角闪岩、页岩、浮石、凝灰岩、黑曜岩、霞石正长岩、蛇纹岩、麦饭石、泥灰岩、含钾岩石、含钾砂页岩、天然油石、橄榄岩、松脂岩、粗面岩、辉长岩、辉石岩、正长岩、火山灰、火山渣、泥炭	原矿或者选矿	1%～10%
		砂石	原矿或者选矿	1%～5%或者每吨（或者每立方米）0.1～5元
	宝玉石类	宝石、玉石、宝石级金刚石、玛瑙、黄玉、碧玺	原矿或者选矿	4%～20%
水气矿产	二氧化碳气、硫化氢气、氦气、氡气		原矿	2%～5%
	矿泉水		原矿	1%～20%或者每立方米1～30元
盐	钠盐、钾盐、镁盐、锂盐		选矿	3%～15%
	天然卤水		原矿	3%～15%或者每吨（或者每立方米）1～10元
	海盐			2%～5%

纳税人具体适用的税率，在《中华人民共和国资源税暂行条例》所附《资源税税目税率表》规定的税率幅度内，根据纳税人所开采或者生产应税产品的资源品位、开采条件等情况，由财政部商国务院有关部门确定；财政部未列举名称且未确定具体适用税率的其他非金属矿原矿和有色金属矿原矿，由省、自治区、直辖市人民政府根据实际情况确定，报财政

部和国家税务总局备案。

纳税人开采或者生产不同税目应税产品的，应当分别核算不同税目应税产品的销售额或者销售数量；未分别核算或者不能准确提供不同税目应税产品的销售额或者销售数量的，从高适用税率。

纳税人在开采主矿产品的过程中伴采的其他应税产品，凡未单独规定适用税额的，一律按主矿产品或视同主矿产品税目征收资源税。例如，某铁矿山开采铁矿石过程中伴采的铜矿石，如该铜矿石未经有权机关单独规定相应的税额，则该铜矿石的销售或自用就应按这家铁矿石税目及适用的单位税额征收资源税。反过来，铜矿山伴采的铁矿石，如未规定其适用的单位税额，则应按该矿山的主产品——铜矿石税目及税额征收资源税。

2016 年和 2017 年，河北、北京、天津、山西、内蒙古、山东、河南、四川、陕西、宁夏 10 个省(自治区、直辖市)先后进行水资源税改革试点。水资源税的税额，本着统筹考虑本地区水资源状况、经济社会发展水平和水资源节约保护的要求，在规定最低平均税额基础上，分类确定了具体适用税额(见表 6-2)。

表 6-2　　试点省份水资源税最低平均税额表　　单位：元/立方米

省(区、市)		地表水最低平均税额	地下水最低平均税额
河北	水力发电和火力发电贯流式取用水	0.4	
	水力发电和火力发电贯流式以外的取用水	0.4	1.5
北京		1.6	4
天津		0.8	4
山西		0.5	2
内蒙古		0.5	2
山东		0.4	1.5
河南		0.4	1.5
四川		0.1	0.2
陕西		0.3	0.7
宁夏		0.3	0.7

首先，严格控制地下水过量开采。对取用地下水从高确定税额，同一类型取用水，地下水税额要高于地表水，水资源紧缺地区地下水税额要大幅高于地表水。

其次，超采地区的地下水税额要高于非超采地区，严重超采地区的地下水税额要大幅高于非超采地区。在超采地区和严重超采地区取用地下水的具体适用税额，由试点省份省级人民政府按照非超采地区税额的2～5倍确定。

再次,在城镇公共供水管网覆盖地区取用地下水的,其税额要高于城镇公共供水管网未覆盖地区,原则上要高于当地同类用途的城镇公共供水价格。

除特种行业和农业生产取用水外,对其他取用地下水的纳税人,原则上应当统一税额。试点省份可根据实际情况分步实施到位。

试点省份的中央直属和跨省(区、市)水力发电取水税额为每千瓦时0.005元。跨省(区、市)界河水电站水力发电取水水资源税额,与涉及的非试点省份水资源费征收标准不一致的,按较高一方标准执行。

对特种行业取用水,从高确定税额。其中,特种行业取用水是指洗车、洗浴、高尔夫球场、滑雪场等取用水。

对超计划(定额)取用水,从高确定税额。纳税人超过水行政主管部门规定的计划(定额)取用水量,在原税额基础上加征1～3倍,具体办法由试点省份省级人民政府确定。

对超过规定限额的农业生产取用水,以及主要供农村人口生活用水的集中式饮水工程取用水,从低确定税额。其中,农业生产取用水是指种植业、畜牧业、水产养殖业、林业等取用水;供农村人口生活用水的集中式饮水工程是指供水规模在1 000立方米/天或者供水对象1万人以上,并由企事业单位运营的农村人口生活用水供水工程。

对回收利用的疏干排水和地源热泵取用水,从低确定税额。

五、应纳税额的计算

(一) 销售额或者销售数量的确定与应纳税额计算的规定

资源税的计税依据为应税产品的销售额或销售量,各税目的征税对象包括原矿、精矿(或原矿加工品,下同)、金锭、氯化钠初级产品,具体按照表6-1《资源税税目税率表》规定的税率来执行。对未列举名称的其他矿产品,省级人民政府可对本地区主要矿产品按矿种设定税目,对其余矿产品按类别设定税目,并按其销售的主要形态(如原矿、精矿)确定征税对象。

资源税的应纳税额,按照从价定率或者从量定额的办法,分别以应税产品的销售额乘以纳税人具体适用的比例税率或者以应税产品的销售数量乘以纳税人具体适用的定额税率计算。

1. 从价计征

其计算公式为:

$$应纳税额=销售额\times适用税率$$

式中,销售额是指纳税人销售应税产品向购买方收取的全部价款和价外费用,不包括增值税销项税额和运杂费用。

价外费用包括价外向购买方收取的手续费、补贴、基金、集资费、返还利润、奖励费、违约金、滞纳金、延期付款利息、赔偿金、代收款项、代垫款项、包装费、包装物租金、储备费、优质费、运输装卸费以及其他各种性质的价外收费。但下列项目不包括在内：

(1) 同时符合以下条件的代垫运输费用：① 承运部门的运输费用发票开具给购买方的；② 纳税人将该项发票转交给购买方的。

(2) 同时符合以下条件代为收取的政府性基金或者行政事业性收费：① 由国务院或者财政部批准设立的政府性基金，由国务院或者省级人民政府及其财政、价格主管部门批准设立的行政事业性收费。② 收取时开具省级以上财政部门印制的财政票据。③ 所收款项全额上缴财政。

(3)对同时符合以下条件的运杂费用，纳税人在计算应税产品计税销售额时，可予以扣减：① 包含在应税产品销售收入中。② 属于纳税人销售应税产品环节发生的运杂费用，具体是指运送应税产品从坑口或者洗选(加工)地到车站、码头或者购买方指定地点的运杂费用。③ 取得相关运杂费用发票或者其他合法有效凭据。④ 将运杂费用与计税销售额分别进行核算。

运杂费用是指应税产品从坑口或洗选(加工)地到车站、码头或购买方指定地点的运输费用、建设基金以及随运销产生的装卸、仓储、港杂费用。运杂费用应与销售额分别核算，凡未取得相应凭据或不能与销售额分别核算的，应当一并计征资源税。

纳税人扣减的运杂费用明显偏高导致应税产品价格偏低且无正当理由的，主管税务机关可以合理调整计税价格。

纳税人以人民币以外的货币结算销售额的，应当折合成人民币计算。其销售额的人民币折合率可以选择销售额发生的当天或者当月1日的人民币汇率中间价。纳税人应在事先确定采用何种折合率计算方法，确定后1年内不得变更。

2. 从量计征

其计算公式为：

$$应纳税额=销售数量\times 单位税额$$

式中，销售数量包括纳税人开采或者生产应税产品的实际销售数量和视同销售的自用数量。

纳税人不能准确提供应税产品销售数量的，以应税产品的产量或者主管税务机关确定的折算比换算成的数量为计征资源税的销售数量。

纳税人开采或者生产不同税目应税产品的，应当分别核算不同税目应税产品的销售额或者销售数量；未分别核算或者不能准确提供不同税目应税产品的销售额或者销售数量的，从高适用税率。

对表6－1《资源税税目税率表》中列举名称的资源品目和未列举名称的其他金属矿

实行从价计征；对经营分散、多为现金交易且难以控管的黏土、砂石，按照便利征管原则，仍实行从量定额计征；对表6－1《资源税税目税率表》中未列举名称的其他非金属矿产品，按照从价计征为主、从量计征为辅的原则，由省级人民政府确定计征方式。

水资源的计税依据是实际取水量。其计算公式为：

$$应纳税额=实际取用水量\times适用税额$$

城镇公共供水企业实际取用水量应当考虑合理损耗因素。

疏干排水的实际取用水量按照排水量确定。疏干排水是指在采矿和工程建设过程中破坏地下水层、发生地下涌水的活动。

水力发电和火力发电贯流式（不含循环式）冷却取用水应纳税额的计算公式为：

$$应纳税额=实际发电量\times适用税额$$

火力发电贯流式冷却取用水是指火力发电企业从江河、湖泊（含水库）等水源取水，并对机组冷却后将水直接排入水源的取用水方式；火力发电循环式冷却取用水是指火力发电企业从江河、湖泊（含水库）、地下等水源取水并引入自建冷却水塔，对机组冷却后返回冷却水塔循环利用的取用水方式。

纳税人应当安装取用水计量设施。纳税人未按规定安装取用水计量设施或者计量设施不能准确计量取用水量的，按照最大取水（排水）能力或者省级财政、税务、水行政主管部门确定的其他方法核定取用水量。

（二）特殊情况销售额或课税数量的确定

1. 关联销售

纳税人开采应税产品由其关联单位对外销售的，按其关联单位的销售额征收资源税。

纳税人与其关联企业之间的业务往来，应当按照独立企业之间的业务往来收取或者支付价款、费用。不按照独立企业之间的业务往来收取或者支付价款、费用，而减少其计税销售额的，税务机关可以按照《中华人民共和国税收征收管理法》及其实施细则的有关规定进行合理调整。

2. 出口

纳税人将其开采的应税产品直接出口的，按其离岸价格（不含增值税）计算销售额征收资源税。

3. 自产自用

（1）纳税人开采或者生产应税产品，自用于连续生产应税产品的，不缴纳资源税；自用于其他方面的，视同销售，依法缴纳资源税。

（2）纳税人发生下列行为，视同为销售：

其一，纳税人以自采原矿直接加工为非应税产品的，视同原矿销售。视同销售的自产自用产品，包括用于非生产项目和生产非应税产品两部分。

资源税纳税人自产自用应税产品，因无法准确提供移送使用量而采取折算比换算课税数量办法的，具体规定如下：① 煤炭，对于连续加工前无法正确计算原煤移送使用量的，可按加工产品的综合回收率，将加工产品实际销量和自用量折算成的原煤数量作为课税数量。② 金属和非金属矿产品原矿，因无法准确掌握纳税人移送使用原矿数量的，可将其精矿按选矿比折算成的原矿数量作为课税数量。

其二，纳税人以自采原矿洗选（加工）后的精矿连续生产非应税产品的，视同精矿销售。

纳税人以自采原矿加工精矿产品的，在原矿移送使用时不缴纳资源税，在精矿销售或者自用时缴纳资源税。

纳税人以自采原矿直接加工为非应税产品或者以自采原矿加工的精矿连续生产非应税产品的，在原矿或者精矿移送环节计算缴纳资源税。

其三，以应税产品投资、分配、抵债、赠与、以物易物等，视同应税产品销售。

(3)纳税人有视同销售应税产品行为而无销售价格的，或者申报的应税产品销售价格明显偏低且无正当理由的，税务机关应按下列顺序确定其应税产品计税价格：① 按纳税人最近时期同类产品的平均销售价格确定。② 按其他纳税人最近时期同类产品的平均销售价格确定。③ 按应税产品组成计税价格确定。组成计税价格＝成本×(1＋成本利润率)÷(1－资源税税率)。式中，成本是指应税产品的实际生产成本；成本利润率由省、自治区、直辖市税务机关确定。④ 按后续加工非应税产品销售价格，减去后续加工环节的成本利润后确定。⑤ 按其他合理方法确定。

4. 兼营销售和自产自用

纳税人既有对外销售应税产品，又有将应税产品自用于除连续生产应税产品以外的其他方面的，则自用的这部分应税产品，按纳税人对外销售应税产品的平均价格计算销售额征收资源税。

5. 原矿与精矿销售额的换算或折算

对同一种应税产品，征税对象为精矿的，纳税人销售原矿时，应将原矿销售额换算为精矿销售额缴纳资源税；征税对象为原矿的，纳税人销售自采原矿加工的精矿，应将精矿销售额折算为原矿销售额缴纳资源税。换算比或折算率原则上应通过原矿售价、精矿售价和选矿比计算，也可通过原矿销售额、加工环节平均成本和利润计算。

金矿以标准金锭为征税对象，纳税人销售金原矿、金精矿的，应比照上述规定将其销售额换算为金锭销售额缴纳资源税。

换算比或折算率应按简便可行、公平合理的原则，由省级财税部门确定，并报财政部、国家税务总局备案。

原矿和精矿的销售额或者销售量应当分别核算，未分别核算的，从高确定计税销售额或者销售数量。

(三) 以应税资源品连续加工应税资源品

(1) 纳税人以自产的液体盐加工固体盐,按固体盐税额征税,以加工的固体盐数量为课税数量。纳税人以外购的液体盐加工固体盐,其加工固体盐所耗用液体盐的已纳税额准予抵扣。

(2) 纳税人将其开采的原煤,自用于连续生产洗选煤的,在原煤移送使用环节不缴纳资源税。纳税人将其开采的原煤加工为洗选煤销售的,以洗选煤销售额乘以折算率作为应税煤炭销售额计算缴纳资源税。其计算公式为:

洗选煤应纳税额=洗选煤销售额×折算率×适用税率

式中,洗选煤销售额包括洗选副产品的销售额,不包括洗选煤从洗选煤厂到车站、码头等的运输费用;折算率可通过洗选煤销售额扣除洗选环节成本、利润计算,也可通过洗选煤市场价格与其所用同类原煤市场价格的差额及综合回收率计算,折算率由省、自治区、直辖市财税部门或其授权地市级财税部门确定。

纳税人将其开采的原煤加工为洗选煤自用的,视同销售洗选煤,按销售洗选煤销售额,计算缴纳资源税。

(四) 资源税扣缴义务人适用的税额(率)标准规定

(1) 独立矿山、联合企业收购未税资源税应税产品的单位,按照本单位应税产品税额(率)标准,依据收购的数量(金额)代扣代缴资源税。

(2) 其他收购单位收购的未税资源税应税产品,按主管税务机关核定的应税产品税额(率)标准,依据收购的数量(金额)代扣代缴资源税。

(五) 应纳资源税的优惠政策

我国《资源税法》根据不同情况明确了减、免税优惠政策。

1. 免税项目

纳税人有下列情形之一的,免征资源税:

(1) 开采原油以及在油田范围内运输原油过程中用于加热的原油、天然气。

(2) 煤炭开采企业因安全生产需要抽采的煤成(层)气。

2. 减税项目

纳税人有下列情形之一的,减征资源税:

(1) 从低丰度油气田开采的原油、天然气,减征20%资源税。

(2) 高含硫天然气、三次采油和从深水油气田开采的原油、天然气,减征30%资源税。

(3) 稠油、高凝油减征40%资源税。

(4) 从衰竭期矿山开采的矿产品,减征30%资源税。

根据国民经济和社会发展需要,国务院对有利于促进资源节约集约利用、保护环境等情形可以规定免征或者减征资源税,报全国人民代表大会常务委员会备案。

3. 免征或减征资源税情形

纳税人有下列情形之一的，省、自治区、直辖市可以决定免征或者减征资源税：

(1) 纳税人开采或者生产应税产品过程中，因意外事故或者自然灾害等原因遭受重大损失。

(2) 纳税人开采共伴生矿、低品位矿、尾矿。

省、自治区、直辖市人民政府提出的免征或者减征资源税的具体办法，需报同级人民代表大会常务委员会决定，并报全国人民代表大会常务委员会和国务院备案。

4. 免征或减征水资源税情形

根据财政部、税务总局、水利部关于印发《扩大水资源税改革试点实施办法》的通知（财税〔2017〕80号），纳税人有下列情形，予以免征或者减征水资源税：

(1) 规定限额内的农业生产取用水，免征水资源税。

(2) 取用污水处理再生水，免征水资源税。

(3) 除接入城镇公共供水管网以外，军队、武警部队通过其他方式取用水的，免征水资源税。

(4) 抽水蓄能发电取用水，免征水资源税。

(5) 采油排水经分离净化后在封闭管道回注的，免征水资源税。

(6) 财政部、税务总局规定的其他免征或者减征水资源税情形。

5. 销售额的扣减

纳税人用已纳资源税的应税产品进一步加工应税产品销售的，不再缴纳资源税。纳税人以自采未税产品和外购已税产品混合销售或者混合加工为应税产品销售的计算应税产品计税销售额时，准予扣减已单独核算的已税产品购进金额；未单独核算的，并计算缴纳资源税。已税产品购进金额当期不足扣减的可结转下期扣减。

外购原矿或者精矿形态的已税产品与本产品征税对象不同的，在计算应税产品计税销售额时，应对混合销售额或者外购已税产品的购进金额进行换算或者折算。纳税人核算并扣减当期外购已税产品购进金额，应依据外购已税产品的增值税发票、海关进口增值税专用缴款书或者其他合法有效凭据。

6. 税额抵扣

纳税人以自产的液体盐加工固体盐，按固体盐税额征税，以加工的固体盐数量为课税数量。纳税人以外购的液体盐加工固体盐，其加工固体盐所耗用液体盐的已纳税额准予抵扣。

（六）应纳资源税计算

【例 6-1】 某油田2019年7月份销售原油10万吨（已知1吨＝7.33桶，每桶售价为46美元，美元与人民币的兑换比价为1∶6.5），查《资源税税目税率幅度表》的规定，适用税率为6%。试计算该油田本月应纳税额。

解：　　　　应纳税额＝销售额×税率

$$=100\,000\times 7.33\times 46\times 6.5\times 6\%$$

$$=13\,150\,020(\text{元})$$

【例 6－2】 某铁矿 2019 年 10 月份销售铁矿石 8 万吨，每吨售价为 2 500 元（不含增值税），按规定该矿属于入选露天矿（重点矿山），适用税率为 5%。试计算该矿本月应纳税额。

解：　　　　应纳税额＝销售额×税率

$$=80\,000\times 2\,500\times 5\%$$

$$=10\,000\,000(\text{元})$$

【例 6－3】 某铜矿 2016 年 10 月份销售铜矿石原矿 10 000 吨，不含税售价为 400 元/吨；移送入选精矿 1 000 吨，铜精矿不含税销售价格为 50 000 元/吨。该铜矿适用税率为 3%，对有色金属矿按规定税额的 70%征收。试计算该铜矿本月应纳税额。

解：　　应纳税额＝销售额×税率

$$=10\,000\times 400\times 3\%\times 70\%+1\,000\times 5\,000\times 3\%\times 70\%$$

$$=84\,000+1\,050\,000=1\,134\,000(\text{元})$$

【例 6－4】 某矿山 2019 年 10 月共生产销售铁矿石原矿 2 万吨。在开采铁矿石的过程中，还开采销售了伴生矿锰矿石 2 000 吨，铬矿石 1 000 吨。同时在另一采矿点还开采销售了瓷土 3 000 吨。该矿山开采的矿石全部用于对外销售，铁矿石原矿的不含税售价为 400 元/吨，锰矿石、铬矿石和瓷土的不含税售价分别为 200 元/吨、10 元/吨和 60 元/吨。资源税税率为：铁矿石 5%、锰矿石 2%、铬矿石 2%、瓷土 1%。试计算该矿山在分别核算或未分别核算情况下应纳资源税。

解：在正常情况下，主矿产品与伴生矿产品、不同种类的矿产品应分别核算，分别计算应纳的资源税。未分别核算的，从高适用单位税额。

（1）采用分别核算，则：

应纳资源税＝铁矿石 20 000×400×5%＋锰矿石 2 000×200×2%
＋铬矿石 1 000×10×2%＋瓷土 3 000×60×1%
＝410 000（元）

（2）采用未分别核算，则：

应纳税额＝(20 000×400＋2 000×200＋1 000×10＋3 000×60)×5%
＝429 500（元）

【例6-5】 某盐场2019年8月5日生产液体盐20万吨,其中5万吨直接对外销售,15万吨用于继续加工固体盐10万吨(其中当月售出7万吨,2万吨继续加工成精制盐1.8万吨,也已全部售出,1万吨库存)。此外,当月还外购液体盐3万吨,全部加工成固体盐2.5万吨,本月已出售2万吨。该盐场液体盐不含税售价为1 000元/吨,固体盐不含税售价为2 000元/吨;精盐不含税售价为2 500元/吨。该盐场适用税率2%。试计算该盐场应纳资源税。

解:液体盐和固体盐都是应税矿产品,精制盐不属于应税矿产品。以自产的液体盐生产固体盐,对固体盐征税,液体盐不征。以外购的液体盐生产固体盐,所耗用的液体盐的已纳税额可以扣除。

销售自产液体盐的应纳资源税=5×1 000×2%=100(万元)

自产液体盐加工固体盐的应纳资源税=9×2 000×2%=360(万元)

外购液体盐加工固体盐的应纳资源税=(2.5×2 000-3×1 000)×2%=40(万元)

共计应纳资源税=100+360+40=500(万元)

六、申报与缴纳

(一) 纳税义务发生时间

纳税义务发生时间是纳税人必须履行纳税义务的开始时间,由于纳税人销售产品或自用产品的不同以及销售产品时结算方式不同,纳税义务发生时间也不相同,我国资源税相关法律对资源税纳税义务发生时间有以下具体规定。

(1) 纳税人销售应税产品,其纳税义务发生时间是:① 纳税人采取分期收款结算方式的,其纳税义务发生时间,为销售合同规定的收款日期的当天。② 纳税人采取预收货款结算方式的,其纳税义务发生时间,为发出应税产品的当天。③ 纳税人采取其他结算方式的,其纳税义务发生时间,为收讫销售款或者取得索取销售款凭据的当天。

(2) 纳税人自产自用应税产品的纳税义务发生时间,为移送使用应税产品的当天。

(3) 扣缴义务人代扣代缴税款的纳税义务发生时间,为支付货款的当天。

(4) 水资源税的纳税义务发生时间,为纳税人取用水资源的当日。

(二) 纳税期限

纳税期限是纳税人发生纳税义务后缴纳税款的期限。资源税的纳税期限为1日、3日、5日、10日、15日或者1个月。具体的期限由主管税务机关根据实际情况核定。不能按固定期限计算纳税的,可以按次计算纳税。

纳税人以1个月为一期纳税的,自期满之日起10日内申报纳税;以1日、3日、5日、10日或者15日为一期纳税的,自期满之日起5日内预缴税款,于次月1日起10日内申报纳税并结清上月税款。

除农业生产取用水外，水资源税按季或者按月征收，由主管税务机关根据实际情况确定。对超过规定限额的农业生产取用水的水资源税可按年征收。不能按固定期限计算纳税的，可以按次申报纳税。纳税人应当自纳税期满或者纳税义务发生之日起15日内申报纳税。

扣缴义务人的解缴税款期限，比照上述规定执行。

（三）纳税地点

凡是缴纳资源税的纳税人，都应当向应税产品的开采或者生产所在地主管税务机关缴纳资源税。

如果纳税人在本省、自治区、直辖市范围内开采或者生产应税产品，其纳税地点需要调整的，由所在地省、自治区、直辖市税务机关决定。

如果纳税人应纳的资源税属于跨省开采，其下属生产单位与核算单位不在同一省、自治区、直辖市的，对其开采的矿产品一律在开采地纳税，其应纳税款由独立核算、自负盈亏的单位，按照开采地的实际销售量（或者自用量）及适用的单位税额计算划拨。

扣缴义务人代扣代缴的资源税，也应当向收购地主管税务机关缴纳。

（四）水资源税的管理

水行政主管部门应当将取用水单位和个人的取水许可、实际取用水量、超计划（定额）取用水量、违法取水处罚等水资源管理相关信息，定期送交税务机关。

纳税人根据水行政主管部门核定的实际取用水量向税务机关申报纳税。税务机关应当按照核定的实际取用水量征收水资源税，并将纳税人的申报纳税等信息定期送交水行政主管部门。

税务机关定期将纳税人申报信息与水行政主管部门送交的信息进行分析比对。征管过程中发现问题的，由税务机关与水行政主管部门联合进行核查。

纳税人和税务机关、水行政主管部门及其工作人员违反规定的，依照《中华人民共和国税收征收管理法》《中华人民共和国水法》等有关法律法规追究其法律责任。

第二节　城镇土地使用税法

一、城镇土地使用税的概念及意义

城镇土地使用税是国家在城市、县城、建制镇和工矿区范围内，对使用土地的单位和个人，以其实际占有的土地面积征收为计算依据，按照税法规定的税额计算征收的一种税。

城镇土地使用税法是调整城镇土地使用税征纳关系的法律规范的总称。现行城镇土地使用的基本法律规范是1988年9月27日国务院颁布的《中华人民共和国城镇土地使用税暂行条例》。2006年12月31日，国务院发布了《国务院关于修改〈中华人民共和国城镇土地使用税暂行条例〉的决定》，对1988年颁布的《中华人民共和国土地使用税暂行条例》进行了修改。修改后的城镇土地使用税提高了城镇土地使用税税额标准，并将城镇土地使用税的征收范围扩大到外商投资企业和外国企业，于2007年1月1日起执行。2013年12月7日，中华人民共和国国务院令第645号对土地使用税进行了修订，自2013年12月7日起执行。

我国开征城镇土地使用税旨在保护土地资源，调节级差收入，加强对土地使用的控制和管理，变土地无偿使用为有偿使用，促进土地的合理开发和利用，提高土地的利用率。实践表明，我国开征城镇土地使用税具有十分重要的意义：

(1) 有利于促进土地资源的合理配置和有效使用。土地是财富之母，我国虽然疆域广阔，但因人口众多，人均土地面积有限，因而珍惜和合理利用每一寸土地是我国的长期任务和基本国策。多年以来，由于土地实行无偿使用，造成土地资源的巨大浪费。开征城镇土地使用税，对不同地区、不同地段的土地实行差别税率，可以利用税收的调节功能，促使各部门、各单位有效利用土地，减少土地资源的浪费，并能够促进各部门、各单位依实际需要选择地段，以实现土地资源的合理配置。

(2) 有利于调节土地的级差收入，为企业创造公平竞争的外部环境。所谓土地的级差收入，是指由于土地所处地理位置、交通条件、市政建设状况、经济繁荣程度等客观因素所造成的土地收益的差异。土地所处位置不同，其级差收益有很大差别。所处地段条件好的企业会因土地级差收益多而获得丰厚的利润，但这种利润的获得并不是企业主观努力的结果。征收城镇土地使用税，对条件好的地段实行较高税率，对条件差的地段实行较低税率，将土地级差收入收归国有，有利于企业之间展开公平竞争。

(3) 有利于增加财政收入。城镇土地使用税的征收范围广，而且随着经济的发展，非农业用地越来越多，因此收入前景可观，将成为地方政府财政收入的重要来源之一。

二、城镇土地使用税的纳税义务人

城镇土地使用税的纳税人为在我国城市、县城、建制镇、工矿区范围内使用土地的单位和个人。这里所称的单位，包括国有企业、集体企业、私营企业、股份制企业、外商投资企业、外国企业以及其他企业和事业单位、社会团体、国家机关、军事单位以及其他单位；所称的个人，包括个体工商户以及其他个人。

拥有土地使用权的纳税人不在土地所在地的，由代管人或实际使用人纳税；土地使用权未确定或权属纠纷未解决的，由实际使用人纳税；土地使用权共有的，由共有各方按其实际使用土地面积的比例分别纳税。

三、城镇土地使用税的征税范围

城镇土地使用税的征税范围，包括在城市、县城、建制镇和工矿区内的国家所有和集体所有的土地。其中，城市是指经国务院批准设立的市。城市的征税范围为市区、郊区和市辖县县城，不包括农村；县城是指未设立建制镇的县人民政府所在地，县城的征税范围为县人民政府所在地，不包括所辖的农村；建制镇是指经省、自治区、直辖市人民政府批准设立的建制镇，建制镇的征税范围为镇人民政府所在地，不包括所辖的行政村；工矿区是指工商业比较发达，人口比较集中，符合国务院规定的建制镇标准，但尚未设立建制镇的大中型工矿企业所在地。开征城镇土地使用税的工矿区须经省、自治区、直辖市人民政府批准。

四、城镇土地使用税的计税依据与适用税率

(一) 计税依据

城镇土地使用税以纳税人实际占用的应税土地面积为计税依据，依照规定的税额计算征收。纳税人实际占用的土地面积，是指由省、自治区、直辖市人民政府确定的单位组织测定的土地面积；尚未组织测定，但纳税人持有政府部门核发的土地使用证书或土地管理部门提供的地籍资料的，以证书或资料确认的土地面积为准；尚未核发土地使用证书的，以纳税人实际据实申报的土地面积为准。

对在城镇土地使用税征税范围内单独建造的地下建筑用地，按规定征收城镇土地使用税。其中，已取得地下土地使用权证的，按土地使用权证确认的土地面积计算应征税款；未取得地下土地使用权证或地下土地使用权证上未标明土地面积的，按地下建筑垂直投影面积计算应征税款。对上述地下建筑用地暂按应征税款的 50% 征收城镇土地使用税。

(二) 税率

城镇土地使用税适用幅度定额税率。以每平方米为计税单位，按大、中、小城市和县城、建制镇、工矿区分别确定四个幅度差别税额。在 2006 年 12 月 31 日对《中华人民共和国城镇土地使用税暂行条例》修改之后，年应纳税额的标准普遍比未修改前提高了 2 倍，现行的税法中规定每平方米应税土地的年税额为：大城市 1.5～30 元；中等城市 1.2～24 元；小城市 0.9～18 元；县城、建制镇、工矿区 0.6～12 元。省、自治区、直辖市人民政府应当在规定的税额幅度内，根据市政建设状况、经济繁荣程度等条件，确定所辖地区的适用税额幅度。市、县人民政府应当根据实际情况，将本地区土地划分为若干等级，在省、自治区、直辖市人民政府确定的税额幅度内，制定相应的适用税额标准，报省、自治区、直辖市人民政府批准执行。经省、自治区、直辖市人民政府批准，经济落后地区土地使用税的适用税额标准可以适当降低，但降低额不得超过规定最低税额的 30%。经济发达地区土地

使用税的适用税额标准可以适当提高，但须报经财政部批准。

五、城镇土地使用税应纳税额的计算

城镇土地使用税的计算公式为：

应纳税额=实际占用计税土地面积(平方米)×适用税额

六、城镇土地使用税税收优惠的规定

根据现行相关税法规定，下列土地免缴城镇土地使用税：

(1) 国家机关、人民团体、军队自用的土地。

(2) 由国家财政部门拨付事业经费的单位自用的土地。

(3) 宗教寺庙、公园、名胜古迹自用的土地。

(4) 市政街道、广场、绿化地带等公共用地。

(5) 直接用于农、林、牧、渔业的生产用地。在城镇土地使用税征收范围内经营采摘、观光农业的单位和个人，其直接用于采摘、观光的种植、养殖、饲养的土地，免征城镇土地使用税。在城镇土地使用税征收范围内，利用林场土地兴建度假村等休闲娱乐场所的，其经营、办公和生活用地，应按规定征收城镇土地使用税。

(6) 经批准开山填海整治的土地和改造的废弃土地，从使用的月份起免缴土地使用税5～10年。

(7) 由财政部另行规定免税的能源、交通、水利设施用地和其他用地。

(8) 在商品住房等开发项目中配套建造安置住房的，依据政府部门出具的相关材料、房屋征收(拆迁)补偿协议或棚户区改造合同(协议)，按改造安置住房建筑面积占总建筑面积的比例免征城镇土地使用税。

(9) 对公租房建设期间用地及公租房建成后占地免征城镇土地使用税。

另外，纳税人缴纳土地使用税确有困难需要定期减免的，由县级以上主管税务机关批准。

七、城镇土地使用税的征收管理

(一) 纳税期限

城镇土地使用税按年计算，分期缴纳。缴纳期限由省、自治区、直辖市人民政府确定。新征用的耕地，自批准征用之日起满1年时开始缴纳土地使用税；新征用的非耕地，自批准征用次月起缴纳城镇土地使用税。

(二) 纳税申报

城镇土地使用税的申报与征收工作，依照《税收征管法》及《中华人民共和国城镇土地使用税暂行条例》的规定执行。纳税人应依照当地税务机关规定的期限，填写“城镇土地使用税纳税申报表”，将其占用土地的权属、位置、用途、面积和税务机关规定的其他内容，据实向当地税务机关办理纳税申报登记，并提供有关证明文件。

（三）纳税地点和征收机关

城镇土地使用税的纳税地点为土地所在地，由土地所在地的税务机关负责征收。土地管理机关应当向土地所在地的税务机关提供土地使用权属资料。

第三节　耕地占用税法

一、耕地占用税概述

（一）耕地占用税的概念

耕地占用税是指在中华人民共和国境内占用耕地建设建筑物、构筑物或者从事非农业建设的单位和个人，就实际占用的耕地面积为计税依据所征收的一种税。

为了合理利用地资源，加强土地管理，保护耕地，国务院于 1987 年 4 月 1 日发布了《中华人民共和国耕地占用税暂行条例》（以下简称《耕地占用税暂行条例》）。2007 年 12 月 1 日，国务院新修改公布了《耕地占用税暂行条例》。2008 年 2 月 26 日，财政部、国家税务总局公布《中华人民共和国耕地占用税暂行条例实施细则》。2018 年 12 月 29 日，第十三届全国人民代表大会常务委员会第七次会议通过了《中华人民共和国耕地占用税法》（以下简称《耕地占用税法》），自 2019 年 9 月 1 日起施行。

（二）耕地占用税的特点

耕地占用税作为一个出于特定目的、对特定的土地资源课征的税种，与其他税种相比，具有比较鲜明的特点，主要表现在：

（1）兼具资源税与特定行为税的性质。耕地占用税以占用农用耕地建房或从事其他非农用建设的行为征税，以约束占用耕地的行为、促进土地资源的合理运用为目的，除具有资源占用税的属性外，还具有明显的特定行为税的特点。

（2）采用地区差别税率。耕地占用税采用地区差别税率，根据不同地区的具体情况，分别制定差别税额，以适应我国地域辽、各地区之间耕地质量差别较大、人均占有耕地面积相差悬殊的具体情况，具有因地制宜的特点。

（3）在占用耕地环节一次性课征。耕地占用税在纳税人获准占用耕地的环节征收，因而，耕地占用税具有一次性征收的特点。

二、耕地占用税的纳税义务人

在中华人民共和国境内占用耕地建设建筑物、构筑物或者从事非农业建设的单位和个人，为耕地占用税的纳税人。其中，单位包括国有企业、集体企业、私营企业、股份制企业、外商投资企业、外国企业以及其他企业和事业单位、社会团体、国家机关、部队和其他单位；个人包括个体工商户和其他个人。

三、耕地占用税的征税范围

耕地占用税的征税范围包括纳税人占用耕地建设建筑物、构筑物或者从事非农业建设的国家所有和集体所有的耕地。

耕地占用税所称耕地，是指用于种植农作物的土地，包括菜地、园地。其中，园地包括花、苗、茶园、果园、桑园和其他种植经济林木的土地。

占用鱼塘及其他农用土地建房或从事其他非农业建设，也视同占用耕地，必须依法征收耕地占用税。占用园地、林地、草地、农田水利用地、养殖水面、渔业水域滩涂以及其他农用地建设建筑物、构筑物或者从事非农业建设的，属于耕地占用税征收范围。

占用耕地建设农田水利设施的，不缴纳耕地占用税。

四、耕地占用税的税率

由于在我国的不同地区之间人口和耕地资源的分布极不均衡，有些地区人口稠密，耕地资源相对匮乏；而有些地区则人烟稀少，耕地资源比较丰富。各地区之间的经济发展水平也有很大差异。考虑到不同地区之间客观条件的差别以及与此相关的税收调节力度和纳税人负担能力方面的差别，耕地占用税在税率设计上采用了地区差别定额税率。

耕地占用税的税额规定如下：

(1) 人均耕地不超过1亩的地区(以县、自治县、不设区的市、市辖区为单位，下同)，每平方米为10元至50元。

(2) 人均耕地超过1亩但不超过2亩的地区，每平方米为8元至40元。

(3) 人均耕地超过2亩但不超过3亩的地区，每平方米为6元至30元。

(4) 人均耕地超过3亩的地区，每平方米为5元至25元。

各地区耕地占用税的适用税额，由省、自治区、直辖市人民政府根据人均耕地面积和经济发展等情况，在规定的税额幅度内提出，报同级人民代表大会常务委员会决定，并报全国人民代表大会常务委员会和国务院备案。各省、自治区、直辖市耕地占用税适用税额的平均水平，不得低于《各省、自治区、直辖市耕地占用税平均税额表》规定的平均税额(见表6-3)。

在人均耕地低于0.5亩的地区，省、自治区、直辖市可以根据当地经济发展情况，适当提高耕地占用税的适用税额，但提高的部分不得超过适用税额的50%。具体适用税额按照规定的程序确定。

占用基本农田的，应当按照当地适用税额，加按150%征收。

表6-3　　各省、自治区、直辖市耕地占用税平均税额表

省、自治区、直辖市	平均税额(元/平方米)
上海	45
北京	40
天津	35
江苏、浙江、福建、广东	30
辽宁、湖北、湖南	25
河北、安徽、江西、山东、河南、重庆、四川	22.5
广西、海南、贵州、云南、陕西	20
山西、吉林、黑龙江	17.5
内蒙古、西藏、甘肃、青海、宁夏、新疆	12.5

五、耕地占用税的税额计算

耕地占用税以纳税人实际占用的耕地面积为计税依据，按照规定的适用税额一次性征收，应纳税额为纳税人实际占用的耕地面积(平方米)乘以适用税额。其计算公式为：

应纳耕地占用税＝实际占用耕地面积(平方米)×适用定额税率

【例6-6】 假设某市一家企业新占用20 000平方米耕地用于工业建设，所占耕地使用税额为20元/平方米。试计算该企业应纳的耕地占用税。

解：　　应纳税额＝20 000×20＝400 000(元)

六、耕地占用税的税收优惠

(1) 军事设施、学校、幼儿园、社会福利机构、医疗机构占用耕地，免征耕地占用税。

(2) 铁路线路、公路线路、飞机场跑道、停机坪、港口、航道、水利工程占用耕地，减按每平方米2元的税额征收耕地占用税。

(3) 农村居民在规定用地标准以内占用耕地新建自用住宅，按照当地适用税额减半征收耕地占用税；其中农村居民经批准搬迁，新建自用住宅占用耕地不超过原宅基地面积的部分，免征耕地占用税。

（4）农村烈士遗属、因公牺牲军人遗属、残疾军人以及符合农村最低生活保障条件的农村居民，在规定用地标准以内新建自用住宅，免征耕地占用税。

根据国民经济和社会发展的需要，国务院可以规定免征或者减征耕地占用税的其他情形，报全国人民代表大会常务委员会备案。

依照规定免征或者减征耕地占用税后，纳税人改变原占地用途，不再属于免征或者减征耕地占用税情形的，应当按照当地适用税额补缴耕地占用税。

七、耕地占用税的征收管理

耕地占用税由税务机关负责征收。

耕地占用税的纳税义务发生时间为纳税人收到自然资源主管部门办理占用耕地手续的书面通知的当日。纳税人应当自纳税义务发生之日起30日内申报缴纳耕地占用税。

自然资源主管部门凭耕地占用税完税凭证或者免税凭证和其他有关文件发放建设用地批准书。

纳税人因建设项目施工或者地质勘查临时占用耕地，应当按税法规定缴纳耕地占用税。纳税人在批准临时占用耕地期满之日起1年内依法复垦，恢复种植条件的，全额退还已经缴纳的耕地占用税。

税务机关应当与相关部门建立耕地占用税涉税信息共享机制和工作配合机制。县级以上地方人民政府自然资源、农业农村、水利等相关部门应当定期向税务机关提供农用地转用、临时占地等信息，协助税务机关加强耕地占用税征收管理。

税务机关发现纳税人的纳税申报数据资料异常或者纳税人未按照规定期限申报纳税的，可以提请相关部门进行复核，相关部门应当自收到税务机关复核申请之日起30日内向税务机关出具复核意见。

耕地占用税的征收管理，依照《耕地占用税法》和《税收征管法》的规定执行。

纳税人、税务机关及其工作人员违反《耕地占用税法》规定的，依照《税收征管法》和有关法律法规的规定追究法律责任。

本章小结

从理论上来说，资源税是国家对开发、利用我国境内资源的单位和个人，以其所开发、利用资源的数量或者金额为对象征收的，用以调节因资源差别所形成的级差收入的一个税种。我国资源税法规定的资源税并非是对所有的资源课税，而是以列举的方式把某些特殊的资源列入征税范围予以征收。

资源税与其他税种相比具有以下特征：征税范围较小；主要征收目的在于进行社会

再分配；采用差别税额；在性质上属于中央和地方共享税。

我国资源税的纳税人为在中国境内开采或生产应税资源产品的国有企业、集体企业、私营企业、股份制企业、外商投资企业、外国企业、其他企业、行政单位、事业单位、军事单位、社会团体、其他单位、个体经营者和其他个人。我国资源税的扣缴义务人为独立矿山、联合企业和其他收购除原油、天然气、煤炭以外的资源税未税矿产品的单位。

我国现行资源税的征税范围包括能源矿产、金属矿产、非金属矿产、水气矿产、盐五大类。另外，自 2016 年起，我国先后在河北等 9 省市、自治区试点对水资源开始征税资源税。

我国现行资源税实行产品差别税率，针对不同资源品分别采用从价征收和从量征收。

由于纳税人销售产品或自用产品的不同以及销售产品时结算方式不同，资源税纳税义务发生时间也不相同。资源税的纳税期限为 1 日、3 日、5 日、10 日、15 日或者 1 个月。具体的期限由主管税务机关根据实际情况核定。

凡是缴纳资源税的纳税人，都应当向应税产品的开采或者生产所在地主管税务机关缴纳资源税。扣缴义务人代扣代缴的资源税，也应当向收购地主管税务机关缴纳。

城镇土地使用税是国家在城市、县城、建制镇和工矿区范围内，对使用土地的单位和个人，以其实际占有的土地面积征收为计算依据，按照税法规定的税额计算征收的一种税。

城镇土地使用税的计算公式为：

应纳税额＝实际占用计税土地面积(平方米)×适用税额

城镇土地使用税实行按年计算、分期缴纳的征收方法；纳税地点为土地所在地，由土地所在地的税务机关征收；如果占用的是耕地，应自批准征用之日起满 1 年时开始缴纳城镇土地使用税。

耕地占用税是指在中华人民共和国境内占用耕地建设建筑物、构筑物或者从事非农业设的单位和个人，就实际占用的耕地面积为计税依据所征收的一种税。耕地占用税在纳税人获准占用耕地的环节征收，实行一次课征制度。

思考题

1. 资源税与其他税种相比具有哪些特征?
2. 我国应纳资源税有哪些优惠政策?
3. 开征城镇土地使用税的目的是什么? 其税率是如何设计的?
4. 我国开征土地使用税有哪些意义?
5. 耕地占用税的特点有哪些?

第七章 财产行为税类

学习目的

通过本章的学习，学生应熟悉房产税、契税、车船税、印花税法规的基本内容，掌握各种税种的纳税人、征税范围、计税依据、税率、应纳税额的计算，并能运用所学知识进行各种税的缴纳和申报。

第一节 房产税法

一、房产税的概念及特点

房产税是指依据房产价值或房产租金收入为计税依据，向房产所有人或经营人征收的一种财产税。房产税法是调整房产税征纳关系的法律规范的总称。现行的房产税是第二步利改税以后开征的，1986 年 9 月 15 日，国务院正式发布了《中华人民共和国房产税暂行条例》(以下简称《房产税暂行条例》)，从当年 10 月 1 日开始实施。中华人民共和国国务院令第 546 号规定，1951 年 8 月 8 日政务院公布的《城市房地产税暂行条例》自 2009 年 1 月 1 日起废止。自 2009 年 1 月 1 日起，外商投资企业、外国企业和组织以及外籍个人，依照《中华人民共和国房产税暂行条例》缴纳房产税。2011 年 11 月 8 日，《房产税暂行条例》根据国务院令第 588 号《国务院关于废止和修改部分行政法规的决定》进行了修订。

我国房产税具有下列特点：

(1) 房产税属于财产税中的个别财产税，其征税对象只是房屋。

(2) 征收范围限于城镇的经营性房屋。

(3) 区别房屋的经营使用方式规定征税办法，对于自用的按房产计税余值征收，对于出租、出典的房屋按租金收入征税。

二、房产税的纳税义务人

房产税的纳税义务人包括：

(1) 产权属国家所有的，由经营管理单位纳税；产权属集体和个人所有的，由集体单位和个人纳税。

(2) 产权出典的，由承典人纳税。

(3) 产权所有人、承典人不在房屋所在地的，由房产代管人或者使用人纳税。

(4) 产权未确定及租典纠纷未解决的，亦由房产代管人或者使用人纳税。

(5) 无租使用其他房产的问题。纳税单位和个人无租使用房产管理部门、免税单位及纳税单位的房产，应由使用人代为缴纳房产税。

三、房产税的征税对象与征税范围

房产税的征税对象是房产。所谓房产，是指有屋面和围护结构(有墙或两边有柱)，能够遮风避雨，可供人们在其中生产、学习、工作、娱乐、居住或储藏物资的场所。但独立于房屋的建筑物如围墙、暖房、水塔、烟囱、室外游泳池等不属于房产，室内游泳池属于房产。

由于房地产开发企业开发的商品房在出售前，对房地产开发企业而言是一种产品，因此，对房地产开发企业建造的商品房，在售出前，不征收房产税；但对售出前房地产开发企业已使用或出租、出借的商品房应按规定征收房产税。

具体来说，房产税的征税范围包括：城市、县城、建制镇、工矿区内的房屋。城市是指经国务院批准设立的市。城市的征税范围为市区、郊区和市辖县县城，不包括农村。县城是指未设立建制镇的县人民政府所在地。县城的征税范围为县人民政府所在地，不包括所辖的农村。建制镇是指经省、自治区、直辖市人民政府批准设立的建制镇。建制镇的征税范围为镇人民政府所在地，不包括所辖的行政村。工矿区是指工商业比较发达，人口比较集中，符合国务院规定的建制镇标准，但尚未设立建制镇的大中型工矿企业所在地。开征房产税的工矿区须经省、自治区、直辖市人民政府批准。

四、房产税的计税依据与税率

房产税的计税依据是房产的计税价值或房产的租金收入，其税率实行比例税率。按照房产余值征税的，称为从价计征；按照房产租金收入计征的，称为从租计征。

(一) 计税依据

1. 从价计征

从价计征(也称从值计征)是对纳税人自用房产依照房产原值一次减除30%后的余值计算缴纳。如果没有房产原值作为依据的，由房产所在地的税务机关参考同类房产核定。

对依照房产原值计税的房产，不论是否记载在会计账簿固定资产科目中，均应按照房屋原价计算缴纳房产税。房屋原价应根据国家有关会计制度规定进行核算。对纳税人未按国家会计制度规定核算并记载的，应按规定予以调整或重新评估。

房产原值应包括与房屋不可分割的各种附属设备或一般不单独计算价值的配套设施，主要有暖气、卫生、通风等。纳税人对原有房屋进行改建、扩建的，要相应增加房屋的原值。

在计算从价计征的房产税还应注意以下几点问题：

(1) 对投资联营的房产，在计征房产税时应予以区别对待。共担风险的，按房产余值作为计税依据计征房产税；对收取固定收入，应由出租方按租金收入计缴房产税。

(2) 对融资租赁房屋的情况，在计征房产税时应以房产余值计算征收，租赁期内房产税的纳税人，由当地税务机关根据实际情况确定。

(3) 新建房屋交付使用时，如中央空调设备已计算在房产原值之中，则房产原值应包括中央空调设备；旧房安装空调设备，一般都作为单项固定资产入账，不应计入房产原值。

(4) 无租使用其他单位房产的应税单位和个人，依照房产余值代为缴纳房产税。

(5) 产权出典的房产，由承典人依照房产余值缴纳房产税。

2. 从租计征

房产出租的，以房产租金收入为房产税的计税依据。从租计征是对纳税人出租房产，按照实际取得的租金收入为计税依据计算应纳税额的计算办法，房产租金的收入是包括货币收入和实物收入。对以劳务或其他形式为报酬抵付房租收入的，应根据当地同类房产租金水平，确定一个标准租金计征房产税。

(二) 税率

房产税采用比例税率，其计税依据分为两种：

(1) 依据房产计税余值计税的，税率为1.2%。

(2) 依据房产租金收入计税的，税率为12%。从2001年1月1日起，对个人居住用房出租仍用于居住的，其应缴纳的房产税暂减按4%的税率征收；从2008年3月1日起，对个人出租住房，不区分实际用途，均按4%的税率征收房产税。对企事业单位、社会团体和其他组织按市场价格向个人出租用于居住的住房，减按4%的税率征收房产税。

五、房产税应纳税额的计算

(一) 从价计征的计算

房产税从价(或从值)计征的，按照房产原值减除一定比例后的余值计算，税率为1.2%，其计算公式为：

应纳税额=应税房产原值×(1−扣除比例)×年税率1.2%

(二) 从租计征的计算

从租计征是按房产的租金收入计征，没有如前所述的换算问题。从租计征税率为12%，其计算公式为：

应纳税额=租金收入×12%

【例7-1】 张女士2019年8月将位于市中心的一套一居室住房对外出租，每月租金为1 500元，并已按税法规定缴纳了营业税、城建税、教育费附加。试计算张女士2019年应缴纳的房产税。

解：个人按市场价格出租居民居住用房时，按租金收入4%缴纳房产税；纳税人将房产用于出租，自交付出租、出借房产之次月起计征房产税。所以：

应缴纳的房产税=1 500×4%×5=300(元)

【例7-2】 某企业2019年委托施工企业修建一仓库，8月底办理验收手续，工程决算总支出50万元，全部计入固定资产，当地房产税计算余值的扣除比例为30%。试计算该仓库2019年应缴纳的房产税。

解：委托外单位施工建设的房屋，从办理验收手续次月起缴纳房产税，即从9月开始，所以：

应缴纳的房产税=50×(1−30%)×1.2%÷12×4=0.14(万元)

【例7-3】 某企业有原值为2 500万元的房产，2019年1月1日，将其中的30%用于对外投资联营，投资期限为10年，每年固定利润分红为50万元，不承担投资风险。已知当地政府规定的扣除比例为20%。试计算该企业2019年度应缴纳的房产税。

解：用房产投资联营取得固定收入的，按租金收入计算缴纳房产税，则该企业应纳房产税为拥有的未联营部分(按计税余值计算房产税)与参与对外联营取得固定收入部分(按租金收入计算缴纳房产税)两项之和，所以：

未参与联营部分的房产原值=2 500×(1−30%)=1 750(万元)

两部分房产税之和=1 750×(1−20%)×1.2% + 50×12%=22.8(万元)

【例7-4】 某个人按市场价格出租居民住房，某月取得的租金收入为8 000元。按现行规定，计算其当月应缴纳的增值税和房产税。

解：对个人按市场价格出租的居民住房，按5%的税率减按1.5%计算缴纳增值税，按4%缴纳房产税，所以：

应缴纳的增值税额=8 000÷(1+5%)×1.5%=114.29(元)

应缴纳的房产税=8 000÷(1+5%)×4%=304.76(元)

【例7-5】 某企业2019年1月1日的房产原值为5 000万元，4月1日将其中原值为3 000万元的临街房出租给某连锁商店，月租金为5万元。当地政府规定允许按房产原值减除20%后的余值计税。试计算该企业当年应缴纳的房产税。

解：　应缴纳的房产税=(5 000−3 000)×(1−20%)×1.2%+3 000×(1−20%)×3÷12×1.2%+5×9×12%

=19.2+7.2+5.4=31.8(万元)

从价计征的房产税按房产原值减10%~30%的损耗后计税。

【例7-6】 某企业2019年度共计拥有土地65 000平方米，其中子弟学校占地3 000平方米、幼儿园占地1 200平方米、企业内部绿化占地2 000平方米。2016年上半年，该企业共有房产原值为4 000万元，6月25日签订合同约定，自7月1日起该企业将原值为200万元、占地面积为400平方米的一栋仓库出租给某商场存放货物，租期为1年，每月租金收入为1.5万元。8月10日，该企业对委托施工单位建设的生产车间办理验收手续，由在建工程转入固定资产原值为500万元(房产税计算余值的扣除比例为20%)。试计算该企业2019年应缴纳的房产税。

解：第一步，房产原值扣除出租部分再扣20%损耗从价计税为：

(4 000−200)×(1−20%)×1.2%=36.48(万元)

第二步，下半年出租房产，则上半年按计税余值及1~6月共6个月使用期计税为：

200×(1−20%)×1.2%÷12×6=0.96(万元)

或用全年房产原值扣除20%损耗计税后，减掉下半年出租房产的分摊税金为：

4 000×(1−20%)×1.2%−200×(1−20%)×1.2%×50%=37.44(万元)

第三步，企业出租房产按7月至当年年底共6个月租金收入计税为：

1.5×6×12%=1.08(万元)

第四步，在建工程完工转入的房产应自验收手续之次月起计税，故从9月计至年底共4个月为：

500×(1−20%)×1.2%÷12×4=1.6(万元)

则：　　2019 年应缴纳的房产税＝36.48＋0.96＋1.08＋1.6＝40.12(万元)

六、房产税税收优惠的规定

(一) 我国房产税的一般税收优惠政策

(1) 国家机关、人民团体、军队自用的房产免征房产税。但对上述免税单位出租房产以及非自身业务使用的生产、营业用房，不属于免税范围。

(2) 由国家财政部门拨付事业经费的单位(全额或差额预算的事业单位)，本身业务范围内使用的房产免征房产税。但对于其所属的附属工厂、商店、招待所等不属单位公务、业务的用房，应照章纳税。

(3) 宗教寺庙、公园、名胜古迹自用的房产免征房产税。但宗教寺庙、公园、名胜古迹中附设的营业单位，如影剧院、饮食部、茶社、照相馆等所使用的房产及出租的房产，不属于免税范围，应照章纳税。

(4) 个人所有非营业用的房产免征房产税。但对个人拥有的营业用房或者出租的房产，不属于免税房产，应照章纳税。

(5) 对行使国家行政管理职能的中国人民银行总行所属分支机构自用的房地产，免征房产税。

(二) 经财政部批准免税的房产

(1) 企业办的各类学校、医院、托儿所、幼儿园自用的房产。

(2) 对高校后勤实体免征房产税。

(3) 对非营利性医疗机构、疾病控制机构和妇幼保健机构等卫生机构自用的房产，免征房产税。

(4) 老年服务机构自用的房产免税。

(5) 作营业用的地下人防设施，为鼓励利用地下人防设施，暂免征收房产税。

(6) 经有关部门鉴定，对毁损不堪居住的房屋和危险房屋，在停止使用后，免税。

(7) 自 2004 年 8 月 1 日起，对军队空余房产租赁收入暂免征收房产税；此前已征税款不予退还，未征税款不再补征。

(8) 基建工地的临时性房屋。凡是在基建工地为基建工地服务的各种工棚、材料棚、休息棚和办公室、食堂、茶炉房、汽车房等临时性房屋，不论是施工企业自行建造还是由基建单位出资建造交施工企业使用的，在施工期间，一律免征房产税。但是，如果在基建工程结束以后，施工企业将这种临时性房屋交还或者估价转让给基建单位的，应当从基建单位接收的次月起，依照规定征收房产税。

(9) 大修理期间的房屋。自 2004 年 7 月 1 日起，纳税人因房屋大修导致连续停用半年以上的，经纳税人申请，税务机关审核，在房屋大修期间免征房产税，免征额由纳税人在申报缴纳房产税时自行计算扣除，并在申报表附表或备注栏中作相应说明。纳税人房屋大修停用半年以上需要免征房产税的，应在房屋大修前向主管税务机关报送相关的证明材料。

(10) 从2001年1月1日起，对按政府规定价格出租的公有住房和廉租住房，包括企业和自收自支事业单位向职工出租的单位自有住房；房管部门向居民出租的公有住房；落实私房政策中带户发还产权并以政府规定租金标准向居民出租的私有住房等，暂免征收房产税。

(11) 对邮政部门坐落在城市、县城、建制镇、工矿区范围内的房产，应当依法征收房产税；对坐落在城市、县城、建制镇、工矿区范围以外的尚且在邮政局内核算的房产，在单位财务账中划分清楚的，从2001年1月1日起不再征收房产税。

(12) 房地产开发企业开发的商品房在出售前，不征收房产税。但对出售前房地产开发企业已使用或者出租、出借的商品房应按照规定征收房产税。

(13) 纳税单位与免税单位共同使用的房屋，按各自使用的部分划分，分别征收或免征房产税。

(14) 对行使国家行政管理职能的中国人民银行总行(含国家外汇管理局)所属分支机构自用的房产、土地，免征房产税。

除上面提到的可以免纳房产税的情况以外，如纳税人确有困难的，可由省、自治区、直辖市人民政府确定，定期减征或者免征房产税。

七、房产税的征收管理

(一) 纳税义务发生时间

(1) 购置新建商品房，自房屋交付使用之次月起计征房产税。

(2) 购置存量房，自办理房屋权属转移、变更登记手续，房地产权属登记机关签发房屋权属证书之次月起计征房产税。

(3) 出租、出借房产，自交付出租、出借房产之次月起计征房产税。

(4) 房地产开发企业自用、出租、出借本企业建造的商品房，自房屋使用或交付之次月起计征房产税。

(二) 纳税期限

房产税实行按年计算，分期缴纳的征收办法。具体纳税期限由省、自治区、直辖市人民政府规定。

(三) 纳税申报

房产税的纳税人应按照条例的有关规定，及时办理纳税申报，并如实填写“房产税纳税申报表”。

(四) 纳税地点和征收机关

房产税在房产所在地缴纳。对房产不在同一地方的纳税人，应按房产的坐落地点分别向房产所在地的税务机关缴纳。纳税人应根据规定，将现有房屋的坐落地点、结构、面积、原值、出租收入等情况，据实向当地税务机关办理纳税申报。

第二节　契　税　法

一、契税的概念及特点

契税是指在土地、房屋权属转移时，国家按照当事人双方签订合同契约，以及所确定价格的一定比例，向承受权属者一次性征收的一种行为税。它是对房地产产权变动征收的一种专门税种。契税是一种重要的地方税种，在土地、房屋交易的发生地，不管何人，只要所有权属转移，都要依法纳税。契税具体分为买契税、典契税、赠与契税三种。

契税自开征以来，不仅有效地保障了房地产所有人的合法权益，避免和减少了产权纠纷的发生，也为国家筹集了一定数量的财政资金。随着我国社会经济的发展和改革开放的不断深入，房地产业必将成为国民经济中的主要产业之一，房地产必将成为新的经济增长点和消费热点。在这种形势下，调整和完善契税法律制度，加强契税的征收管理，对增加财政收入、调控房地产市场、调节个人收入差距、缓解社会分配不公的矛盾，具有深远的意义。

二、契税的纳税义务人

根据 1997 年《中华人民共和国契税暂行条例》（以下简称《契税暂行条例》）第一条规定："在中华人民共和国境内转移土地、房屋权属，承受的单位和个人为契税的纳税人，应当依照本条例的规定缴纳契税。"在我国境内承受土地、房屋权属转移的单位和个人是契税的纳税人，应当依照该《契税暂行条例》的规定缴纳契税。这里所称的"单位"，是指企业单位、事业单位、国家机关、军事单位、社会团体及其他组织。所称"个人"，是指个体经营者，城乡居民个人，外国人及其他个人。

三、契税的征税对象与征税范围

1. 契税的征税对象

契税的征税对象是土地、房屋权属转移的行为。契税的征税对象应具备三个条件：

(1) 转移的客体。一是土地使用权，不是土地所有权；二是房屋所有权。

(2) 权属必须发生转移。首先是土地、房屋权属必须发生转移，由一方转移到另一方。其次是土地、房屋权属人关系发生变化，由一个权属人变更为另一权属人。

(3) 必须有经济利益关系。除土地使用权赠与、房屋赠与外，权属转移时，承受方必须支付一定数量的货币、实物、无形资产或者其他经济利益。

2. 契税的征税范围

具体来说，契税的征税范围是指下列行为：国有土地使用权出让；土地使用权转让，包括土地使用权出售、土地使用权赠与和土地使用权交换，但不包括农村集体土地承包经营权的转移；房屋权属转移是指房屋买卖、房屋赠与、房屋交换。出租房屋不缴契税。

下列转移方式，视同土地使用权转让、房屋买卖或者房屋赠与征税：

(1) 土地、房屋权属抵债或者作价投资、入股的。

(2) 以获奖、预购、预付集资建房款或者转移无形资产方式承受土地、房屋权属的。

(3) 建设工程转让时发生土地使用权转移的。

(4) 以其他方式事实构成土地、房屋权属转移的。对于《中华人民共和国继承法》规定的法定继承人(包括配偶、子女、父母、兄弟姐妹、祖父母、外祖父母)继承土地、房屋权属，不征契税；非法定继承人根据遗嘱承受死者生前的土地、房屋权属，属于赠与行为，应征收契税。

四、契税的计税依据与税率

(一) 计税依据

契税以土地、房屋权属转移当事人签订的合同成交价格或者核定的市场价格作为计税依据。具体有：

(1) 国有土地使用权出让、土地使用权出售、房屋买卖的计税依据为成交价格。纳税人以分期付款方式承受土地、房屋权属的，按全额成交价格一次性征收契税。变卖抵押的土地、房屋按变卖价或者拍卖价作为成交价格。

(2) 土地使用权赠与、房屋赠与，由征收机关参照土地使用权出售、房屋买卖的市场价格核定。因为土地使用权赠与、房屋赠与属于特殊的转移形式，不需要支付货币、实物、无形资产及其他经济利益，在计算计税依据时参照市场上同类土地、房屋的价格计算征税。

(3) 以土地、房屋权属作价投资入股，以土地、房屋权属抵债，以无形资产方式、获奖方式获得土地、房屋权属的计税依据，由征收机关参照市场价格核定。

(4) 土地使用权交换、房屋交换以及土地使用权与房屋交换的计税依据，为交换价格的差额部分。

对于成交价格明显低于市场价格并无正当理由的，或者所交换土地使用权、房屋价格的差额明显不合理并且无正当理由的，由征收机关参照市场价格核定。

以划拨方式取得土地使用权，经批准转让房地产的，其应补交的契税的计税依据为补缴的土地使用权出让费或者土地收益。

(二) 税率

我国契税采用幅度比例税率。根据《契税暂行条例》第三条规定："契税税率为 3%～5%。""契税的适应税率，由省、自治区、直辖市人民政府在前款规定的幅度内按照本地区的实际情况确定，并报财政部和国家税务总局备案。"例如，上海、天津、重庆、山东、福建、广西、海南、云南、贵州、宁夏、内蒙古、青海、新疆等省、自治区、直辖市实行3%的税率；北京、河北、山西、河南、湖北、湖南、安徽、江苏、江西、四川等省、直辖市实行4%的税率；甘肃实行3.5%的税率；辽宁实行5%的税率；黑龙江、吉林省对于居民个人购买自用住房的均实行3%的税率，对于其他项目均实行5%的税率。西藏目前未征此税。

五、契税应纳税额的计算

契税的应纳税额依计税依据和适用税率计算。其计算公式为：

应纳税额＝计税依据×税率

具体又有以下几种情况：

(1) 土地使用权出让、土地使用权出售。其计算公式为：

应纳税额＝成交价格×税率

根据《中华人民共和国契税暂行条例细则》的规定，"成交价格"是指土地、房屋权属转移合同的价格。包括承受者应支付的货币、实物、无形资产或其他经济利益。即成交价格是指土地、房屋权转移合同总价格。土地、房屋权属转移合同上的优惠额，不能作为计税额予以扣除。

(2) 土地使用权赠与。其计算公式为：

应纳税额＝该土地使用权的市场价格×税率

(3) 土地使用权交换。其计算公式为：

应纳税额＝所交换土地使用权价格的差额×税率

(4) 房屋买卖。其计算公式为：

应纳税额＝成交价格×税率

(5) 房屋赠与。其计算公式为：

应纳税额＝该房屋的市场价格×税率

(6) 房屋交换。其计算公式为：

应纳税额＝所交换房屋价格的差额×税率

纳税人应纳的契税税额以人民币计算。转移土地、房屋权属以外汇结算的，按照纳税义务发生之日中国人民银行公布的人民币市场汇率中间价折合成人民币计算。

【例7-7】 某单位购买一块土地使用权，成交价格为2 000万元，当地规定的契税税率为4%。试计算其应缴纳的契税。

解：　　　　应缴纳的契税=2 000×4%=80(万元)

【例7-8】 公民张某与李某交换房屋，张某支付价差2万元，当地规定的契税税率为5%。试计算张某应缴纳的契税。

解：　　　　应缴纳的契税=20 000×5% =1 000(元)

六、契税税收优惠的规定

根据《契税暂行条例》的规定，契税的减免有以下几个方面：

(1) 国家机关、事业单位、社会团体、军事单位承受土地、房屋用于办公、教学、医疗、科研和军事设施的，免征契税。

(2) 城镇职工按规定第一次购买公有住房的，免征契税。

(3) 因不可抗力灭失住房而重新购买住房的，酌情准予减征或者免征契税。

(4) 财政部规定的其他减征、免征契税的项目。

对个人购买普通住房，且该住房属于家庭(成员范围包括购房人、配偶以及未成年子女，下同)唯一住房的，减半征收契税。对个人购买90平方米及以下普通住房，且该住房属于家庭唯一住房的，减按1%税率征收契税。

对经营管理单位回购已分配的改造安置住房继续作为改造安置房源的，免征契税。个人首次购买90平方米以下改造安置住房，按1%的税率计征契税；购买超过90平方米，但符合普通住房标准的改造安置住房，按法定税率减半计征契税。个人因房屋被征收而取得货币补偿并用于购买改造安置住房，或因房屋被征收而进行房屋产权调换并取得改造安置住房，按有关规定减免契税。

七、契税的征收管理

(一) 纳税义务发生时间

根据《契税暂行条例》的规定，契税纳税人的纳税义务发生时间为纳税人签订土地、房屋权属转移合同的当天，或者纳税人取得其他具有土地、房屋权属转移性质凭证的当天。

(二) 纳税期限

纳税人应当自纳税义务发生之日起10日，向土地、房屋所在地的契税征收机关办理纳税申报，并在契税征收机关核定的期限内缴纳税款。

根据2001年9月27日国家税务总局《关于农业税、牧业税、耕地占用税、契税征收管理暂参照〈中华人民共和国税收征收管理法〉执行的通知》(国税发〔2001〕110号)规定，凡税款滞纳行为发生在2001年4月30日以前的，按照原《税收征管法》规定，按日加收滞纳税款2‰的滞纳金；2001年5月1日以后发生的，统一按照《税收征管法》规定，按日加收滞纳税款5‰的滞纳金。

(三)纳税申报

(1)土地权属转移部分。纳税人应在签订土地权属转移合同或取得其他具有土地权属转移合同性质凭证的当天起10天内向当地国土部门办理契税纳税申报,并在国土部门核定的期限内缴纳税款,逾期者按规定加收滞纳金。

(2)房屋权属转移部分。纳税人应在签订房屋权属转移合同或取得其他具有房屋权属转移合同性质凭证的当天起10天内向当地财政分局办理契税纳税申报,并在财政分局核定的期限内缴纳税款,逾期者按规定加收滞纳金。

纳税申报需携带的资料有:纳税申报人的法人或法人代表证明、个人身份证或户籍证明;土地使用权出让或转让合同;购房合同或具有购房合同性质凭证和发票;土地界址平面图或房屋分层分户平面图。纳税人办理纳税事宜后,契税征收机关应当向纳税人开具契税完税凭证。

(四)纳税地点和征收机关

契税的纳税地点为纳税人取得的土地、房屋的所在地。

契税征收机关为土地、房屋所在地的财政机关或者地方税务机关。具体征收机关由省、自治区、直辖市人民政府确定。土地管理部门、房产管理部门应当向契税征收机关提供有关资料,并协助契税征收机关依法征收契税。

第三节　车 船 税 法

一、车船税的概念及特点

车船税是指对纳税人在中华人民共和国境内拥有或使用的应税车船规定的车辆、船舶征收的一种税收。

车船税属于地方税。车船税法是调整车船税收关系的法律规范的总称。2006年12月,国务院废止《车船使用牌照税暂行条例》和《中华人民共和国车船使用税暂行条例》,制定了《中华人民共和国车船税暂行条例》(以下简称《车船税暂行条例》)。《车船税暂行条例》自2007年1月1日施行以来,取得了较好效果。2010年车船税收入241.6亿元,比2006年车船使用牌照税和车船使用税收入总额增长3.8倍。2011年2月25日,第十一届全国人民代表大会常务委员会第十九次会议通过了《中华人民共和国车船税法》(以下简称《车船税法》)。同日,国家主席胡锦涛签署第43号主席令予以公布,自2012年1月1日起施行。

本次车船税制度修改,以法律形式颁布,体现了以下特点和意义:一是车船税收从新中国成立初期开征以来，特别是改革开放以来，在税收体制改革过程中，根据情况变化，国务院对车船税收制度做过多次调整和完善，奠定了立法的制度基础。二是在60年的征收实践中，无论税种名称如何变化，车船税的相关制度已经为社会所知晓，并被纳税人所接受。三是近年来我国经济处于快速发展时期，居民收入提高很快，汽车逐步进入家庭，机动车保有量快速增长。据统计，截至2010年10月，我国汽车产量和销量均超过美国，居世界第一，全社会机动车保有量达到1.99亿辆，成为仅次于美国的第二大机动车保有国。在我国人均资源拥有量少，经济社会发展资源环境承载能力较低，生态环境日益脆弱的情况下，汽车生产与消费的快速增长，面临着石油紧缺、交通拥堵、空气污染等问题。因此，在税制相对稳定，制定法律的条件比较成熟的情况下，有必要将车船税暂行条例上升为法律。

《车船税法》的出台主要有以下四个方面的意义：一是体现税收法定原则。二是促进税收法律体系建设。三是通过立法完善了税制，体现税负公平。四是作为第一部由条例上升的法律和第一部地方税法律，具有标志性作用。

二、车船税的纳税人和扣缴义务人

（一）车船税的纳税人

根据《车船税法》的规定，在中华人民共和国境内属于税法规定的车辆、船舶（以下简称车船）的所有人或者管理人，为车船税的纳税人。这里的管理人，是指对车船具有管理使用权，不具有所有权的单位。纳税人包括单位和个人。单位是指行政机关、事业单位、社会团体以及中外各类企业。个人是指我国境内的个体工商户及其他个人，包括中国人和外国人。

（二）车船税的扣缴义务人

从事机动车第三者责任强制保险业务的保险机构为机动车车船税的扣缴义务人，应当在收取保险费时依法代收车船税，并出具代收税款凭证。机动车车船税的扣缴义务人依法代收代缴车船税时，纳税人不得拒绝。

另外，应税车船的所有人或者管理人未缴纳车船税的，车船的实际使用人应代为缴纳车船税。

三、车船税的征税对象与征税范围

车船税的征税对象是《车船税法》规定的应税车船。境内单位和个人租入外国籍船舶的，不征收车船税。境内单位和个人将船舶出租到境外的，应依法征收车船税。

四、车船税的计税依据、税率

（一）计税依据

货车、挂车、专用专业车、轮式专用机械车以整备质量（所谓汽车的整备质量，亦惯称的"空车重量""自重量";所谓汽车的整备质量,是指汽车按出厂技术条件装备完整,如备胎、工具等安装齐备,各种油水添满后的重量)为计税依据,乘用车及摩托车以辆数为计税依据;船舶以净吨位(是指根据有关国家主管机关制定的规范丈量确实的船舶有效容积)为计税依据。客货两用车按货车标准征税。

(二) 税率

《车船税法》适当调整了税目和税额标准,主要是乘用车由过去载客数量划分改为按排气量为标准区分确定税额,以体现鼓励节约能源,建设资源节约型社会的目的。车船的具体适用税额由省、自治区、直辖市人民政府依照《车船税法》所规定的《车船税税目税额表》(见表7-1)的税额幅度和国务院的规定确定。

表7-1　车船税税目税额表

税目		计税单位	年基准税额	备注
乘用车〔按发动机汽缸容量(排气量)分档〕	1.0升(含)以下的	每辆	60元至360元	核定载客人数9人(含)以下
	1.0升以上至1.6升(含)的		300元至540元	
	1.6升以上至2.0升(含)的		360元至660元	
	2.0升以上至2.5升(含)的		660元至1 200元	
	2.5升以上至3.0升(含)的		1 200元至2 400元	
	3.0升以上至4.0升(含)的		2 400元至3 600元	
	4.0升以上的		3 600元至5 400元	
商用车	货车	整备质量每吨	16元至120元	包括半挂牵引车、三轮汽车和低速载货汽车等
	挂车	整备质量每吨	按照货车税额的50%计算	
	专用作业车	整备质量每吨	16元至120元	
其他车辆	轮式专用机械车	整备质量每吨	16元至120元	不包括拖拉机
摩托车		每辆	36元至180元	
船舶	机动船舶	净吨位每吨	3元至6元	拖船、非机动驳船分别按照机动船舶税额的50%计算
	游艇	艇身长度每米	600元至2 000元	

五、车船税应纳税额的计算

车船税应纳税额的计算公式为:

机动船的应纳税额＝净吨位数×适用税率

拖船、非机动驳船的应纳税额＝净吨位数×适用税率×50％

载客汽车和摩托车的应纳税额＝车辆数×适用税率

载货汽车、三轮汽车和低速货车应纳税额＝整备质量(吨)×适用税率

购置的新车船，购置当年的应纳税额自纳税义务发生的当月起按月计算。计算公式为：

应纳税额＝(年应纳税额÷12)×应纳税月份数

【例7-9】　某运输公司拥有汽车40辆(每辆整备质量10吨)，其中10辆为本年5月份新购置，车船管理部门核发的行驶证书所记载日期是5月15日，载货汽车年应纳税额每吨100元。试计算该运输公司车船税的年应纳税额。

解：年应纳税额＝(40－10)×10×100＋10×10×100÷12×8＝36 666.67(元)

六、车船税税收优惠的规定

根据《车船税法》的规定，下列车船免征车船税：

(1) 捕捞、养殖渔船。

(2) 军队、武装警察部队专用的车船。

(3) 警用车船。

(4) 依照法律规定应当予以免税的外国驻华使领馆、国际组织驻华代表机构及其有关人员的车船。

对节约能源的车辆，减半征收车船税；对使用新能源的车辆，免征车船税。

临时入境的外国车船和香港特别行政区、澳门特别行政区、台湾地区的车船，不征收车船税。

按照规定缴纳船舶吨税的机动船舶，自车船税法实施之日起5年内免征车船税。

依法不需要在车船登记管理部门登记的机场、港口、铁路站场内部行驶或者作业的车船，自车船税法实施之日起5年内免征车船税。

七、车船税的征收管理

(一) 纳税义务发生时间

车船税纳税义务发生时间为取得车船所有权或者管理权的当月。

(二) 纳税期限

车船税按年申报，分月计算(一个纳税年度内不足1年的按实际月份计算)，一次性缴纳。具体申报纳税期限由省、自治区、直辖市人民政府规定。纳税年度为公历1月1日至12月31日。

(三) 纳税地点和征收机关

车船税的纳税地点为车船的登记地或者车船税扣缴义务人所在地。依法不需要办理登记的车船,车船税的纳税地点为车船的所有人或者管理人所在地。

车船税有地方税务局负责征收管理。公安、交通运输、农业、渔业等车船登记管理部门、船舶检验机构和车船税扣缴义务人的行业主管部门应当在提供车船有关信息等方面,协助税务机关加强车船税的征收管理。

车辆所有人或者管理人在申请办理车辆相关登记、定期检验手续时,应当向公安机关交通管理部门提交依法纳税或者免税证明。公安机关交通管理部门核查后办理相关手续。

第四节　印花税法

一、印花税的概念及特点

印花税是对经济活动和经济交往中书立、使用、领受具有法律效力的凭证的单位和个人征收的一种行为税。因采用在应税凭证上粘贴印花税票作为完税的标志而得名。印花税法是有关印花税的法律规定。1988 年 8 月,国务院公布了《中华人民共和国印花税暂行条例》(以下简称《印花税暂行条例》),并于同年 10 月 1 日起施行。

(一) 开征印花税的意义

(1) 有利于开拓财源,增加财政收入。印花税虽然负担轻,但征收面广,可以积少成多,有利于社会主义现代化建设积累资金。

(2) 有利于加强对其他税收的征收管理。通过对各种应税凭证贴花情况的检查,不仅可以及时掌握纳税人的各项经济活动的进展情况及其存在的问题,而且可以掌握缴纳其他税款的真实程度,促进各项税收的交叉审核,有效地防止偷漏税。

(3) 有利于在对外经济交往中维护我国的权益。目前世界上大多数国家都征收印花税,我国开征印花税,既有利于维护自己的经济利益,也有利于体现国际对等原则。

(4) 有利于提高纳税人自觉纳税的法制观念。印花税由纳税人自行贴花纳税,并实行轻税惩罚的原则,从而有利于提高纳税人自觉纳税的观念。

(二) 印花税的特点

(1) 征税范围广。各国印花税的课征范围大致包括商事凭证、财产凭证、人事凭证、许可证凭证和其他凭证。依我国现行税法的规定,凡具有法律效力的各类经济合同,产权转移书据,营业账簿,权利、许可证照,都应缴纳印花税,其涉及的面相当广。

(2) 税负轻。现行印花税的比例税率分别为 0.05‰、0.3‰、0.5‰、1‰。对载有金额的凭证实行比例税率；对未载有金额的凭证实行定额税率，按件定额征收为5元。同其他税收相比，印花税的税负较轻。

(3) 缴纳办法特殊。我国现行印花税实行由纳税人根据税法规定自行计算应纳税额、自行购买税票、自行粘贴并画销印花税票的"三自纳税"的缴纳办法。

二、印花税的纳税义务人

印花税的纳税义务人为在我国境内书立、领受应税凭证的单位和个人。具体包括国内各类企业、事业、机关、团体、部队以及中外合资企业、中外合作企业、外资企业、外国公司(企业)和其他经济组织及其在华机构等单位和个人。

上述单位和个人，按照书立、使用、领受应税凭证的不同，可以分别确定为立合同人、立据人、立账簿人、领受人和使用人五种。

(1) 立合同人。指合同的当事人。即指对凭证有直接权利义务关系的单位和个人，但不包括合同的担保人、证人、鉴定人。各类合同的纳税人是立合同人。各类合同，包括购销、加工承揽、建设工程承包、财产租赁、货物运输、仓储保管、借款、财产保险、技术合同或者具有合同性质的凭证。这里所称的"合同"，是指根据《中华人民共和国合同法》等法律订立的合同。所称的"具有合同性质的凭证"，是指具有合同效力的协议、契约、合约、单据、确认书及其他各种名称的凭证。当事人的代理人有代理纳税的义务，他与纳税人负有同等的税收法律义务和责任。

(2) 立据人。产权转移书据的纳税人是立据人。如果立据人未贴花或少贴花的，应由书据的持有人负责补贴印花。如果所立书据是以合同方式签订的，应由持有书据的各方分别按全额贴花。

(3) 立账簿人。营业账簿的纳税人是立账簿人。所谓立账簿人，是指设立并使用营业账簿的单位和个人。例如，企业因生产、经营需要，设立了营业账簿，该企业即为印花税的纳税人。

(4) 领受人。权利、许可证照的纳税人是领受人。所谓领受人，是指领取或接受并持有该项凭证的单位和个人。例如，某甲因其发明创造，经申请依法取得了国家专利机关颁发的专利证书，该人即为印花税的纳税人。

(5) 使用人。在国外以书立、领受，但在国内使用的应税凭证，其纳税人是使用人。

对合同、书据等凡是由两方或两方以上当事人共同书立的，其当事人各方都是纳税义务人。对营业账簿和权利、许可证照，立账簿人和领受人为纳税义务人，对委托第三者代为签订的合同，当事人的代理人应负责贴花，代理人为纳税义务人。

三、印花税的征税对象与征税范围

印花税的征税对象是条例列举征税的凭证。现行印花税只对印花税条例列举的凭证征税，未列举的不征税。具体来说，印花税的征税范围有五类：

（1）经济合同。经济合同是指购销、加工承揽、建设工程承包、财产租赁、货物运输、仓储保管、借款、财产保险、技术合同或者具有合同性质的凭证。

合同是指根据《中华人民共和国合同法》和其他有关合同法规订立的合同。包括购销合同、加工承揽合同、建筑工程承包合同、财产租赁合同、货物运输合同、仓储保管合同、借款合同、财产保险合同、技术合同以及具有合同性质的凭证。

具有合同性质的凭证是指具有合同效力的协议、契约、合约、单据、确认书及其他各种名称的凭证。

（2）产权转移书据。产权转移书据是指单位和个人产权的买卖、继承、赠与、交换、分割等所立的书据，包括财产所有权和版权、商标专用权、专利权、专有技术使用权等转移书据。

对土地使用权出让合同、土地使用权转让合同按产权转移书据征收印花税；对商品房销售合同按照产权转移书据征收印花税。

（3）营业账簿。营业账簿是指单位或者个人记载生产经营活动的财务会计核算账簿。其中，资金账簿是指载有固定资产原值和自有流动资金的总分类账簿，或者专门设置的记载固定资产原值和自有流动资金的账簿。其他账簿是指除上述账簿以外的账簿，包括日记账簿和各明细分类账簿。

（4）权利、许可证照。权利、许可证照包括政府有关部门发给的房屋产权证书、工商营业执照、商标注册证、专利证、土地使用权证。

（5）经财政部确定征税的其他凭证。

另外，对在我国境外书立、领受，但在我国境内使用具有法律效力，受我国法律保护的应税凭证，应按规定缴纳印花税。

对纳税人以电子形式签订的各类应税凭证按规定征收印花税。

对已缴纳印花税的凭证副本或抄本，属备查性质的，对外不发生法律效力，不再征收印花税。以副本或抄本视同正本使用的，应按规定贴花。

四、印花税的计税依据、税率与税目

（一）计税依据

印花税计税依据根据应税凭证的性质分别规定以下几种：

（1）合同或者具有合同性质的凭证，以凭证所载金额作为计税依据。

（2）营业账簿中记载资金的账簿，以实收资本和资本公积总额作为计税依据。

（3）不记载金额的权利、许可证照：营业执照、专利证、房屋产权证等，以及企业的日记账簿和各种明细分类账簿等辅助性账簿，按凭证或账簿的件数纳税。

（二）税率与税目

印花税的税率根据应税凭证的性质，分别采用比例税率和定额税率。比例税率有四档：1‰、0.5‰、0.3‰和 0.05‰。按比例税率征税的有：财产租赁合同、仓储保管合同、加工承揽合同、建设工程勘察设计合同、货物运输合同、产权转移合同、购销合同、建筑安装工程承包合同、技术合同、借款合同、财产保险合同、记载资金的账簿等。按定额税率征税的是权利、许可证照，及其他账簿，按件贴花 5 元。

印花税共有 13 个税目，依据应纳税凭证性质的不同，分别采用比例税率和定额税率两种：

对一些载有金额的凭证，如各类合同、资金账簿等，都采用比例税率。这类凭证都标有确定的金额，按比例计算应纳税额，既能保证财政收入，又能体现合理负担的原则。13 个税目中有 11 个税目采用比例税率。

对一些无法计算金额的凭证，或虽载有金额，但作为计税依据明显不合理的凭证，采用定额税率，既可简化征管手续，又便于计算和操作。

(1) 购销合同，包括供应、预购、采购、购销结合和协作、调剂、补偿、易货等合同，按照购销金额的 0.3‰纳税。

(2) 加工承揽合同，包括加工、定作、修缮、修理、印刷、广告、测绘、测试等合同，按照加工或者承揽收入的 0.5‰纳税。

(3) 建设工程勘察设计合同，按照收取费用的 0.5‰纳税。

(4) 建筑安装工程承包合同，按照承包金额的 0.3‰纳税。

(5) 财产租赁合同，包括租赁房屋、船舶、飞机、机动车辆、机械、器具、设备等合同，按照租赁金额的 1‰纳税。税额不足 1 元的，按照 1 元纳税。

(6) 货物运输合同，包括民用航空运输、铁路运输、海上运输、内河运输、公路运输和联运合同，按照运输费用的 0.5‰纳税。

(7) 仓储保管合同，按照仓储保管费用的 1‰纳税。

(8) 借款合同，包括银行和其他金融机构与借款人签订的借款合同(不包括银行同业拆借)，按照借款金额的 0.05‰纳税。

(9) 财产保险合同，包括财产、责任保证、信用等保险合同，按照保险费收入的 1‰纳税。

(10) 技术合同，包括技术开发、转让、咨询、服务等合同，按照合同所载金额的 0.3‰纳税。

(11) 产权转移书据，包括财产所有权、版权、商标专用权、专利权、专有技术使用权等产权转移书据，按照书据所载金额的 0.5‰纳税。

(12) 营业账簿，包括生产、经营用账册。其中，记载资金的账簿，按照实收资本和资本公积合计金额的 0.5‰纳税；其他账簿每件纳税 5 元。

(13) 权利、许可证照，包括政府部门发给的房屋产权证、工商营业执照、商标注册证、专利证、土地使用证等，每件纳税 5 元。

此外，根据国务院专门规定，股份制企业向社会公开发行的股票，因买卖、继承、赠与所书立的股权转让书据，均按照书据书立时证券市场当日实际成交价格计算的金额，由立据双方当事人分别按照1‰的税率缴纳印花税。自2008年9月19日起实行单边征收。

五、印花税应纳税额的计算

（一）计算印花税应纳税额的一般规定

（1）实行从价定率办法计税的应税凭证，其计税公式为：

应纳税额＝应税凭证计税金额×适用税率

（2）实行从量定额办法计税的应税凭证，其计税公式为：

应纳税额＝应税凭证件数×适用税额

【例7-10】 某企业2019年发生以下业务：领受房屋产权证、工商营业执照、土地使用证各1件；订立产品购销合同2份，所载金额分别为100万元和80万元；订立借款合同1份，所载金额为300万元；企业记载资金账簿中“实收资本”和“资本公积”金额总额为1 000万元；其他账簿5本。试计算该企业2016年应纳的印花税额。

解：从价定率计征应纳税额＝(1 000 000＋800 000)×0.3‰＋3 000 000×0.05‰＋10 000 000×0.5‰＝5 690(元)

从量定额计征应纳税额＝(3＋5)×5＝40(元)

2019年该企业应纳的印花税总额＝5 690＋40＝5 730(元)

（二）计算印花税应纳税额的特殊规定

（1）同一凭证因载有两个或两个以上经济事项而适用不同税目税率，如果分别记载金额，应分别记载应纳税额，相加后按合计金额贴花；未分别记载金额的，按税率高的计税贴花。

【例7-11】 某公司与运输部门签订运输合同，运输费用为83 200元，仓储保管费用为13 000元。计算该公司应纳印花税额。

解：如果合同中运输费用和仓储保管费用分别载明，则应纳印花税额为：

应纳税额＝83 200×0.5‰＋13 000×1‰＝54.6(元)

如果合同中运输费用和仓储保管费用未分别载明，则应纳印花税额为：

应纳税额＝(83 200＋13 000)×0.001＝96.2(元)

（2）对合同、产权转移书据及记载资金的账簿按凭证所载金额分别按比例税率计算征收印花税；对日记账和各明细分类账，权利、许可证照按件定额计算征收印花税。

（3）按金额比例贴花的应税凭证，未标明金额的，应按照凭证所载数量及国家牌价计算金额;没有国家牌价的,按市场价格计算金额,按规定税率计算应纳税额。

(4) 应纳税凭证所载金额为外国货币的,纳税人应按照凭证书应当日的中华人民共和国国家外汇管理局公布的外汇牌价折合人民币,计算应纳税额。

(5) 有些合同,在签订时无法确定计税金额,应先按定额5元贴花,以后结算时再按实际金额计税,补贴印花税票。

(6) 应纳税额不足1角的,免纳印花税;1角以上的,其税额尾数不满5分的不计,满5分的按1角计算。但财产租赁合同的应纳税额不足1元的,按1元计税。

(7) 从1998年6月12日起,股份制企业向社会公开发行的股票,因购买、继承、赠与所书立的股权转让书据,依书立时证券市场当日实际成交价格计算的金额,由立据双方当事人分别按4‰的税率缴纳印花税。2008年4月23日,财政部决定从2008年4月24日起调整证券(股票)交易印花税税率为1‰。即对买卖、继承、赠与所书立的A股、B股股权转让书据,由立据双方当事人分别按1‰的税率缴纳证券(股票)交易印花税。

六、印花税税收优惠的规定

(一) 免缴印花税的凭证

(1) 已缴纳印花税的凭证的副本或者抄本。

(2) 财产所有人将财产赠给政府、社会福利单位、学校所书立的书据。

(3) 国家指定的收购部门与村民委员会、农民个人书立的农副产品收购合同。

(4) 无息、贴息的贷款合同。

(5) 外国政府或者国际金融组织向我国政府及国家金融机构提供优惠贷款所书立的合同。

(6) 经财政部确定免税的其他凭证。

以上所称的已缴纳印花税的凭证副本或抄本,是指凭证正式签署本已按规定缴纳了印花税,其副本或者抄本不对外发生权利义务关系,仅备存查的凭证;以上所称的社会福利单位,是指抚养孤老伤残的社会福利单位。

(二) 印花税的免税范围

(1) 对房地产管理部门与个人订立的租房合同,凡用于生活居住的,暂免贴花,用于生产经营的,应按规定贴花。

(2) 企业与主管部门等签订的租赁承包经营合同,不属于财产租赁合同,不应贴花。

(3) 代购代销合同暂不贴花。

(4) 凡直接与村民委员会、农民个人订立自产的农、林、牧、水产品预购、收购合同,暂免贴印花税。

(5)《印花税暂行条例》规定的购销合同不包括供水、供电、供气(汽)合同,这些合同不贴花。

(6)《印花税暂行条例》规定贴花的借款合同，是指银行及其他金融组织与借款人订立的借款合同。非金融组织、个人之间的借款合同暂不贴花。

(7) 征用土地、改造旧房、房屋搬迁订立的补偿协议不属印花税的征税范围，不贴印花。

(8) 土地使用权出让、转让书据(合同)，不属于印花税列举征税的凭证，不贴印花。

(9) 出版合同不属于印花税列举征税的凭证，不贴印花。

(10) 中国人民银行各级机构经营国库业务及委托各专业银行各级机构代理国库业务设置的账簿，不是核算银行本身经营业务的账簿，不贴印花。

(11) 在代理业务中，代理单位与委托单位之间签订的委托代理合同，凡仅明确代理事项、权限和责任的，不属于应税凭证，不贴印花。

(12) 对办理借款延期业务使用的借款延期合同或其他凭证，按信贷制度规定，仅载明延期还款事项的，可暂不贴花。

(13) 家庭财产保险合同，凡由个人支付保险费的暂免贴花。

(14) 对社会劳动保险公司设立记载基本养老保险费(退休基金)的账簿及其他内部核算的账簿，暂免缴纳印花税。

(15) 对一般的法律、法规、会计、审计等方面的咨询不属于技术咨询，其所立合同不贴印花。

(16) 技术培训合同是当事人一方委托另一方对指定的专业技术人员进行特定项目的技术指导和专业训练所订立的技术合同。对各种职业培训、文化学习、职工业余教育等订立的合同，不属于技术培训合同的，不贴印花。

(17) 对一般按年(期)签订的流动资金周转性借款合同，只要在限额以内随借随还，不再签订新的合同的，就不另贴花。

(18) 为了支持农村保险事业的发展，减轻农牧业生产的负担，对农林作物、牧业畜类保险合同暂不贴花。

(19) 军队企业管理工厂向军队系统的各单位(不包括军办企业)和武警部队调拨军用物资和提供加工、修理、装配、试验租赁、仓储等签订的军队专用合同暂免贴花。

(三) 对有关账簿免缴印花税的规定

(1) 对车间、门市部、仓库设置的不属于会计核算范围或虽属会计核算范围，但不记载金额的登记簿、统计簿、台账等，不贴花。

(2) 凡是记载资金的账簿，启用新账时，资金未增加的，不再按件定额贴花。

(3) 对有经营收入的事业单位，凡属于国家财政部门拨付事业经费，实行差额预算管理的单位，其记载经营业务的账簿，按其他账簿定额贴花，不记载经营业务的账簿不贴花。

(4) 经企业主管部门批准的国有、集体企业兼并，对并入单位的资金，凡已按资金总额贴花的，接收单位的资金不再补贴印花。

(5) 对担负着为国家储备物资、商品的特殊任务的工业、商业、物资企业的特种储备资金不计缴印花税。对企业的特种储备资金，应按照财务会计制度有关规定，由当地税务机关审核确定。

(6) 对银行根据业务管理需要设置的各种登记簿，如空白重要凭证登记簿，有价单证登记簿等，其记载的内容与资金活动无关，仅用于内部备查，属于非营业账簿，不贴花。

(7) 对银行、城市信用社开展储蓄业务设置的储蓄分户个账，暂免贴花。

(四) 对货运凭证免缴印花税的规定

(1) 凡负有军事运输命令或使用专用的军事物资运费结算凭证，免税。

(2) 凡附有县级以上(含县级)人民政府抢险救灾物资运输证明文件的运费结算凭证，免税。

(3) 为新建铁路运输施工所需物料，使用工程临管线专用运费结算凭证，免税。

(4) 对国际货运业务中，由外国运输进出口货物的，外国运输企业所持的一份运费结算凭证，免税。

(五) 其他有关凭证免缴印花税的规定

(1) 对商店、门市部的零星加工修理业务开具的修理单，免税。

(2) 对铁路、公路、航运、水运承运快件行李、包裹开具的托运单据，免税。

(3) 各类发行单位之间，以及发行单位与订阅单位或个人之间书立的图书、报纸、期刊及音像制品的征订凭证，免税。

(4) 对与高校学生签订的高校学生公寓租赁合同，免征印花税。

(5) 对改造安置住房经营管理单位、开发商与改造安置住房相关的印花税以及购买安置住房的个人涉及的印花税予以免征。

七、印花税的征收管理

(一) 纳税义务发生时间

根据《中华人民共和国印花税实施细则》的有关规定，印花税发生义务时间是在应税凭证的书立或领受时缴纳。具体地说，合同在签订时缴纳；营业账簿在启用时缴纳；权利、许可证照在领受时缴纳。

(二) 纳税期限

印花税的申报期限分为几种情况：合同为签订时，书据为立据时，账簿为启用时，证照为领受时，由纳税人自行购买、贴花、注销；汇总缴纳按“汇总缴纳许可证”明确的纳税期限；代扣代缴纳税期限为次月10日前。

(三) 纳税申报与缴纳

印花税一般采用由纳税人根据规定自行计算应纳税额、自行购买并自行一次贴足印花税票的缴纳办法。企业应向税务机关或其指定的代售单位购买印花税票，将印花税票粘贴在应税凭证后即行注销。

印花税也可采用汇贴或汇缴的简化纳税方法。为简化贴花手续，当一应税凭证一次贴花数额超过 500 元或同一类应税凭证贴花频繁的，纳税人可向税务机关提出申请，采取以缴款书代替贴花或者按期汇总缴纳的办法。同一种类纳税凭证若需频繁贴花的，纳税人可向当地税务机关申请按期汇总缴纳印花税。经税务机关核准发给许可证后，按税务机关确定的限期(最长不超过 1 个月)汇总计算纳税。

此外，凡通过国家有关部门发放、鉴证、公证或仲裁的应税凭证，可由税务机关委托有关部门代征。

(四) 纳税地点和征收机关

印花税一般实行就地纳税。对于全国性商品物资订货会上所签订合同应纳的印花税，由纳税人回其所在地后及时办理贴花完税手续；对地方主办、不涉及省际关系的订货会、展销会上所签订合同的印花税，其纳税地点由各省、自治区、直辖市人民政府自行确定。

印花税由税务机关负责征收管理，发放或办理应税凭证的单位负有监督纳税人依法纳税的义务。

(五) 印花税的完税凭证

印花税票是缴纳印花税的完税凭证。

印花税票由国家税务总局负责监制。其票面金额以人民币为单位，分为壹角、贰角、伍角、壹元、贰元、伍元、拾元、伍拾元、壹佰元九种。

本章小结

本章所涉及的税种均属于地方税，学习中要参考有关税收法规，结合地方规定，把握好房产税、契税、车船税、印花税的纳税人、征税范围、计税依据和税率，了解各种税收优惠；重点掌握各种税种应纳税额的计算及各种税的缴纳和申报。要注意学练结合和学用结合，做到理论联系实际。

房产税是指依据房产价值或房产租金收入为计税依据，向房产所有人或经营人征收的一种财产税。

契税是指在土地、房屋权属转移时，国家按照当事人双方签订合同契约，以及所确定价格的一定比例，向承受权属者一次性征收的一种行为税。它是对房地产产权变动征收的一种专门税种。

车船税是指国家对行驶于境内公共道路的车辆和航行于境内河流、湖泊或者领海的船舶，按其种类、数量、吨位等实行定额征收的一种税。

印花税是对经济活动和经济交往中书立、使用、领受具有法律效力的凭证的单位和个人征收的一种行为税。

思考题

1. 房产税的纳税人、征税范围和计税依据是什么？哪些房产免征房产税？
2. 车船税的征税范围是如何规定的？
3. 简述车船税的计税依据。
4. 契税的纳税人是“承受者”，如何理解“承受者”的含义？
5. 印花税有一个重要特点就是“轻税重罚”，对违反印花税法律、法规的处罚是什么？

第八章　企业所得税法

学习目的

通过本章的学习，学生应了解企业所得税的基本政策法规；理解企业所得税的纳税人、征税对象、税率、资产税务处理、税收优惠、征收管理办法；掌握应税所得额、应纳税额、税额扣除的计算方法。

第一节　企业所得税概述

一、企业所得税的概念和特点

企业所得税法是指国家制定的用以调整企业所得税征收与缴纳之间权利及义务关系的法律规范。企业所得税是指国家对企业和经济组织的生产、经营所得和其他所得征收的一种税。企业所得税具有以下特点。

1. 以应税所得额为课税对象

企业所得税，不同于流转税，其课税对象是纳税人在纳税年度获得的生产经营所得和其他所得，即以纳税人所取得的各项收入总额，扣除各项成本、费用、损失、税金之后的净收益。

2. 兼顾“公平与效率”的原则

企业所得税以纳税人在纳税年度获得的生产经营所得和其他所得为课税对象。因此，纳税人的税负轻重和纳税人的所得的多少有着内在的联系，所得多、负担能力强的多征，所得少、负担能力弱的少征，没有所得、没有负担能力的就不征，充分体现了税负公平的原则；同时，为了促进企业公平竞争，搞活企业，现行企业所得税采用了比例税率，使盈利水平高的企业其相对税负水平下降，从而体现了税收的效率原则，有利于促进企业发展。

3. 实施居民管辖权和地域管辖权双重税收管辖权

我国在税收管辖权的确立上，按照属人原则和属地原则，选择了居民管辖权和地域管辖权（收入来源地管辖权）双重税收管辖权。企业所得税的征税对象为：居民企业在纳税年度来源于中华人民共和国境内、境外的全部所得；非居民企业在纳税年度来源于中华人民共和国境内的全部所得。

4. 实行综合所得税制度

对纳税人取得的生产、经营所得和其他所得，不分性质，不分项目，按照统一的税率计算征收应纳的企业所得税。

5. 计算复杂，收入不稳定

企业所得税的课税对象是纳税人在纳税年度获得的各项收入总额，扣除各项成本、费用、损失、税金之后的净收益额，因此，应税所得额的计算比较复杂，它涉及一定时期的成本、费用、损失的归集与分摊，需要有一个健全的财务会计核算制度。所以，企业所得税由于受到企业经济效益大小和企业财务会计核算健全与否的影响，相对而言，税收收入不稳定。

6. 采用按年计征，分期预缴的征收方法

企业所得税的征收方法以全年应税所得额为计税依据，分期（月或季）预缴，年终汇算清缴。对经营时间不足 1 年的企业，应将经营期间的应税所得额，换算为 1 年的应税所得额来计算其应纳的所得税。

2008 年以前，我国企业所得税区分内、外资企业，分别执行《中华人民共和国企业所得税暂行条例》（1993 年国务院颁布）和《中华人民共和国外商投资企业和外国企业所得税法》（1991 年第七届全国人民代表大会通过）。由于内、外资企业所得税在纳税人认定、税率、应纳税所得额确定、优惠政策等方面的差异，造成内、外资纳税人税负不公，税收宏观调控不力，已无法适应新的形势。根据科学发展观和完善社会主义市场经济体制的总体要求，按照“简税制、宽税基、低税率、严征管”的税制改革原则，借鉴国际经验，建立各类企业统一适用的科学、规范的企业所得税制度，为各类企业创造公平的市场竞争环境。按照这一指导思想，2007 年 3 月 16 日，第十届全国人民代表大会第五次会议通过并颁布的《企业所得税法》（自 2008 年 1 月 1 日起施行），将我国运行多年的内外有别的企业所得税合二为一。合并后的企业所得税法体现了“四个统一”。

第一，统一了税法。首先是所有内、外资企业统一了税法。新税法实施后，我国不同性质、不同类别的企业，包括国有企业、集体企业、民营企业、合资企业和外资企业均适用同一个税法。其次是统一了纳税人的认定标准。新税法以是否具有法人资格作为企业所得税纳税人的认定标准，改变了以往内资企业所得税以独立核算为条件判定纳税人标准的做法，使内资企业和外资企业的纳税人认定标准完全统一。再次是在纳税人范围的确定上，按照国际通行做法，将取得经营收入的单位和组织都纳入了征收范围。

第二，统一并适当降低企业所得税税率。税率是税收制度的重要因素，是指税款征收比例或额度，通过税率可以直观地看出国家征税的力度和纳税人的负担程度。结合我国财政承受能力、企业负担水平，考虑世界上其他国家和地区特别是我国周边国家和地区的实际税率水平等因素，《企业所得税法》第四条规定将企业所得税税率确定为25%。据有关资料，全世界159个实行企业所得税的国家（地区）平均税率为28.6%，我国周边18个国家（地区）的平均税率为26.7%。因此，新税法确定的25%税率，在国际上属于适中偏低的水平，从而有利于保持我国税制的竞争力，进一步促进和吸引外商投资。

第三，统一和规范税前扣除办法和标准。企业生产经营所发生的成本费用如何扣除，直接关系到企业实际税负的高低。税前扣除办法的不一致，是旧税制造成内资企业和外资企业实际税负相差较大的主要原因。为此，新税法对企业实际发生的各项成本费用做出统一的扣除规定，包括工资支出、公益性捐赠支出等，实行一致的政策待遇，按照统一的扣除办法和标准来执行。

第四，统一税收优惠政策，建立"产业优惠为主、区域优惠为辅"的新税收优惠体系。税收优惠是税法的重要组成部分，自有税收以来就存在。税收优惠作为一般性税法条款的例外规定，通过减轻特定纳税人的税收负担，达到鼓励或支持的政策目的。新税法根据国民经济和社会发展的需要，对现行税收优惠政策进行适当调整，将现行企业所得税以区域优惠为主的格局，调整为以产业优惠为主、区域优惠为辅的新的税收优惠格局。

二、企业所得税的立法原则

1. 贯彻公平税负原则

贯彻公平税负原则，就是要解决内、外资企业税收待遇不同、税负差异较大的问题，实行国民待遇，通过建立统一的企业所得税税法，为内外资企业在市场中平等竞争创造有利条件。

2. 落实科学发展观原则

落实科学发展观原则，就是要统筹社会经济和区域经济协调发展，促进环境保护和社会全面进步，实现国民经济可持续发展。

3. 发挥宏观经济调控作用原则

发挥宏观经济调控作用原则，就是要按照国家产业政策要求，推动产业升级和技术进步，优化国民经济结构。贯彻国家的“产业优惠为主、区域优惠为辅”的政策，引导资金投向国家最需要发展的产业和地区。同时，既要保持政策的相对稳定，又要使政策调整具有一定灵活性，体现税收优惠的时限性，提高宏观调控效果。

4. 遵循国际惯例原则

遵循国际惯例原则，就是要借鉴世界各国税制改革最新经验，进一步充实和完善企业所得税制度，尽可能体现税法的科学性、完备性和前瞻性。

5. 理顺分配关系原则

理顺分配关系原则，就是要兼顾财政承受能力和纳税人负担水平，有效地组织财政收入；利于征收管理原则，规范征管行为，方便纳税人，降低税收征纳成本。

第二节　企业所得税的基本要素

一、纳税义务人和扣缴义务人

（一）纳税义务人

企业所得税的纳税义务人是指在中国境内的企业和其他取得收入的组织。

1. 企业

企业所得税法规定的“企业”，具体包括以下各类取得收入的组织：

（1）企业。包括公司制企业和其他非公司制企业，包括依照外国法律法规在境外成立的个人独资企业和合伙企业。但不包括依照中国法律、行政法规规定成立的个人独资企业、合伙企业。

（2）事业单位。事业单位是指国家为了社会公益目的，由国家机关举办或者其他组织利用国有资产举办的，从事教育、科技、文化、卫生等活动的社会服务组织。

（3）社会团体。社会团体是指由中国公民自愿组成，为实现会员共同意愿，按照其章程开展活动的非营利性社会组织。

（4）其他取得收入的组织。这些经济组织主要包括：民办非企业单位、基金会、商会、农民专业合作社、其他类型的取得收入的组织。

企业全部或部分被个人、其他企业、单位承租经营，但未改变被承租企业的名称，未变更工商登记，并仍以被承租企业名义对外从事生产经营活动，不论被承租企业与承租方如何分配经营成果，均以被承租企业为纳税义务人。

企业全部或者部分被个人、其他企业、单位承租经营，承租方承租后重新办理工商登记，并以承租方的名义对外从事生产经营活动。其承租经营取得的所得，应以重新办理工商登记的企业、单位为纳税义务人。

按照注册地标准和实际管理机构标准，企业分为居民企业和非居民企业。

凡依法在中国境内成立，或者依照外国（地区）法律成立但实际管理机构在中国境内的企业，为我国税法上的居民企业。

依照外国（地区）法律成立且实际管理机构不在中国境内，但在中国境内设立机构、场所的；或者在中国境内未设立机构、场所，但有来源于中国境内所得的企业，为我国税法规定的非居民企业。

2. 实际管理机构

实际管理机构是指对企业的生产经营、人员、账务、财产等实施实质性全面管理和控制的机构。机构、场所是指在中国境内从事生产经营活动的机构、场所。实际管理机构所在地的认定，一般以股东大会的场所、董事会的场所以及行使指挥监督权力的场所等因素来综合判断。其具体包括：① 管理机构、营业机构、办事机构。② 工厂、农场、开采自然资源的场所。③ 提供劳务的场所。④ 从事建筑、安装、装配、修理、勘探等工程作业的场所。⑤ 其他从事生产经营活动的机构、场所。

实际管理机构需同时符合以下三个方面的条件：

第一，对企业有实质性管理和控制的机构。即并非形式上的“橡皮图章”，而是对企业的经营活动能够起到实质性的影响。

第二，对企业实行全面的管理和控制的机构，即对企业的整体或者主要的生产经营活动有实际管理控制的管理控制机构。如果该机构只是对该企业的一部分或并不关键的生产经营活动进行影响和控制，比如，只是对在中国境内的某一个生产车间进行管理，则不被认定为实际管理机构。

第三，管理和控制的内容是企业的生产经营、人员、账务、财产等。这是界定实际管理机构的最关键标准。如果一个外国企业只是在表面上是由境外的机构对企业有实质性全面管理和控制权，但是企业的生产经营、人员、账务、财产等重要事务实际上是由在中国境内的一个机构来作出决策的，那么就应当认定其实际管理机构在中国境内。具体可以从以下五个方面来判定：① 所谓生产经营，是指企业负责实施日常生产经营管理运作的高层管理部门，主要指董事会以及以总经理为核心的管理层的履行职责的场所是否位于中国境内，主要是看其经常召开董事会的地点，特别是要看其涉及公司重大生产经营决策的董事会会议的召开地点。对于有些公司可能会经常通过网络会议召开董事会而导致实务中很难判定董事会履行职务场所的问题，可以用董事长、执行董事和总经理履行职责的场所来进一步判断。② 所谓人员，主要是指人事决策（如任命、解聘和薪酬等）由哪国的机构或人员决定，或需要得到位于哪国的机构或人员批准。因此，对“人员”标准的把握，实际上就变成了对于公司董事会以及董事长、执行董事履行该项职责场所的判定问题。③ 所谓财务，主要是指企业的财务决策（如借款、放款、融资、财务风险管理等）问题。财务决策主要指的是企业的经营计划、投资方案以及企业的年度财务预算和决算等问题。在一般情况下，董事会可以决定公司的经营计划和投资方案，而对于公司年度财务预算和决定等重大事项，董事会只有制定权，最终的批准权在公司的股东会。因此，对于第三个要素“财务”的把握，实际也变成了对于公司股东会、董事会履行该项职责场所的判定问题。④ 所谓财产，主要是指企业的主要财产、会计账簿、公司印章、董事会和股东会议纪要档案等的存放地点和位置。⑤ 企业 1/2(含 1/2)以上有投票权的董事或高层管理人员经常居住于中国境内。

3. 机构、场所

机构、场所主要包括以下两种情况：

(1) 在中国境内设立的从事生产经营活动的机构、场所，包括：① 管理机构、营业机构、办事机构。管理机构是指对企业生产经营活动进行管理决策的机构；营业机构是指企业开展日常生产经营活动的固定场所，如商场等；办事机构是指企业在当地设立的从事联络和宣传等活动的机构，如外国企业在中国设立的代表处等。② 工厂、农场、开采自然资源的场所。这三类场所属于企业开展生产经营活动的场所。如制造业的生产厂房、车间所在地等。③ 提供劳务的场所。它包括从事交通运输、仓储租赁、咨询经纪、科学研究、技术服务、教育培训、餐饮住宿、中介代理、旅游、娱乐、加工以及其他劳务服务活动的场所。④ 从事建筑、安装、装配、修理、勘探等工程作业的场所。它包括建筑工地、港口码头、地质勘探场地等工程作业场所。⑤ 其他从事生产经营活动的机构、场所。

(2) 委托营业代理人的，视同设立机构、场所。通过代理人在中国境内从事生产经营活动的，可以根据实际情况视同设立的机构、场所处理。视同设立机构、场所的条件主要包括以下三个方面，必须同时具备：① 接受外国企业委托的主体，既可以是中国境内的单位，也可以是中国境内的个人。② 代理活动必须是经常性的行为。所谓经常，既不是偶然发生的，也不是短期发生的，而是固定的、长期的发生的行为。③ 代理的具体行为，包括代其签订合同，或者储存、交付货物等。只要经常代表委托人与他人签订协议或者合同，或者经常储存属于委托人的产品或者商品，并代表委托人向他人交付其产品或者商品，即使营业代理人和委托人之间没有签订书面的委托代理合同，也应认定其存在法律上的代理人和被代理人的关系。

(二) 扣缴义务人

非居民企业在中国境内未设立机构、场所的，或者虽然设立机构、场所但取得的所得与其所设立的机构、场所没有实际联系的，来源于中国境内的所得缴纳企业所得税，实行源泉扣缴，以支付人为扣缴义务人。

二、课税对象

企业所得税的课税对象为应税所得额。包括销售货物所得、提供劳务所得、转让财产所得、股息红利等权益性投资所得、利息所得、租金所得、特许权使用费所得、接受捐赠所得和其他所得。

（一）课税对象的确定原则

企业所得税的课税对象是企业取得的应税所得额。应税所得额并不是说企业取得的任何一项所得，都是企业所得税的课税对象。确定企业的一项所得是否属于征税对象，要遵循以下原则：

（1）必须是有合法来源的所得。即企业的所得必须是国家法律允许并保护的。对企业从事非法行为取得的所得，不构成企业所得税的征税对象。

（2）应纳税所得是按照税法规定从应税收入总额中扣除准许扣除的成本、费用、损失、税金以后的余额。企业取得所得，只有企业取得的所得扣除为取得这些所得而发生的成本费用支出后的余额，才是企业所得税的应税所得额。

（3）企业所得税的应纳税所得必须是能用货币计量的实物或货币所得。

（4）居民企业所得税的应纳税所得包括来源于中国境内、境外的所得。非居民企业的应纳税所得仅来源于中国境内的所得。

（二）征税对象的具体内容

从经济内容上讲，应税所得额包括生产经营所得和其他所得。纳税人取得的生产经营所得是指企业从事物质生产、商品流通、交通运输、劳务服务以及其他营利事业取得的合法所得。其他所得是指股息、利息、租金特许权使用费、营业外收益以及企业解散或破产后的清算所得等。

从范围上讲，应税所得额包括纳税人来源于中国境内、境外的所得。按照税收管辖权的规范，居民企业应当就其来源于中国境内、境外的所得缴纳企业所得税；非居民企业在中国境内未设立机构、场所的，或者虽然设立机构、场所但取得的所得与其所设立的机构、场所没有实际联系的，应当就其来源于中国境内的所得缴纳企业所得税。

所谓实际联系，是指非居民企业在中国境内设立的机构、场所拥有据以取得所得的股权、债权，以及拥有、管理、控制据以取得所得的财产。

（三）所得来源地的确定原则和标准

（1）销售货物所得，按照交易活动发生地确定。

（2）提供劳务所得，按照劳务发生地确定。

（3）转让财产所得，不动产转让所得按照不动产所在地确定；动产转让所得按照转让动产的企业或者机构、场所所在地确定；权益性投资资产转让所得按照被投资企业所在地确定。

（4）股息、红利等权益性投资所得，按照分配所得的企业所在地确定。

（5）利息所得、租金所得、特许权使用费所得，按照负担、支付所得的企业或者机构、场所所在地确定，或者按照负担、支付所得的个人的住所地确定。

（6）其他所得，由国务院财政、税务主管部门确定。

三、税率

企业所得税的税率是指对纳税人应纳税所得额征税的比率，即企业应纳税额与应纳税所得额的比率。国家对纳税人征税多少以及纳税人的税收负担水平，均与税率的高低有直接关系。税率是企业所得税法的一个基本要素。我国现行企业所得税法采用25%的比例税率。非居民企业在中国境内未设立机构、场所的，或者虽设立机构、场所但取得的所得与其所设机构、场所没有实际联系的，按20%税率征税。国家为了扶持小型微利企业和鼓励发展高新技术企业，规定了两档优惠税率：

(1) 符合条件的小型微利企业，减按20%的税率征收企业所得税。小型微利企业是指从事国家非限制和禁止行业，并符合下列条件的企业：① 工业企业，年度应纳税所得额不超过30万元，从业人数不超过100人，资产总额不超过3 000万元。② 其他企业，年度应纳税所得额不超过30万元，从业人数不超过80人，资产总额不超过1 000万元。

(2) 国家需要重点扶持的高新技术企业，减按15%的税率征收企业所得税。国家需要重点扶持的高新技术企业是指拥有核心自主知识产权，并同时符合下列条件的企业：① 产品(服务)属于《国家重点支持的高新技术领域》规定的范围。② 研究开发费用占销售收入的比例不低于规定比例。③ 高新技术产品(服务)收入占企业总收入的比例不低于规定比例。④ 科技人员占企业职工总数的比例不低于规定比例。⑤ 高新技术企业认定管理办法规定的其他条件。

《国家重点支持的高新技术领域》和高新技术企业认定管理办法由国务院科技、财政、税务主管部门商国务院有关部门制定，报国务院批准后公布施行。

第三节　应税所得额的确定

一、应税所得额的概念

应纳税所得额是指企业每一纳税年度的收入总额，减除不征税收入、免税收入、各项扣除以及允许弥补的以前年度亏损后的余额，以此作为计算企业所得税额的依据。其计算公式为：

$$\text{应纳税所得额}=\text{收入总额}-\text{不征税收入}-\text{免税收入}-\text{准予扣除项目金额}-\text{弥补的以前年度亏损}$$

应纳税所得额与会计利润是两个不同的概念，两者既有联系又有区别。应纳税所得额是一个税收概念，是根据企业所得税法按照一定的标准确定的、纳税人在一个时期内的计税所得，即企业所得税的计税依据。而会计利润则是一个会计核算概念，反映的是企业一定时期内生产经营的财务成果。它关系到企业经营成果、投资者的权益以及企业与职工的利益。会计利润是确定应纳税所得的基础，但是不能等同于应纳税所得额。会计利润根据税法规定作相应的调整后，才能作为企业的应纳税所得额。其调整公式为：

应税所得额＝利润总额±税收调整项目金额

税收调整分一般纳税调整和特别纳税调整。一般纳税调整是指按照税法规定在计算应纳税所得额时，如果企业财务、会计处理办法同税收法律、行政法规的规定不一致，应当依照税收法律、行政法规的规定计算纳税所做的税务调整，并据此重新调整计算纳税。特别纳税调整是指税务机关出于实施反避税目的而对纳税人特定纳税事项所做的税务调整。

二、收入总额

企业以货币形式和非货币形式从各种来源取得的收入，为收入总额。

(一) 收入确定的基本规定

(1) 销售货物收入。它是指企业销售商品、产品、原材料、包装物、低值易耗品以及其他存货取得的收入。

(2) 提供劳务收入。它是指企业从事建筑安装、修理修配、交通运输、仓储租赁、金融保险、邮电通信、咨询经纪、文化体育、科学研究、技术服务、教育培训、餐饮住宿、中介代理、卫生保健、社区服务、旅游、娱乐、加工以及其他劳务服务活动取得的收入。

(3) 转让财产收入。它是指企业转让固定资产、生物资产、无形资产、股权、债权等财产取得的收入。

(4) 股息、红利等权益性投资收益。它是指企业因权益性投资从被投资方取得的收入。

(5) 利息收入。它是指企业将资金提供他人使用但不构成权益性投资，或者因他人占用本企业资金取得的收入，包括存款利息、贷款利息、债券利息、欠款利息等收入。

(6) 租金收入。它是指企业提供固定资产、包装物或者其他有形资产的使用权取得的收入。

(7) 特许权使用费收入。它是指企业提供专利权、非专利技术、商标权、著作权以及其他特许权的使用权取得的收入。

(8) 接受捐赠收入。它是指企业接受的来自其他企业、组织或者个人无偿给予的货币性资产、非货币性资产。

(9) 其他收入。它是指企业取得的除上述收入外的其他收入，包括企业资产溢余收入、逾期未退包装物押金收入、确实无法偿付的应付款项、已作坏账损失处理后又收回的应收款项、债务重组收入、补贴收入、违约金收入、汇兑收益等。

（二）收入确定的特殊规定

(1) 减免或返还流转税的税务处理。对企业减免或返还的流转税(含即征即退、先征后退),除国务院、财政部、国家税务总局规定有指定用途的项目不征税外,都应并入企业利润,照章征收企业所得税。

(2) 销售货物给购货方的折扣销售,如果销售额和折扣额在同一张销售发票上注明的,可按折扣后的销售额计算收入;如果将折扣额另开发票,则不得从销售额中减除折扣额。

(3) 企业收取的包装物押金,凡逾期未返还买方的,应确认为收入,依法计征企业所得税。所谓逾期未返还,是指在买卖双方合同或书面约定的收回包装物、返还押金的期限内不返还的押金。为了加强应税收入的管理,企业收取的包装物押金,从收取之日起计算,已超过1年(指12个月)仍未返还的,原则上要确认为期满之日所属年度的收入。

(4) 纳税人在基本建设、专项工程及职工福利等方面使用本企业的商品、产品的,应作为收入处理;纳税人对外进行来料加工装配业务节省的材料,如合同约定应当留归企业所有的,也应视为企业收入处理。

(5) 企业发生非货币性资产交换,以及将货物、财产、劳务用于捐赠、偿债、赞助、集资、广告、样品、职工福利或者利润分配等用途的,应当视同销售货物、转让财产或者提供劳务,但国务院财政、税务主管部门另有规定的除外。

(6) 纳税人下列经营业务的收入可以分期确定,并据以计算应纳税所得额:① 以分期收款方式销售货物的,按照合同约定的收款日期确认收入的实现。② 企业受托加工制造大型机械设备、船舶、飞机,以及从事建筑、安装、装配工程业务或者提供其他劳务等,持续时间超过12个月的,按照纳税年度内完工进度或者完成的工作量确认收入的实现。③ 采取产品分成方式取得收入的,按照企业分得产品的日期确认收入的实现,其收入额按照产品的公允价值确定。

(7) 企业发生的销售退回,只要购货方提供退货的适当证明,可冲销退货当期的销售收入。

(8) 对居民企业自于连续持有上市公司股票短于12个月取得的股息、红利收入应计入应税所得额。

三、不征税收入

《企业所得税法》引入了不征税收入的概念。所谓不征税收入,是指从性质和根源上不属于企业营利性活动带来的经济利益、不负有纳税义务并不作为应纳税所得额组成部分的收入。《企业所得税法》规定的不征税收入包括:

(1) 财政拨款。它是指各级人民政府对纳入预算管理的事业单位、社会团体等组织拨付的财政资金。

(2) 行政事业性收费。它是指依照法律、法规等有关规定,按照国务院规定程序批准,在实施社会公共管理,以及在向公民、法人或者其他组织提供特定公共服务过程中,向特定对象收取并纳入财政管理的费用。

(3) 政府性基金。它是指企业依照法律、行政法规等有关规定,代政府收取的具有专项用途的财政资金。

(4) 其他不征税收入。它是指企业取得的,由国务院财政、税务主管部门规定专项用途并经国务院批准的财政性资金。

四、免税收入

免税收入是指属于企业的应税所得但按照税法规定免予征收企业所得税的收入。《企业所得税法》所规定的免税收入包括国债利息收入;符合条件的居民企业之间的股息、红利等权益性投资收益;在中国境内设立机构、场所的非居民企业从居民企业取得与该机构、场所有实际联系的股息、红利等权益性投资收益;符合条件的非营利公益组织的收入等。

五、准予扣除项目

(一) 税前扣除的确认原则

(1) 权责发生制原则,即纳税人应在费用发生时而不是实际支付时确认扣除。

(2) 配比原则,即纳税人发生的费用应在费用应配比或应分配的当期申报扣除。纳税人某一纳税年度应申报的可扣除费用不得提前或滞后申报扣除。

(3) 相关性原则,即纳税人可扣除的费用从性质和根源上必须与取得应税收入相关。

(4) 确定性原则,即纳税人可扣除的费用不论何时支付,其金额必须是确定的。

(5) 合理性原则,即纳税人可扣除费用的计算和分配方法应符合一般的经营常规和会计惯例。

企业实际发生的与取得收入有关的、合理的支出,包括成本、费用、税金、损失和其他支出,准予在计算应纳税所得额时扣除。合理的支出是指符合生产经营活动常规,应当计入当期损益或者有关资产成本的必要和正常的支出。企业发生的支出应当区分收益性支出和资本性支出。收益性支出在发生当期直接扣除;资本性支出应当分期扣除或者计入有关资产成本,不得在发生当期直接扣除。

(二) 准予扣除项目

1. 成本

成本是指企业在生产经营活动中发生的销售成本、销货成本、业务支出以及其他耗费。

2. 费用

费用是指企业在生产经营活动中发生的销售费用、管理费用和财务费用。

(1) 销售费用。它是指应由纳税人负担的为销售商品而发生的费用,包括广告费、运输费、装卸费、包装费、展览费、保险费、销售佣金(能直接认定的进口佣金调整商品进价成本)、代销手续费、经营性租赁费及销售部门发生的差旅费、工资、福利费等费用。从事商品流通业务的纳税人购入存货抵达仓库前发生的包装费、运杂费、运输存储过程中的保险费、装卸费、运输途中的合理损耗和入库前的挑选整理费用等购货费用可直接计入销售费用。

(2) 管理费用。它是指纳税人的行政管理部门为管理组织经营活动提供各项支持性服务而发生的费用。管理费用包括由纳税人统一负担的总部(公司)经费、研究开发费(技术开发费)、社会保障性缴款、劳动保护费、业务招待费、工会经费、职工教育经费、股东大会或董事会费、开办费摊销、无形资产摊销(含土地使用费、土地损失补偿费)、矿产资源补偿费、坏账损失、印花税等税金、消防费、排污费、绿化费、外事费和法律、财务、资料处理及会计事务方面的成本(咨询费、诉讼费、聘请中介机构费、商标注册费等),以及向总机构(指同一法人的总公司性质的总机构)支付的与本身营利活动有关的合理的管理费等。除经国家税务总局或其授权的税务机关批准外,纳税人不得列支向其关联企业支付的管理费。

(3) 财务费用。它是指纳税人筹集经营性资金而发生的费用,包括利息净支出、汇兑净损失、金融机构手续费以及其他非资本化支出。

3. 损失

损失是指企业在生产经营活动中发生的固定资产和存货的盘亏、毁损、报废损失,转让财产损失,呆账损失,坏账损失,自然灾害等不可抗力因素造成的损失以及其他损失。

企业发生的损失,减除责任人赔偿和保险赔款后的余额,依照国务院财政、税务主管部门的规定扣除。

4. 税金

税金是指企业发生的除企业所得税和允许抵扣的增值税以外的各项税金及其附加。

5. 其他支出

其他支出是指除成本、费用、税金、损失外,企业在生产经营活动中发生的与生产经营活动有关的、合理的支出。

企业取得的各项免税收入所对应的各项成本费用,除另有规定者外,可以在计算企业应纳税所得额时扣除。企业所得税法规定不征税收入支出形成的费用不允许在税前扣除。因此,应特别注意严格区分不征税收入和免税收入。

在确定纳税人的扣除项目时,应注意以下两个问题:① 企业在纳税年度内应计未计扣除项目,包括各类应计未计费用、应提未提折旧等,不得转移以后年度补扣。② 纳税人的财务会计处理与税法规定不一致的,应依照税法规定予以调整,按税法规定允许扣除的金额,准予扣除。

(三) 部分项目的扣除范围和标准

1. 工资薪金

企业发生的合理的工资薪金支出,准予扣除。

允许据实扣除的工资薪金必须是"合理的",对明显不合理的工资薪金,则不予扣除。对合理的判断,主要从雇员实际提供的服务与报酬总额在数量上是否配比合理进行。对一般雇员而言,企业按市场原则所支付的报酬应该认为是合理的,但如在企业内任职的股东及与其有密切关系的亲属通过多发工资变相分配股利的,或者国有及国有控股企业管理层的工资违反国有资产管理部门的规定变相提高的,则被认为不合理的范围。

工资薪金是指企业每一纳税年度支付给在本企业任职或者受雇的员工的所有现金形式或者非现金形式的劳动报酬,包括基本工资、奖金、津贴、补贴、年终加薪、加班工资,以及与员工任职或者受雇有关的其他支出。

企业依照国务院有关主管部门或者省级人民政府规定的范围和标准为职工缴纳的基本养老保险费、基本医疗保险费、失业保险费、工伤保险费、生育保险费等基本社会保险费和住房公积金,准予扣除。

自 2008 年 1 月 1 日起,企业根据国家有关政策规定,为在本企业任职或者受雇的全体员工支付的补充养老保险费、补充医疗保险费,分别在不超过职工工资总额 5%标准内的部分,在计算应纳税所得额时准予扣除;超过的部分,不予扣除。

除企业依照国家有关规定为特殊工种职工支付的人身安全保险费和国务院财政、税务主管部门规定可以扣除的其他商业保险费外,企业为投资者或者职工支付的商业保险费,不得扣除。

第一,企业任职及雇佣员工的确定。

在本企业任职或与其有雇佣关系的员工包括固定职工、合同工、临时工。但下列情况除外:① 应从提取的职工福利费中列支的医务室、职工浴室、理发室、幼儿园、托儿所人员。② 已领取养老保险金、失业救济金的离退休职工、下岗职工、待岗职工。③ 已出售的住房或租金收入计入住房周转金的出租房的管理服务人员。

第二,工资薪金支出范围的确定。

工资薪金支出包括基本工资、奖金、津贴、补贴、年终加薪、加班工资等。但发生的下列支出不作为工资薪金支出:① 雇员向纳税人投资而分配的股息性所得。② 根据国家或省级政府的规定为雇员支付的社会保障性缴款。③ 从已提取职工福利基金中支付的各项福利支出(包括职工生活困难补助、探亲路费等)。④ 各项劳动保护支出。⑤ 雇员调动工作的旅费和安家费。⑥ 雇员离退休、退职待遇的各项支出。⑦ 独生子女补贴。⑧ 纳税人负担的住房公积金。⑨ 国家税务总局认定的其他不属于工资薪金支出的项目。

2. 职工福利经费、工会经费、职工教育经费

企业发生的职工福利费支出,不超过工资薪金总额 14%的部分,准予扣除。

企业拨缴的、不超过工资薪金总额2%的部分，准予扣除。建立工会组织的企业、事业单位、社会团体，按规定提取并向工会拨缴的经费，凭工会组织开具的《工会经费拨缴款专用收据》在税前扣除。凡不能出具《工会经费拨缴款专用收据》的，其提取的职工工会经费不得在企业所得税前扣除。

除国务院财政、税务主管部门另有规定外，企业发生的支出，不超过工资薪金总额2.5%的部分，准予扣除；超过部分，准予在以后纳税年度结转扣除。

3. 借款费用

企业在生产经营活动中发生的合理的不需要资本化的借款费用，准予扣除。

企业在生产经营活动中向金融企业借款的利息支出、金融企业的各项存款利息支出和同业拆借利息支出、企业经批准发行债券的利息支出，准予扣除。

企业向非金融企业借款的利息支出，不超过按照金融企业同期同类贷款利率计算的数额的部分，准予扣除。企业相关联企业借款超过本企业注册资本50%的以上的部分，其发生的利息费用不得在所得税前扣除。

企业为购置、建造固定资产、无形资产和经过12个月以上的建造才能达到预定可销售状态的存货发生借款的，在有关资产购置、建造期间发生的合理的借款费用，应当作为资本性支出计入有关资产的成本，按相关资产的规定进行扣除。

【例8-1】 某机械厂注册资本金7 000万元，发生财务费用350万元，其中：1月1日向银行借款发生利息100万元；在本企业职工中集资500万元，期限为1年，支付利息50万元；向关联企业借款4 000万元，借款期为1年，支付利息费用200万元。同期银行贷款的年利息率为5%。试计算该厂在所得税前准予扣除的财务费用。

解：在所得税前准予扣除的财务费用$=100+500\times1\times5\%+7\,000\times50\%\times5\%$

$=300$(万元)

按照税法规定，该机械厂本年可在所得税前扣除的财务费用为300万元。

计算所得税时，应调增应税所得额50万元。

4. 业务招待费

按照《中华人民共和国企业所得税法实施条例》(以下简称《企业所得税法实施条例》)规定，企业发生的与生产经营活动有关的业务招待费支出，按照发生额的60%扣除，但最高不得超过当年销售(营业)收入的5‰。

作为业务招待费允许扣除的基数是纳税人从事生产经营活动取得的收入(包括主营业务收入和其他业务收入)、销售退回和折扣、折让的收入额。对补贴收入、营业外收入、纳税人从联营企业分回的税后利润或从股份企业分回的股息等，不作为招待费税前扣除限额的计算基数。

【例 8-2】　某远洋运输企业承担远洋运输业务，取得运输收入 8 600 万元、装卸搬运收入 200 万元。取得租金收入 200 万元，接受某单位捐赠物资一批，价值为 40 万元。全年发生业务招待费 40 万元。试计算该企业在所得税前准予扣除的业务招待费。

解：　业务招待费扣除最高限额＝(8 600＋200＋200)×0.5%＝45(万元)

准予扣除的业务招待费＝40×60%＝24(万元)

按照税法规定，该远洋运输企业本年可在所得税前扣除的业务招待费用为 24 万元。假设企业当年发生业务招待费为 80 万元。则：

准予扣除的业务招待费＝80×60%＝48(万元)＞45(万元)

按照税法规定，该远洋运输企业本年可在所得税前扣除的业务招待费用为 45 万元。超过部分不得在所得税前扣除。

5. 公益性捐赠

企业发生的通过有关机构进行的公益性捐赠支出，可以在所得税前扣除。纳税人直接向受赠人的各项捐赠，不允许在企业所得税前扣除。

(1) 企业发生的公益性捐赠支出，不超过年度利润总额 12% 的部分，准予扣除。年度利润总额是指企业依照国家统一会计制度的规定计算的年度会计利润。公益性捐赠是指企业通过公益性社会团体或者县级以上人民政府及其部门，用于《中华人民共和国公益事业捐赠法》规定的公益事业的捐赠。

(2) 企业、事业单位、社会团体等社会力量，通过非营利性的社会团体和国家机关(包括中国红十字会)向红十字事业的捐赠，在计算缴纳企业所得税时准予在应纳税所得额中全额扣除。

(3) 对企事业单位、社会团体等社会力量，通过非营利性的社会团体和政府部门向福利性、非营利性的老年服务机构的捐赠，准予在缴纳企业所得税前的所得额中全额扣除。

(4) 自 2001 年 7 月 1 日起，企事业单位、社会团体等社会力量通过非营利的社会团体和国家机关向农村义务教育的捐赠，准予在缴纳企业所得税前的所得额中全额扣除。

(5) 企事业单位、社会团体等社会力量通过非营利性社会团体和国家机关对公益性青少年活动场所(其中包括新建)的捐赠，在缴纳企业所得税前准予全额扣除。

【例 8-3】　承[例 8-2]，远洋运输企业同期发生运输业务的相关的成本、费用 7 500 万元，其中有对外捐赠 300 万元(50 万元通过教育部门捐赠给农村义务教育，200 万元通过民政部门捐给某受到洪涝灾害的地区，50 万元直接捐给某敬老院)。试计算该企业准予税前扣除的公益性捐赠。

解：　会计利润＝(8 600＋200＋200＋40)－7 500＝1 540(万元)

一般公益性捐赠税前可扣除最高限额＝1 540×12%＝184.8(万元)

按照税法规定,通过教育部门捐赠给农村义务教育的50万元可全额扣除;通过民政部门捐给某受到洪涝灾害地区的200万元,属于一般公益性捐赠,不得超过年度利润总额的12%,故只能扣除184.8万元;直接捐给某敬老院的50万元不能扣除。

准予税前扣除捐助额＝184.8＋50＝234.8(元)

6. 广告费和业务宣传费

企业发生的符合条件的广告费和业务宣传费支出,除国务院财政、税务主管部门另有规定外,不超过当年销售(营业)收入15%的部分,准予扣除;超过部分,准予在以后纳税年度结转扣除。

对粮食类白酒(含薯类白酒)、烟草的广告宣传费一律不得在税前扣除。

【例8-4】 承[例8-2],远洋运输企业同期发生经营费用中含有广告费250万元。试计算该企业准予税前扣除的广告费和业务宣传费。

解:广告费和业务宣传费扣除最高限额＝(8 600＋200＋200)×15%＝1 350(万元)

按照税法规定,该远洋运输企业可扣除的广告费和业务宣传费为250万元。

(四) 不允许扣除项目

(1) 向投资者支付的股息、红利等权益性投资收益款项。

(2) 企业所得税款。

(3) 税收滞纳金。它是指纳税人因违反税法规定,没有按期纳税而被税务机关按拖欠的税款征收的滞纳金。

(4) 罚金、罚款和被没收财物的损失。它是指纳税人的生产、经营因违反国家法律、法规和规章,被有关部门处以的罚款,以及被没收财物的损失。但纳税人逾期归还银行贷款,银行按规定加收的罚息,不属于行政性罚款,允许在税前扣除。

(5) 超过国家允许扣除规定的公益、救济性捐赠以及非公益、救济性的捐赠。

(6) 赞助支出。它是指企业发生的与生产经营活动无关的各种非广告性质支出。

(7) 未经核定的准备金支出。它是指不符合国务院财政、税务主管部门规定的各项资产减值准备、风险准备等准备金支出。

(8) 与取得收入无关的其他支出。

(五) 扣除项目的特殊规定

1. 总机构的管理费

非居民企业在中国境内设立的机构、场所,就其中国境外总机构发生的与该机构、场所生产经营有关的费用,能够提供总机构出具的费用汇集范围、定额、分配依据和方法等证明文件,并合理分摊的,准予扣除。

企业之间支付的管理费、企业内营业机构之间支付的租金和特许权使用费，以及非银行企业内营业机构之间支付的利息，不得扣除。

凡具备法人资格和综合管理职能，并且为下属分支机构和企业提供管理服务又无固定经营收入来源的总机构可以提取管理费。

管理费提取采取比例和定额控制，按照规定，管理费是以成员企业的总收入为依据计算提取并支付给总机构的，提取比例一般不得超过总收入的2%。

2. 财产保险和运输保险费用

纳税人参加财产保险和运输保险，按照规定缴纳的保险费用，准予扣除。

保险公司给予纳税人的无赔款优待，应计入当年应纳税所得额。所谓无赔款优待，是指纳税人向保险公司投保后，在约定的保险期间内未发生意外事件或者保险公司规定的其他事故，因而未发生赔偿，由保险公司给予的奖励。纳税人按国家规定为特殊工种职工支付的法定人身安全保险费，准予在计算应纳税所得额时按实扣除。

3. 固定资产租赁费

纳税人根据生产经营需要租入固定资产而支付的租赁费，按照以下方法扣除：

(1) 纳税人以经营租赁方式从出租方取得固定资产，其符合独立纳税人交易原则的租金可根据受益时间，均匀扣除。

(2) 纳税人以融资租赁方式取得固定资产，其租金支出不得扣除，但按照规定构成融资租入固定资产价值的部分应当提取折旧费用，分期扣除。融资租赁是指在实质上转移与一项资产所有权有关的全部风险和报酬的一种租赁。

符合下列条件之一的租赁为融资租赁：① 在租赁期满时，租赁资产的所有权转让给承租方。② 租赁期为资产使用年限的大部分(占75%或以上)。③ 租赁期内租赁最低付款额大于或基本等于租赁开始日资产的公允价值。

4. 固定资产转让费用

纳税人转让各类固定资产发生的费用，允许扣除。

5. 坏账损失与坏账准备金

纳税人发生的坏账损失，原则上应按实际发生额据实扣除。经报税务机关批准，也可提取坏账准备金。提取坏账准备金的纳税人发生的坏账损失，应冲减坏账准备金；实际发生的坏账损失，超过已提取的坏账准备的部分，可在发生当期直接扣除；已核销的坏账收回时，应相应增加当期的应纳税所得额。

经批准可提取坏账准备金的纳税人，除另有规定者外，坏账准备金提取比例为年末应收账款余额的0.5%。计提坏账准备的年末应收账款是纳税人因销售商品、产品或提供劳务等原因，应向购货客户或接受劳务的客户收取的款项。允许企业计提坏账准备金的具体范围可按《企业会计制度》的规定执行。

6. 汇兑损失

企业在货币交易中，以及纳税年度终了时将人民币以外的货币性资产、负债按照期末即期人民币汇率中间价折算为人民币时产生的汇兑损失，除已经计入有关资产成本以及与向所有者进行利润分配相关的部分外，准予扣除。

7. 会员费

纳税人加入工商业联合会缴纳的会员费，在计算应纳税所得额时准予扣除。工商业联合会节余的会员费可结转下年度使用，但须相应核减缴纳会员费的数额。纳税人按省及省级以上民政、物价、财政部门批准的标准，向依法成立的协会、学会等社团组织缴纳的会费，经主管税务机关审核后允许在所得税前扣除。

8. 佣金

纳税人发生的佣金符合下列条件的，可计入销售费用：

(1) 有合法真实凭证。

(2) 支付的对象必须是独立的有权从事中介服务的纳税人或个人(支付对象不含本企业雇员)。

(3) 支付给个人的佣金，除另有规定者外，不得超过服务金额的5%。

9. 劳动保护支出

企业发生的合理的劳动保护支出，准予扣除。

10. 专项资金

企业依照法律、行政法规有关规定提取的用于环境保护、生态恢复等方面的专项资金，准予扣除。上述专项资金提取后改变用途的，不得扣除。

六、资产的税务处理

企业的各项资产，包括固定资产、生物资产、无形资产、长期待摊费用、投资资产、存货等，以历史成本为计税基础。

企业持有各项资产期间资产增值或者减值，除国务院财政、税务主管部门规定可以确认损益外，不得调整该资产的计税基础。

(一) 固定资产

固定资产是指企业为生产产品、提供劳务、出租或者经营管理而持有的、使用时间超过12个月的非货币性资产，包括房屋、建筑物、机器、机械、运输工具以及其他与生产经营活动有关的设备、器具、工具等。

1. 固定资产的计税基础

(1) 外购的固定资产，以购买价款和支付的相关税费以及直接归属于使该资产达到预定用途发生的其他支出为计税基础。

(2) 自行建造的固定资产，以竣工结算前发生的支出为计税基础。

(3) 融资租入的固定资产，以租赁合同约定的付款总额和承租人在签订租赁合同过程中发生的相关费用为计税基础，租赁合同未约定付款总额的，以该资产的公允价值和承租人在签订租赁合同过程中发生的相关费用为计税基础。

(4) 盘盈的固定资产，以同类固定资产的重置完全价值为计税基础。

(5) 通过捐赠、投资、非货币性资产交换、债务重组等方式取得的固定资产，以该资产的公允价值和支付的相关税费为计税基础。

(6) 企业除已足额提取折旧的固定资产的改建支出和租入固定资产的改建支出外的改建的固定资产以改建过程中发生的改建支出增加计税基础。

2. 固定资产折旧

(1) 固定资产折旧方法。固定资产按照直线法计算的折旧准予扣除。企业按税法规定实行加速折旧的，其按加速折旧方法计算的折旧额可全额在税前扣除。

(2) 固定资产折旧年限。除国务院财政、税务主管部门另有规定外，固定资产计算折旧的最低年限如下：房屋、建筑物，为20年；飞机、火车、轮船、机器、机械和其他生产设备，为10年；与生产经营活动有关的器具、工具、家具等，为5年；飞机、火车、轮船以外的运输工具，为4年；电子设备，为3年。企业固定资产会计折旧年限如果长于税法规定的最低折旧年限，其折旧应按会计折旧年限计算扣除，税法另有规定的除外。

(3) 固定资产折旧的范围。企业应当自固定资产投入使用月份的次月起计算折旧；停止使用的固定资产，应当自停止使用月份的次月起停止计算折旧。

下列固定资产不得计算折旧扣除：① 房屋、建筑物以外未投入使用的固定资产。② 以经营租赁方式租入的固定资产。③ 以融资租赁方式租出的固定资产。④ 已足额提取折旧仍继续使用的固定资产。⑤ 与经营活动无关的固定资产。⑥ 单独估价作为固定资产入账的土地。⑦ 其他不得计算折旧扣除的固定资产。

(4) 固定资产折旧的管理。企业应当根据固定资产的性质和使用情况，合理确定固定资产的预计净残值。

企业的固定资产由于技术进步等原因，确需加速折旧的，经税务机关批准，可以缩短折旧年限或者采取加速折旧的方法。

其一，对生物药品制造业，专用设备制造业，铁路、船舶、航空航天和其他运输设备制造业，计算机、通信和其他电子设备制造业，仪器仪表制造业，信息传输、软件和信息技术服务业等6个行业的企业2014年1月1日后新购进的固定资产，可缩短折旧年限或采取加速折旧的方法。对上述6个行业的小型微利企业2014年1月1日后新购进的研发和生产经营共用的仪器、设备，单位价值不超过100万元的，允许一次性计入当期成本费用在计算应纳税所得额时扣除，不再分年度计算折旧；单位价值超过100万元的，可缩短折旧年限或采取加速折旧的方法。

其二，对所有行业企业2014年1月1日后新购进的专门用于研发的仪器、设备，单位价值不超过 100 万元的，允许一次性计入当期成本费用在计算应纳税所得额时扣除，不再分年度计算折旧；单位价值超过 100 万元的，可缩短折旧年限或采取加速折旧的方法。

其三，对所有行业企业持有的单位价值不超过 5 000 元的固定资产，允许一次性计入当期成本费用在计算应纳税所得额时扣除，不再分年度计算折旧。

企业按规定缩短折旧年限的，最低折旧年限不得低于企业所得税法实施条例规定折旧年限的 60%；采取加速折旧方法的，可采取双倍余额递减法或者年数总和法。

固定资产的原值、预计净残值和折旧方法一经确定，不得随意变更。

(二) 生物资产

生产性生物资产是指企业为生产农产品、提供劳务或者出租等而持有的生物资产，包括经济林、薪炭林、产畜和役畜等。

1. 生产性生物资产的计税基础

(1) 外购的生产性生物资产，以购买价款和支付的相关税费为计税基础。

(2) 通过捐赠、投资、非货币性资产交换、债务重组等方式取得的生产性生物资产，以该资产的公允价值和支付的相关税费为计税基础。

2. 生产性生物资产的折旧方法

生产性生物资产按照直线法计算的折旧，准予扣除。生产性生物资产的最低折旧年限为：林木类生产性生物资产，为 10 年；畜类生产性生物资产，为 3 年。

企业应当自生产性生物资产投入使用月份的次月起计算折旧；停止使用的生产性生物资产，应当自停止使用月份的次月起停止计算折旧。

企业应当根据生产性生物资产的性质和使用情况，合理确定生产性生物资产的预计净残值。生产性生物资产的预计净残值一经确定，不得变更。

(三) 无形资产

无形资产是指企业为生产产品、提供劳务、出租或者经营管理而持有的、没有实物形态的非货币性长期资产，包括专利权、商标权、著作权、土地使用权、非专利技术、商誉等。

1. 无形资产的计税基础

(1) 外购的无形资产，以购买价款和支付的相关税费以及直接归属于使该资产达到预定用途发生的其他支出为计税基础。

(2) 自行开发的无形资产，以开发过程中该资产符合资本化条件后至达到预定用途前发生的支出为计税基础。

(3) 通过捐赠、投资、非货币性资产交换、债务重组等方式取得的无形资产，以该资产的公允价值和支付的相关税费为计税基础。

2. 无形资产的摊销

无形资产按照直线法计算的摊销费用，准予扣除。作为投资或者受让的无形资产，有关法律规定或者合同约定了使用年限的，可以按照规定或者约定的使用年限分期摊销。没有使用年限规定的无形资产的摊销年限不得低于10年。

下列无形资产不得计算摊销费用扣除：① 自行开发的支出已在计算应纳税所得额时扣除的无形资产。② 自创商誉。③ 与经营活动无关的无形资产。④ 其他不得计算摊销费用扣除的无形资产。

外购商誉的支出，在企业整体转让或者清算时，准予扣除。

（四）长期待摊费用

长期待摊费用是指不能全部计入当年损益，应当在以后年度内分期摊销的各项费用，包括开办费、固定资产的改建支出等。

所谓开办费，是指企业在筹建期发生的费用，包括人员工资、办公费、培训费、差旅费、印刷费、注册登记费，以及不计入固定资产和无形资产成本的汇兑损益和利息等支出。企业在筹建期，是指从企业被批准筹建之日起至开始生产、经营（包括试生产、试营业）之日的期间。

纳税人的固定资产修理支出可在发生当期直接扣除。企业发生的固定资产的改建支出应作为长期待摊费用，按照规定摊销的，准予扣除。

（1）已足额提取折旧的固定资产的改建支出，按照固定资产预计尚可使用年限分期摊销。

（2）租入固定资产的改建支出，按照合同约定的剩余租赁期限分期摊销。

（3）固定资产的大修理支出，符合下列条件之一的，应视为固定资产改建支出，按照固定资产尚可使用年限分期摊销。① 发生的修理支出达到固定资产原值50%以上。② 经过修理后有关资产的经济使用寿命延长2年以上。改建的固定资产延长使用年限的，应当适当延长折旧年限。

（4）其他应当作为长期待摊费用的支出，自支出发生月份的次月起，分期摊销，摊销年限不得低于3年。

（五）投资资产

投资资产是指企业对外进行权益性投资和债权性投资形成的资产。企业对外投资期间，投资资产的成本在计算应纳税所得额时不得扣除。

企业在转让或者处置投资资产时，投资资产的成本，准予扣除。投资资产按照以下方法确定成本：

（1）通过支付现金方式取得的投资资产，以购买价款为成本。

（2）通过支付现金以外的方式取得的投资资产，以该资产的公允价值和支付的相关税费为成本。

企业转让上市公司限售股取得的收入，应作为企业应税收入计算纳税。限售股转让收入扣除限售股原值和合理税费后的余额为该限售股转让所得。企业未能提供完整、真实的限售股原值凭证，不能准确计算该限售股原值的，主管税务机关一律按该限售股转让收入的15%，核定为该限售股原值和合理税费。

（六）存货

存货是指企业持有以备出售的产品或者商品、处在生产过程中的在产品、在生产或者提供劳务过程中耗用的材料和物料等。

企业使用或者销售存货，按照规定计算的存货成本，准予在计算应纳税所得额时扣除。

(1) 存货的成本确定。① 通过支付现金方式取得的存货，以购买价款和支付的相关税费为成本。② 通过支付现金以外的方式取得的存货，以该存货的公允价值和支付的相关税费为成本。③ 生产性生物资产收获的农产品，以产出或者采收过程中发生的材料费、人工费和分摊的间接费用等必要支出为成本。

(2) 存货的成本计算方法。企业使用或者销售的存货的成本计算方法，可以在先进先出法、加权平均法、个别计价法中选用一种。计价方法一经选用，不得随意变更。

（七）企业转让资产与重组

企业转让资产，该项资产的净值，准予在计算应纳税所得额时扣除。财产净值是指有关资产、财产的计税基础减除已经按照规定扣除的折旧、折耗、摊销、准备金等后的余额。

企业在重组过程中，应当在交易发生时确认有关资产的转让所得或者损失，相关资产应当按照交易价格重新确定计税基础。

1. 企业接收政府划入资产的企业所得税处理

(1) 县级以上人民政府（包括政府有关部门）将国有资产明确以股权投资方式投入企业，企业应作为国家资本金（包括资本公积）处理。该项资产如为非货币性资产，应按政府确定的接收价值确定计税基础。

(2) 县级以上人民政府将国有资产无偿划入企业，凡指定专门用途并按规定进行管理的，企业可作为不征税收入进行企业所得税处理。其中，该项资产属于非货币性资产的，应按政府确定的接收价值计算不征税收入。

县级以上人民政府将国有资产无偿划入企业，属于上述第(1)、第(2)项以外情形的，应按政府确定的接收价值计入当期收入总额计算缴纳企业所得税。政府没有确定接收价值的，按资产的公允价值计算确定应税收入。

2. 企业接收股东划入资产的企业所得税处理

(1) 企业接收股东划入资产（包括股东赠与资产、上市公司在股权分置改革过程中接收原非流通股股东和新非流通股股东赠与的资产、股东放弃本企业的股权，下同），凡合同、协议约定作为资本金（包括资本公积）且在会计上已作实际处理的，不计入企业的收入总额，企业应按公允价值确定该项资产的计税基础。

(2) 企业接收股东划入资产，凡作为收入处理的，应按公允价值计入收入总额，计算缴纳企业所得税，同时按公允价值确定该项资产的计税基础。

七、亏损的弥补

《企业所得税法》规定，纳税人发生年度亏损的，可以用下一纳税年度的所得弥补；下一纳税年度的所得不足弥补的，可以逐年延续弥补，但是延续弥补期最长不得超过5年。5年内不论是盈利或亏损，都作为实际弥补期限计算。

这里所说的亏损，不是企业财务报表中反映的亏损额，是指企业依照企业所得税法的规定将每一纳税年度的收入总额减除不征税收入、免税收入和各项扣除后小于零的数额。企业申报弥补的亏损须经主管税务机关按税法规定核实并批准才能弥补，未经税务机关核实批准，不得在所得税前扣除。

(1) 联营企业的亏损，由联营企业就地依法进行弥补。

(2) 投资方从联营企业分回的税后利润按规定应补缴所得税的企业，如果投资方企业发生亏损，其分回的利润可先用于弥补亏损，弥补亏损后仍有余额的，再按规定补缴企业所得税。

(3) 企业境外业务之间的盈亏可以互相弥补，但企业境内外之间的盈亏不得相互弥补。企业境外业务之间的盈亏可以互相弥补是指同一个国家内的盈亏，不同国家的盈亏不能相互弥补。

(4) 汇总、合并纳税成员企业(单位)的亏损弥补。

经国家税务总局批准实行由行业和集团公司汇总、合并缴纳企业所得税的成员企业(单位)当年发生的亏损，在汇总、合并纳税时已冲抵了其他成员企业(单位)的所得额或并入了母公司的亏损额，发生亏损的成员企业(单位)不得用本企业(单位)以后年度实现的所得弥补。成员企业(单位)在汇总、合并纳税年度以前发生的亏损，可仍按税收法规的规定，用本企业(单位)以后年度的所得予以弥补，不得并入母(总)公司的亏损额，也不得冲抵其他成员企业(单位)的所得额。

八、特别纳税调整

特别纳税调整是指税务机关出于实施反避税目的而对纳税人特定纳税事项所做的税务调整，包括针对纳税人转让定价、资本弱化、避税港避税及其他避税情况所进行的税务调整。

(一) 关联企业应纳税所得额的确定

企业与其关联方共同开发、受让无形资产，或者共同提供、接受劳务发生的成本，在计算应纳税所得额时应当按照独立交易原则进行分摊。

关联方是指与企业有下列关联关系之一的企业、其他组织或者个人：① 在资金、经营、购销等方面存在直接或者间接的控制关系。② 直接或者间接地同为第三者控制。

③ 在利益上具有相关联的其他关系。

所谓独立企业之间的业务往来，是指没有关联关系的企业之间，按照公平成交价格和营业常规所进行的业务往来。所谓独立交易原则，是指没有关联关系的交易各方，按照公平成交价格和营业常规进行业务往来遵循的原则。

企业与其关联方分摊成本时，应当按照成本与预期收益相配比的原则进行分摊，并在税务机关规定的期限内，按照税务机关的要求报送有关资料。企业与其关联方分摊成本时违反规定的，其自行分摊的成本不得在计算应纳税所得额时扣除。

企业与其关联方之间的业务往来，不符合独立交易原则而减少企业或者其关联方应纳税收入或者所得额的，税务机关有权按照合理方法调整。具体方法有：

(1) 可比非受控价格法。是指按照没有关联关系的交易各方进行相同或者类似业务往来的价格进行定价的方法。

(2) 再销售价格法。是指按照从关联方购进商品再销售给没有关联关系的交易方的价格，减除相同或者类似业务的销售毛利进行定价的方法。

(3) 成本加成法。是指按照成本加合理的费用和利润进行定价的方法。

(4) 交易净利润法。是指按照没有关联关系的交易各方进行相同或者类似业务往来取得的净利润水平确定利润的方法。

(5) 利润分割法。是指将企业与其关联方的合并利润或者亏损在各方之间采用合理标准进行分配的方法。

(6) 其他符合独立交易原则的方法。

企业可以向税务机关提出与其关联方之间业务往来的定价原则和计算方法，税务机关与企业协商、确认后，达成预约定价安排。预约定价安排是指企业就其未来年度关联交易的定价原则和计算方法，向税务机关提出申请，与税务机关按照独立交易原则协商、确认后达成的协议。

企业应当在税务机关规定的期限内提供与关联业务往来有关的价格、费用的制定标准、计算方法和说明等资料。关联方以及与关联业务调查有关的其他企业应当在税务机关与其约定的期限内提供相关资料。

企业不提供与其关联方之间业务往来资料，或者提供虚假、不完整资料，未能真实反映其关联业务往来情况的，税务机关有权依法核定其应纳税所得额。调整方法主要有：① 参照同类或者类似企业的利润率水平核定。② 按照企业成本加合理的费用和利润的方法核定。③ 按照关联企业集团整体利润的合理比例核定。

(二) 资本弱化

资本弱化是指企业通过加大借贷款(债权性筹资)而减少股份资本(权益性筹资)比例的方式增加税前扣除，以降低企业税负的一种行为。借贷款支付的利息，作为财务费用一般可以税前扣除，而为股份资本支付的股息一般不得税前扣除，因此，有些企业为了加大税前扣除而减少应纳税所得额，在筹资时多采用借贷款而不是募集股份的方式，以此来达到避税的目的。目前，一些国家在税法中制定了防范资本弱化条款，对企业取得的借贷款和股份资本的比例作出规定，对超过一定比例的借贷款利息支出不允许税前扣除。

借鉴国际经验，《企业所得税法》规定，企业从其关联方接受的债权性投资与权益性投资的比例超过标准而发生的利息支出，不得在税前扣除。

债权性投资是指企业直接或者间接从关联方获得的，需要偿还本金和支付利息或者需要以其他具有支付利息性质的方式予以补偿的融资。企业间接从关联方获得的债权性投资，包括：① 关联方通过无关联第三方提供的债权性投资。② 无关联第三方提供的、由关联方担保且负有连带责任的债权性投资。③ 其他间接从关联方获得的具有负债实质的债权性投资。

权益性投资是指企业接受的不需要偿还本金和支付利息，投资人对企业净资产拥有所有权的投资。

(三) 避税港避税及其他避税情况

由居民企业，或者由居民企业和中国居民控制的设立在实际税负明显低于我国税法规定税率水平的国家(地区)的企业，并非由于合理的经营需要而对利润不作分配或者减少分配的，其利润中应归属于该居民企业的部分，应当计入该居民企业的当期收入。

所谓控制，是指居民企业或者中国居民直接或者间接单一持有外国企业10%以上有表决权股份，且由其共同持有该外国企业50%以上股份；或者居民企业，或者居民企业和中国居民持股比例没有达到规定的控制标准，但在股份、资金、经营、购销等方面对该外国企业构成实质控制。

实际税负明显低于企业所得税法规定税率水平是指低于企业所得税法规定税率的50%。

企业实施其他不具有合理商业目的，即以减少、免除或者推迟缴纳税款为主要目的的安排而减少其应纳税收入或者所得额的，税务机关有权按照合理方法调整。

第四节 企业所得税的减免

税收优惠是指国家运用税收政策在税法中规定对某一部分特定纳税人和课税对象给

予减轻或免除税收负担的一种措施。《企业所得税法》对税收优惠作出了较大调整。税收优惠政策调整的主要原则是：促进技术创新和科技进步，鼓励基础设施建设，鼓励农业发展及环境保护与节能，支持安全生产，统筹区域发展，促进公益事业和照顾弱势群体等，有效地发挥税收优惠政策的导向作用，进一步促进国民经济全面、协调、可持续发展和社会全面进步，有利于构建和谐社会。

《企业所得税法》规定的税收优惠方式包括免税、减税、加计扣除、加速折旧、减计收入、税额抵免等。

一、免税收入

免税收入是指属于企业的应税所得但按照税法规定免予征收企业所得税的收入。企业的下列收入为免税收入：

(1) 国债利息收入。

(2) 符合条件的居民企业之间的股息、红利等权益性投资收益，即居民企业直接投资于所有非上市企业，以及连续持有上市公司股票12个月以上取得的投资收益。

(3) 在中国境内设立机构、场所的非居民企业从居民企业取得与该机构、场所有实际联系的股息、红利等权益性投资收益。

(4) 符合条件的非营利组织的收入。但不包括非营利组织从事营利性活动取得的收入。

二、可以免征、减征的所得

(1) 从事农、林、牧、渔业项目的所得。《企业所得税实施条例》规定，企业从事下列项目的所得免征企业所得税：① 蔬菜、谷物、薯类、油料、豆类、棉花、麻类、糖料、水果、坚果的种植。② 农作物新品种的选育。③ 中药材的种植。④ 林木的培育和种植。⑤ 牲畜、家禽的饲养。⑥ 林产品的采集。⑦ 灌溉、农产品初加工、兽医、农技推广、农机作业和维修等农、林、牧、渔服务业项目。⑧ 远洋捕捞。

企业从事下列项目的所得，减半征收企业所得税：① 花卉、茶以及其他饮料作物和香料作物的种植。② 海水养殖、内陆养殖。

(2) 从事国家重点扶持的公共基础设施项目投资经营的所得。《企业所得税实施条例》规定，企业从事港口码头、机场、铁路、公路、城市公共交通、电力、水利等项目投资经营所得，自项目取得第一笔生产经营收入所属纳税年度起，给予"三免三减半"的优惠。取得第一笔生产经营收入的年度为减免税起始年度。

(3) 从事符合条件的环境保护、节能节水项目的所得。《企业所得税实施条例》规定，企业从事公共污水处理、公共垃圾处理、沼气综合开发利用、节能减排技术改造、海水淡化等项目的所得，自项目取得第一笔生产经营收入所属纳税年度起，给予"三免三减半"的优惠。

(4) 符合条件的技术转让所得。《企业所得税实施条例》规定，一个纳税年度内，居民企业技术转让所得不超过500万元的部分，免征企业所得税；超过500万元的部分，减半征收企业所得税。

(5) 国务院发布《关于经济特区和上海浦东新区新设立高新技术企业实行过渡性税收优惠的通知》，规定对深圳、珠海、汕头、厦门、海南经济特区和上海浦东新区内，在2008年1月1日(含)之后完成登记注册的国家需要重点扶持的高新技术企业，在经济特区和上海浦东新区内取得的所得，自取得第一笔生产经营收入所属纳税年度起，第一年至第二年免征企业所得税，第三年至第五年按照25%的法定税率减半征收企业所得税。

(6) 非居民企业在中国境内未设立机构、场所的，或者虽然设立机构、场所但取得的所得与其所设立的机构、场所没有实际联系的，来源于中国境内的所得，减半征收预提所得税。

非居民企业下列所得可以免征企业所得税：① 外国政府向中国政府提供贷款取得的利息所得。② 国际金融组织向中国政府和居民企业提供优惠贷款取得的利息所得。③ 经国务院批准的其他所得。

三、加计扣除

《企业所得税实施条例》规定，企业的下列支出，可以在计算应纳税所得额时加计扣除。

1. 开发新技术、新产品、新工艺发生的研究开发费用

研究开发费用的加计扣除，是指企业为开发新技术、新产品、新工艺发生的研究开发费用，未形成无形资产计入当期损益的，在按照规定据实扣除的基础上，按照研究开发费用的50%加计扣除；形成无形资产的，按照无形资产成本的150%摊销。

企业从事研发活动发生的下列费用支出，可纳入税前加计扣除的研究开发费用范围：

(1) 企业依照国务院有关主管部门或者省级人民政府规定的范围和标准为在职直接从事研发活动人员缴纳的基本养老保险费、基本医疗保险费、失业保险费、工伤保险费、生育保险费和住房公积金。

(2) 专门用于研发活动的仪器、设备的运行维护、调整、检验、维修等费用。

(3) 不构成固定资产的样品、样机及一般测试手段购置费。

(4) 新药研制的临床试验费。

(5) 研发成果的鉴定费用。

【例8-5】 某公司自主开发一项新技术，其研发阶段的研究开发项目人员工资、材料费等费用支出为100万元，未形成无形资产，计入当期损益。试计算应调减的应税所得额。

解：在财务核算利润时，100万元研发支出全额在管理费中列支。在计算企业所得税时，按实际发生研发费的50%加计扣除，即：

调减应税所得额＝100×50%＝50(万元)

【例8-6】 某公司自主开发一项新技术，开发阶段的研究开发项目人员工资、材料费等费用支出为100万元，满足资本化条件，即形成了无形资产。假定无形资产使用年限为10年，采用直线法摊销，不考虑残值。试计算该公司应调减的应税所得额。

解：在财务核算利润时，100万元开发支出计入无形资产成本。按无形资产的年限摊销。假定无形资产使用年限10年。则本期应摊销无形资产为：

应摊销额＝100÷10＝10(万元)

在计算企业所得税时，无形资产按其成本的150%进行摊销，本期应摊销无形资产为：

应摊销额＝100×150%÷10＝15(万元)

调减应税所得额＝15－10＝5(万元)

根据规定，企业享受研究开发费用税前加计扣除政策一般包括项目确认、项目登记和加计扣除三个环节。

项目确认是指享受研究开发费用税前加计扣除政策的项目，需经当地政府科技部门或经信委进行审核，并取得《企业研究开发项目确认书》。项目确认实行常年受理、集中确认的原则，企业申报项目确认的截止时间为每年的12月31日，超过期限的原则上不再受理。

项目登记是指企业取得《企业研究开发项目确认书》后，经主管税务机关审核，主管税务机关对项目进行登记并出具《企业研究开发项目登记信息告知书》。

根据《企业研究开发费用税前扣除管理办法(试行)》，企业从事规定的研发项目的下列费用支出，可允许在计算应纳税所得额时按照规定实行加计扣除：① 新产品设计费、新工艺规程制定费以及与研发活动直接相关的技术图书资料费、资料翻译费。② 从事研发活动直接消耗的材料、燃料和动力费用。③ 在职直接从事研发活动人员的工资、薪金、奖金、津贴、补贴。④ 专门用于研发活动的仪器、设备的折旧费或租赁费。⑤ 专门用于研发活动的软件、专利权、非专利技术等无形资产的摊销费用。⑥ 专门用于中间试验和产品试制的模具、工艺装备开发及制造费。⑦ 勘探开发技术的现场试验费。⑧ 研发成果的论证、评审、验收费用。据此，上述规定之外的任何费用都不得享受加计扣除，故研发人员的差旅费也不得加计扣除。

企业未设立专门的研发机构或企业研发机构同时承担生产经营任务的，应对研发费用和生产经营费用分开进行核算，准确、合理的计算各项研究开发费用支出，对划分不清的，不得实行加计扣除。

【例 8-7】 A 废旧物资利用有限公司是一个利用三废产品进行生产的大型生产型企业，2009 年企业经过对市场的研究决定对热能回收利用及尾气净化系统和设备进行开发研究，如果成功，将作为企业今后的生产方向。2014 年企业在进行企业所得税汇算清缴时，将研究经费 190 万元在税前进行了扣除，并加计扣除了 95 万元。但税务机关却要求该企业调整应纳税所得额 95 万元，并补交企业所得税。

解：根据《国家重点支持的高新技术领域》和国家发展改革委员会等部门公布的《当前优先发展的高技术产业化重点领域指南(2007 年度)》的规定，该项研究属于《当前优先发展的高技术产业化重点领域指南》(2007 年度)规定范围，但该企业在从事研究开发时，没有到当地政府科技部门或经信委进行审核，因此，没有取得《企业研究开发项目确认书》。政策规定，企业需拿到确认书后，报主管税务机关审核，主管税务机关对项目进行登记并出具《企业研究开发项目登记信息告知书》。这时，企业才具备加计扣除研发经费的资格。

2. 安置残疾人员及国家鼓励安置的其他就业人员所支付的工资

企业安置残疾人员所支付的工资的加计扣除，是指企业安置残疾人员的，在按照支付给残疾职工工资据实扣除的基础上，按照支付给残疾职工工资的 100%加计扣除。企业安置国家鼓励安置的其他就业人员所支付的工资的加计扣除办法，由国务院另行规定。

【例 8-8】 某公司雇佣员工中有残疾人员 10 人，人均实发工资每月为 1 500 元，已在相关成本费用中列支。试计算其应调减应税所得额。

解：在计算企业所得税时，按实发工资的 100%加计扣除，即：

调减应税所得额＝1 500×10×12×100%＝180 000(元)

四、抵扣应纳税所得额

创业投资企业从事国家需要重点扶持和鼓励的创业投资，可以按投资额的一定比例抵扣应纳税所得额。创业投资企业采取股权投资方式投资于未上市的中小高新技术企业 2 年以上的，可以按照其投资额的 70%在股权持有满 2 年的当年抵扣该创业投资企业的应纳税所得额；当年不足抵扣的，可以在以后纳税年度结转抵扣。

自 2015 年 1 月 1 日至 2017 年 12 月 31 日，对年应纳税所得额低于 20 万元(含 20 万元)的小型微利企业，其所得减按 50%计入应纳税所得额。

五、减计收入

减计收入是指按照税法规定准予对经营活动取得的应税收入，按一定比例减少计算，进而减少应纳税所得额的一种税收优惠措施。现行税法规定，企业综合利用资源，生产符合国家产业政策规定的产品所取得的收入，可以在计算应纳税所得额时减计收入。即企业以《资源综合利用企业所得税优惠目录》规定的资源作为主要原材料，生产国家非限制和禁止并符合国家和行业相关标准的产品取得的收入，减按 90%计入收入总额。

六、加速折旧

企业的固定资产由于技术进步，产品更新换代较快的固定资产或常年处于强震动、高腐蚀状态等原因，确需加速折旧的，可以缩短折旧年限或者采取加速折旧的方法。采取缩短折旧年限方法的，最低折旧年限不得低于规定折旧年限的 60%；采取加速折旧方法的，可以采取双倍余额递减法或者年数总和法。

七、税额抵免

企业购置用于环境保护、节能节水、安全生产等专用设备的投资额，可以按一定比例实行税额抵免。企业购置并实际使用《环境保护专用设备企业所得税优惠目录》《节能节水专用设备企业所得税优惠目录》和《安全生产专用设备企业所得税优惠目录》规定的环境保护、节能节水、安全生产等专用设备的，该专用设备的投资额的 10%可以从企业当年的应纳税额中抵免；当年不足抵免的，可以在以后 5 个纳税年度结转抵免。但企业购置上述专用设备在 5 年内转让、出租的，应当停止享受企业所得税优惠，并补缴已经抵免的企业所得税税款。

八、民族自治地方的自治机关对本民族自治地方的企业应缴纳的企业所得税中属于地方分享的部分，可以决定减征或者免征

自治州、自治县决定减征或者免征的，须报省、自治区、直辖市人民政府批准。

根据《关于企业所得税税收优惠管理问题的补充通知》（国税函〔2009〕255 号）规定，列入企业所得税优惠管理的各类企业所得税优惠包括免税收入、定期减免税、优惠税率、加计扣除、抵扣应纳税所得额、加速折旧、减计收入、税额抵免和其他专项优惠政策。除国务院明确的企业所得税过渡类优惠政策、执行新税法后继续保留执行的原企业所得税优惠政策、新《企业所得税法》第二十九条规定的民族自治地方企业减免税优惠政策，以及国务院另行规定实行审批管理的企业所得税优惠政策外，其他各类企业所得税优惠政策，均实行备案管理。并且只能在发生当年享受，年度汇算清缴期过后，不能在以后年度享受补充上述税收优惠。

【例 8－9】 A 废旧物资利用有限公司，如果在 2016 年进行热能回收利用及尾气净化系统和设备进行开发研究时，到当地政府科技部门或经信委进行审核，符合条件，并取得《企业研究开发项目确认书》和税务部门的《企业研究开发项目登记信息告知书》后，是否能在 2017 年企业所得税汇算清缴时加计扣除 95 万元？

解：研发费加计扣除是实行备案管理的一项优惠政策，如果 A 公司在 2017 年企业所得税汇算清缴期内到主管税务部门进行了备案，那么其研发经费加计扣除的 95 万元就可以扣除。如果过了企业所得税汇算清缴期还没有备案，那么其研发经费加计扣除的 95 万

元就不可以扣除。因为该项优惠政策实行备案管理，并且只能在发生当年享受，过了企业所得税汇算清缴期就不可以享受政策了。

九、西部地区税收优惠

自 2011 年 1 月 1 日至 2020 年 12 月 31 日，对设在西部地区以《西部地区鼓励类产业目录》中规定的产业项目为主营业务，且其当年度主营业务收入占企业收入总额 70%以上的企业，经企业申请，主管税务机关审核确认后，可减按 15%的税率缴纳企业所得税。

根据《财政部　国家税务总局关于执行企业所得税优惠政策若干问题的通知》(财税〔2009〕69 号)的规定，企业既符合西部大开发 15%优惠税率条件，又符合《企业所得税法》及其实施条例和国务院规定的各项税收优惠条件的，可以同时享受。

第五节　应纳企业所得税额的计算

一、应纳税额的计算

应纳税额是企业依照税法规定应向国家缴纳的税款。企业所得税实行按年计征、分期预缴、年终汇算清缴、多退少补。根据纳税人的财务制度健全状况，分别采取核算征收和核定征收两种办法。

(一) 核算征收应纳税额的计算

应纳税额的计算公式为：

应纳税所得额＝收入总额－不征税收入－免税收入－准予扣除项目金额－弥补的以前年度亏损

应税所得额＝利润总额±税收调整项目金额

企业根据企业所得税法规定分月或者分季预缴企业所得税时，应当按照月度或者季度的实际利润额预缴；按照月度或者季度的实际利润额预缴有困难的，可以按照上一纳税年度应纳税所得额的月度或者季度平均额预缴，或者按照经税务机关认可的其他方法预缴。预缴方法一经确定，该纳税年度内不得随意变更。

所谓“实际利润额”，是指按会计制度核算的利润总额减除以前年度待弥补亏损以及不征税收入、免税收入后的余额。

月(季)度预缴税额＝月度或季度实际利润额×税率

或

$$\text{月(季)度预缴税额}=\frac{\text{上年应税所得额}}{12(\text{或}4)}\times\text{税率}$$

$$\text{年终汇算清缴应缴(退)所得税额}=\text{全年应纳所得税}-\text{已预缴税额}-\text{减免税额}-\text{抵免税额}$$

公式中的减免税额和抵免税额，是指依照企业所得税法和国务院的税收优惠规定减征、免征和抵免的应纳税额。

【例 8-10】 某工业企业资产总额为 2 000 万元，从业员工为 90 人。2018 年，该企业实现应税所得额 36 万元。2019 年，该企业经税务机关同意，每月按 2018 年实现应税所得额的 1/12 预缴企业所得税。2019 年全年共实现应税所得额 28 万元。试计算该企业在年终汇算清缴时应补(退)的企业所得税。

解：2019 年 1～12 月每月应预缴的企业所得税税额＝36÷12×25％＝0.75(万元)

2019 年全年实际应缴纳企业所得税税额＝28×20％＝5.6(万元)

年终汇算清缴时应补缴企业所得税税额＝5.6－0.75×12 ＝ －0.34(万元)

该企业在年终汇算清缴时应退企业所得税 0.34 万元。

【例 8-11】 甲制药公司为增值税一般纳税人，资产总额为 5 000 万元，生产职工年均为 1 000 人。该公司 2019 年相关生产、经营资料如下：

(1) 全年实现不含税销售额 9 000 万元，取得送货的运输费收入 45.2 万元。

(2) 可扣除的产品销售成本为 5 000 万元。

(3) 发生销售费用 2 000 万元，其中：广告宣传费 1 500 万元；发生财务费用 300 万元，其中：1 月 1 日向某企业签订借款合同，借款 2 000 万元，借期为 1 年，支付利息费用 250 万元，同期银行贷款的年利息率为 5％；发生管理费用 900 万元，其中：业务招待费 50 万元，新产品开发费用 80 万元(未形成无形资产)。

(4) 8 月发生洪涝灾害，经税务机关核定库存原材料损失为 50 万元，10 月取得保险公司赔款 10 万元。

(5) 教师节时通过教育部门向农村义务教育捐款 10 万元，重阳节时直接向某老年服务机构捐款 5 万元。

根据所给资料，试计算甲制药公司 2019 年应缴纳的企业所得税(提示：企业所得税税率为 25％)。

方法一：

(1) 应税收入总额＝9 000＋45.2÷(1＋13％)＝9 040(万元)

(2) 税前准许扣除及调增的项目金额：

① 应扣除的成本＝5 000(万元)

② 应扣除的销售费用＝2 000－(1 500－9 040×15%)＝1 856(万元)

③ 应扣除的财务费用＝300－(250－2 000×5%)＝150(万元)

④ 业务招待费扣除最高限额＝9 040×5‰＝45.2(万元)

业务招待费发生额的60%＝50×60%＝30(万元)

可扣业务招待费为30万元。

应扣除的管理费用＝900－50＋30＝880(万元)

⑤ 计算应纳税所得额时应加扣的新产品开发费用＝80×50%＝40(万元)

⑥ 应扣除的材料损失＝50－10＝40(万元)

⑦ 应扣除的教育捐赠款＝10(万元)

(3) 应纳税所得额＝9 040－5 000－1 856－150－880－40－40－10＝1 064(万元)

(4) 应缴纳企业所得税＝1 064×25%＝266(万元)

方法二：

(1) 会计利润＝9 000＋45.2÷(1＋13%)－5 000－2 000－300－900
－50＋10－10－5＝785(万元)

(2) 税收调整项目及金额：

① 销售费用项目应调增应税所得额＝1 500－9 040×15%＝144(万元)

② 财务费用项目应调增应税所得额＝250－2 000×5%＝150(万元)

③ 业务招待费扣除最高限额＝9 040×5‰＝45.2(万元)

业务招待费发生额的60%＝50×60%＝30(万元)

可扣业务招待费为30万元。

管理费用项目应调增应税所得额＝50－30＝20(万元)

④ 计算应纳税所得额时应加扣的新产品开发费用＝80×50%＝40(万元)

⑤ 直接捐赠项目应调增应税所得额＝5(万元)

(3) 应税所得额＝785＋144＋150＋20－40＋5＝1 064(万元)

(4) 应缴纳企业所得税＝1 064×25%＝266(万元)

(二) 核定征收办法的计算方法

依照税法规定，对于纳税人具有下列情形之一的，可实行核定征收：① 依法可以不设账簿的。② 不能准确核算收入的。③ 不能准确核算成本费用的。④ 不能向税务机关提供准确的纳税资料的。⑤ 不能按规定保管账簿的。⑥ 不能按期向税务机关办理纳税申报的。其计算公式为：

应纳所得税额＝应纳税所得额×适用税率

应纳税所得额＝收入总额×应税所得率

或：　　应纳税所得额＝成本费用支出额÷（1－应税所得率）×应税所得率

采用核定征收办法的企业，其所得税的应税所得率见表 8－1。

表 8－1　　应税所得率表

行　业	应税所得率	行　业	应税所得率
农、林、牧、渔业	3%～10%	建筑业	8%～20%
制造业	5%～15%	饮食业	8%～25%
批发和零售贸易业	4%～15%	娱乐业	15%～30%
交通运输业	7%～15%	其他行业	10%～30%

注：① 房地产开发企业按照《国家税务总局关于房地产开发业务征收企业所得税问题的通知》（以下简称《通知》）（国税发〔2006〕31 号）的有关规定执行。

② 各省、自治区、直辖市和计划单列市国家税务局、地方税务局应结合本地实际情况，在上述《通知》规定的应税所得率范围内联合确定本地区的具体应税所得率，并报国家税务总局备案。

【例 8－12】　某小型企业于 2019 年 1 月 20 日向其主管税务机关申报 2018 年度取得收入总额 150 万元，发生的直接成本 120 万元、其他费用 40 万元。经税务机关检查，其成本、费用无误，但收入总额不能准确核算。假定应税所得率为 20%，按照核定征收企业所得税办法，试计算该小型企业 2018 年度应缴纳的所得税额。

解：　　应纳税所得额＝（120＋40）÷（1－20%）×20%＝40（万元）

年所得额超过 30 万元，税率为 25%。

应缴纳的所得税额＝40×25%＝10（万元）

二、境外所得已纳税额的扣除

企业所得税的税额扣除，是指国家对企业来自境外所得依法征收所得税时，允许企业将其已在境外缴纳的所得税税额从其应向本国缴纳的所得税税额中扣除。税额扣除，是避免国家间对同一所得重复征税的一项重要措施，它能保证对同一笔所得只征一次税；能比较彻底地消除国家间重复征税，平衡境外投资所得与境内投资所得的税负，有利于国际投资；有利于维护各国的税收管辖权和经济利益。

居民企业取得的来源于中国境外的应税所得和非居民企业在中国境内设立机构、场所，取得发生在中国境外但与该机构、场所有实际联系的应税所得已在境外缴纳的所得税税额，可以从其当期应纳税额中抵免。

已在境外缴纳的所得税税额，是指企业来源于中国境外的所得依照中国境外税收法律以及相关规定应当缴纳并已经实际缴纳的企业所得税性质的税款。

纳税人来源于境外的所得实际缴纳的所得税税款，如果不超过抵免限额，就可以从应纳税额中全部抵免；如果超过了抵免限额，其超过部分不得在本年度应纳税额中抵免，也不得作为费用列支，但可以在以后5个年度内，用每年度抵免限额抵免当年应抵税额后的余额进行抵补。

居民企业从其直接或者间接控制（是指居民企业直接或间接持有外国企业20%以上股份）的外国企业分得的来源于中国境外的股息、红利等权益性投资收益，外国企业在境外实际缴纳的所得税税额中属于该项所得负担的部分，可以作为该居民企业的可抵免境外所得税税额，在规定的抵免限额内抵免。

抵免限额是指企业来源于中国境外的所得，依照企业所得税法及其实施条例的规定计算的应纳税额。除国务院财政、税务主管部门另有规定外，该抵免限额应当分国（地区）不分项计算，其计算公式为：

$$\begin{array}{c}\text{来源于某国或}\\\text{地区的所得}\\\text{的抵免限额}\end{array}=\begin{array}{c}\text{境内外全部所得}\\\text{按居住国税法}\\\text{计算的应纳税额}\end{array}\times\frac{\text{来源于某外国的所得额}}{\text{境内、外所得总额}}$$

需要明确的是，可抵免的税款，必须是纳税人就来源于境外的所得在境外实际缴纳的所得税税款。不包括减免税或纳税后又得到补偿以及由他人代替承担的税款。抵免企业所得税税额时，应当提供中国境外税务机关出具的税款所属年度的有关纳税凭证。但中外双方已签订避免双重征税协定的，按协定的规定执行。

【例8-13】 我国居民企业2019年取得境内所得700万元，境外所得600万元，其中来源于甲国分支机构的生产、经营所得200万元，甲国规定所得税税率30%，特许权使用费所得50万元，甲国规定预提所得税税率15%；来源于乙国的分支机构的生产、经营所得300万元，乙国规定所得税税率20%，专利使用费所得50万元，乙国规定预提所得税税率10%。该企业适用的企业所得税税率为25%。试计算该企业2019年度应纳企业所得税额。

解：(1) 境外所得在境外实际缴纳所得税。

甲国分支机构在甲国缴纳税额＝200×30%＋50×15%＝67.5(万元)

乙国分支机构在乙国缴纳税额＝300×20%＋50×10%＝65(万元)

(2) 企业境内外全部所得应纳所得税额。

企业境内外全部所得应纳所得税额＝(700＋600)×25%＝325(万元)

(3) 境外所得已纳所得税款的抵免限额。

来源于甲国的所得的抵免限额＝325×250÷1 300＝62.5(万元)

在甲国实际纳税67.5万元,大于抵免限额。因此,在甲国所缴纳的所得税可以抵免的税额为62.5万元。余下5万元(67.5－62.5)不能抵免。

来源于乙国的所得的抵免限额＝325×350÷1 300＝87.5(万元)

在乙国实际纳税65万元,小于抵免限额。因此,在乙国所缴纳的所得税额全部可以抵免,即可抵免税额为65万元。

(4) 该企业实际应纳企业所得税额。

企业实际应纳企业所得税额＝325－(62.5＋65)＝197.5(万元)

三、有来源于国内其他企业所得的纳税人的应纳税额的计算

《企业所得税法》规定,符合条件的权益性投资收益免税,即居民企业直接投资于其他居民企业,以及连续持有上市公司股票12个月以上取得的股息、红利收入,免征企业所得税。但是持有上市公司股票短于12个月取得的股息、红利收入应计入应税所得额。

居民企业(投资方)持有上市公司(被投资方)股票短于12个月,而从该上市公司分得的股息、红利收入,如居民企业(投资方)所得税税率低于或等于上市公司(被投资方)的,不再征税也不退税;如果居民企业(投资方)所得税税率高于上市公司(被投资方)的,分得股息、红利应按两企业之间的税率差补缴所得税。补缴所得税的计算公式为:

$$\text{来源于被投资企业的应税所得额}=\frac{\text{居民企业(投资方)分得的股利}}{1-\text{被投资企业所得税税率}}$$

$$\text{应纳所得税额}=\text{来源于被投资企业的应税所得额}\times\left(\text{投资方适用税率}-\text{被投资方适用税率}\right)$$

【例8-14】 某居民企业2019年有关资料如下:① 获得生产、经营所得15万元。② 从国内某非上市公司分回税后利润5万元。③ 从上市公司分得股息6万元,其中甲上市公司1万元、乙上市公司2万元、丙上市公司3万元(企业持有的甲、乙、丙上市公司的股份持有期分别为6个月、18个月、9个月,甲、乙、丙上市公司适用企业所得税税率分别为15%、20%、25%)。该企业适用的企业所得税税率为20%。试计算该企业2019年度应纳企业所得税额。

解:纳税人来自非上市公司的利润5万元和从乙上市公司获得的股息免税;来自甲、丙上市公司的所得,属于征税范畴,但来自丙上市公司的股息,由于丙上市公司的所得税税率高于本企业的税率,故不再征税、也不退税。该企业只需就本企业生产、经营所得和

来自甲上市公司的1万元股息按两者之间的税率差补税。

$$应纳所得税额=15\times 20\%+\frac{1}{1-15\%}\times(20\%-15\%)=3.06(万元)$$

第六节　企业所得税的征收管理

一、征收缴纳方法

1. 自行申报缴纳

企业所得税实行按纳税年度计算征收。纳税年度是指自公历1月1日起至12月31日止。纳税人在一个纳税年度的中间开业，或者由于合并、关闭等原因，使该纳税年度的实际经营期不足12个月的，应当以其实际经营期为一个纳税年度；纳税人清算时，应当以清算期间作为一个纳税年度。

《企业所得税法》规定，缴纳企业所得税，按年计算，分月或者分季预缴。月份或者季度终了后15日内预缴，年度终了后5个月内汇算清缴，多退少补。纳税人预缴所得税时，应当按纳税期限的实际数预缴。按实际数预缴有困难的，可以按上一年度应纳税所得额的1/12或1/4，或者经当地税务机关认可的其他方法分期预缴所得税。预缴方法一经确定，不得随意改变。企业在年度中间终止经营活动的，应当自实际经营终止之日起60日内，向税务机关办理当期企业所得税汇算清缴。

纳税人缴纳的所得税额，应以人民币为计算单位。所得为外国货币的，应折合成人民币计算应纳税所得额。

纳税人在纳税年度内无论盈利或亏损，都应当按照规定的期限，向当地主管税务机关报送所得税申报表和年度会计报表。

纳税人在年度中间合并、分立、终止时，应当在停止生产、经营之日起60日内，向当地主管税务机关办理当期所得税汇算清缴。

2. 源泉扣缴

非居民企业在中国境内未设立机构、场所的，或者虽设立机构、场所但取得的所得与其所设机构、场所没有实际联系的，其来源于中国境内的所得应缴纳的所得税，实行源泉扣缴，以支付人为扣缴义务人。税款由扣缴义务人在每次支付或者到期应支付时，从支付或者到期应支付的款项中扣缴。

非居民企业在中国境内取得工程作业和劳务所得应缴纳的所得税，税务机关可以指定工程价款或者劳务费的支付人为扣缴义务人。

应当扣缴的所得税，扣缴义务人未依法扣缴或者无法履行扣缴义务的，由纳税人在所得发生地缴纳。纳税人未依法缴纳的，税务机关可以从该纳税人在中国境内其他收入项目的支付人应付的款项中，追缴该纳税人的应纳税款。

扣缴义务人每次代扣的税款，应当自代扣之日起 7 日内缴入国库，并向所在地的税务机关报送扣缴企业所得税报告表。

二、纳税地点

除税收法律、行政法规另有规定外，居民企业以企业登记注册地为纳税地点；但登记注册地在境外的，以实际管理机构所在地为纳税地点。除国务院另有规定外，企业之间不得合并缴纳企业所得税。

居民企业在中国境内设立不具有法人资格的营业机构的，应当汇总计算并缴纳企业所得税。

非居民企业在中国境内设立机构、场所的，应当就其所设机构、场所取得的来源于中国境内的所得，以及发生在中国境外但与其所设机构、场所有实际联系的所得，以机构、场所所在地为纳税地点。非居民企业在中国境内设立两个或者两个以上机构、场所的，经税务机关审核批准，可以选择由其主要机构、场所汇总缴纳企业所得税。

非居民企业在中国境内未设立机构、场所的，或者虽设立机构、场所但取得的所得与其所设机构、场所没有实际联系的，其来源于中国境内的所得，以扣缴义务人所在地为纳税地点。

本章小结

企业所得税法是指国家制定的用以调整企业所得税征收与缴纳之间权利及义务关系的法律规范。企业所得税是指国家对企业和经济组织的生产、经营所得和其他所得征收的一种税。

现行企业所得税的基本规范，是中华人民共和国第十届全国人民代表大会第五次会议于 2007 年 3 月 16 日通过并颁布的《中华人民共和国企业所得税法》，从 2008 年 1 月 1 日起实施。

企业所得税的纳税义务人是指在中国境内的企业和其他取得收入的组织。按照注册地标准和实际管理机构标准，企业分为居民企业和非居民企业。

企业所得税的课税对象为应税所得额。从经济内容上讲，应税所得额包括生产、经营所得和其他所得。从范围上讲，按照税收管辖权的规范，居民企业具有无限纳税义务，应当就其来源于中国境内、境外的所得缴纳企业所得税；非居民企业具有有限纳税义务，只需就来源于我国境内的应税所得缴纳企业所得税。

我国现行企业所得税法采用25%的比例税率。国家为了扶持小型微利企业和鼓励发展高新技术企业，规定了20%和15%两档优惠税率。

企业每一纳税年度的收入总额，减除不征税收入、免税收入、各项扣除以及允许弥补的以前年度亏损后的余额，为应纳税所得额。应纳税所得额与会计利润是两个不同的概念，两者既有联系又有区别。会计利润与应税所得额发生差异时，应按税法规定调整计算确定应税所得额，计算应纳所得税。

企业收入总额包括应税收入、不征税收入、免税收入。

企业实际发生的与取得收入有关的、合理的支出，包括成本、费用、税金、损失和其他支出，准予在计算应纳税所得额时扣除。

在确定税前扣除项目及金额时，重点掌握借款费用，业务招待费，广告和业务宣传费，新产品、新工艺、新技术研发费等项目的相关规定。

纳税人发生年度亏损的，可以用下一纳税年度的所得弥补；下一纳税年度的所得不足弥补的，可以逐年延续弥补，但是延续弥补期最长不得超过5年。

特别纳税调整是指税务机关出于实施反避税目的而对纳税人特定纳税事项所做的税务调整，包括针对纳税人转让定价、资本弱化、避税港避税及其他避税情况所进行的税务调整。

《企业所得税法》规定的税收优惠方式包括免税、减税、加计扣除、加速折旧、减计收入、税额抵免等。

企业所得税实行按年计征、分期预缴、年终汇算清缴、多退少补。根据纳税人的财务制度健全状况，分别采取核算征收和核定征收两种办法。

纳税人在纳税年度内无论盈利或亏损，都应当按照规定的期限，向当地主管税务机关报送所得税申报表和年度会计报表。纳税年度是指自公历1月1日起至12月31日止。

除税收法律、行政法规另有规定外，居民企业以企业登记注册地为纳税地点；但登记注册地在境外的，以实际管理机构所在地为纳税地点。除国务院另有规定外，企业之间不得合并缴纳企业所得税。

思考题

1. 企业所得税的纳税人包括哪些人？
2. 实际管理机构是如何界定的？
3. 如何界定小型微利企业和高新技术企业？
4. 会计利润和应税所得有何异同？
5. 简述特别纳税调整的具体规定和意义。

第九章　个人所得税法

学习目的

通过本章的学习，学生应了解个人所得税的纳税人、征税对象、税率、计税依据、应纳税额的计算和征收管理；掌握居民纳税人与非居民纳税人的判定标准，应税所得项目的费用扣除标准；重点掌握应纳税额的计算。

第一节　个人所得税概述

一、个人所得税的概念

个人所得税法是指国家制定的用于调整个人所得税征收与缴纳之间权利与义务关系的法律规范。个人所得税是以个人（含个体工商户、个人独资企业、合伙企业中的个人投资者、承租承包者个人）取得的各项应税所得为征税对象所征收的一种税。

在改革开放前相当长时期里，我国对个人所得不征税。党的十一届三中全会以后，我国实行对外开放政策，随着对外经济交往的不断扩大，来华工作、取得收入的外籍人员日益增多。为了维护国家的税收权益，第五届全国人民代表大会根据国际惯例，于 1980 年 9 月通过了《中华人民共和国个人所得税法》（以下简称《个人所得税法》），开征了个人所得税。之后，随着我国经济形势的发展变化，全国人民代表大会先后于 1993 年 10 月 31

日、1999 年 8 月 30 日、2005 年 10 月 27 日、2007 年 6 月 29 日、2007 年 12 月 29 日、2011 年 6 月 30 日对《个人所得税法》进行了六次修订。2018 年 8 月 31 日，第十三届全国人民代表大会常务委员会第五次会议通过《关于修改〈中华人民共和国个人所得税法〉的决定》，对《个人所得税法》进行第七次修正，自 2019 年 1 月 1 日施行。

二、个人所得税的特点

个人所得税是世界各国普遍征收的一个税种，我国个人所得税主要有以下特点。

（一）实行混合征收

世界各国的个人所得税制度大体可以分为分类所得税制、综合所得税制和混合所得税制三种类型。各国可根据本国的具体情况选择不同类型的个人所得税制度。我国在 2018 年 12 月 31 日前个人所得税采用的是分类所得税制，即将个人取得的各种所得划分为 11 类，分别适用不同的费用减除规定、税率和计税方法。自 2019 年 1 月 1 日起，我国个人所得税采用混合征收的方式，即将工资、薪金所得，劳务报酬所得，稿酬所得和特许权使用费所得采用综合征收，除此以外其他各项所得采用分类征收的方式。

（二）超额累进税率与比例税率并用

我国现行个人所得税根据各类个人所得的不同性质和特点，分别采用了比例税率和超额累进税率两种形式的税率。其中，对工资、薪金，劳务报酬所得，稿酬所得，特许权使用费所得，经营所得等采用超额累进税率；对其他各项所得，则采用比例税率。

（三）费用扣除较宽

个人所得税的各项所得费用扣除标准，依照我国国情，本着扣除费用额度从宽、扣除手续从简的原则，费用扣除采用定额扣除、定率扣除和核算扣除等方法。例如，对工资、薪金所得，劳务报酬所得，稿酬所得，特许权使用费所得等，适用的扣除费用标准为每月 5 000 元的基本费用，在此基础上再扣除专项扣除和专项附加扣除费用，从而使中低水平所得的个人不用负担或少负担个人所得税；对其他各项应税所得，则采用定额和定率相结合的扣除方法。

（四）计算较复杂化

我国个人所得税自 2019 年 1 月 1 日起采用混合征收模式，对综合所得和经营所得的费用扣除采取总额扣除法，对其他所得采取分类分项扣除方法。例如，专项附加扣除在同一家庭中还要分不同的纳税主体分别扣除，在按月或按次预缴的基础上，年终要进行汇算清缴，增加了税款的计算复杂程度和税务机关征收管理的难度。

（五）采取源泉扣缴和个人申报两种征纳方法

我国《个人所得税法》规定，对纳税人的应纳税额分别采取扣缴义务人源泉扣缴和纳税人自行申报两种方法；对凡是在应税所得的支付环节扣缴个人所得税的，均由扣缴义务人履行代扣代缴义务；对于没有扣缴义务人的，取得工资、薪金所得，劳务报酬所得，稿酬所得,特许权使用费所得等综合所得的,由纳税人自行申报纳税和年终汇算清缴。此外,对其他不便扣缴税款的,亦规定由纳税人自行申报纳税。

(六)以个人为纳税单位

自1980年开征个人所得税以来,我国个人所得税一直以个人作为纳税单位,不实行家庭(夫妻联合)申报纳税。

第二节 个人所得税的基本要素

一、个人所得税的纳税人

个人所得税的纳税人为在中国境内有住所,或者无住所而在中国境内居住累计满183天(居民纳税人),以及无住所又不居住或居住不满183天但从中国境内取得所得的个人(非居民纳税人),包括中国公民、个体工商户,外籍个人,以及香港、澳门、台湾同胞等。

(一)居民纳税人与非居民纳税人的判定标准

国际上有三种税收管辖权,即收入来源地管辖权、居民管辖权和公民管辖权。我国个人所得税选择了收入来源地管辖权和居民管辖权双重管辖权。居民管辖权将纳税人划分为居民纳税人和非居民纳税人,居民纳税人承担无限纳税义务,即来源于中国境内外的全部所得都应纳税;非居民纳税人,承担有限纳税义务,即只需就来源于中国境内的所得纳税。

为了有效行使税收管辖权,我国按照国际惯例,对居民纳税人和非居民纳税人的划分,采用了国际上常用的住所标准和居住时间标准。个人所得税纳税人身份划分标准见图9-1。

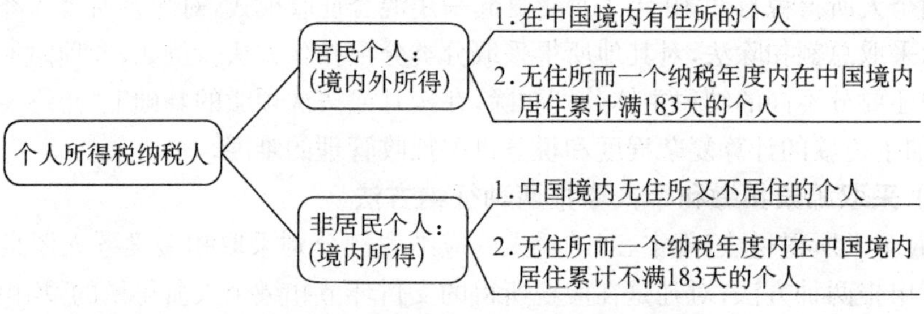

图9-1 个人所得税纳税人身份划分标准

在中国境内有住所，或者无住所而一个纳税年度内在中国境内居住累计满183天的个人，为居民个人。居民个人从中国境内和境外取得的所得，依照税法规定缴纳个人所得税。

在中国境内无住所又不居住，或者无住所而一个纳税年度内在中国境内居住累计不满183天的个人，为非居民个人。非居民个人从中国境内取得的所得，依照税法规定缴纳个人所得税。

纳税年度，自公历1月1日起至12月31日止。

1. 住所标准

所谓在中国境内有住所，是指因户籍、家庭、经济利益关系而在中国境内习惯性居住。习惯性居住是判定纳税义务人是居民或非居民的一个法律意义上的标准，不是指实际居住或在某一个特定时期内的居住地。例如，因学习、工作、探亲、旅游等而在中国境外居住的，在其原因消除之后、必须回到中国境内居住的个人，则中国即为该纳税人习惯性居住地。

(1)户籍：我们通常称为户口，中国公民通常在我国是有户口的，因此，简单地说，有中国户口的人，一般可判定为在中国习惯性居住。

(2)家庭：一般指的是与婚姻、子女相关的联系。例如，与中国籍个人存在婚姻、子女关系，并且以中国为中心生活的个人，则可以判定其在中国习惯性居住。

(3)经济利益：一般是考虑个人的主要财产、经营活动中心等因素。例如，主要财产在中国境内，或者主要经营活动在中国境内的个人，则可以判定为在中国习惯性居住。

2. 居住时间标准

居住时间是指个人在一国境内实际居住的日数。在实际生活中，有时个人在一国境内并无住所，又无经常性居住地，但是却在该国内停留的时间较长，从该国取得了收入，应对其行使税收管辖权，甚至视为该国的居民征税。各国在对个人所得征税的实践中，逐渐形成以个人居民时间长短作为衡量居民个人与非居民个人的居住时间标准。我国《个人所得税法》也采用了这一标准。

个人在中国境内居住天数，以该个人实际在我国境内逗留天数计算，个人入境、离境、往返或多次往返境内外的当日，均按1天计算在我国境内逗留天数。

依照《财政部　税务总局关于在中国境内无住所的个人居住时间判定标准的公告》(财政部　税务总局公告2019年第34号)，无住所个人一个纳税年度在中国境内累计居住满183天的，如果此前6年在中国境内每年累计居住天数都满183天而且没有任何1年单次离境超过30天，该纳税年度来源于中国境内、境外所得应当缴纳个人所得税；如果此前6年的任1年在中国境内累计居住天数不满183天或者单次离境超过30天，该纳税年度来源于中国境外且由境外单位或者个人支付的所得，免予缴纳个人所得税。在中国境内居住累计满183天的任1年度中有一次离境超过30天的，其在中国境内居住累计满

183 天的年度的连续年限重新起算。所称此前 6 年，是指该纳税年度的前 1 年至前 6 年的连续 6 个年度，此前 6 年的起始年度自 2019 年(含)以后年度开始计算。

在中国境内无住所的个人，在一个纳税年度内在中国境内居住累计不超过 90 天的，其来源于中国境内的所得，由境外雇主支付并且不由该雇主在中国境内的机构、场所负担的部分，免予缴纳个人所得税。

无住所个人一个纳税年度内在中国境内累计居住天数，按照个人在中国境内累计停留的天数计算。在中国境内停留的当天满 24 小时的，计入中国境内居住天数，在中国境内停留的当天不足 24 小时的，不计入中国境内居住天数。

我国税法规定的住所标准和居住时间标准，是判定居民纳税人身份的两个并列性标准，个人只要符合或达到其中任何一个标准，就可以被认定为居民纳税人。

(二) 居民纳税人的纳税义务范围

根据住所和居民时间标准判定为我国居民纳税人的个人，是指在中国境内有住所，或者无住所，而在我国境内居住满 183 天的个人。其属于我国的居民纳税人，应就其来源于我国境内和境外的所得，向我国政府履行全面纳税义务，依法缴纳个人所得税。

(1) 为了方便人员的国际交流，本着从宽、从简的原则，对于在我国境内无住所，但居住 1 年以上而未超过 5 年的个人，其来源于我国境内的所得应全部依法缴纳个人所得税。对其来源于我国境外的各种所得，经主管税务机关批注，可以只就由我国境内单位或个人支付的部分缴纳个人所得税。

(2) 对于居住满 5 年的个人，从第 6 年起，以后的各年度中，凡在境内住满 1 年的，就其来源于我国境内、境外的全部所得缴纳个人所得税。所谓个人在我国境内居住满 5 年，是指个人在我国境内连续居住满 5 年，即在连续 5 年中的每一个纳税年度内均居住满 1 年。个人从第 6 年起以后的各年度中，凡在境内居住满 1 年的，应当就其来源于境内、境外的所得申报纳税；凡在境内居住不满 1 年的，仅就其该年内来源于境内的所得申报纳税，如某一个纳税年度内在境内居住不足 90 天，其来源于我国境内的所得，由境外雇主支付并且不由该雇主在我国境内机构、场所负担的部分，免缴个人所得税，并从再次居住满 1 年的年度起计算 5 年期限(注:在我国境内有住所的居民纳税人不适合上述规定)。

(三) 非居民纳税人的纳税义务范围

根据住所和居民时间标准判定为我国非居民纳税人的个人，是指在中国境内无住所又不居住，或者无住所而在我国境内居住不满 183 天的个人。其属于我国的非居民纳税人，应就其来源于我国境内的所得，向我国政府履行有限纳税义务，依法缴纳个人所得税。

(1) 对于在我国境内无住所而在一个纳税年度内在我国境内连续或累计工作不超过 90 天，或者在税收协定规定的期间内，在我国境内连续或累计居住不超过 183 天的个人，其来源于我国境内的所得，由我国境外雇主支付并且不是由该雇主设在中国境内机构负担的工资、薪金所得，免于缴纳个人所得税，仅就其实际在我国境内工作期间由中国境内单位或个人雇主支付或由中国境内机构负担的工资、薪金所得纳税。

(2) 对于在我国境内无住所，但在一个纳税年度中在中国境内连续或者累计工作超过 90 天，或者在税收协定规定的期间内，在中国境内连续或累计居住超过 183 天但不满 1 年的个人，其来源于中国境内的所得，无论是由中国境内单位或个人支付还是由境外单位或个人雇主支付，均应缴纳个人所得税。

(四) 扣缴义务人

我国个人所得税实行代扣代缴和个人申报纳税相结合的征收管理制度。个人所得税采取代扣代缴办法，有利于控制税源，保证税收收入，简化征纳手续，加强个人所得税管理。税法规定，凡支付应纳税所得的单位或个人，都是个人所得税的扣缴义务人。扣缴义务人在向纳税人支付各项应税所得(个体工商户的生产、经营所得除外)时，必须履行代扣代缴税款的义务。

居民个人取得综合所得，按年计算个人所得税；有扣缴义务人的，由扣缴义务人按月或者按次预扣预缴税款；需要办理汇算清缴的，应当在取得所得的次年 3 月 1 日至 6 月 30 日内办理汇算清缴。预扣预缴办法由国务院税务主管部门制定。

居民个人向扣缴义务人提供专项附加扣除信息的，扣缴义务人按月预扣预缴税款时应当按照规定予以扣除，不得拒绝。

非居民个人取得工资、薪金所得，劳务报酬所得，稿酬所得和特许权使用费所得，有扣缴义务人的，由扣缴义务人按月或者按次代扣代缴税款，不办理汇算清缴。

纳税人有中国公民身份号码的，以中国公民身份号码为纳税人识别号；纳税人没有中国公民身份号码的，由税务机关赋予其纳税人识别号。扣缴义务人扣缴税款时，纳税人应当向扣缴义务人提供纳税人识别号。

二、个人所得税的征税对象及征税范围

(一) 个人所得税的征税对象

作为征税对象的个人所得，有广义和狭义之分。广义的个人所得是指个人在一定期间内，通过各种方式所获得的一切利益，而不论这种利益是偶然的，还是临时的，是货币、有价证券，还是实物。狭义的个人所得仅限于每年经常、反复发生的所得。目前，包括我国在内的世界各国所实行的个人所得税，大多以广义理解的个人所得概念为基础。

个人所得税的征税对象是个人取得的应税所得。我国《个人所得税法》采用列举法确定了个人所得共 9 项。《中华人民共和国个人所得税法实施条例》(以下简称《个人所得税法实施条例》)及相关法规具体确定了各项个人所得的征税范围。

(二) 个人所得来源地的判定

我国《个人所得税法》规定，对居民纳税人来源于中国境内和境外的所得都征税，而对非居民纳税人则只就来源于中国境内的所得征税。并且对居民纳税人来源于中国境外

的所得，准予其在应纳税额中扣除已在境外缴纳的个人所得税税额，但扣除额不得超过该纳税人境外所得依照中国税法规定计算的应纳税额。因此，无论是纳税人还是税务机关，在确定和计算纳税人应纳税额的时候，都必须准确判定其所得的来源地。

1. 所得来源地判定的基本原则

(1) 任职、受雇或者提供劳务的所得来源地。因任职、受雇和提供劳务取得的所得，以任职、受雇或者提供劳务的所在地为所得来源地。即工资、薪金所得和劳务报酬所得以提供劳务活动的地点为所得来源地。

(2) 从事生产、经营的所得来源地。生产、经营所得，以从事生产、经营的所在地为所得来源地。

(3) 出租财产的所得来源地。出租财产取得的所得，以被出租财产的使用地为所得来源地。

(4) 财产转让的所得来源地。转让房屋、建筑物等不动产取得的所得，以被转让不动产的坐落地为所得来源地；转让动产取得的所得，以转让地为所得来源地。

(5) 特许权的所得来源地。提供特许权的使用权取得的所得，以该项特许权的使用地为所得来源地。

(6) 利息、股息、红利的所得来源地。利息、股息、红利所得，以使用资金并支付利息或者分配股息、红利的公司、企业、经济组织或者个人的所在地为所得来源地。

(7) 得奖、中奖、中彩的所得来源地。得奖、中奖、中彩所得，以所得的产生地为所得来源地。

2. 来源于中国境内的所得的判定

2018 年 12 月 18 日，国务院发布的《个人所得税法实施条例》第三条规定，除国务院财政、税务主管部门另有规定外，下列所得，不论支付地点是否在中国境内，均为来源于中国境内的所得：

(1) 因任职、受雇、履约等在中国境内提供劳务取得的所得。

(2) 将财产出租给承租人在中国境内使用而取得的所得。

(3) 许可各种特许权在中国境内使用而取得的所得。

(4) 转让中国境内的不动产等财产或者在中国境内转让其他财产取得的所得。

(5) 从中国境内企业、事业单位、其他组织以及居民个人取得的利息、股息、红利所得。

3. 非居民个人和无住所居民个人取得所得来源地的判定

根据《财政部　税务总局关于非居民个人和无住所居民个人有关个人所得税政策的公告》(财政部　税务总局公告 2019 年第 35 号)规定，非居民个人和无住所居民个人取得所得来源地的判定如下：

(1) 关于工资、薪金所得来源地的规定。个人取得归属于中国境内(以下简称“境内”)工作期间的工资、薪金所得为来源于境内的工资、薪金所得。境内工作期间按照个人在境内工作天数计算,包括其在境内的实际工作日以及境内工作期间在境内、境外享受的公休假、个人休假、接受培训的天数。在境内、境外单位同时担任职务或者仅在境外单位任职的个人,在境内停留的当天不足 24 小时的,按照半天计算境内工作天数。

无住所个人在境内、境外单位同时担任职务或者仅在境外单位任职,且当期同时在境内、境外工作的,按照工资、薪金所属境内、境外工作天数占当期公历天数的比例计算确定来源于境内、境外工资、薪金所得的收入额。境外工作天数按照当期公历天数减去当期境内工作天数计算。

(2) 关于数月奖金以及股权激励所得来源地的规定。无住所个人取得的数月奖金或者股权激励所得按规定确定所得来源地的,无住所个人在境内履职或者执行职务时收到的数月奖金或者股权激励所得,归属于境外工作期间的部分,为来源于境外的工资、薪金所得;无住所个人停止在境内履约或者执行职务离境后收到的数月奖金或者股权激励所得,对属于境内工作期间的部分,为来源于境内的工资、薪金所得。具体计算方法为:数月奖金或者股权激励乘以数月奖金或者股权激励所属工作期间境内工作天数与所属工作期间公历天数之比。

无住所个人 1 个月内取得的境内外数月奖金或者股权激励包含归属于不同期间的多笔所得的,应当先分别按规定计算不同归属期间来源于境内的所得,然后再加总计算当月来源于境内的数月奖金或者股权激励收入额。

数月奖金是指一次取得归属于数月的奖金、年终加薪、分红等工资、薪金所得,不包括每月固定发放的奖金及一次性发放的数月工资。

股权激励包括股票期权、股权期权、限制性股票、股票增值权、股权奖励以及其他因认购股票等有价证券而从雇主取得的折扣或者补贴。

(3) 关于董事、监事及高层管理人员取得报酬所得来源地的规定。对于担任境内居民企业的董事、监事及高层管理职务的个人(以下统称“高管人员”),无论是否在境内履行职务,取得由境内居民企业支付或者负担的董事费、监事费、工资、薪金或者其他类似报酬(以下统称“高管人员报酬”,包含数月奖金和股权激励),属于来源于境内的所得。

高层管理职务包括企业正、副(总)经理、各职能总师、总监及其他类似公司管理层的职务。

(4) 关于稿酬所得来源地的规定。由境内企业、事业单位、其他组织支付或者负担的稿酬所得,为来源于境内的所得。

(三) 征税范围

《个人所得税法》第二条规定,个人所得划分为 9 项,即工资、薪金所得,劳务报酬所得,稿酬所得,特许权使用费所得,经营所得,利息、股息、红利所得,财产租赁所得,财产转让所得,偶然所得。

1. 工资、薪金所得

工资、薪金所得是指个人因任职或者受雇取得的工资、薪金、奖金、年终加薪、劳动分红、津贴、补贴以及与任职或者受雇有关的其他所得。

(1) 工资、薪金所得，属于非独立个人劳动所得。所谓非独立个人劳动，是指个人多从事的是由他人指定、安排并接受管理的劳动、工作，或服务于公司、工厂、行政、事业单位(私营企业主除外)。

工资、薪金所得，除个人因任职或者受雇而取得的工资、薪金外，包括奖金、年终加薪、劳动分红、津贴、补贴以及与任职或者受雇有关系的其他所得。其中，年终加薪、劳动分红不分种类和取得情况，一律按工资、薪金所得课税。

(2) 下列项目不属于工资、薪金：① 独生子女补贴。② 执行公务员工资制度未纳入基本工资总额的补贴、津贴差额和家属成员的副食品补贴。③ 托儿补助费。④ 差旅费津贴、误餐补助。其中，误餐补助是指按照财政部门规定，个人因公在城区、郊区工作，不能在工作单位或返回就餐，根据实际误餐顿数，按照规定的标准领取的误餐费。单位以误餐补助名义发给职工的补助、津贴不包括在内。

2. 劳务报酬所得

劳务报酬所得是指个人从事劳务取得的所得，包括从事设计、装潢、安装、制图、化验、测试、医疗、法律、会计、咨询、讲学、翻译、审稿、书画、雕刻、影视、录音、录像、演出、表演、广告、展览、技术服务、介绍服务、经纪服务、代办服务以及其他劳务取得的所得。

劳务报酬是指个人独立从事劳务取得的所得(即个人与被服务单位发生直接劳务关系)，提供劳务的个人与被服务单位没有稳定的、连续的劳动人事关系，也没有任何劳动合同关系，其所得也不是以工资、薪金形式领取的。

(1) 个人担任董事职务所取得的董事费收入。按照董事与公司的关系来划分，可分为内部董事和外部董事。① 内部董事担任公司董事的同时在公司任职、受雇，其因任职受雇而取得的报酬是“工资、薪金”所得。② 外部董事是指不在本公司任职、受雇的董事，其取得的董事费所得，属于劳务报酬所得。

(2) 在校学生因参与勤工俭学活动(包括参与学校组织的勤工俭学活动)而取得属于《个人所得税法》规定的应税所得项目所得，应依法缴纳个人所得税。

(3) 自2004年1月20日起，对在商品营销活动中，企业和单位对营销业绩突出的非雇员以培训班、研讨会、工作考察等名义组织旅游活动，通过免收差旅费、旅游费对个人实行的营销业绩奖励(包括实物、有价证券等)，应根据所发生费用的全额作为营销人员当期的劳务收入所得，按“劳务报酬所得”征收个人所得税，并由提供上述费用的企业和单位代扣代缴。

(4) 个人兼职取得的收入，应按照“劳务报酬所得”项目缴纳个人所得税。

(5) 演员参加非任职单位组织的演出取得的报酬，应按“劳务报酬所得”项目，按次计算纳税；演员参加任职单位组织的演出取得的报酬，应按"工资、薪金所得"项目，按月计算纳税。演员取得的报酬中，要规定上交给单位和文化行政部门的管理费及收入分成，经主管税务机关确认后，可以在计算应税所得额时扣除。

3. 稿酬所得

稿酬所得是指个人因其作品以图书、报刊等形式出版、发表而取得的所得。

(1) 作者去世后，对取得其遗作稿酬的个人，按稿酬所得征税。

(2) 任职、受雇于报纸、杂志等单位的记者、编辑等专业人员，因在本单位的报纸、杂志上发表作品取得的所得，属于因任职、受雇而取得的所得，应与其当月工资合并，按"工资、薪金所得"项目征收个人所得税。上述专业人员以外人员、其他人员在本单位的报纸、杂志上发表作品取得的所得，应按"稿酬所得"项目征收个人所得税。

(3) 出版社的专业作者撰写、编写或翻译的作品，由本社以图书出版而取得的稿费收入，应按"稿酬所得"项目计算缴纳个人所得税。这里所说的"作品"，是指包括中外文字、图片、乐谱等能以图书、报刊方式出版、发表的作品；个人作品，包括本人的著作、翻译的作品等。

4. 特许权使用费所得

特许权使用费所得是指个人提供专利权、商标权、著作权、非专利技术以及其他特许权的使用权取得的所得。提供著作权的使用权取得的所得，不包括稿酬所得。

(1) 专利权简称专利，是指由国家专利主管机关依法授予专利申请人在一定时期内对某项发明创造享有的独占实施权，是知识产权(工业产权)的一种。专利权的性质主要体现在三个方面：排他性、时间性和地域性。

(2) 商标权是指商标注册人依法律规定而取得的对其注册商标在核定商品上的独占使用权。商标是用于区别商品和服务不同来源的商业性标志，由文字、图形、字母、数字、三维标志、颜色组合、声音或者上述要素的组合构成。商标权是一种工业产权，可以依法取得、转让、许可使用、继承、丧失、请求排除侵害。

(3) 著作权也称版权，是指作者对其创作的文学、科学和艺术作品依法享有的某些特殊权利。著作权是公民的一项民事权利，分为著作人格权与著作财产权。其中著作人格权的内涵包括了公开发表权、姓名表示权及禁止他人以扭曲、变更方式，利用著作损害著作人名誉的权利。著作财产权是无形的财产权，是基于人类知识所产生的权利，故属知识产权之一，包括重制权、公开口述权、公开播送权、公开上映权、公开演出权、公开传输权、公开展示权、改作权、散布权、出租权等。

提供著作权的使用权取得的所得，不包括稿酬所得。作者将自己的文字作品手稿原件后复印件公开拍卖取得的所得，属于提供著作权的使用权所得，按"特许权使用费所得"项目征收个人所得税。

(4) 非专利技术又称专有技术，是指未经公开也未申请专利，但在生产经营活动中已采用了的、不享有法律保护，但为发明人所垄断，具有实用价值的各种技术和经验，如设计图纸、资料、数据、技术规范、工艺流程、材料配方、管理制度和方法等。

5. 经营所得

经营所得是指：

(1) 个体工商户从事生产、经营活动取得的所得，个人独资企业投资人、合伙企业的个人合伙人来源于境内注册的个人独资企业、合伙企业生产、经营的所得。

(2) 个人依法从事办学、医疗、咨询以及其他有偿服务活动取得的所得。

(3) 个人对企业、事业单位承包经营、承租经营以及转包、转租取得的所得。

企业实行个人承包、承租经营后，改变工商登记为个体工商户的，不再征收企业所得税，应依照个体工商户的生产、经营所得项目计征个人所得税；不改变工商登记，先缴纳企业所得税，承包、承租人对企业经营成果不拥有所有权，仅是按合同(协议)规定取得一定所得的，其所得按工资、薪金所得项目征税；承包、承租人按合同(协议)的规定只向发包、出租方缴纳一定费用后，企业经营成果归其所有的，承包、承租人取得的所得，按对企事业单位的承包经营、承租经营所得项目征税。

(4) 个人从事其他生产、经营活动取得的所得。① 个体工商户或个人专营种植业、养殖业、饲养业、捕捞业，不征收个人所得税。② 从事个体出租车运营的出租车驾驶员取得的收入，按“个体工商户的生产、经营所得”项目缴纳个人所得税。③ 个人因从事彩票代销业务而取得的所得，应按照“个体工商户的生产、经营所得”项目征税。

6. 利息、股息、红利所得

利息、股息、红利所得是指个人拥有债权、股权等而取得的利息、股息、红利所得。

7. 财产租赁所得

财产租赁所得是指个人出租不动产、机器设备、车船以及其他财产取得的所得。

个人取得的财产转租收入，属于“财产租赁所得”的征税范围，由财产转租人缴纳个人所得税。在确认纳税义务人时，应以产权凭证为依据；对无产权凭证的，由主管税务机关根据实际情况确定。产权所有人死亡，在未办理产权继承手续期间，该财产出租而有租金收入的，以领取租金的个人为纳税义务人。

8. 财产转让所得

财产转让所得是指个人转让有价证券、股权、合伙企业中的财产份额、不动产、机器设备、车船以及其他财产取得的所得。

(1) 对境内股票转让所得暂不征收个人所得税。

(2) 职工个人以股份形式取得的仅作为分红依据、不拥有所有权的企业量化资产，不征收个人所得税；对职工个人以股份形式取得的拥有所有权的企业量化资产，暂缓征收个人所得税；个人将股份转让时，就其转让收入额，减除个人取得该股份时实际支付的费用支出和合理转让费用后的余额，按“财产转让所得”项目计征个人所得税。

(3) 对个人转让自用5年以上、并且是家庭唯一生活用房取得的所得，免征个人所得税

9. 偶然所得

偶然所得是指个人得奖、中奖、中彩以及其他偶然性质的所得。

个人购买社会福利有奖募捐奖券一次中奖收入不超过1万元的，暂免征收个人所得税，超过1万元的按全额征税。

企业对累积消费达到一定额度的顾客，给予额外抽奖机会，个人的获奖所得，按照"偶然所得"项目，全额征税个人所得税。

个人取得的所得，难以界定应纳税所得项目的，由国务院税务主管部门确定。

三、税率

(一) 税率设计原则

个人所得征税涉及面广、政策性强，在设计税率时，需要全面衡量，通盘考虑，科学设计。其税率的设计主要体现了以下原则。

1. 税负从轻

现阶段我国大多数个人的所得来源比较单一，主要依靠工资、薪金所得，而且总体收入水平不高，生活费用支出占个人收入的比重还比较大，因此，在设计税率时，应体现税负从轻原则。特别是工资、薪金所得适用的累进税率，其起点税率不能过高，要保证中等收入水平的纳税人负担较少的税额。

2. 区别对待、分类调节

个人所得的形式多种多样，大体可以分为四类：① 工资薪金所得、劳务报酬所得、稿酬所得、特许权使用费所得。② 生产经营所得。③ 财产租赁或转让类所得。④ 利息、股息、红利类所得。

上述四类所得的收入性质和纳税能力各不相同。第①类所得属于独立劳动所得，其中相当部分需要用于生活支出。由于每人基本生计费用大体相同，因此收入越高，扣除基本生计费用后的余额也越多，应该采用超额累进税率进行调节。第②类所得涉及生产经营规模及效益问题，本应比照企业利润征税的办法处理，但是由于个体业主的生产经营及获利情况相差悬殊，所以采用超额累进税率进行调节。第③类所得属于财产所得，且涉及的成本、费用与净所得的比例较为均衡，故采用了比例税率征收的办法。第④类所得属于纯投资性所得，除不应该扣除任何费用外，理论上讲可以实行超额累进税率进行调节的办法，但出于简化计税方法的考虑，采取了比例税率征收的办法。

3. 体现国家政策

征收个人所得税最重要的目的，是调节社会收入分配，尤其是要调节纳税人过高收入，鼓励劳动所得，这项原则不仅体现在分类设计税率、分项制定征税办法方面，还体现在

对不同的所得项目或同一所得项目中不同来源的收入分别采取减征和加成征税的办法方面，以体现国家税收的鼓励、调节政策。

（二）适用税率

1. 综合所得

综合所得适用3%～45%的七级超额累进税率（见表9-1）。综合所得包括工资、薪金所得，劳务报酬所得，稿酬所得，特许权使用费所得。

表9-1 个人所得税税率表

（综合所得适用）

级数	全年应税所得额	税率	速算扣除数
1	不超过36 000元的	3	0
2	超过36 000元至144 000元的部分	10%	2 520
3	超过144 000元至300 000元的部分	20%	16 920
4	超过300 000元至420 000元的部分	25%	31 920
5	超过420 000元至660 000元的部分	30%	52 920
6	超过660 000元至960 000元的部分	35%	85 920
7	超过960 000元的部分	45%	181 920

注：① 本表所称全年应税所得额是指依照《个人所得税法》第六条的规定，居民个人取得综合所得以每一纳税年度收入额减除费用6万元以及专项扣除、专项附加扣除和依法确定的其他扣除后的余额。② 非居民个人取得工资、薪金所得，劳务报酬所得，稿酬所得，特许权使用费所得，依照本表按月换算后计算应纳税额，其适用的个人所得税税率表见表9-2。

表9-2 个人所得税税率表

（非居民个人工资、薪金所得，劳务报酬所得，稿酬所得，特许权使用费所得适用）

级数	全年应税所得额	税率	速算扣除数
1	不超过3 000元的	3%	0
2	超过3 000元至12 000元的部分	10%	210
3	超过12 000元至25 000元的部分	20%	1 410
4	超过25 000元至35 000元的部分	25%	2 660
5	超过35 000元至55 000元的部分	30%	4 410
6	超过55 000元至80 000元的部分	35%	7 160
7	超过80 000元的部分	45%	15 160

注：本表也适用于居民个人综合所得按月计算税额。

2. 经营所得

经营所得适用5%～35%的五级超额累进税率(见表9-3)。经营所得包括个体工商户从事生产、经营活动取得的所得,个人独资企业投资人、合伙企业的个人合伙人来源于境内注册的个人独资企业、合伙企业生产、经营的所得,个人依法从事办学、医疗、咨询以及其他有偿服务活动取得的所得,个人对企业、事业单位承包经营、承租经营以及转包、转租取得的所得,个人从事其他生产、经营活动取得的所得。

表9-3　　个人所得税税率表

(经营所得适用)

级数	全年应税所得额	税率	速算扣除数
1	不超过30 000元的	5%	0
2	超过30 000元至90 000元的部分	10%	1 500
3	超过90 000元至300 000元的部分	20%	10 500
4	超过300 000元至500 000元的部分	30%	40 500
5	超过500 000元的部分	35%	65 500

注:本表所称全年应税所得额是指依照《个人所得税法》第六条的规定,以每一纳税年度的收入总额减除成本、费用以及损失后的余额。

3. 利息、股息、红利所得,财产租赁所得,财产转让所得和偶然所得

此三类所得适用20%的比例税率。

4. 预扣预缴

预扣预缴的适用税率见表9-4和表9-5。

表9-4　　个人所得税预扣率表

(居民个人工资、薪金所得预扣预缴适用)

级数	全年应税所得额	预扣率	速算扣除数
1	不超过36 000元的	3%	0
2	超过36 000元至144 000元的部分	10%	2 520
3	超过144 000元至300 000元的部分	20%	16 920
4	超过300 000元至420 000元的部分	25%	31 920
5	超过420 000元至660 000元的部分	30%	52 920
6	超过660 000元至960 000元的部分	35%	85 920
7	超过960 000元的部分	45%	181 920

表 9-5 个人所得税预扣率表

(居民个人劳务报酬所得预扣预缴适用)

级数	全年应税所得额	预扣率	速算扣除数
1	不超过 20 000 元的	20%	0
2	超过 20 000 元至 50 000 元的部分	30%	2 000
3	超过 50 000 元的部分	40%	7 000

第三节 个人所得税应税所得额的确定

个人所得税应税所得额是个人取得的各项收入减去税法规定的扣除项目金额后的余额。

一、应税所得额的一般规定

(一) 收入

个人所得的形式，包括现金、实物、有价证券和其他形式的经济利益；所得为实物的，应当按照取得的凭证上所注明的价格计算应税所得额，无凭证的实物或者凭证上所注明的价格明显偏低的，参照市场价格核定应税所得额；所得为有价证券的，根据票面价格和市场价格核定应税所得额；所得为其他形式的经济利益的，参照市场价格核定应税所得额。

(二) 费用扣除方法

在计算应税所得额时，除特殊项目外，一般允许从个人的应税收入中减去税法规定的扣除项目及金额，包括为取得收入所支出的必要的成本或费用。由于各国国情不同，扣除项目、扣除标准及扣除方法不尽相同。我国现行个人所得税采取了分项确定、分类扣除，根据其所得的不同分别实行定额、定率和会计核算扣除的办法。

(1) 对综合所得(工资、薪金所得，劳务报酬所得，稿酬所得，特许权使用费所得)涉及的个人生计费用，采取定额和定率扣除的办法。

(2) 对经营所得(个体工商户的生产、经营所得和对企事业单位的承包经营、租赁经营所得)及财产转让所得，涉及生产、经营有关成本或费用的支出，采取会计核算扣除有关成本、费用或规定的必要费用。

(3) 对财产租赁所得，因涉及既要按一定比例合理扣除费用，又要避免扩大征税范围等因素，采取定额和定率两种扣除办法。

(4) 利息、股息、红利所得和偶然所得,因不涉及必要费用的支付,所以规定不得扣除任何费用。

二、每次收入的确定

《个人所得税法》对纳税义务人的征税方法有三种:一是按年计征,如经营所得,居民个人取得的综合所得;二是按月计征,如非居民个人取得的工资、薪金所得;三是按次计征,如利息、股息、红利所得,财产租赁所得,偶然所得和非居民个人取得的劳务报酬所得、稿酬所得、特许权使用费所得等。在按次征收情况下,由于扣除费用依据每次收入或应税所得额的大小分别规定了定额和定率两种扣除标准,因此,无论是正确贯彻税法、维护纳税人合法权益来看,还是从维护国家利益,防止税款流失来看,如何准确划分"次数",都十分重要。

(1) 非居民个人取得的劳务报酬所得、稿酬所得、特许权使用费所得,根据不同所得项目的特点,分别规定为:劳务报酬所得、稿酬所得、特许权使用费所得,属于一次性收入的,以取得该项收入为一次;属于同一项目连续性收入的,以 1 个月内取得的收入为一次。

(2) 财产租赁所得,以 1 个月内取得的收入为一次。

(3) 利息、股息、红利所得,以支付利息、股息、红利时取得的收入为一次。

(4) 偶然所得,以每次取得该项收入为一次。

三、纳税调整

有下列情形之一的,税务机关有权按照合理方法进行纳税调整:

(1) 个人与其关联方之间的业务往来不符合独立交易原则而减少本人或者其关联方应纳税额,且无正当理由。

(2) 居民个人控制的,或者居民个人和居民企业共同控制的设立在实际税负明显偏低的国家(地区)的企业,无合理经营需要,对应当归属于居民个人的利润不作分配或者减少分配。

(3) 个人实施其他不具有合理商业目的的安排而获取不当税收利益。

税务机关依照税法规定作出纳税调整,需要补征税款的,应当补征税款,并依法加收利息。

四、应税所得额的计算

(一) 居民个人的综合所得

居民个人的综合所得以每一纳税年度的收入额减除费用 60 000 元以及专项扣除、专项附加扣除和依法确定的其他扣除后的余额,为应税所得额。

1. 应税收入的确定

(1) 每月工资收入在税前扣除不属于工资性质收入的各种补贴(政策性补贴、独生子女补贴、差旅费补贴、误餐补贴）、车改补贴、通信费补贴。

（2）劳务报酬所得、稿酬所得、特许权使用费所得以收入减除20%的费用后的余额为收入额。稿酬所得的收入额减按70%计算。

2. 费用扣除

1）基本费用

根据2018年8月31日第十三届全国人民代表大会常务委员会第五次会议《关于修改〈中华人民共和国个人所得税法〉的决定》（第七次修正），自2018年9月1日起，居民个人的综合所得，以每一纳税年度的收入额减除费用60 000元。

2）专项扣除

专项扣除包括居民个人按照国家规定的范围和标准缴纳的基本养老保险、基本医疗保险、失业保险等社会保险费和住房公积金等。

3）专项附加扣除

根据2018年12月13日《国务院关于印发个人所得税专项附加扣除暂行办法的通知》（国发〔2018〕41号）规定，个人所得税专项附加扣除是指个人所得税法规定的子女教育、继续教育、大病医疗、住房贷款利息或者住房租金和赡养老人等6项专项附加扣除。

（1）子女教育。纳税人的子女接受全日制学历教育的相关支出，按照每个子女每月1 000元的标准定额扣除。学历教育包括义务教育（小学、初中教育）、高中阶段教育（普通高中、中等职业、技工教育）、高等教育（大学专科、大学本科、硕士研究生、博士研究生教育）。年满3岁至小学入学前处于学前教育阶段的子女，按本规定执行。父母可以选择由其中一方按扣除标准的100%扣除，也可以选择由双方分别按扣除标准的50%扣除，具体扣除方式在一个纳税年度内不能变更。纳税人子女在中国境外接受教育的，纳税人应当留存境外学校录取通知书、留学签证等相关教育的证明资料备查。

（2）继续教育。纳税人在中国境内接受学历（学位）继续教育的支出，在学历（学位）教育期间按照每月400元定额扣除。同一学历（学位）继续教育的扣除期限不能超过48个月。纳税人接受技能人员职业资格继续教育、专业技术人员职业资格继续教育的支出，在取得相关证书的当年，按照3 600元定额扣除。个人接受本科及以下学历（学位）继续教育，符合规定扣除条件的，可以选择由其父母扣除，也可以选择由本人扣除。纳税人接受技能人员职业资格继续教育、专业技术人员职业资格继续教育的，应当留存相关证书等资料备查。

（3）大病医疗。在一个纳税年度内，纳税人发生的与基本医保相关的医药费用支出，扣除医保报销后个人负担（指医保目录范围内的自付部分）累计超过15 000元的部分，由纳税人在办理年度汇算清缴时，在80 000元限额内据实扣除。纳税人发生的医药费用支出可以选择由本人或者其配偶扣除；未成年子女发生的医药费用支出可以选择由其父母一方扣除。纳税人及其配偶、未成年子女发生的医药费用支出，按规定分别计算扣除额。

纳税人应当留存医药服务收费及医保报销相关票据原件(或者复印件)等资料备查。医疗保障部门应当向患者提供在医疗保障信息系统记录的本人年度医药费用信息查询服务。

(4) 住房贷款利息。纳税人本人或者配偶单独或者共同使用商业银行或者住房公积金个人住房贷款为本人或者其配偶购买中国境内住房,发生的首套住房贷款利息支出,在实际发生贷款利息的年度,按照每月 1 000 元的标准定额扣除,扣除期限最长不超过 240 个月。纳税人只能享受一次首套住房贷款的利息扣除。所谓首套住房贷款,是指购买住房享受首套住房贷款利率的住房贷款。经夫妻双方约定,可以选择由其中一方扣除,具体扣除方式在一个纳税年度内不能变更。夫妻双方婚前分别购买住房发生的首套住房贷款,其贷款利息支出,婚后可以选择其中一套购买的住房,由购买方按扣除标准的 100% 扣除,也可以由夫妻双方对各自购买的住房分别按扣除标准的 50% 扣除,具体扣除方式在一个纳税年度内不能变更。纳税人应当留存住房贷款合同、贷款还款支出凭证备查。

(5) 住房租金。纳税人在主要工作城市没有自有住房而发生的住房租金支出,可以按照以下标准定额扣除:直辖市、省会(首府)城市、计划单列市以及国务院确定的其他城市,扣除标准为每月 1 500 元;上述城市以外,市辖区户籍人口超过 100 万的城市,扣除标准为每月 1 100 元;市辖区户籍人口不超过 100 万的城市,扣除标准为每月 800 元。纳税人的配偶在纳税人的主要工作城市有自有住房的,视同纳税人在主要工作城市有自有住房。市辖区户籍人口,以国家统计局公布的数据为准。上述所称主要工作城市是指纳税人任职受雇的直辖市、计划单列市、副省级城市、地级市(地区、州、盟)全部行政区域范围;纳税人无任职受雇单位的,为受理其综合所得汇算清缴的税务机关所在城市。夫妻双方主要工作城市相同的,只能由一方扣除住房租金支出。住房租金支出由签订租赁住房合同的承租人扣除。纳税人及其配偶在一个纳税年度内不能同时分别享受住房贷款利息和住房租金专项附加扣除。纳税人应当留存住房租赁合同、协议等有关资料备查。

(6) 赡养老人。纳税人赡养一位及以上被赡养人的赡养支出,统一按照以下标准定额扣除:① 纳税人为独生子女的,按照每月 2 000 元的标准定额扣除。② 纳税人为非独生子女的,由其与兄弟姐妹分摊每月 2 000 元的扣除额度,每人分摊的额度不能超过每月 1 000元,可以由赡养人均摊或者约定分摊,也可以由被赡养人指定分摊。约定或者指定分摊的须签订书面分摊协议,指定分摊优先于约定分摊。具体分摊方式和额度在一个纳税年度内不能变更。被赡养人是指年满 60 岁的父母,以及子女均已去世的年满 60 岁的祖父母、外祖父母。

4) 其他扣除

其他扣除是指其他经国务院及税务主管机关批准,允许在税前扣除的项目。

《中华人民共和国个人所得税法实施条例》第十三条规定:"个人所得税法第六条第一款第一项所称依法确定的其他扣除,包括个人缴付符合国家规定的企业年金、职业年金,个人购买符合国家规定的商业健康保险、税收递延型商业养老保险的支出,以及国务院规定可以扣除的其他项目。”

(1) 按照《财政部　人力资源社会保障部　国家税务总局关于企业年金　职业年金个人所得税有关问题的通知》(财税〔2013〕103号)规定，职业年金在规定的标准(单位8%，个人4%)内允许在税前扣除。

(2) 对个人购买符合规定的商业健康保险产品的支出，允许在当年(月)计算应税所得额时予以税前扣除，扣除限额为2 400元/年(200元/月)。单位统一为员工购买符合规定的商业健康保险产品的支出，应分别计入员工个人工资、薪金，视同个人购买，按上述限额予以扣除。

(3)《国家税务总局关于开展个人税收递延型商业养老保险试点有关征管问题的公告》(国家税务总局公告2018年第21号)规定，个人通过商业养老资金账户购买符合规定的商业养老保险产品的支出，允许在一定标准内税前扣除。记入个人商业养老资金账户的投资收益，暂不征收个人所得税。个人领取商业养老金时，再按规定征收个人所得税。

专项扣除、专项附加扣除和依法确定的其他扣除，以居民个人一个纳税年度的应税所得额为限额；一个纳税年度扣除不完的，不结转以后年度扣除。

(二) 非居民个人的工资、薪金所得

非居民个人的工资、薪金所得以每月收入额减除费用5 000元后的余额为应税所得额；劳务报酬所得、稿酬所得、特许权使用费所得，以每次收入额为应税所得额。

(三) 经营所得

经营所得以每一纳税年度的收入总额减除成本、费用和损失后的余额，为应税所得额。其中，成本、费用是指生产、经营活动中发生的各项直接支出和分配计入成本的间接费用以及销售费用、管理费用、财务费用；损失是指生产、经营活动中发生的固定资产和存货的盘亏、毁损、报废损失，转让财产损失，坏账损失，自然灾害等不可抗力因素造成的损失以及其他损失。

从事生产、经营活动，未提供完整、准确的纳税资料，不能正确计算应税所得额的，由主管税务机关核定应税所得额或者应纳税额。

(四) 财产租赁所得

财产租赁所得一般以个人每次取得的收入，定额或定率减除规定费用后的余额为应税所得额。每次收入不超过4 000元，定额减除费用800元；每次收入在4 000元以上，定率减除20%的费用。财产租赁所得以1个月内取得的收入为一次。

在确定财产租赁的应税所得额时，纳税人在出租财产过程中缴纳的税金和教育费附加，可持完税(缴款)凭证，从其财产租赁收入中扣除。准予扣除的项目除了规定费用和有关税、费外，还准予扣除能够提供有效、准确凭证，证明由纳税人负担的该出租财产实际开支的修缮费用。允许扣除的修缮费用，以每次800元为限。一次扣除不完的准予在下一次继续扣除，直到扣完为止。

(五) 财产转让所得

财产转让所得以转让财产的收入额减除财产原值和合理费用后的余额，为应税所得额。

财产转让收入是指纳税人有偿转让各类财产取得的收入，包括转让固定资产、生物资产、无形资产、股权、债权等财产取得的收入。

财产转让所得中允许减除的财产原值是指：

(1) 有价证券。其原值为买入价以及买入时按规定缴纳的有关费用。

(2) 建筑物。其原值为建造费或购进价格以及其他有关税费。

(3) 土地使用权。其原值为取得土地使用权所支付的金额、开发土地的费用以及其他有关税费。

(4) 机器设备、车船。其原值为购进价格、运输费、安装费以及其他有关费用。

(5) 其他财产。其原值参照以上方法确定。如果纳税人未提供完整、准确的财产原值凭证，不能正确计算财产原值，由主管税务机关核定其财产原值。

财产转让所得中允许减除的合理费用是指卖出财产时按照规定支付的有关费用。

(六) 利息、股息、红利所得和偶然所得

利息、股息、红利所得和偶然所得以每次收入额为应税所得额。

个人将其所得对教育、扶贫、济困等公益慈善事业进行捐赠，捐赠额未超过纳税人申报的应税所得额30%的部分，可以从其应税所得额中扣除；国务院规定对公益慈善事业捐赠实行全额税前扣除的，从其规定。

居民个人从中国境外取得的所得，可以从其应纳税额中抵免已在境外缴纳的个人所得税税额，但抵免额不得超过该纳税人境外所得依照本法规定计算的应纳税额。

第四节　个人所得税的减免

目前，我国个人所得税的减免优惠主要有三个方面：一是《个人所得税法》对有关项目的减免规定；二是各省、市、自治区人民政府根据税法规定确定的减免项目；三是国务院及国家税务主管机关根据授权确定的对某些项目给予的暂时性减免。

一、税法规定的减免项目

《个人所得税法》第四条规定，下列各项个人所得，免征个人所得税：

(1) 省级人民政府、国务院部委和中国人民解放军军以上单位，以及外国组织、国际组织颁发的科学、教育、技术、文化、卫生、体育、环境保护等方面的奖金。

（2）国债和国家发行的金融债券利息。这里所称国债利息，是指个人持有中华人民共和国财政部发行的债券而取得的利息；所称国家发行的金融债券利息，是指个人持有经国务院批准发行的金融债券而取得的利息。

（3）按照国家统一规定发给的补贴、津贴。这里所称补贴、津贴是指按照国务院规定发给的政府特殊津贴、院士津贴，以及国务院规定免予缴纳个人所得税的其他补贴、津贴。

（4）福利费、抚恤金、救济金。这里所称福利费是指根据国家有关规定，从企业、事业单位、国家机关、社会组织提留的福利费或者工会经费中支付给个人的生活补助费；所称救济金是指各级人民政府民政部门支付给个人的生活困难补助费。

（5）保险赔款。

（6）军人的转业费、复员费、退役金。

（7）按照国家统一规定发给干部、职工的安家费、退职费、基本养老金或者退休费、离休费、离休生活补助费。

（8）依照有关法律规定应予免税的各国驻华使馆、领事馆的外交代表、领事官员和其他人员的所得。这里所称依照有关法律规定应予免税的各国驻华使馆、领事馆的外交代表、领事官员和其他人员的所得，是指依照《中华人民共和国外交特权与豁免条例》和《中华人民共和国领事特权与豁免条例》规定免税的所得。

（9）中国政府参加的国际公约、签订的协议中规定免税的所得。

（10）国务院规定的其他免税所得。该所得由国务院报全国人民代表大会常务委员会备案。

二、省、市、自治区人民政府根据税法规定确定的减免项目

《个人所得税法》第五条规定，有下列情形之一的，可以减征个人所得税，具体幅度和期限，由省、自治区、直辖市人民政府规定，并报同级人民代表大会常务委员会备案：

（1）残疾、孤老人员和烈属的所得。

（2）因自然灾害遭受重大损失的。

三、国务院及国家税务主管机关根据税法规定确定的减免项目

（1）个人与用人单位解除劳动关系取得一次性补偿收入（包括用人单位发放的经济补偿金、生活补助费和其他补助费），在当地上年职工平均工资3倍数额以内的部分，免征个人所得税；超过3倍数额的部分，不并入当年综合所得，单独适用综合所得税率表，计算纳税。

（2）《财政部　国家税务总局关于地方政府债券利息免征所得税问题的通知》（财税

〔2013〕5号)，对企业和个人取得的2012年及以后年度发行的地方政府债券利息收入，免征企业所得税和个人所得税。其中，地方政府债券是指经国务院批准同意，以省、自治区、直辖市和计划单列市政府为发行和偿还主体的债券。

(3) 居民个人银行储蓄存款孳生的利息，根据时间不同各有区别。储蓄存款在1999年10月31日前孳生的利息，不征收个人所得税；储蓄存款在1999年11月1日至2007年8月14日孳生的利息，按照20%的税率征收个人所得税；储蓄存款在2007年8月15日至2008年10月8日孳生的利息，按照5%的税率征收个人所得税；储蓄存款在2008年10月9日后(含10月9日)孳生的利息，暂免征收个人所得税。

(4) 对境内股票转让所得暂不征收个人所得税。

(5) 职工个人以股份形式取得的仅作为分红依据、不拥有所有权的企业量化资产，不征收个人所得税；对职工个人以股份形式取得的拥有所有权的企业量化资产，暂缓征收个人所得税；待个人将股份转让时，就其转让收入额，减除个人取得该股份时实际支付的费用支出和合理转让费用后的余额，按"财产转让所得"项目计征个人所得税。

(6) 为促进全国中小企业股份转让系统(以下简称"新三板")长期稳定发展，《财政部　国家税务总局　中国证券监督管理委员会关于个人转让全国中小企业股份转让系统挂牌公司股票有关个人所得税政策的通知》(财税〔2018〕137号)规定，自2018年11月1日(含)起，对个人转让新三板挂牌公司非原始股取得的所得，暂免征收个人所得税。所谓非原始股，是指个人在新三板挂牌公司挂牌后取得的股票，以及由上述股票孳生的送、转股。

(7)《财政部　国家税务总局　证监会关于上市公司股息红利差别化个人所得税政策有关问题的通知》(财税〔2015〕101号)规定，个人从公开发行和转让市场取得的上市公司股票，持股期限超过1年的，股息红利所得暂免征收个人所得税。

个人从公开发行和转让市场取得的上市公司股票，持股期限在1个月以内(含1个月)的，其股息红利所得全额计入应税所得额；持股期限在1个月以上至1年(含1年)的，暂减按50%计入应税所得额；上述所得统一适用20%的税率计征个人所得税。

上市公司派发股息红利时，对个人持股1年以内(含1年)的，上市公司暂不扣缴个人所得税；待个人转让股票时，证券登记结算公司根据其持股期限计算应纳税额，由证券公司等股份托管机构从个人资金账户中扣收并划付证券登记结算公司，证券登记结算公司应于次月5个工作日内划付上市公司，上市公司在收到税款当月的法定申报期内向主管税务机关申报缴纳。

(8) 对个人转让自用5年以上、并且是家庭唯一生活用房取得的所得，免征个人所得税。

(9) 为支持粤港澳大湾区建设，《财政部　税务总局关于粤港澳大湾区个人所得税优惠政策的通知》(财税〔2019〕31号)规定，自2019年1月1日起至2023年12月31日止，对广东省广州市、深圳市、珠海市、佛山市、惠州市、东莞市、中山市、江门市和肇庆市等大湾区珠三角九市，按内地与香港个人所得税税负差额，对在大湾区工作的境外(含港澳台，下同)高端人才和紧缺人才给予补贴，该补贴免征个人所得税。

(10) 个人购买社会福利有奖募捐奖券、福利赈灾彩票及体育彩票一次中奖收入不超过1万元的，暂免征收个人所得税，超过1万元的按全额征税。

第五节　应纳个人所得税的计算

由于个人所得税采取分项计税的办法，每项个人所得的特点各有不同，计征方法、适用税率、费用扣除范围及标准不尽相同，应纳所得税额的计算方法存在差异。

一、居民个人综合所得应纳税额的计算

首先，工资、薪金所得全额计入收入额；劳务报酬所得、特许权使用费所得的收入为实际取得劳务报酬、特许权使用费收入的80%；稿酬所得的收入在扣除20%费用的基础上，在减按70%计入，即稿酬所得的收入额为实际稿酬收入的56%。

其次，居民个人的综合所得，以每一纳税年度的收入额减除费用60 000元以及专项扣除、专项附加扣除和依法确定的其他扣除后的余额，为应税所得额。

《个人所得税法》规定，居民个人取得综合所得，按年计算个人所得税；有扣缴义务人的，由扣缴义务人按月或者按次预扣预缴税款。

(一) 按年计征应纳税额的计算

居民纳税人综合所得应纳税额的计算公式为：

应纳税额＝全年应税所得额×适用税率－速算扣除数

＝(全年收入－60 000－专项扣除－专项附加扣除－享受的其他扣除)×适用税率－速算扣除数

【例9-1】 假定居民个人张某2019年扣除“四险一金”后共取得含税工资收入15万元，除住房贷款专项附加扣除外，该纳税人不享受其他扣除。试计算其当年应纳个人所得税税额。

解：(1) 全年应税所得额＝150 000－60 000－12 000＝78 000(元)

(2) 应纳税额＝78 000×10%－2 520＝5 280(元)

【例9-2】 假定居民个人李某为独生子女，2019年缴纳社保和住房公积金后获得税前工资收入25万元，劳务报酬3万元，稿酬1万元。该纳税人有两个小孩且由其扣除子女教育专项附加，另外有属首套住房贷款专项附加扣除，纳税人的父母健在且均年满60

岁。试计算其当年应纳个人所得税税额。

解：(1) 全年应税所得额＝250 000＋30 000×(1－20%)＋10 000×(1－20%)×70%－60 000－12 000－12 000－24 000＝279 600－108 000＝171 600(元)

(2) 应纳税额＝171 600×20%－16 920＝17 400(元)

(二) 预扣预缴税额的计算

《国家税务总局关于全面实施新个人所得税法若干征管衔接问题的公告》(国家税务总局公告2018年第56号)规定，扣缴义务人向居民个人支付工资、薪金所得时，应当按照累计预扣法计算预扣税款，并按月办理全员全额扣缴申报。扣缴义务人向居民个人支付劳务报酬所得、稿酬所得、特许权使用费所得，按次或者按月预扣预缴个人所得税。

根据上述规定，2019年1月1日后，每月发放工资时或每次取得劳务报酬所得、稿酬所得、特许权使用费所得时，扣缴税款将由现行代扣代缴改变为预扣预缴。预扣预缴方法是一种预先计算扣缴税款的方法，具体是根据个人全年取得的总的综合所得收入、专项附加扣除等扣除项目金额，计算其应纳税款。对日常多预缴的税款，年度终了纳税人办理汇算清缴申报、申请退税，税务机关将及时、足额退还。

1. 工资、薪金所得预扣预缴税款计算方法——累计预扣法

(1) 累计预扣法的定义。累计预扣法是指扣缴义务人在一个纳税年度内，以截至当前月份累计支付的工资薪金所得收入额减除累计基本减除费用、累计专项扣除、累计专项附加扣除和依法确定的累计其他扣除后的余额为预缴应税所得额，对照综合所得税率表，计算出累计应预扣预缴税额，减除已预扣预缴税额后的余额，作为本期应预扣预缴税额。

(2)累计预扣法的具体计算公式。

本期应预扣预缴税额＝(累计预扣预缴应税所得额×预扣率－速算扣除数)
－累计减免税额－累计已预扣预缴税额

累计预扣预缴应税所得额＝累计收入－累计免税收入－累计减除费用－累计专项扣除
－累计专项附加扣除－累计依法确定的其他扣除

其中：累计减除费用，按照5 000元/月乘以纳税人当年截至本月在本单位的任职受雇月份数计算。

上述公式中，计算居民个人工资、薪金所得预扣预缴税额的预扣率、速算扣除数，按《个人所得税预扣率表》(见表9－4)执行。

【例9－3】 某职员2015年入职，2019年每月应发工资均为30 000元，每月减除费用5 000元，"三险一金"等专项扣除为4 500元，享受子女教育、赡养老人两项专项附加扣除共计2 000元，没有减免收入及减免税额等情况，试计算该职员2019年前3个月各月

应预扣预缴税额。

解：1月份应预扣预缴税额＝(30 000－5 000－4 500－2 000)×3% ＝ 555(元)

2月份应预扣预缴税额＝(30 000×2－5 000×2－4 500×2－2 000×2)×10% －2 520 －555 ＝625(元)

3月份应预扣预缴税额＝(30 000×3－5 000×3－4 500×3－2 000×3)×10% －2 520 －555－625 ＝1 850(元)

上述计算结果表明，由于2月份累计预扣预缴应税所得额为37 000元，已适用10%的税率，因此2月份和3月份应预扣预缴有所增高。

2. 劳务报酬所得、稿酬所得、特许权使用费所得预扣预缴税款计算方法

扣缴义务人向居民个人支付劳务报酬所得、稿酬所得、特许权使用费所得，按次或者按月预扣预缴个人所得税。具体预扣预缴方法如下：

劳务报酬所得、稿酬所得、特许权使用费所得以收入减除费用后的余额为收入额。其中，稿酬所得的收入额减按70%计算。

减除费用：劳务报酬所得、稿酬所得、特许权使用费所得每次收入不超过4 000元的，减除费用按800元计算；每次收入在4 000元以上的，减除费用按20%计算。

应税所得额：劳务报酬所得、稿酬所得、特许权使用费所得，以每次收入额为预扣预缴应税所得额。

劳务报酬所得适用20%～40%的超额累进预扣率(见表9－5)，稿酬所得、特许权使用费所得适用20%的比例预扣率。其计算公式为：

劳务报酬所得应预扣预缴税额＝预扣预缴应税所得额×预扣率－速算扣除数

稿酬所得、特许权使用费所得应预扣预缴税额＝预扣预缴应税所得额×20%

居民个人取得劳务报酬所得、稿酬所得、特许权使用费所得，按前款方法预扣预缴税款后，应当在年度终了后与工资、薪金所得合并计税，进行汇算清缴，多退少补。

【例9－4】 假如某居民个人取得劳务报酬所得2 000元。试计算这笔所得应预扣预缴税额。

解：收入额＝2 000－800＝1 200(元)

应预扣预缴税额＝1 200×20%＝240(元)

【例9－5】 假如某居民个人取得稿酬所得40 000元。试计算这笔所得应预扣预缴税额。

解：收入额＝(40 000－40 000×20%)×70%＝22 400(元)

应预扣预缴税额＝22 400×20%＝4 480(元)

【例9－6】 李先生在甲企业任职，2019年1～12月每月在甲企业取得工资、薪金收入16 000元，无免税收入，每季度最后1个月取得30 000元季度考核奖金收入；每月缴纳

“四险一金”3 200 元，每月可以办理的专项附加扣除为 3 000 元，无其他扣除。另外，2019 年 3 月，李先生取得劳务报酬收入 3 000 元，稿酬收入 2 000 元；6 月，李先生取得劳务报酬收入 30 000 元，特许权使用费收入 2 000 元。试计算以下项目金额：

（1）甲企业在发放工资时应预扣预缴的个人所得税。

（2）相关单位在支付劳务报酬、稿酬及特许权使用费时应预扣预缴的个人所得税。

（3）李先生 2019 年全年年终汇算清缴应退应补税额。

解：（1）甲企业在发放工资时应预扣预缴个人所得税的计算如下：

A. 2019 年 1 月：

1 月累计预扣预缴应税所得额＝累计收入－累计免税收入－累计基本减除费用－累计专项扣除－累计专项附加扣除－累计依法确定的其他扣除＝16 000－5 000－3 200－3 000＝4 800（元）

1 月应预扣预缴税额＝（累计预扣预缴应税所得额×预扣率－速算扣除数）－累计减免税额－累计已预扣预缴税额＝4 800×3%＝144（元）

B. 2019 年 2 月：

2 月累计预扣预缴应税所得额＝累计收入－累计免税收入－累计基本减除费用－累计专项扣除－累计专项附加扣除－累计依法确定的其他扣除＝16 000×2－5 000×2－3 200×2－3 000×2＝9 600（元）

2 月应预扣预缴税额＝（累计预扣预缴应税所得额×预扣率－速算扣除数）－累计减免税额－累计已预扣预缴税额＝9 600×3%－144＝288－144＝144（元）

2019 年 2 月，甲企业在发放工资环节按照上述规则计算并预扣个人所得税 144 元。

以此类推，可计算得出李先生 2019 年各月个人所得税预扣预缴情况明细表（见表 9－6）。

表 9－6　　2019 年 1～12 月工资、薪金个人所得税预扣预缴计算表　　单位：元

月份	工资、薪金收入	季度奖金	费用扣除标准	专项扣除	专项附加扣除	应税所得额	税率	速算扣除数	累计应纳税额	当月应纳税额
1 月	16 000		5 000	3 200	3 000	4 800	3%	0	144	144
2 月	16 000		5 000	3 200	3 000					
累计	32 000		10 000	6 400	6 000	9 600	3%	0	288	144
3 月	16 000	30 000	5 000	3 200	3 000					
累计	48 000	30 000	15 000	9 600	9 000	44 400	10%	2 520	1 920	1 632
4 月	16 000		5 000	3 200	3 000					
累计	64 000	30 000	20 000	12 800	12 000	49 200	10%	2 520	2 400	480

（续表）

月份	工资、薪金收入	季度奖金	费用扣除标准	专项扣除	专项附加扣除	应税所得额	税率	速算扣除数	累计应纳税额	当月应纳税额
5月	16 000		5 000	3 200	3 000					
累计	80 000	30 000	25 000	16 000	15 000	54 000	10%	2 520	2 880	480
6月	16 000	30 000	5 000	3 200	3 000					
累计	96 000	60 000	30 000	19 200	18 000	88 800	10%	2 520	6 360	3 480
7月	16 000		5 000	3 200	3 000					
累计	112 000	60 000	35 000	22 400	21 000	93 600	10%	2 520	6 840	480
8月	16 000		5 000	3 200	3 000					
累计	128 000	60 000	40 000	25 600	24 000	98 400	10%	2 520	7 320	480
9月	16 000	30 000	5 000	3 200	3 000					
累计	144 000	90 000	45 000	28 800	27 000	133 200	10%	2 520	10 800	3 480
10月	16 000		5 000	3 200	3 000					
累计	160 000	90 000	50 000	32 000	30 000	138 000	10%	2 520	11 280	480
11月	16 000		5 000	3 200	3 000					
累计	176 000	90 000	55 000	35 200	33 000	142 800	10%	2 520	11 760	480
12月	16 000	30 000	5 000	3 200	3 000					
累计	192 000	120 000	60 000	38 400	36 000	177 600	20%	16 920	18 600	6 840

（2）相关单位在支付劳务报酬、稿酬及特许权使用费时应预扣预缴个人所得税的计算如下：

A. 2019年3月：获得劳务报酬所得3 000元，稿酬所得2 000元，均应预缴个人所得税。

劳务报酬所得应预缴个人所得税＝(3 000－800)×20%＝440(元)

稿酬所得应预缴个人所得税＝(2 000－800)×(1－30%)×20%＝168(元)

B. 2019年6月：取得劳务报酬30 000元、特许权使用费所得2 000元，均应预缴个人所得税。

劳务报酬收入预扣预缴个人所得税＝[30 000×(1－20%)]×30%－2 000＝5 200(元)

特许权使用费所得预扣预缴个人所得税＝(2 000－800)×20%＝240(元)

(3) 李先生2019年全年年终汇算清缴应退应补税额的计算如下：

个人所得税为年终汇算清缴，多退少补。

收入额＝工资、薪金收入额＋劳务报酬收入额＋稿酬收入额＋特许权使用费收入额
　　＝(192 000＋120 000)＋(3 000＋30 000)×(1－20%)
　　　＋2 000×(1－20%)×70%＋2 000×(1－20%)＝341 120(元)

居民个人的综合所得，以每一纳税年度的收入额减除费用60 000元以及专项扣除、专项附加扣除和依法确定的其他扣除后的余额，为应税所得额。

应税所得额＝341 120－60 000－38 400－36 000＝206 720(元)

应纳税额＝206 720×20%－16 920＝24 424(元)

全年已预扣预缴税额＝18 600＋440＋168＋5 200＋240＝24 648(元)

应退税额＝24 648－24 424＝224(元)

二、非居民个人综合所得应纳税额的计算

非居民个人取得工资、薪金所得，劳务报酬所得，稿酬所得和特许权使用费所得，有扣缴义务人的，由扣缴义务人代扣代缴税款，不办理汇算清缴。

扣缴义务人向非居民个人支付工资、薪金所得，劳务报酬所得，稿酬所得和特许权使用费所得时，应当按以下方法按月或者按次代扣代缴个人所得税。

非居民个人的工资、薪金所得，以每月收入额减除费用5 000元后的余额为应税所得额；劳务报酬所得、稿酬所得、特许权使用费所得，以每次收入额为应税所得额。其中，劳务报酬所得、稿酬所得、特许权使用费所得以收入减除20%的费用后的余额为收入额。稿酬所得的收入额减按70%计算。

非居民个人综合所得采用7级超额累进税率(见表9-5)。其计算公式为：

非居民个人工资、薪金所得，劳务报酬所得，稿酬所得，特许权使用费所得应纳税额＝应税所得额×税率－速算扣除数

【例9-7】 假如某非居民个人取得劳务报酬所得20 000元。试计算其应扣缴税额。

解：　应扣缴税额＝(20 000－20 000×20%)×20%－1 410＝1 790(元)

【例9-8】 假如某非居民个人取得稿酬所得10 000元。试计算其应扣缴税额。

解：应扣缴税额＝(10 000－10 000×20%)×70%×10%－210＝350(元)

【例9-9】 2019年3月，某外商投资企业雇员丽莎(非居民个人)取得工资收入30 000元、劳务报酬收入15 000元、稿酬收入12 000元。请依照现行法规规定计算丽莎3月应纳的个人所得税。

解:(1) 应税所得额=30 000+15 000×(1-20%)+12 000×(1-20%)×70%-5 000=43 720(元)

(2) 3月应缴纳个人所得税=43 720×30%-4 410=8 706(元)

三、经营所得应纳税额的计算

经营所得采用5级超额累进税率(见表9-2),按年计征,分期预缴,年终汇算清缴。其应纳税额的计算公式为:

应纳税额=全年应纳税所得额×适用税率-速算扣除数

或: =(全年收入总额-成本、费用和损失)×适用税率-速算扣除数

(一) 个体工商户生产、经营所得应纳税额的计算

个体工商户的生产、经营所得,依据个体工商户的经营管理情况不同,其个人所得税的征收方式分为查账征收和核定征收。

1. 查账征收

查账征收要求个体工商户设置账簿,根据合法有效的凭证记账核算,在缴纳个税时先按照收入总额减去成本、费用及损失计算出应税所得额,然后按适用的税率计算缴纳个人所得税。实行查账征收的个体工商户按月预缴,年度终了后汇算清缴,多退少补。

2. 核定征收

核定征收与"个人独资企业和合伙企业生产经营所得"的核定征收方法相同,参见"个人独资企业和合伙企业生产经营所得"的核定征收方法介绍。此处重点介绍查账征收的方法。

个体工商户生产、经营所得应税所得额的计算,以权责发生制为原则,属于当期的收入和费用不论款项是否收付,均作为当期的收入和费用;不属于当期的收入和费用,即使款项已经在当期收付,均不作为当期收入和费用。财政部、国家税务总局另有规定的除外。《国家税务总局关于印发〈个体工商户个人所得税计税办法(试行)〉的通知》(国税发〔1997〕43号)的规定如下。

1) 计税基本规定

(1) 个体工商户的生产、经营所得,以每一纳税年度的收入总额,减除成本、费用、税金、损失、其他支出以及允许弥补的以前年度亏损后的余额,为应税所得额。

(2) 个体工商户从事生产经营以及与生产经营有关的活动(以下简称"生产经营")取得的货币形式和非货币形式的各项收入,为收入总额(包括销售货物收入、提供劳务收入、转让财产收入、利息收入、租金收入、接受捐赠收入、其他收入等)。其中,其他收入包括个体工商户资产盈余收入、逾期1年以上的未退包装物押金收入、确实无法偿付的应付款项、已作坏账损失处理后又收回的应收款项、债务重组收入、补贴收入、违约金收入、汇兑

收益等。

(3) 成本是指个体工商户在生产经营活动中发生的销售成本、销货成本、业务支出和其他耗费。

(4) 费用是指个体工商户在生产经营活动中发生的销售费用、管理费用和财务费用,已经计入成本的有关费用除外。

(5) 税金是指个体工商户在生产经营活动中发生的除个人所得税和允许抵扣的增值税以外的各项税金及其附加。

(6) 损失是指个体工商户在生产经营活动中发生的固定资产和存货的盘亏、毁损、报废损失,转让财产损失,坏账损失,自然灾害等不可抗力因素造成的损失和其他损失。个体工商户发生的损失,减除责任人赔偿和保险赔款后的余额,参照财政部、国家税务总局有关企业资产损失税前扣除的规定扣除。个体工商户已经作为损失处理的资产,在以后纳税年度又全部收回或者部分收回时,应当计入收回当期的收入。

(7) 其他支出是指除成本、费用、税金、损失外,个体工商户在生产经营活动中发生的与生产经营活动有关的、合理的支出。

(8) 个体工商户发生的支出应当区分收益性支出和资本性支出。收益性支出在发生当期直接扣除;资本性支出应当分期扣除或者计入有关资产成本,不得在发生当期直接扣除。其中,支出是指与取得收入直接相关的支出。除税收法律法规另有规定外,个体工商户实际发生的成本、费用、税金、损失和其他支出,不得重复扣除。

(9) 个体工商户下列支出不得扣除:个人所得税税款;税收滞纳金、罚金、罚款和被没收财物的损失;不符合扣除规定的捐赠支出;赞助支出;用于个人和家庭的支出;与取得生产经营收入无关的其他支出;国家税务总局规定不准扣除的支出。这里所称赞助支出,是指个体工商户发生的与生产经营活动无关的各种非广告性质支出。

(10) 个体工商户生产经营活动中,应当分别核算生产经营费用和个人、家庭费用。对于生产经营与个人、家庭生活混用难以分清的费用,其40%视为与生产经营有关费用,准予扣除。

(11) 个体工商户纳税年度发生的亏损,准予向以后年度结转,用以后年度的生产经营所得弥补,但结转年限最长不得超过5年。

(12) 个体工商户使用或者销售存货,按照规定计算的存货成本,准予在计算应税所得额时扣除。

(13) 个体工商户转让资产,该项资产的净值准予在计算应税所得额时扣除。

(14) 亏损是指个体工商户依照税法规定计算的应税所得额小于的数额。

(15) 个体工商户与企业联营而分得的利润,按利息、股息、红利所得项目征收个人所得税。

(16) 个体工商户和从事生产、经营的个人,取得与生产、经营活动无关的各项应税所得，应按规定分别计算征收个人所得税。

2）扣除项目及标准

（1）个体工商户实际支付给从业人员的、合理的工资薪金支出，准予扣除。个体工商户业主的费用扣除标准，确定为60 000元/年。个体工商户业主的工资薪金支出不得在税前扣除。

（2）个体工商户按照国务院有关主管部门或者省级人民政府规定的范围和标准为其业主和从业人员缴纳的基本养老保险费、基本医疗保险费、失业保险费、生育保险费、工伤保险费和住房公积金，准予扣除。

个体工商户为从业人员缴纳的补充养老保险费、补充医疗保险费，分别在不超过从业人员工资总额5%标准内的部分据实扣除；超过部分，不得扣除。

个体工商户业主本人缴纳的补充养老保险费、补充医疗保险费，以当地（地级市）上年度社会平均工资的3倍为计算基数，分别在不超过该计算基数5%标准内的部分据实扣除；超过部分，不得扣除。

（3）除个体工商户依照国家有关规定为特殊工种从业人员支付的人身安全保险费和财政部、国家税务总局规定可以扣除的其他商业保险费外，个体工商户业主本人或者为从业人员支付的商业保险费，不得扣除。

（4）个体工商户在生产经营活动中发生的合理的不需要资本化的借款费用，准予扣除。个体工商户为购置、建造固定资产、无形资产和经过12个月以上的建造才能达到预定可销售状态的存货发生借款的，在有关资产购置、建造期间发生的合理的借款费用，应当作为资本性支出，计入有关资产的成本，按规定扣除。

（5）个体工商户在生产经营活动中发生的下列利息支出，准予扣除：向金融企业借款的利息支出；向非金融企业和个人借款的利息支出，不超过按照金融企业同期同类贷款利率计算的数额的部分。

（6）个体工商户在货币交易中，以及纳税年度终了时将人民币以外的货币性资产、负债按照期末即期人民币汇率中间价折算为人民币时产生的汇兑损失，除已经计入有关资产成本部分外，准予扣除。

（7）个体工商户向当地工会组织拨缴的工会经费、实际发生的职工福利费支出、职工教育经费支出分别在工资、薪金总额的2%、14%、2.5%的标准内据实扣除。其中，工资、薪金总额是指允许在当期税前扣除的工资、薪金支出数额。

个体工商户业主本人向当地工会组织缴纳的工会经费、实际发生的职工福利费支出、职工教育经费支出，以当地（地级市）上年度社会平均工资的3倍为计算基数，在规定比例内据实扣除。

职工教育经费的实际发生数额超出规定比例当期不能扣除的数额，准予在以后纳税年度结转扣除。

(8) 个体工商户发生的与生产经营活动有关的业务招待费,按照实际发生额的60%扣除,但最高不得超过当年销售(营业)收入的5‰。业主自申请营业执照之日起至开始生产经营之日止所发生的业务招待费,按照实际发生额的60%计入个体工商户的开办费。

(9) 个体工商户每一纳税年度发生的与其生产经营活动直接相关的广告费和业务宣传费不超过当年销售(营业)收入15%的部分,可以据实扣除;超过部分,准予在以后纳税年度结转扣除。

(10) 个体工商户代其从业人员或者他人负担的税款,不得税前扣除。

(11) 个体工商户按照规定缴纳的摊位费、行政性收费、协会会费等,按实际发生数额扣除。

(12) 个体工商户根据生产经营活动的需要租入固定资产支付的租赁费,按照以下方法扣除:以经营租赁方式租入固定资产发生的租赁费支出,按照租赁期限均匀扣除;以融资租赁方式租入固定资产发生的租赁费支出,按照规定构成融资租入固定资产价值的部分应当提取折旧费用,分期扣除。

(13) 个体工商户参加财产保险,按照规定缴纳的保险费,准予扣除。

(14) 个体工商户发生的合理的劳动保护支出,准予扣除。

(15) 个体工商户自申请营业执照之日起至开始生产经营之日止所发生的符合本办法规定的费用,除为取得固定资产、无形资产的支出,以及应计入资产价值的汇兑损益、利息支出外,作为开办费,个体工商户可以选择在开始生产经营的当年一次性扣除,也可自生产经营月份起在不短于3年期限内摊销扣除,但一经选定,不得改变。开始生产经营之日为个体工商户取得第一笔销售(营业)收入的日期。

(16) 个体工商户通过公益性社会团体或者县级以上人民政府及其部门,用于《中华人民共和国公益事业捐赠法》规定的公益事业的捐赠,捐赠额不超过其应税所得额30%的部分可以据实扣除。财政部、国家税务总局规定可以全额在税前扣除的捐赠支出项目,按有关规定执行。个体工商户直接对受益人的捐赠不得扣除。公益性社会团体的认定,按照财政部、国家税务总局、民政部有关规定执行。

(17) 个体工商户研究开发新产品、新技术、新工艺所发生的开发费用,以及研究开发新产品、新技术而购置单台价值在10万元以下的测试仪器和试验性装置的购置费准予直接扣除;单台价值在10万元以上(含10万元)的测试仪器和试验性装置,按固定资产管理,不得在当期直接扣除。

【例9-10】 某小型运输公司系个体工商户,账证健全。2019年12月,该公司取得经营收入320 000元,准许扣除的当月成本、费用(不含业主工资)及相关税金共计250 600元。2019年1~11月,该公司累计应税所得额为88 400元(未扣除业主费用),1~11月累计已预缴个人所得税10 200元。除经营所得外,业主本人没有其他收入,且

2019 年全年均享受赡养老人一项专项附加扣除 24 000 元。假定不考虑专项扣除和符合税法规定的其他扣除，请计算该个体工商户就 2019 年度汇算清缴时应申请的个人所得税退税额。

解：全年应纳税所得＝320 000－250 600＋88 400－60 000－24 000＝73 800(元)

全年应纳个人所得税＝73 800×10％－1 500＝5 880(元)

该个体工商户 2019 年度应申请的个人所得税退税额＝5 880－10 200
＝4 320(元)

(二) 个人独资企业和合伙企业投资者的生产、经营所得应纳税额的计算

对个人独资企业和合伙企业生产经营所得，其个人所得税应纳税额的计算有以下两种方法。

1. 查账征税

(1) 自 2019 年 1 月 1 日起，个人独资企业和合伙企业投资者的生产经营所得依法计征个人所得税时，个人独资企业和合伙企业投资者本人的费用扣除标准统一确定为 60 000元/年，即 5 000 元/月。投资者的工资不得在税前扣除。

(2) 投资者及其家庭发生的生活费用不允许在税前扣除。投资者及其家庭发生的生活费用与企业生产经营费用混合在一起，并且难以划分的，全部视为投资者个人及其家庭发生的生活费用，不允许在税前扣除。

(3) 企业生产经营和投资者及其家庭生活共用的固定资产，难以划分的，由主管税务机关根据企业的生产经营类型、规模等具体情况，核定准予在税前扣除的折旧费用的数额或比例。

(4) 企业向其从业人员实际支付的合理的工资、薪金支出，允许在税前据实扣除。

(5) 企业拨缴的工会经费、发生的职工福利费、职工教育经费支出分别在工资、薪金总额 2％、14％、2.5％的标准内据实扣除。

(6) 每一纳税年度发生的广告费和业务宣传费用不超过当年销售(营业)收入 15％的部分，可据实扣除；超过部分，准予在以后纳税年度结转扣除。

(7) 每一纳税年度发生的与其生产经营业务直接相关的业务招待费支出，按照发生额的 60％扣除，但最高不得超过当年销售(营业)收入的 5‰。

(8) 企业计提的各种准备金不得扣除。

(9) 投资者兴办两个或两个以上企业，并且企业性质全部是独资的，年度终了后，汇算清缴时，应纳税款的计算按以下方法进行：汇总其投资兴办的所有企业的经营所得作为应税所得额，以此确定适用税率，计算出全年经营所得的应纳税额，再根据每个企业的经营所得占所有企业经营所得的比例，分别计算出每个企业的应纳税额和应补缴税额。计算公式为：

应税所得额 $=\sum$ 各个企业的经营所得

应纳税额 = 应税所得额 × 税率 − 速算扣除数

本企业应纳税额 = 应纳税额 × 本企业的经营所得 ÷ $\sum$ 各个企业的经营所得

本企业应补缴的税额 = 本企业应纳税额 − 本企业预缴的税额

(10) 投资者兴办两个或两个以上企业的，根据上述规定准予扣除的个人费用，由投资者选择在其中一个企业的生产经营所得中扣除。

(11) 企业的年度亏损，允许用本企业下一年度的生产经营所得弥补，下一年度所得不足弥补的，允许逐年延续弥补，但最长不得超过 5 年。投资者兴办两个或两个以上企业的，企业的年度经营亏损不能跨企业弥补。

(12) 投资者来源于中国境外的生产经营所得，已在境外缴纳所得税的，可以按照个人所得税法的有关规定计算扣除已在境外缴纳的所得税。

2. 核定征收

核定征收方式包括定期定额征收方式、核定应税所得率征收方式和其他合理的征收方式。

1) 核定征收的情形

有下列情形之一的，主管税务机关应采取核定征收方式征收个人所得税。

(1) 企业依照国家有关规定应当设置但未设置账簿的。

(2) 企业虽设置账簿，但账目混乱或者成本资料、收入凭证、费用凭证残缺不全难以查账的。

(3) 纳税人发生纳税义务，未按照规定的期限办理纳税申报，经税务机关责令限期申报，逾期仍不申报的。

企业经营多业的，无论其经营项目是否单独核算，均应根据其主营项目确定其适用的应税所得率。

2) 定期定额征收方式

定期定额征收方式是对没有设置账簿的个体工商户，税务机关依法按程序核定纳税人在一定经营时期内的应纳税经营额或所得额，从而确定其应纳税额的征收方式。

3) 核定应税所得率征收方式

实行核定应税所得率征收方式的，应纳所得税额的计算公式为：

应纳所得税额＝应纳税所得×适用税率

应税所得额＝收入总额×应税所得率

或：＝成本费用支出额÷(1−应税所得率)×应税所得率

4) 核定征收的应税所得率

个人所得税核定征收应税所得率应按规定的标准执行(见表 9－7)。

表 9－7　　个人所得税核定征收应税所得率(各行业应税所得率)

行业	应税所得率
工业、商业、交通运输业	5%～20%
建筑业、房地产开发业	7%～20%
饮食服务业	7%～25%
娱乐业	20%～40%
其他行业	10%～30%

5）特殊规定

(1) 实行核定征收的投资者,不能享受个人所得税的优惠政策。

(2) 实行查账征税方式的个人独资企业和合伙企业改为核定征税方式后,在查账征税方式下认定的年度经营亏损未弥补完的部分,不得再继续弥补。

6）经营期不足 1 年的处理规定

个体工商户、个人独资企业和合伙企业因在纳税年度中间开业、合并、注销及其他原因,导致该纳税年度的实际经营期不足 1 年的,对个体工商户业主、个人独资企业投资者与合伙企业自然人和合伙人的生产经营所得计算个人所得税时,以其实际经营期为一个纳税年度。投资者本人的费用扣除标准,应按照其实际经营月份数,以每月 5 000 元的减除标准确定。计算公式为:

应税所得额＝全年度收入总额－成本、费用及损失－当年投资者本人的费用扣除额

当年投资者本人的费用扣除＝月减除费用(5 000 元/月)×当年实际经营月份

应纳税额＝应税所得额×税率－速算扣除数

7）税法的相关规定

此外,无论是查账征收的还是核定征税的个人独资企业和合伙企业,税法规定:

(1) 个人独资企业和合伙企业对外投资分回的利息或者股息、红利,不并入企业的收入,而应单独作为投资者个人取得的利息、股息、红利所得,按“利息、股息、红利所得”应税项目计算缴纳个人所得税。以合伙企业名义对外投资分回利息或者股息、红利的,应按规定确定各个投资者的利息或者股息、红利所得,分别按“利息、股息、红利所得”应税项目计算缴纳个人所得税;合伙企业的投资者按照合伙企业的全部生产经营所得和合伙协议约定的分配比例确定应税所得额,合伙协议没有约定分配比例的,以全部生产经营所得和合伙人数量平均计算每个投资者的应税所得额的规定,确定各个投资者的利息、股息、红利所得,分别按“利息、股息、红利所得”应税项目计算缴纳个人所得税。

(2) 残疾人员投资兴办或参与投资兴办个人独资企业和合伙企业的,残疾人员取得的经营所得,符合各省、自治区、直辖市人民政府规定的减征个人所得税条件的,经本人申

请、主管税务机关审核批准，可按各省、自治区、直辖市人民政府规定减征的范围和幅度，减征个人所得税。

(3) 企业进行清算时，投资者应当在注销工商登记之前，向主管税务机关结清有关税务事宜。企业的清算所得应当视为年度生产经营所得，由投资者依法缴纳个人所得税。这里所称清算所得，是指企业清算时的全部资产或者财产的公允价值扣除各项清算费用、损失、负债、以前年度留存的利润后，超过实缴资本的部分。

(4) 企业在纳税年度的中间开业，或者由于合并、关闭等原因，使该纳税年度的实际经营期不足 12 个月的，应当以其实际经营期为一个纳税年度。

【例 9-11】 李先生与合伙人在 A 市共同兴办了一家甲合伙企业，出资比例为 5∶5。2 020 年年初，李先生向其主管税务机关报送了 2019 年度的所得税申报表、会计决算报表和预缴个人所得税纳税凭证。该合伙企业年度会计报表反映：合伙企业 2019 年度的主营业务收入 70 万元，其他业务收入 10 万元，营业成本 43 万元，税金及附加 4 万元，销售费用 15.5 万元，管理费用 8.5 万元(其中包括业务招待费 1.35 万元)，营业外支出 5 万元，利润总额 8 万元。税务部门审核后，发现如下问题：

(1) 合伙企业在 2019 年度给每位合伙人支付工资 4.8 万元，已列支。

(2) 合伙企业每季度末向每位合伙人预付股利 0.5 万元，已列支。

(3) "销售费用"账户列支广告费 2.5 万元和业务宣传费 0.5 万元。

(4) 其他业务收入是甲合伙企业从被投资企业分回的红利。

(5) "营业外支出"账户中包括合伙企业被工商管理部门处以的罚款 2 万元。

李先生在 B 市另有乙合伙企业，按投资比例分得的 2019 年度应纳税所得 6.4 万元。经税务机关审核无调整事项。李先生选择从甲合伙企业中扣除投资者费用。试回答下列问题：

(1) 甲合伙企业可在税前列支的广告费及业务宣传费和业务招待费。

(2) 甲合伙企业的应税所得额。

(3) 李先生 2019 年度全年应缴个人所得税。

解：

(1) 广告费和业务宣传费：扣除限额 $=70\times15\%=10.5$(万元)，实际支出额 3 万元 $(2.5+0.5)$ 低于扣除限额，不需要调增应纳税所得额。

$$\text{业务招待费扣除限额}=70\times0.5\%=0.35(\text{万元})$$
$$\text{业务招待费的}\ 60\%=1.35\times60\%=0.81(\text{万元})$$

可在税前列支 0.35 万元，实际支出额为 1.35 万元，应调增应税所得额 1 万元。

按照税法规定，甲合伙企业可在所得税前列支的广告费及业务宣传费 3 万元，业务招待费 0.35 万元。

(2) 甲合伙企业应税所得额＝8＋4.8×2＋0.5×4×2＋1＋2－10＝14.6(万元)

(3) 李先生在甲合伙企业生产经营所得应税所得额＝14.6×50%－0.5×12＝1.3(万元)

2019 年度汇总计算的应税所得额＝6.4＋1.3＝7.7(万元)

全年应缴税额＝7.7×10%－0.15＋10×50%×20%＝1.62(万元)

(三) 对企事业单位承包经营、承租经营所得应纳税额的计算

对企事业单位承包经营、承租经营所得是以每一纳税年度的收入总额，减除必要费用后的余额，为应税所得额。其中，收入总额是指纳税人按照承包经营、承租经营合同规定分得的经营利润和工资、薪金性质的所得；减除必要费用是指按月减除 5 000 元，实际减除的是相当于个人的生计及其他费用。

对企事业单位承包经营、承租经营所得适用 5 级超额累进税率，以其应税所得额按适用税率计算应纳税额。其计算公式为：

应税所得额＝个人承包、承租经营收入总额－每月费用扣除标准×实际承包或承租月数

应纳税额＝应税所得额×适用税率－速算扣除数

【例 9-12】 假定范某 2019 年 1～12 月承包某商店，承包期限为 1 年，取得承包经营所得 200 000 元。此外，范某每月从该商店领取工资 12 000 元。试计算范某全年应纳的个人所得税。

解：全年应税所得额＝(200 000＋12×12 000)－12×5 000＝284 000(元)

全年应缴纳个人所得税额＝284 000×20%－10 500＝46 300(元)

实行承包、承租经营的纳税人，应以每一纳税年度的承包、承租经营所得计算纳税。纳税人在一个年度内分次取得承包、承租经营所得的，应在每次取得承包、承租经营所得时预缴税款，年终汇算清缴，多退少补。如果纳税人的承包、承租期在一个纳税年度内经营不足 12 个月，应以其实际承包、承租经营的期限为一个纳税年度计算纳税。计算公式为：

应税所得额＝该年度承包、承租经营收入额－(5 000×该年度实际承包、承租经营月份数)

应纳税额＝应税所得额×适用税率－速算扣除数

【例 9-13】 假定张某于 2019 年 3 月 1 日至 12 月 31 日承包某单位门市部，经营期限为 10 个月，取得经营收入总计 250 000 元，准许扣除的与经营收入相关的支出总计 102 000元(不含必要费用)。试计算张某承包经营所得应缴的个人所得税。

解：承包经营所得额＝250 000－102 000＝148 000(元)

承包经营应税所得额＝148 000－5 000×10＝98 000(元)

承包经营所得应缴纳个人所得税额＝98 000×20%－10 500＝9 100(元)

四、财产租赁所得应纳税额的计算

财产租赁所得以个人每次取得的收入，定额或定率减除规定费用后的余额为应税所得额，适用20%的比例税率，实行按次征收。其应纳税额的计算公式为：

应纳税额＝应税所得额×用税率

对个人按市场价格出租的居民住房取得的所得，自2 001年1月1日起暂减按10%的税率征收个人所得税。

个人出租财产取得的财产租赁收入，在计算缴纳个人所得税时，应依次扣除以下费用：① 财产租赁过程中缴纳的税金和国家能源交通重点建设基金、国家预算调节基金、教育费附加。② 由纳税人负担的该出租财产实际开支的修缮费用。③ 税法规定的基本费用扣除标准。

应税所得额的计算公式为：

(1) 每次(月)收入不超过4 000元的：

应税所得额＝每次(月)收入－准予扣除项目－修缮费用(以800元为限)－800

(2) 每次(月)收入超过4 000元的：

应税所得额＝[每次(月)收入额－准予扣除项目－修缮费用(以800元为限)]×(1－20%)

注意：基本费用扣除按每次收入扣除相关税费和维修费用后的余额确定扣除标准。

【例9-14】　刘某于2019年1月将其自有的面积为150平方米的公寓按市场价出租给张某居住。刘某每月取得租金收入4 500元，全年租金收入为54 000元。试计算刘某全年租金收入应纳的个人所得税(不考虑其他税费)。

解：对财产租赁收入以每月内取得的收入为一次，按市场价出租给个人居住适用10%的税率，因此，刘某每月及全年应纳税额的计算如下：

每月应纳税额＝4 500×(1－20%)×10%＝360(元)

全年应纳税额＝360×12＝4 320(元)

【例9-15】　承[例9-14]，假定2019年2月该公寓因下水道堵塞找人修理，发生修理费用1 000元，有维修部门的正式收据，则2月和3月应纳税额的计算如下：

解：　2月应纳税额＝[(4 500－800)－800]×10%＝290(元)

3月应纳税额＝(4 500－200)×(1－20%)×10%＝344(元)

在实际征税过程中，有时会出现财产租赁所得的纳税人不明确的情况。对此，在确定财产租赁所得纳税人时，应以产权凭证为依据；无产权凭证的，由主管税务机关根据实际情况确定纳税人。如果产权所有人死亡，在未办理产权继承手续期间，该财产出租且有租金收入的，以领取租金收入的个人为纳税人。

五、财产转让所得应纳税额的计算

财产转让所得以个人每次转让财产取得的收入额减除财产原值和相关税费后的余额为应税所得额。财产转让所得适用20%的比例税率。其应纳税额的计算公式为：

应纳税额＝应税所得额×适用税率

应税所得额＝每次收入额－财产原值－合理税费

这里所称“每次”，是指以一件财产的所有权一次转让所取得的收入为一次。

财产转让所得中允许减除的财产原值是指：

(1) 有价证券。其原值为买入价以及买入时按规定缴纳的有关费用。

(2) 建筑物。其原值为建造费或购进价格以及其他有关税费。

(3) 土地使用权。其原值为取得土地使用权所支付的金额、开发土地的费用以及其他有关税费。

(4) 机器设备、车船。其原值为购进价格、运输费、安装费，以及其他有关费用。

(5) 其他财产。其原值参照以上方法确定。如果纳税人未提供完整、准确的财产原值凭证，不能正确计算财产原值，由主管税务机关核定其财产原值。

财产转让所得中允许减除的合理费用是指卖出财产时按照规定支付的有关费用。

【例 9-16】 刘某于2019年2月将其在某地的两套住房中的一套转让给叶某，取得转让收入2 200 000元。该套住房购进时的原价为1 800 000元，转让时支付有关税费120 000元。试计算刘某转让房屋应纳的个人所得税。

解：应税所得额＝2 200 000－1 800 000－120 000＝280 000(元)

应纳税额＝280 000×20%＝56 000(元)

六、股利、利息、红利所得应纳税额的计算

利息、股息、红利所得以个人每次取得的收入额为应税所得额，不得从收入额中扣除任何费用。其中，每次取得的收入额是指支付单位或个人每次支付利息、股息、红利时，个人所取得的收入额。对于股份制企业在分配股息、红利时，以股票形式向股东个人支付应得的股息、红利(即派发红股)，应以派发红股的股票票面金额为收入额，计算征收个人所得税。

七、偶然所得应纳税额的计算

偶然所得和其他所得以个人每次取得的收入额为应税所得额，不扣除任何费用。除有特殊规定外，每次收入额就是应税所得额，以每次取得该项收入为一次。偶然所得适用

20%的比例税率，其应纳税额的计算公式为：

应纳税额＝应税所得额(每次收入额)×适用税率

八、其他情形的计税方法

(一) 居民个人全年一次性奖金应纳税额的计算

(1) 居民个人取得全年一次性奖金，符合《国家税务总局关于调整个人取得全年一次性奖金等计算征收个人所得税方法问题的通知》(国税发〔2005〕9号)规定的，2021年12月31日前，不并入当年综合所得，单独计算纳税。居民个人取得全年一次性奖金，也可以选择并入当年综合所得计算纳税。自2022年1月1日起，居民个人取得全年一次性奖金，应并入当年综合所得计算缴纳个人所得税。

所谓全年一次性奖金，是指行政机关、企事业单位等扣缴义务人根据其全年经济效益和对雇员全年工作业绩的综合考核情况，向雇员发放的一次性奖金，包括年终加薪、实行年薪制和绩效工资办法的单位根据考核情况兑现的年薪和绩效工资。

按照国税发〔2005〕9号规定，纳税人取得全年一次性奖金，单独作为1个月工资、薪金所得计算纳税，并按以下计税办法，由扣缴义务人发放时代扣代缴：先将雇员当月取得的全年一次性奖金，除以12个月，再按其商数确定适用税率和速算扣除数。

情形一：如果雇员当月工资、薪金所得高于(或等于)税法规定的费用扣除额的，适用公式为：

应纳税额＝雇员当月取得全年一次性奖金×适用税率－速算扣除数

【例9-17】 李四每月工资性收入为8 000元，年终获得全年一次性奖金38 000元。试计算李四全年一次性奖金应纳税额。

解：各月工资性收入应纳个人所得税(略)。

年终获得全年一次性奖金的个人所得税适用的税率：38 000÷12＝3 166.67元，其相对应的适用税率是10%，速算扣除数为210。

年终获得全年一次性奖金收入的个人所得税＝38 000×10%－210＝3 590(元)

情形二：如果在发放年终一次性奖金的当月，雇员当月工资、薪金所得低于税法规定的费用扣除额，应将全年一次性奖金减除“雇员当月工资、薪金所得与费用扣除额的差额”后的余额，按上述办法确定全年一次性奖金的适用税率和速算扣除数。适用公式为：

$$\text{应纳税额}=\left(\begin{matrix}\text{雇员当月取得}\\\text{全年一次性奖金}\end{matrix}-\begin{matrix}\text{雇员当月工资、薪金所得}\\\text{与费用扣除额的差额}\end{matrix}\right)\times\text{适用税率}-\text{速算扣除数}$$

【例9-18】 张三每月工资收入为3 000元，年终获得全年一次性奖金38 000元。试计算张三全年一次性奖金应纳税额。

解：当月工资性收入应纳个人所得税（略）。

纳税人张三获取全年一次性奖金的当月，其工资性所得仅为3 000元，不足以抵扣税法规定的基本费用5 000元的扣除标准，按照规定，可以从全年一次性奖金中减除当月工资、薪金所得与基本费用扣除额的差额，以扣除后的余额作为应税所得额计算全年一次性奖金应纳个人所得税。

年终获得全年一次性奖金的应税所得＝38 000－（5 000－3 000）＝36 000（元）

确定税率：36 000÷12＝3 000（元），适用税率和速算扣除数分别是3%和0。

应纳税额＝36 000×3%－0＝1 080（元）

在一个纳税年度内，对每一个纳税人，该计税办法只允许采用一次。

（二）境外已纳税额抵免的计税方法

我国个人所得税选择了居民管辖权和收入来源地管辖权双重征税。由于各国国情不同和税法规定差异，在对居民纳税人来源于境外的所得行使征税权时，容易造成对同一纳税人的同一所得构成重复征税。为了促进世界经济发展和各国之间的人员往来交流，减轻纳税人负担，我国借鉴国际惯例，采取了相应的避免国际重复征税的措施。

税法规定，居民个人从中国境外取得的所得，可以从其应纳税额中抵免已在境外缴纳的个人所得税税额，但抵免额不得超过该纳税人境外所得依照《个人所得税法》规定计算的应纳税额。

纳税人境外所得已在境外缴纳的个人所得税税额，是指居民个人来源于中国境外的所得，依照该所得来源国家（地区）的法律应当缴纳，并且实际已经缴纳的所得税税额。

纳税人境外所得依照税法规定计算的应纳税额，是指居民个人抵免已在境外缴纳的综合所得、经营所得以及其他所得的所得税税额的限额（以下简称“抵免限额”）。除国务院财政、税务主管部门另有规定外，来源于中国境外一个国家（地区）的综合所得抵免限额、经营所得抵免限额以及其他所得抵免限额之和，为来源于该国家（地区）所得的抵免限额。

我国个人所得税的抵免限额采用分国限额法，即分别来自不同国家或地区和不同应税项目，依照税法规定的费用减除标准和适用税率计算抵免限额。对于同一国家或地区的不同应税项目，以其各项的抵免限额之和作为来自该国或该地区所得的抵免限额。其计算公式为：

$$\text{来自某国或地区的抵免限额}=\sum\left(\text{来自某国或地区的某一应税项目的所得}-\text{费用减除标准}\right)\times\text{适用税率}-\text{速算扣除数}$$

或：

$$=\sum\left(\text{来自某国或地区的某一种应税项目的净所得境外实缴税额}-\text{费用减除标准}\right)\times\text{适用税率}-\text{速算扣除数}$$

式中：费用减除标准和适用税率，均指我国《个人所得税法》及其实施条例规定的有关费用减除标准和适用税率。不同的应税项目减除不同的费用标准，计算出的单项抵免限额相加后，求得来自一国或地区所得的抵免限额，即分国的抵免限额。不同国家之间的抵免限额不能相加。

居民个人在中国境外一个国家(地区)实际已经缴纳的个人所得税税额，低于按规定计算出的来源于该国家(地区)所得的抵免限额的，应当在中国缴纳差额部分的税款；超过来源于该国家(地区)所得的抵免限额的，其超过部分不得在本纳税年度的应纳税额中抵免，但是可以在以后纳税年度来源于该国家(地区)所得的抵免限额的余额中补扣。补扣期限最长不得超过5年。

居民个人申请抵免已在境外缴纳的个人所得税税额，应当提供境外税务机关出具的税款所属年度的有关纳税凭证。其计算公式为：

$$\text{应纳税额}=\sum\left(\text{来自某国成地区的所得}-\text{费用减除标准}\right)\times\text{适用税率}-\text{速算扣除数}-\text{允许抵免额}$$

【例9-19】 假定某中国居民个人2019年5月转让美国一套私有住房，取得420万元(折合人民币，下同)，该住房转让时发生的费用共计350万元，已被扣个人所得税12万元；同月，还从加拿大取得股息所得50万元，已被扣个人所得税6万元。经核查，境外完税凭证无误。试计算该居民个人境外所得在我国境内应补缴的个人所得税。

解：该纳税人上述来源于两国的所得应分国计算抵免限额。

来自美国所得的抵免限额＝(420－350)×20%＝14(万元)

来自加拿大所得的抵免限额＝50×20%＝10(万元)

由于该纳税人在美国和加拿大已被扣缴的所得税均不超过各自计算的抵免限额，故来自美国和加拿大所得的允许抵免分别为12万元和6万元，应在中国补缴税款。

应补缴个人所得税＝14－12＋10－6＝6(万元)

(三) 涉及捐赠扣除的计税方法

《个人所得税法》规定，个人将其所得对教育、扶贫、济困等公益慈善事业进行捐赠，捐赠额未超过纳税人申报的应税所得额30%的部分，可以从其应税所得额中扣除；国务院规定对公益慈善事业捐赠实行全额税前扣除的，从其规定。其中，个人将其所得对教育、扶贫、济困等公益慈善事业进行捐赠是指个人将其所得通过中国境内的公益性社会组织、国家机关向教育、扶贫、济困等公益慈善事业的捐赠；应税所得额是指计算扣除捐赠额之前的应税所得额。

一般捐赠额的扣除以不超过纳税人申报应税所得额的30%为限。其计算公式为：

捐赠扣除限额＝申报的应税所得额×30%

允许扣除的限额＝实际捐赠额≤捐赠扣除限额的部分

实际捐赠额大于捐赠扣除限额时，只能按捐赠扣除限额扣除。

应纳税额＝(应税所得额－允许免税的捐赠额)×适用税率－速算扣除数

【例9－20】 王某2019年取得偶然所得80 000元，将其中3 000元通过当地政府机关捐赠给某贫困山区。请依照现行税法规定计算王某取得偶然所得缴纳的个人所得税。

解：捐赠扣除限额＝80 000×30％＝24 000(元)

由于实际捐赠大于扣除限额，税前只能按扣除限领扣除，即可在税前扣除的公益性捐赠额为24 000元。

应纳的个人所得税＝(80 000－24 000)×20％＝11 200(元)

（四）企业年金和职业年金的计税问题

1. 企业年金和职业年金缴费的个人所得税处理

企业和事业单位(以下统称"单位")根据国家有关政策规定的办法和标准，为在本单位任职或者受雇的全体职工缴付的企业年金或职业年金(以下统称"年金")单位缴费部分，在记入个人账户时，个人暂不缴纳个人所得税。

个人根据国家有关政策规定缴付的年金个人缴费部分，在不超过本人缴费工资计税基数的4％标准内的部分，暂从个人当期的应税所得额中扣除。

超过规定的标准缴付的年金单位缴费和个人缴费部分，应并入个人当期的工资、薪金所得，依法计征个人所得税。税款由建立年金的单位代扣代缴，并向主管税务机关申报解缴。

企业年金个人缴费工资计税基数为本人上一年度月平均工资。月平均工资按国家统计局规定列入工资总额统计的项目计算。月平均工资超过职工工作地所在设区城市上一年度职工月平均工资300％以上的部分，不计入个人缴费工资计税基数。

职业年金个人缴费工资计税基数为职工岗位工资和薪级工资之和。职工岗位工资和薪级工资之和超过职工工作地所在设区城市上一年度职工月平均工资300％以上的部分，不计入个人缴费工资计税基数。

2. 年金基金投资运营收益的个人所得税处理

年金基金投资运营收益分配记入个人账户时，个人暂不缴纳个人所得税。

3. 领取年金的个人所得税处理

依照《财政部　人力资源社会保障部　国家税务总局关于企业年金　职业年金个人所得税有关问题的通知》(财税〔2013〕103号)规定，个人达到国家规定的退休年龄，在该通知实施之后按月领取的年金，全额按照"工资、薪金所得"项目适用的税率，计征个人所得税；在该通知实施之后按年或按季领取的年金，平均分摊计入各月，每月领取额全额按照"工资、薪金所得"项目适用的税率，计征个人所得税。

对单位和个人在该通知实施之前开始缴付年金缴费，个人在该通知实施之后领取年金的，允许其从领取的年金中减除在该通知实施之前缴付的年金单位缴费和个人缴费且已经缴纳个人所得税的部分，就其余额按照该通知规定征税。在个人分期领取年金的情况下，可按该通知实施之前缴付的年金缴费金额占全部缴费金额的百分比减计当期的应税所得额，减计后的余额，按照规定，计算缴纳个人所得税。

对个人因出境定居而一次性领取的年金个人账户资金，或个人死亡后，其指定的受益人或法定继承人一次性领取的年金个人账户余额，允许领取人将一次性领取的年金个人账户资金或余额按 12 个月分摊到各月，就其每月分摊额，按规定计算缴纳个人所得税。对个人除上述特殊原因外一次性领取年金个人账户资金或余额的，则不允许采取分摊的方法，而是就其一次性领取的总额，单独作为 1 个月的工资、薪金所得，按规定，计算缴纳个人所得税。

个人领取年金时，其应纳税款由受托人代表委托人委托托管人代扣代缴。年金账户管理人应及时向托管人提供个人年金缴费及对应的个人所得税纳税明细。托管人根据受托人指令及账户管理人提供的资料，按照规定计算扣缴个人当期领取年金待遇的应纳税款，并向托管人所在地主管税务机关申报解缴。

建立年金计划的单位、年金托管人，应按照个人所得税法和税收征收管理法的有关规定，实行全员全额扣缴明细申报。受托人有责任协调相关管理人依法向税务机关办理扣缴申报、提供相关资料。

第六节　个人所得税的征收管理

一、自行申报

《个人所得税法》第十条规定，有下列情形之一的，纳税人应当依法办理纳税申报：

(1) 取得综合所得需要办理汇算清缴。

(2) 取得应税所得没有扣缴义务人。

(3) 取得应税所得，扣缴义务人未扣缴税款。

(4) 取得境外所得。

(5) 因移居境外注销中国户籍。

(6) 非居民个人在中国境内从两处以上取得工资、薪金所得。

(7) 国务院规定的其他情形。

扣缴义务人应当按照国家规定办理全员全额扣缴申报，并向纳税人提供其个人所得和已扣缴税款等信息。

(一) 取得综合所得需要办理汇算清缴的纳税申报

取得综合所得且符合下列情形之一的纳税人，应当依法办理汇算清缴：

(1) 从两处以上取得综合所得，且综合所得年收入额减除专项扣除后的余额超过6万元。

(2) 取得劳务报酬所得、稿酬所得、特许权使用费所得中一项或者多项所得，且综合所得年收入额减除专项扣除的余额超过6万元。

(3) 纳税年度内预缴税额低于应纳税额。

(4) 纳税人申请退税。

需要办理汇算清缴的纳税人，应当在取得所得的次年3月1日至6月30日内，向任职、受雇单位所在地主管税务机关办理纳税申报，并报送《个人所得税年度自行纳税申报表》。纳税人有两处以上任职、受雇单位的，选择向其中一处任职、受雇单位所在地主管税务机关办理纳税申报；纳税人没有任职、受雇单位的，向户籍所在地或经常居住地主管税务机关办理纳税申报。

纳税人办理综合所得汇算清缴，应当准备与收入、专项扣除、专项附加扣除、依法确定的其他扣除、捐赠、享受税收优惠等相关的资料，并按规定留存备查或报送。

(二) 取得经营所得的纳税申报

个体工商户业主、个人独资企业投资者、合伙企业个人合伙人、承包承租经营者个人以及其他从事生产、经营活动的个人取得经营所得，包括以下情形：

(1) 个体工商户从事生产、经营活动取得的所得，个人独资企业投资人、合伙企业的个人合伙人来源于境内注册的个人独资企业、合伙企业生产、经营的所得。

(2) 个人依法从事办学、医疗、咨询以及其他有偿服务活动取得的所得。

(3) 个人对企业、事业单位承包经营、承租经营以及转包、转租取得的所得。

(4) 个人从事其他生产、经营活动取得的所得。

纳税人取得经营所得，按年计算个人所得税，由纳税人在月度或季度终了后15日内，向经营管理所在地主管税务机关办理预缴纳税申报，并报送《个人所得税经营所得纳税申报表(A表)》。在取得所得的次年3月31日前，向经营管理所在地主管税务机关办理汇算清缴，并报送《个人所得税经营所得纳税申报表(B表)》；从两处以上取得经营所得的，选择向其中一处经营管理所在地主管税务机关办理年度汇总申报，并报送《个人所得税经营所得纳税申报表(C表)》。

(三) 取得应税所得，扣缴义务人未扣缴税款的纳税申报

纳税人取得应税所得，扣缴义务人未扣缴税款的，应当区别以下情形办理纳税申报：

(1) 居民个人取得综合所得的，按照《国家税务总局关于个人所得税自行纳税申报有关问题的公告》(国家税务总局公告2018年第62号)第一条办理。

(2) 非居民个人取得工资、薪金所得，劳务报酬所得，稿酬所得，特许权使用费所得

的,应当在取得所得的次年6月30日前,向扣缴义务人所在地主管税务机关办理纳税申报,并报送《个人所得税自行纳税申报表(A表)》。有两个以上扣缴义务人均未扣缴税款的,选择向其中一处扣缴义务人所在地主管税务机关办理纳税申报。非居民个人在次年6月30日前离境(临时离境除外)的,应当在离境前办理纳税申报。

(3) 纳税人取得利息、股息、红利所得,财产租赁所得,财产转让所得和偶然所得的,应当在取得所得的次年6月30日前,按相关规定向主管税务机关办理纳税申报,并报送《个人所得税自行纳税申报表(A表)》。税务机关通知限期缴纳的,纳税人应当按照期限缴纳税款。

(四) 取得境外所得的纳税申报

居民个人从中国境外取得所得的,应当在取得所得的次年3月1日至6月30日内,向中国境内任职、受雇单位所在地主管税务机关办理纳税申报;在中国境内没有任职、受雇单位的,向户籍所在地或中国境内经常居住地主管税务机关办理纳税申报;户籍所在地与中国境内经常居住地不一致的,选择其中一地主管税务机关办理纳税申报;在中国境内没有户籍的,向中国境内经常居住地主管税务机关办理纳税申报。

(五) 因移居境外注销中国户籍的纳税申报

纳税人因移居境外注销中国户籍的,应当在申请注销中国户籍前,向户籍所在地主管税务机关办理纳税申报,进行税款清算。

(1) 纳税人在注销户籍年度取得综合所得的,应当在注销户籍前,办理当年综合所得的汇算清缴,并报送《个人所得税年度自行纳税申报表》。尚未办理上一年度综合所得汇算清缴的,应当在办理注销户籍纳税申报时一并办理。

(2) 纳税人在注销户籍年度取得经营所得的,应当在注销户籍前,办理当年经营所得的汇算清缴,并报送《个人所得税经营所得纳税申报表(B表)》。从两处以上取得经营所得的,还应当一并报送《个人所得税经营所得纳税申报表(C表)》。尚未办理上一年度经营所得汇算清缴的,应当在办理注销户籍纳税申报时一并办理。

(3) 纳税人在注销户籍当年取得利息、股息、红利所得,财产租赁所得,财产转让所得和偶然所得的,应当在注销户籍前,申报当年上述所得的完税情况,并报送《个人所得税自行纳税申报表(A表)》。

(4) 纳税人有未缴或者少缴税款的,应当在注销户籍前,结清欠缴或未缴的税款。纳税人存在分期缴税且未缴纳完毕的,应当在注销户籍前,结清尚未缴纳的税款。

(5) 纳税人办理注销户籍纳税申报时,需要办理专项附加扣除、依法确定的其他扣除的,应当向税务机关报送《个人所得税专项附加扣除信息表》《商业健康保险税前扣除情况明细表》《个人税收递延型商业养老保险税前扣除情况明细表》等。

(六) 非居民个人在中国境内从两处以上取得工资、薪金所得的纳税申报

非居民个人在中国境内从两处以上取得工资、薪金所得的,应当在取得所得的次月

15日内，向其中一处任职、受雇单位所在地主管税务机关办理纳税申报，并报送《个人所得税自行纳税申报表(A表)》。

二、扣缴申报

(1) 向个人支付所得的单位或者个人为扣缴义务人。扣缴义务人应当依法办理全员全额扣缴申报。

全员全额扣缴申报是指扣缴义务人应当在代扣税款的次月15日内，向主管税务机关报送其支付所得的所有个人的有关信息、支付所得数额、扣除事项和数额、扣缴税款的具体数额和总额以及其他相关涉税信息资料。

实行个人所得税全员全额扣缴申报的应税所得包括：工资、薪金所得；劳务报酬所得；稿酬所得；特许权使用费所得；利息、股息、红利所得；财产租赁所得；财产转让所得；偶然所得。

(2) 扣缴义务人首次向纳税人支付所得时，应当按照纳税人提供的纳税人识别号等基础信息，填写《个人所得税基础信息表(A表)》，并于次月扣缴申报时向税务机关报送。

(3) 扣缴义务人向居民个人支付工资、薪金所得时，应当按照累计预扣法计算预扣税款，并按月办理扣缴申报。

累计预扣法是指扣缴义务人在一个纳税年度内预扣预缴税款时，以纳税人在本单位截至当前月份工资、薪金所得累计收入减除累计免税收入、累计减除费用、累计专项扣除、累计专项附加扣除和累计依法确定的其他扣除后的余额为累计预扣预缴应税所得额，适用个人所得税预扣率表(见表9－3)，计算累计应预扣预缴税额，再减除累计减免税额和累计已预扣预缴税额，其余额为本期应预扣预缴税额。余额为负值时，暂不退税。纳税年度终了后余额仍为负值时，由纳税人通过办理综合所得年度汇算清缴，税款多退少补。

(4) 居民个人向扣缴义务人提供有关信息并依法要求办理专项附加扣除的，扣缴义务人应当按照规定在工资、薪金所得按月预扣预缴税款时予以扣除，不得拒绝。

(5) 扣缴义务人向居民个人支付劳务报酬所得、稿酬所得、特许权使用费所得时，应当按照以下方法按次或者按月预扣预缴税款：① 劳务报酬所得、稿酬所得、特许权使用费所得。以收入减除费用后的余额为收入额。其中，稿酬所得的收入额减按70%计算。② 减除费用。预扣预缴税款时，劳务报酬所得、稿酬所得、特许权使用费所得每次收入不超过4 000元的，减除费用按800元计算；每次收入4 000元以上的，减除费用按收入的20%计算。③ 应税所得额。劳务报酬所得、稿酬所得、特许权使用费所得，以每次收入额为预扣预缴应税所得额，计算应预扣预缴税额。劳务报酬所得适用个人所得税预扣率表(见表9－4)，稿酬所得、特许权使用费所得适用20%的比例预扣率。

(6) 居民个人办理年度综合所得汇算清缴时，应当依法计算劳务报酬所得、稿酬所得、特许权使用费所得的收入额，并入年度综合所得计算应纳税款，税款多退少补。

(7) 扣缴义务人向非居民个人支付工资、薪金所得，劳务报酬所得，稿酬所得和特许权使用费所得时，应当按照以下方法按月或者按次代扣代缴税款：① 非居民个人的工资、薪金所得，以每月收入额减除费用 5 000 元后的余额为应税所得额；劳务报酬所得、稿酬所得、特许权使用费所得，以每次收入额为应税所得额，适用个人所得税税率表(见表 9-5)计算应纳税额。劳务报酬所得、稿酬所得、特许权使用费所得以收入减除 20%的费用后的余额为收入额。其中，稿酬所得的收入额减按 70%计算。② 非居民个人在一个纳税年度内税款扣缴方法保持不变，达到居民个人条件时，应当告知扣缴义务人基础信息变化情况，年度终了后按照居民个人有关规定办理汇算清缴。

(8) 扣缴义务人支付利息、股息、红利所得，财产租赁所得，财产转让所得或者偶然所得时，应当依法按次或者按月代扣代缴税款。

(9) 扣缴义务人应当按照纳税人提供的信息计算税款、办理扣缴申报，不得擅自更改纳税人提供的信息。扣缴义务人发现纳税人提供的信息与实际情况不符的，可以要求纳税人修改。纳税人拒绝修改的，扣缴义务人应当报告税务机关，税务机关应当及时处理。纳税人发现扣缴义务人提供或者扣缴申报的个人信息、支付所得、扣缴税款等信息与实际情况不符的，有权要求扣缴义务人修改。扣缴义务人拒绝修改的，纳税人应当报告税务机关，税务机关应当及时处理。扣缴义务人应当依法对纳税人报送的专项附加扣除等相关涉税信息和资料保密。

(10) 对扣缴义务人按照规定扣缴的税款(不包括税务机关、司法机关等查补或者责令补扣的税款)按年付给 2%的手续费。

(11) 扣缴义务人依法履行代扣代缴义务，纳税人不得拒绝。纳税人拒绝的，扣缴义务人应当及时报告税务机关。

(12) 扣缴义务人有未按照规定向税务机关报送资料和信息、未按照纳税人提供信息虚报虚扣专项附加扣除、应扣未扣税款、不缴或少缴已扣税款、借用或冒用他人身份等行为的，依照《中华人民共和国税收征收管理法》等相关法律、行政法规处理。

三、纳税申报方式

纳税人可以采用远程办税端、邮寄等方式申报，也可以直接到主管税务机关申报。

四、申报纳税地点

申报纳税地点一般应为收入来源地的税务机关。但是，纳税人在两处或两处以上取得工资、薪金所得的，可选择并固定在一地税务机关申报纳税；从境外取得所得的，应向境内户籍所在地或经常居住地税务机关申报纳税。

对在中国境内几地工作或提供劳务的临时来华人员，应以税法所规定的申报纳税日期为准，在某一地区达到申报纳税的日期，即应在该地申报纳税。但为了方便纳税，也可准予个人提出申请,经批准后固定在一地申报纳税。对由在华企业或办事机构发放工资、薪金的外籍纳税人,由在华企业或办事机构集中向当地税务机关申报纳税。

纳税人要求变更申报纳税地点的,须向原主管税务机关备案。

五、申报纳税期限

(1) 居民个人取得综合所得按年计算个人所得税:有扣缴义务人的,由扣缴义务人按月或者按次预扣预缴税;需要办理汇算清缴的,应当在取得所得的次年 3 月 1 日至 6 月 30 日内办理汇算清缴。非居民个人取得工资、薪金所得,劳务报所得,稿酬所得和特许权使用费所得,有扣缴义务人的,由扣缴义务人按月或者按次代扣代缴税款,不办理汇算清缴。

(2) 纳税人取得经营所得,按年计算个人所得税,由纳税人在月度或者季度终了后 15 日内向税务机关报送纳税申报表,并预缴税款;在取得所得的次年 3 月 31 日前办理汇算清缴。纳税人取得利息、股息、红利所得,财产租赁所得,财产转让所得和偶然所得,按月或者按次计算个人所得税;有扣缴义务人的,由扣缴义务人按月或者按次代扣代缴税款。

(3) 纳税人取得应税所得没有扣缴义务人的,应当在取得所得的次月 15 内向税务机关报送纳税申报表,并缴纳税款。

(4) 纳税人取得应税所得,扣缴义务人未扣缴税款的,纳税人应当在取得所得的次年 6 月 30 前清缴税款;税务机关通知限期缴纳的,纳税人应当按照期限缴纳税款。

(5) 居民个人从中国境外取得所得的,应当在取得所得的次年 3 月 1 日到 6 月 30 日内申报纳税。

(6) 非居民个人在中国境内从两处以上取得工资、薪金所得的,应当在取得所得的次月 5 日内申报纳税。

(7) 纳税人因移居境外注销中国户籍的,应当在注销中国户籍前办理税款清算。

(8) 扣缴义务人每月或者每次预扣、代扣的税款,应当在次月 15 日内缴入国库,并向税务机关报送扣缴个人所得税申报表。

纳税人办理汇算清缴退税或者扣缴义务人为纳税人办理汇算清退税的,税务机关审核后,按照国库管理的有关规定办理退税。

六、个人所得税专项附加扣除操作办法

为了规范个人所得税专项附加扣除行为,切实维护纳税人合法权益,根据现行《个人所得税法》及其实施条例、《税收征管法》及其实施细则、《国务院关于印发个人所得税专项附加扣除暂行办法的通知》(国发〔2018〕41 号)的规定,纳税人享受子女教育、继续教育、大病医疗、住房贷款利息或者住房租金、赡养老人专项附加扣除的,依照规定办理个人所得税专项附加扣除。

(一) 享受扣除及办理时间

纳税人享受符合规定的专项附加扣除的计算时间分别如下。

1. 子女教育

学前教育阶段,为子女年满 3 周岁当月至小学入学前 1 月;学历教育,为子女接受全日制学历教育入学的当月至全日制学历教育结束的当月。

2. 继续教育

学历(学位)继续教育,为在中国境内接受学历(学位)继续教育入学的当月至学历(学位)继续教育结束的当月,同一学历(学位)继续教育的扣除期限最长不得超过 48 个月;技能人员职业资格继续教育、专业技术人员职业资格继续教育,为取得相关证书的当年。

3. 大病医疗

大病医疗为医疗保障信息系统记录的医药费用实际支出的当年。

4. 住房贷款利息

住房贷款利息为贷款合同约定开始还款的当月至贷款全部归还或贷款合同终止的当月,扣除期限最长不得超过 240 个月。

5. 住房租金

住房租金为租赁合同(协议)约定的房屋租赁期开始的当月至租赁期结束的当月。提前终止合同(协议)的,以实际租赁期限为准。

6. 赡养老人

赡养老人为被赡养人年满 60 周岁的当月至赡养义务终止的年末。

学历教育和学历(学位)继续教育的期间,包含因病或其他非主观原因休学但学籍继续保留的休学期间,以及施教机构按规定组织实施的寒暑假等假期。

享受子女教育、继续教育、住房贷款利息或者住房租金、赡养老人专项附加扣除的纳税人,自符合条件开始,可以向支付工资、薪金所得的扣缴义务人提供上述专项附加扣除有关信息,由扣缴义务人在预扣预缴税款时,按其在本单位本年可享受的累计扣除额办理扣除;也可以在次年 3 月 1 日至 6 月 30 日内,向汇缴地主管税务机关办理汇算清缴申报时扣除。

纳税人同时从两处以上取得工资、薪金所得,并由扣缴义务人办理上述专项附加扣除的,对同一专项附加扣除项目,一个纳税年度内,纳税人只能选择从其中一处扣除。

享受大病医疗专项附加扣除的纳税人,由其在次年 3 月 1 日至 6 月 30 日内,自行向汇缴地主管税务机关办理汇算清缴申报时扣除。

扣缴义务人办理工资、薪金所得预扣预缴税款时,应当根据纳税人报送的《个人所得税专项附加扣除信息表》(以下简称《扣除信息表》)为纳税人办理专项附加扣除。

纳税人年度中间更换工作单位的,在原单位任职、受雇期间已享受的专项附加扣除金额,不得在新任职、受雇单位扣除。原扣缴义务人应当自纳税人离职不再发放工资、薪金所得的当月起，停止为其办理专项附加扣除。

纳税人未取得工资、薪金所得，仅取得劳务报酬所得、稿酬所得、特许权使用费所得需要享受专项附加扣除的，应当在次年3月1日至6月30日内，自行向汇缴地主管税务机关报送《扣除信息表》，并在办理汇算清缴申报时扣除。

一个纳税年度内，纳税人在扣缴义务人预扣预缴税款环节未享受或未足额享受专项附加扣除的，可以在当年内向支付工资、薪金的扣缴义务人申请在剩余月份发放工资、薪金时补充扣除，也可以在次年3月1日至6月30日内，向汇缴地主管税务机关办理汇算清缴时申报扣除。

(二) 报送信息及留存备查资料

(1) 纳税人选择在扣缴义务人发放工资、薪金所得时享受专项附加扣除的，首次享受时应当填写并向扣缴义务人报送《扣除信息表》；纳税年度中间相关信息发生变化的，纳税人应当更新《扣除信息表》相应栏次，并及时报送给扣缴义务人。

更换工作单位的纳税人，需要由新任职、受雇扣缴义务人办理专项附加扣除的，应当在入职的当月，填写并向扣缴义务人报送《扣除信息表》。

(2) 纳税人次年需要由扣缴义务人继续办理专项附加扣除的，应当于每年12月份对次年享受专项附加扣除的内容进行确认，并报送至扣缴义务人。纳税人未及时确认的，扣缴义务人于次年1月起暂停扣除，待纳税人确认后再行办理专项附加扣除。扣缴义务人应当将纳税人报送的专项附加扣除信息，在次月办理扣缴申报时一并报送至主管税务机关。

(3) 纳税人选择在汇算清缴申报时享受专项附加扣除的，应当填写并向汇缴地主管税务机关报送《扣除信息表》。

(4) 纳税人将需要享受的专项附加扣除项目信息填报至《扣除信息表》相应栏次。填报要素完整的，扣缴义务人或者主管税务机关应当受理；填报要素不完整的，扣缴义务人或者主管税务机关应当及时告知纳税人补正或重新填报。纳税人未补正或重新填报的，暂不办理相关专项附加扣除，待纳税人补正或重新填报后再行办理。

(5) 纳税人享受子女教育专项附加扣除，应当填报配偶及子女的姓名、身份证件类型及号码、子女当前受教育阶段及起止时间、子女就读学校以及本人与配偶之间扣除分配比例等信息。纳税人需要留存备查资料包括：子女在境外接受教育的，应当留存境外学校录取通知书、留学签证等境外教育佐证资料。

(6) 纳税人享受继续教育专项附加扣除，接受学历(学位)继续教育的，应当填报教育起止时间、教育阶段等信息；接受技能人员或者专业技术人员职业资格继续教育的，应当填报证书名称、证书编号、发证机关、发证(批准)时间等信息。纳税人需要留存备查资料包括：纳税人接受技能人员职业资格继续教育、专业技术人员职业资格继续教育的，应当留存职业资格相关证书等资料。

(7) 纳税人享受住房贷款利息专项附加扣除，应当填报住房权属信息、住房坐落地址、贷款方式、贷款银行、贷款合同编号、贷款期限、首次还款日期等信息；纳税人有配偶的，填写配偶姓名、身份证件类型及号码。纳税人需要留存备查资料包括：住房贷款合同、贷款还款支出凭证等资料。

(8) 纳税人享受住房租金专项附加扣除，应当填报主要工作城市、租赁住房坐落地址、出租人姓名及身份证件类型和号码或者出租方单位名称及纳税人识别号(社会统一信用代码)、租赁起止时间等信息；纳税人有配偶的，填写配偶姓名、身份证件类型及号码。纳税人需要留存备查资料包括：住房租赁合同或协议等资料。

(9) 纳税人享受赡养老人专项附加扣除，应当填报纳税人是否为独生子女、月扣除金额、被赡养人姓名及身份证件类型和号码、与纳税人关系；有共同赡养人的，需填报分摊方式、共同赡养人姓名及身份证件类型和号码等信息。纳税人需要留存备查资料包括：约定或指定分摊的书面分摊协议等资料。

(10) 纳税人享受大病医疗专项附加扣除，应当填报患者姓名、身份证件类型及号码、与纳税人关系、与基本医保相关的医药费用总金额、医保目录范围内个人负担的自付金额等信息。纳税人需要留存备查资料包括：大病患者医药服务收费及医保报销相关票据原件或复印件，或者医疗保障部门出具的纳税年度医药费用清单等资料。

(11) 纳税人应当对报送的专项附加扣除信息的真实性、准确性、完整性负责。

(三) 信息报送方式

(1) 纳税人可以通过远程办税端、电子或者纸质报表等方式，向扣缴义务人或者主管税务机关报送个人专项附加扣除信息。

(2) 纳税人选择纳税年度内由扣缴义务人办理专项附加扣除的，按下列规定办理：① 纳税人通过远程办税端选择扣缴义务人并报送专项附加扣除信息的，扣缴义务人根据接收的扣除信息办理扣除。② 纳税人通过填写电子或者纸质《扣除信息表》直接报送扣缴义务人的，扣缴义务人将相关信息导入或者录入扣缴端软件，并在次月办理扣缴申报时提交给主管税务机关。《扣除信息表》应当一式两份，纳税人和扣缴义务人签字(章)后分别留存备查。

(3) 纳税人选择年度终了后办理汇算清缴申报时享受专项附加扣除的，既可以通过远程办税端报送专项附加扣除信息，也可以将电子或者纸质《扣除信息表》(一式两份)报送给汇缴地主管税务机关。报送电子《扣除信息表》的，主管税务机关受理打印，交由纳税人签字后，一份由纳税人留存备查，另一份由税务机关留存；报送纸质《扣除信息表》的，纳税人签字确认、主管税务机关受理签章后，一份退还纳税人留存备查，另一份由税务机关留存。

(4) 扣缴义务人和税务机关应当告知纳税人办理专项附加扣除的方式和渠道，鼓励并引导纳税人采用远程办税端报送信息。

(四) 后续管理

(1) 纳税人应当将《扣除信息表》及相关留存备查资料，自法定汇算清缴期结束后保存5年。纳税人报送给扣缴义务人的《扣除信息表》,扣缴义务人应当自预扣预缴年度的次年起留存5年。

(2) 纳税人向扣缴义务人提供专项附加扣除信息的,扣缴义务人应当按照规定予以扣除,不得拒绝。扣缴义务人应当为纳税人报送的专项附加扣除信息保密。扣缴义务人应当及时按照纳税人提供的信息计算办理扣缴申报,不得擅自更改纳税人提供的相关信息。

(3) 扣缴义务人发现纳税人提供的信息与实际情况不符,可以要求纳税人修改。纳税人拒绝修改的,扣缴义务人应当向主管税务机关报告,税务机关应当及时处理。除纳税人另有要求外,扣缴义务人应当于年度终了后2个月内,向纳税人提供已办理的专项附加扣除项目及金额等信息。

(4) 税务机关定期对纳税人提供的专项附加扣除信息开展抽查。

(5) 税务机关核查时,纳税人无法提供留存备查资料,或者留存备查资料不能支持相关情况的,税务机关可以要求纳税人提供其他佐证;不能提供其他佐证材料,或者佐证材料仍不足以支持的,不得享受相关专项附加扣除。

(6) 税务机关核查专项附加扣除情况时,可以提请有关单位和个人协助核查,相关单位和个人应当协助。

(7) 纳税人有下列情形之一的,主管税务机关应当责令其改正;情形严重的,应当纳入有关信用信息系统,并按照国家有关规定实施联合惩戒;涉及违反税收征管法等法律法规的,税务机关依法进行处理:① 报送虚假专项附加扣除信息。② 重复享受专项附加扣除。③ 超范围或标准享受专项附加扣除。④ 拒不提供留存备查资料。⑤ 税务总局规定的其他情形。

纳税人在任职、受雇单位报送虚假扣除信息的,税务机关责令改正的同时,通知扣缴义务人。

本章小结

本章主要介绍了我国现行个人所得税法律制度,个人所得税的纳税人、征税对象、税率、计税依据、应纳税额的计算和征收管理,以及居民纳税人与非居民纳税人的判定标准和应税所得项目的费用扣除标准。

本章的重点是不同个人所得税纳税人的纳税义务的界定、个人所得来源地的确定、不同应税所得项目应纳税所得额的确定、不同应税所得项目应纳税额的计算方法。

本章的难点是居民纳税人和非居民纳税人综合所得项目的费用扣除标准、计算征收方法和应纳税额的计算。

思考题

1. 在个人所得税中,居民纳税人与非居民纳税人是如何判断的? 两者的区分有何意义? 两者在纳税义务方面有何不同?

2. 分析不同模式的个人所得税的优、缺点,并简要说明我国个人所得税制度的特点。

3. 简述我国现行个人取得的综合所得税前扣除项目及其标准。

4. 按照我国习俗,逢年过节时,单位发放给员工的实物(如元宵节的元宵,端午节的粽子、中秋节的月饼等)是否需要缴纳个人所得税? 为什么?

5. 个人境外所得已缴纳的税款如何抵免? 其与企业所得税的境外所得抵免有何不同?

第十章　税收征收管理法

学习目的

通过本章的学习，学生应了解税收征收管理法的含义和特点，以及税务管理、税款征收、税务检查、法律责任和税务代理制度的具体规定。

第一节　税收征收管理法概述

一、税收征收管理法的目的和适用范围

为了加强税收征收管理，规范税收征收和缴纳行为，保障国家税收收入，保护纳税人的合法权益，促进经济和社会发展，1992年9月4日，第七届全国人民代表大会常务委员会第二十七次会议通过《中华人民共和国税收征收管理法》（以下简称《税收征管法》），自1993年1月1日起施行。1995年2月28日，第八届全国人民代表大会常务委员会第十二次会议对《税收征管法》进行了第一次修正。2001年4月28日，第九届全国人民代表大会常务委员会第二十一次会议通过了修订后的《税收征管法》，并于2001年5月1日起施行。2002年10月15日，相应的《中华人民共和国税收征收管理法实施细则》（以下简称《税收征管法实施细则》）施行。2013年6月29日，第十二届全国人民代表大会常务委员会第三次会议对《税收征管法》进行了第二次修正。2015年4月24日，第十二届全国人民代表大会常务

委员会第十四次会议对《税收征管法》进行了第三次修正。

我国税收的征收机关有税务机关和海关部门，税务机关征收各种工商税收，海关负责关税。《税收征管法》只适用于由税务机关征收的各种税收的征税管理。海关征收的关税及代征的增值税、消费税，适用其他法律、法规的规定。

另外，目前还有一部分政府收费由税务机关征收，如教育费附加。这些收费不适用《税收征管法》，不能采取《税收征管法》规定措施，其具体管理办法由收费的条例和规章决定。

二、税收征纳双方的权利和义务

（一）税收征收管理机关的权利和义务

税收征收管理机关职权包括：税务管理、税款征收、税务检查、税务处罚等。

税收征收管理机关义务包括：宣传税法、辅导纳税人依法纳税；为纳税人、扣缴义务人的情况保守秘密；受理减、免、退税及延期缴纳税款申请；受理税务行政复议等义务。

（二）纳税人、扣缴义务人的权利和义务

纳税人、扣缴义务人权利包括：要求税务机关对自己的生产、经营和财务状况及有关资料保守秘密；享受税法规定的减税、免税和出口退税政策；享有与纳税有关的陈述与申辩，以及申请行政复议和向法院提起诉讼等。

纳税人、扣缴义务人义务包括：按期办理税务登记；按规定设置账簿；按期办理纳税申报；按期缴纳或解缴税款；接受税务机关依法实行的检查等。

第二节　税务管理

税务管理是税收征收管理机关为了贯彻、执行国家税收法律制度，加强税收工作，协调征税关系而开展的一项有目的的活动。税务管理是税收征收管理的重要内容，是税款征收的前提和基础性工作。

税务管理的内容主要包括税务登记，账簿、凭证管理，纳税申报等方面的管理。

一、税务登记管理

税务登记是税务机关对纳税人的生产、经营活动进行登记并据此对纳税人实施税务管理的一种法定制度。税务登记又称纳税登记，它是税务机关对纳税人实施税收管理的首要环节和基础工作，是征纳双方法律关系成立的依据和证明，也是纳税人必须依法履行的义务。

税务登记内容包括开业登记、变更登记、注销登记、停复业处理、税务登记证验审和更换、非正常户处理等。

(一)开业税务登记

1. 开业税务登记的对象

根据有关规定,开业税务登记的纳税人分以下两类:

(1) 领取营业执照从事生产、经营的纳税人。包括:① 企业,即从事生产、经营的单位或组织。② 企业在外地设立的分支机构和从事生产、经营的场所。③ 个体工商户。④ 从事生产、经营的事业单位。

(2) 其他纳税人。根据有关法规规定,不从事生产、经营,但依照法律法规的规定负有纳税义务的单位和个人,除临时取得应税收入或发生应税行为以及只缴纳个人所得税、车船税的外,都应按规定向税务机关办理税务登记。

2. 开业税务登记的时间和地点

(1) 从事生产、经营的纳税人,应当自领取营业执照之日起 30 日内,向生产、经营地或者纳税义务发生地的主管税务机关申报办理税务登记。

(2) 除上述以外的其他纳税人(除国家机关和个人外),应当自纳税义务发生之日起 30 日内,持有关证件向所在地主管税务机关申报办理税务登记。

3. 比照开业登记的情况

(1) 扣缴义务人应当自扣缴义务发生之日起 30 日内,向所在地的主管税务机关申报办理扣缴税款登记,领取扣缴税款登记证件;税务机关对已办理税务登记的扣缴义务人,可以只在其税务登记证件上登记扣缴税款事项,不再发给扣缴税款登记证件。

(2) 跨地区的非独立核算分支机构应当自设立之日起 30 日内,向所在地税务机关办理注册税务登记。

(3) 有独立的生产经营权、在财务上独立核算并定期向发包人或者出租人上交承包费或租金的承包承租人,应当自承包承租合同签订之日起 30 日内,向其承包承租业务发生地税务机关申报办理税务登记,税务机关核发临时《税务登记证》及副本。

(4) 从事生产、经营的纳税人外出经营,在同一地连续的 12 个月内累计超过 180 天的,应当自期满之日起 30 日内,向生产、经营所在地税务机关申报办理税务登记,税务机关核发临时《税务登记证》。

(5) 境外企业在中国境内承包建筑、安装、装配、勘探工程和提供劳务的,应当自项目合同或协议签订之日起 30 日内,向项目所在地税务机关申报办理税务登记,税务机关核发临时《税务登记证》及副本。

4. 开业税务登记的内容

(1) 单位名称、法定代表人或业主姓名及其居民身份证、护照或者其他证明身份的合法证件。

(2) 住所、经营地点。

(3) 登记注册类型及所属主管单位。

(4) 核算方式。

(5) 行业、经营范围、经营方式。

(6) 注册资金(资本)、投资总额、开户银行及账号。

(7) 经营期限、从业人数、营业执照号码。

(8) 财务负责人、办税人员。

(9) 其他有关事项。

企业在外地的分支机构或者从事生产、经营的场所,还应当登记总机构名称、地址、法人代表、主要业务范围、财务负责人。

5. 开业税务登记程序

(1) 税务登记的申请。办理税务登记是为了建立正常的征纳秩序,是纳税人履行纳税义务的第一步。为此,纳税人必须严格按照规定的期限,向当地主管税务机关及时申报办理税务登记手续,实事求是地填报登记项目,并如实回答税务机关提出的问题。

(2) 纳税人办理税务登记时应提供的资料。① 工商营业执照或其他核准执业证件。② 有关合同、章程、协议书。③ 组织机构统一代码证书。④ 法定代表人或负责人或业主居民身份证、护照或者其他合法证件。

(3) 税务登记证的核发。纳税人提交的证件和资料齐全且税务登记表的填写内容符合规定的,税务机关应于当日办理并发放税务登记证件。纳税人提交的证件和资料不齐全或税务登记表的填写内容不符合规定的,税务机关应当场通知其补正或重新填报。

税务登记证件的主要内容包括:纳税人名称、税务登记代码、法定代表人或负责人生产经营地址、登记类型、核算方式、生产经营范围(主营、兼营)、发证日期、证件有效期等。

根据《国家税务总局关于推进工商营业执照、组织机构代码证和税务登记证“三证合一”改革的若干意见》(税总发〔2014〕152 号),税务登记证和工商营业执照、组织机构代码证实行“三证合一”,由“三证联办”和“一证三码”逐渐发展为“一证一码”。“三证联办”是指工商、质监、税务部门实现工商营业执照、组织机构代码证和税务登记证“三证”联办同发。“一证三码”是工商、质监、税务部门的工商营业执照、组织机构代码证和税务登记证共同赋码,向市场主体发放包含“三证”功能三个代码的证照,简称“一证三码”。

根据《国家税务总局关于落实“三证合一”登记制度改革的通知》(税总函〔2015〕482 号),自 2015 年 10 月 1 日起,新设立企业、农民专业合作社领取由工商行政管理部门核发加载法人和其他组织社会统一社会信用代码的营业执照后,无需再次进行税务登记,不再领取税务登记证。企业办理涉税事宜时，在完成补充信息采集后，凭加载统一代码的营业执照可代替税务登记证使用。工商登记"一个窗口"统一受理申请后，申请材料和登记信息在部门间共享，各部门数据互换、档案互认。

根据《国家税务总局关于明确社会组织等纳税人使用统一社会信用代码及办理税务登记有关问题的通知》（税总函〔2016〕121号），对于2016年1月1日以后在机构编制、民政部门登记设立并取得统一社会信用代码的纳税人，以18位统一社会信用代码为其纳税人识别号，按照现行规定办理税务登记，发放税务登记证件。

（二）变更、注销税务登记

变更税务登记是指纳税人税务登记内容发生重要变化向税务机关申报办理的税务登记手续；注销税务登记则是指纳税人税务登记内容发生了根本性变化，需终止履行纳税义务时向税务机关申报办理的税务登记手续。

1. 变更税务登记的范围及时间要求

（1）适用范围。纳税人办理税务登记后，如发生下列情形之一，应当办理变更税务登记：发生改变名称、改变法定代表人、改变经济性质或经济类型、改变住所和经营地点（不涉及主管税务机关变动的）、改变生产经营或经营方式、增减注册资金（资本）、改变隶属关系、改变生产经营期限、改变或增减银行账号、改变生产、经营权属以及改变其他税务登记内容的。

（2）时间要求。纳税人税务登记内容发生变化的，应当自工商行政管理机关或者其他机关办理变更登记之日起30日内，持有关证件向原税务登记机关申报办理变更税务登记。

纳税人税务登记内容发生变化，不需要到工商行政管理机关或者其他机关办理变更登记的，应当自发生变化之日起30日内，持有关证件向原税务登记机关申报办理变更税务登记。

2. 变更税务登记的程序、方法

（1）申请。纳税人申请办理变更税务登记时，应向主管税务机关领取"税务登记变更表"，如实填写变更登记事项、变更登记前后的具体内容。

（2）提供相关证件、资料。

（3）"税务登记变更表"的内容，主要包括纳税人名称、变更项目、变更前内容、变更后内容、上缴的证件情况。

（4）受理。税务机关对纳税人填报的表格及提交的附列资料、证件要进行认真审阅，在符合要求及资料证件提交齐全的情况下，予以受理。

（5）审核。主管税务机关对纳税人报送的已填写完毕的变更表及相关资料，进行分类审核。

（6）发证。对需变更税务登记证内容的，主管税务机关应收回原《税务登记证》（正、副本），按变更后的内容，重新制发《税务登记证》（正、副本）。

3. 注销税务登记的适用范围及时间要求

（1）适用范围。纳税人因经营期限届满而自动解散；企业由于改组、分级、合并等原因而被撤销；企业资不抵债而破产；纳税人住所、经营地址迁移而涉及改变原主管税务机关的；纳税人被工商行政管理部门吊销营业执照，以及纳税人依法终止履行纳税义务的其他情形。

（2）时间要求。纳税人发生解散、破产、撤销以及其他情形，依法终止纳税义务的，应当在向工商行政管理机关办理注销登记前，持有关证件向原税务登记管理机关申报办理注销税务登记；按照规定不需要在工商行政管理机关办理注销登记的，应当自有关机关批准或者宣告终止之日起15日内，持有关证件向原税务登记管理机关申报办理注销税务登记。纳税人因住所、生产、经营场所变动而涉及改变主管税务登记机关的，应当在向工商行政管理机关申请办理变更或注销登记前，或者住所、生产、经营场所变动前，向原税务登记机关申报办理注销税务登记，并在30日内向迁达地主管税务登记机关申报办理税务登记。纳税人被工商行政管理机关吊销营业执照的，应当自营业执照被吊销之日起15日内，向原税务登记机关申报办理注销税务登记。

4. 税务注销登记的程序、方法

纳税人办理注销税务登记前，应当向税务机关提交相关证明文件和资料，结清应纳税款、多退（免）税款、滞纳金和罚款，缴销发票、税务登记证件和其他税务证件经税务机关核准后，办理注销税务登记手续。

根据国家税务总局《关于落实“三证合一”登记制度改革的通知》（税总函〔2015〕482号），已实行“三证合一、一照一码”登记模式的企业、农民专业合作社办理注销登记，须先向主管税务机关申报清税，填写《清税申报表》。清税完毕后由受理税务机关根据清税结果向纳税人统一出具《清税证明》。

根据《国家税务总局关于进一步优化办理企业税务注销程序的通知》（税总发〔2018〕149号），自2018年10月1日起：

（1）对向市场监管部门申请简易注销的纳税人，符合下列情形之一的，可免予到税务机关办理清税证明，直接向市场监管部门申请办理注销登记：① 未办理过涉税事宜的。② 办理过涉税事宜但未领用发票、无欠税（滞纳金）及罚款的。

（2）对向市场监管部门申请一般注销的纳税人，税务机关在为其办理税务注销时，进一步落实限时办结规定。对未处于税务检查状态、无欠税（滞纳金）及罚款、已缴销增值税专用发票及税控专用设备，且符合下列情形之一的纳税人，优化即时办结服务，采取“承诺制”容缺办理，即：纳税人在办理税务注销时，若资料不齐，可在其作出承诺后，税务机关即时出具清税文书。① 纳税信用级别为A级和B级的纳税人。② 控股母公司纳税信用级别为A级的M级纳税人。③ 省级人民政府引进人才或经省级以上行业协会等机构认定的行业领军人才等创办的企业。④ 未纳入纳税信用级别评价的定期定额个体工商户。⑤ 未达到增值税纳税起征点的纳税人。

纳税人应按承诺的时限补齐资料并办结相关事项。若未履行承诺的，税务机关将对其法定代表人、财务负责人纳入纳税信用D级管理。

(3) 对已实行实名办税的纳税人，免予提供税务登记证件和个人身份证件。

为进一步优化税务执法方式，改善税收营商环境，根据《全国税务系统深化“放管服”改革五年工作方案(2018—2022)》(税总发〔2018〕199号)，在落实《国家税务总局关于进一步优化办理企业税务注销程序的通知》(税总发〔2018〕149号，以下简称《通知》)要求的基础上，根据《国家税务总局关于深化“放管服”改革更大力度推进优化税务注销办理程序工作的通知》(税总发〔2019〕64号)，进一步扩大即办范围和简化税务注销前业务办理流程。

(1) 未办理过涉税事宜的纳税人，主动到税务机关办理清税的，税务机关可根据纳税人提供的营业执照即时出具清税文书。

(2) 办理过涉税事宜但未领用发票、无欠税(滞纳金)及罚款的纳税人，主动到税务机关办理清税，资料齐全的，税务机关即时出具清税文书；资料不齐的，可采取“承诺制”容缺办理，在其作出承诺后，即时出具清税文书。

(3) 经人民法院裁定宣告破产的纳税人，持人民法院终结破产程序裁定书向税务机关申请税务注销的，税务机关即时出具清税文书，按照有关规定核销“死欠”。

(4) 处于非正常状态纳税人在办理税务注销前，需先解除非正常状态，补办纳税申报手续。符合以下情形的，税务机关可打印相应税种和相关附加的《批量零申报确认表》，经纳税人确认后，进行批量处理：① 非正常状态期间增值税、消费税和相关附加需补办的申报均为零申报的。② 非正常状态期间企业所得税月(季)度预缴需补办的申报均为零申报，且不存在弥补前期亏损情况的。

(5) 纳税人办理税务注销前，无需向税务机关提出终止“委托扣款协议书”申请。税务机关办结税务注销后，委托扣款协议自动终止。

(三) 停业、复业登记

实行定期定额征收方式的纳税人，在营业执照核准的经营期限内需要停业的，应当向税务机关提出停业登记，说明停业的理由、时间、停业前的纳税情况和发票的领、用、存情况，并如实填写申请停业登记表。税务机关经过审核(必要时可实地审查)，应当责成申请停业的纳税人结清税款并收回税务登记证件、发票领购簿和发票，办理停业登记。纳税人停业期间发生纳税义务，应当及时向主管税务机关申报，依法补缴应纳税款。

纳税人应当于恢复生产、经营之前，向税务机关提出复业登记申请，经确认后，办理复业登记，领回或启用税务登记证件和发票领购簿及其领购的发票，纳入正常管理。

纳税人停业期满不能及时恢复生产、经营的，应当在停业期满前向税务机关提出延长停业登记。纳税人停业期满未按期复业又不申请延长停业的，税务机关应当视为已恢复营业，实施正常的税收征收管理。

(四) 外出经营报验登记

(1) 纳税人到外县(市)临时从事生产、经营活动的，应当在外出生产、经营以前，持税务登记证向主管税务机关申请开具"外出经营活动税收管理证明"(以下简称"外管证")。

(2) 税务机关按照一地一证的原则，核发"外管证"。"外管证"的有效期限一般为30日，最长不得超过180天。

(3) 纳税人应当在"外管证"注明地进行生产、经营前向当地税务机关报验登记，并提交规定的证件和资料。

(五) 税务登记证的作用和管理

1. 税务登记证的作用

除按照规定不需要发给税务登记证件的外，纳税人办理下列事项时，必须持税务登记证件：

(1) 开立银行账户。

(2) 申请减税、免税、退税。

(3) 申请办理延期申报、延期缴纳税款。

(4) 领购发票。

(5) 申请开具外出经营活动税收管理证明。

(6) 办理停业、歇业。

(7) 其他有关税务事项。

2. 税务登记证管理

(1) 税务机关对税务登记证件实行定期验证和换证制度。纳税人应当在规定的期限内持有关证件到主管税务机关办理验证或者换证手续。

(2) 纳税人应当将税务登记证件正本在其生产、经营场所或者办公场所公开悬挂，接受税务机关检查。

(3) 纳税人遗失税务登记证件的，应当在15日内书面报告主管税务机关，并登报声明作废。同时，凭报刊上刊登的遗失声明向主管税务机关申请补办税务登记证件。

(六) 非正常户处理

(1) 已办理税务登记的纳税人未按照规定的期限申报纳税，在税务机关责令其限期改正后，逾期不改正的，税务机关应当派员实地检查，查无下落并且无法强制其履行纳税义务的，由检查人员制作非正常户认定书，存入纳税人档案，税务机关暂停其税务登记证件、发票领购簿和发票的使用。

(2) 纳税人被列入非正常户超过3个月的，税务机关可以宣布其税务登记证件失效，其应纳税款的追征仍按《税收征管法》及《税收征管法实施细则》的规定执行。

二、账簿、凭证管理

账簿是纳税人、扣缴义务人连续地记录其各种经济业务的账册或簿籍。凭证是纳税人用来记录经济业务，明确经济责任，并据以登记账簿的书面证明。账簿、凭证管理是继税务登记之后税收征管的又一重要环节，在税收征管中占有十分重要的地位。

（一）账簿、凭证管理

1. 关于对账簿、凭证设置的管理

（1）设置账簿的范围。根据《税收征管法》第十九条和《税收征管法实施细则》第二十二条的有关规定，所有的纳税人和扣缴义务人都必须按照有关法律、行政法规和国务院财政、税务主管部门的规定设置账簿。所称账簿，是指总账、明细账、日记账以及其他辅助性账簿。总账、日记账应当采用订本式。

从事生产、经营的纳税人应当自领取营业执照或者发生纳税义务之日起 15 日内设置账簿。

扣缴义务人应当自税收法律、行政法规规定的扣缴义务发生之日起 10 日内，按照所代扣、代收的税种，分别设置代扣代缴、代收代缴税款账簿。

生产、经营规模小又确无建账能力的纳税人，可以聘请经批准从事会计代理记账业务的专业机构或者经税务机关认可的财会人员代为建账和办理账务；聘请上述机构或者人员有实际困难的，经县以上税务机关批准，可以按照税务机关的规定，建立收支凭证粘贴簿、进货销货登记簿或者使用税控装置。

（2）对会计核算的要求。根据《税收征管法》第十九条的有关规定，所有纳税人和扣缴义务人都必须根据合法、有效的凭证进行账务处理。

纳税人建立的会计电算化系统应当符合国家有关规定，并能正确、完整地核算其收入或者所得。

纳税人使用计算机记账的，应当在使用前将会计电算化系统的会计核算软件、使用说明书及有关资料报送主管税务机关备案。

纳税人、扣缴义务人会计制度健全，能够通过计算机正确、完整地计算其收入和所得或者代扣代缴、代收代缴税款情况的，其计算机输出的完整的书面会计记录，可视同会计账簿。纳税人、扣缴义务人会计制度不健全，不能通过计算机正确、完整地计算其收入和所得或者代扣代缴、代收代缴税款情况的，应当建立总账及与纳税或者代扣代缴、代收代缴税款有关的其他账簿。

账簿、会计凭证和报表，应当使用中文。民族自治地方可以同时使用当地通用的一种民族文字。外商投资企业和外国企业可以同时使用一种外国文字。如外商投资企业、外国企业的会计记录不使用中文的，应按照《税收征管法》第六十三条第二款“未按照规定设置、保管账簿或者保管记账凭证和有关资料”的规定处理。

2. 关于对财务会计制度的管理

（1）备案制度。根据《税收征管法》第二十条和《税收征管法实施细则》第二十四条的有关规定，凡从事生产、经营的纳税人必须将所采用的财务、会计制度和具体的财务、会计处理办法，按税务机关的规定，自领取税务登记证件之日起15日内，及时报送主管税务机关备案。

（2）财会制度、办法与税收规定相抵触的处理办法。根据《税收征管法》第二十条的有关规定，当从事生产、经营纳税人、扣缴义务人所使用的财务会计制度和具体的财务、会计处理办法与国务院和财政部、国家税务总局有关税收方面的规定相抵触时，纳税人、扣缴义务人必须按照国务院制定的税收法规的规定或者财政部、国家税务总局制定的有关税收的规定计缴税款。

3. 关于账簿、凭证的保管

根据《税收征管法》第二十四条的有关规定，从事生产经营的纳税人、扣缴义务人必须按照国务院财政、税务主管部门规定的保管期限保管账簿、记账凭证、完税凭证及其他有关资料。账簿、记账凭证、报表、完税凭证、发票、出口凭证以及其他有关涉税资料不得伪造、变造或者擅自损毁。

账簿、记账凭证、报表、完税凭证、发票、出口凭证以及其他有关涉税资料的保管期限，根据《税收征管法实施细则》第二十九条（除另有规定者外），应当保存10年。

（二）发票管理

根据《税收征管法》第二十一条规定，税务机关是发票的主管机关，负责发票的印制、领购、开具、取得、保管、缴销的管理和监督。

1. 发票印制管理

增值税专用发票由国务院税务主管部门指定的企业印制；其他发票，按照国务院税务主管部门的规定，分别由省、自治区、直辖市国家税务局、地方税务局指定企业印制。

2. 发票领购管理

依法办理税务登记的单位和个人，在领取税务登记证后，向主管税务机关申请领购发票。对无固定经营场地或者财务制度不健全的纳税人申请领购发票，主管税务机关有权要求其提供担保人，不能提供担保人的，可以视其情况，要求其提供保证金，并限期缴销发票。对发票保证金应设专户储存，不得挪作他用。纳税人可以根据自己的需要申请领购普通发票。增值税专用发票只限于增值税一般纳税人领购使用。

3. 发票开具、使用、取得管理

根据《税收征管法》第二十一条的规定，单位、个人在购销商品、提供或者接受经营服务以及从事其他经营活动中，应当按照规定开具、使用、取得发票。普通发票开具、使用、取得的管理，应注意以下几点（增值税专用发票开具、使用、取得的管理，按增值税有关规定办理）：

（1）销货方按规定填开发票。

（2）购买方按规定索取发票。

（3）纳税人进行电子商务必须开具或取得发票。

（4）发票要全联一次填写。

（5）发票不得跨省、自治区、直辖市使用。发票限于领购单位和个人在本省、自治区、直辖市内开具。发票领购单位未经批准不得跨规定使用区域携带、邮寄、运输空白发票，禁止携带、邮寄或者运输空白发票出入境。

（6）开具发票要加盖财务印章或发票专用章。

（7）开具发票后，如发生销货退回需开红字发票的，必须收回原发票并注明“作废”字样或取得对方有效证明；发生销售折让的，在收回原发票并注明“作废”后，重新开具发票。

4. 发票保管管理

根据发票管理的要求，发票保管分为税务机关保管和用票单位、个人保管两个层次。这两个层次都必须建立严格的发票保管制度，包括专任保管制度、专库保管制度、专账登记制度、保管交接制度和定期盘点制度等。

（1）开具发票的单位和个人应当按照规定存放和保管发票。已开具的发票存根联和发票登记簿，应当保存5年。保存期满，报经税务机关查验后销毁。

（2）使用发票的单位和个人应当妥善保管发票。发生发票丢失情形时，应当于发现丢失当日书面报告税务机关，并登报声明作废。

5. 发票的检查

税务机关在发票管理中有权进行下列检查：

（1）检查印制、领购、开具、取得和保管发票的情况。

（2）调出发票查验。

（3）查阅、复制与发票有关的凭证、资料。

（4）向当事各方询问与发票有关的问题和情况。

（5）在查处发票案件时，对与案件有关的情况和资料，可以记录、录音、录像、照相和复制。

印制、使用发票的单位和个人，必须接受税务机关依法检查，如实反映情况，提供有关资料，不得拒绝、隐瞒。税务人员进行检查时，应当出示税务检查证。税务机关需要将已开具的发票调出查验时，应当向被查验的单位和个人开具发票换票证。发票换票证与所调出查验的发票有同等的效力。被调出查验发票的单位和个人不得拒绝接受。税务机关需要将空白发票调出查验时，应当开具收据；经查无问题的，应当及时发还。单位和个人从中国境外取得的与纳税有关的发票或者凭证，税务机关在纳税审查时有疑义的，可以要求其提供境外公证机构或者注册会计师的确认证明，经税务机关审核认可后，方可作为计账核算的凭证。税务机关在发票检查中需要核对发票存粮联与发票联填写情况时，可以向持有发票或者发票存根联的单位发出发票填写情况核对卡，有关单位应当如实填写，按期报回。

6. 发票发行领用的服务与监管的新要求

《国家税务总局关于创新税收服务和管理的意见》（税总发〔2014〕85 号）对发票发放领用的服务与监管提出新的要求：

（1）及时为纳税人提供清晰的发票领用指南。通过印发提示卡或涉税事项告知卡，引导纳税人快速办理发票领用手续。推行免填单、预填单、勾选等方式，补充采集国标行业、登记注册类型等税务机关所需的数据，以核定应纳税种、适用的发票票种、版别及数量，让纳税人切实感受到税务机关的优质服务。

（2）简化发票申领程序。税务机关应根据实际情况，设定统一、规范的发票申领程序，并将发票申领程序公开。申领普通发票原则上取消实地核查，统一在办税服务厅即时办结。一般纳税人申请增值税专用发票（包括增值税专用发票和货物运输业增值税专用发票）最高开票限额不超过 10 万元的，主管税务机关不需事前进行实地查验。可在此基础上适当扩大不需事前实地查验的范围，实地查验的范围和方法由各省国税机关确定。

（3）不断提高发票管理信息化水平。积极探索建立风险监控指标，通过比对分析纳税人的开票信息，及时调整纳税人申领发票的版别和数量。做好网络发票应用工作，推动网络发票数据分析利用，完善网络发票平台实时查询和日常监控管理功能，为社会提供便捷的网络发票信息查询服务。同时，探索电子发票的推广与应用。

7. 增值税电子普通发票的推广与应用

2015 年 11 月 26 日，《国家税务总局关于推行通过增值税电子发票系统开具的增值税电子普通发票有关问题的公告》（国家税务总局公告 2015 年第 84 号），对增值税电子发票的开具和使用提出具体规定。

（1）规定了增值税电子发票系统开具的增值税电子普通发票票样。

（2）增值税电子普通发票的开票方和受票方需要纸质发票的，可以自行打印增值税电子普通发票的版式文件，其法律效力、基本用途、基本使用规定等与税务机关监制的增值税普通发票相同。

（3）增值税电子普通发票的发票代码为 12 位。编码规则为：第 1 位为 0，第 2～5 位代表省、自治区、直辖市和计划单列市，第 6～7 位代表年度，第 8～10 位代表批次，第 11～12 位代表票种（11 代表增值税电子普通发票）。发票号码为 8 位，按年度、分批次编制。

（4）除北京市、上海市、浙江省、深圳市外，其他地区已使用电子发票的增值税纳税人，应于 2015 年 12 月 31 日前完成相关系统对接技术改造，2016 年 1 月 1 日起使用增值税电子发票系统开具增值税电子普通发票，其他开具电子发票的系统同时停止使用。

8. 网络发票管理

网络发票是指符合国家税务总局统一标准并通过国家税务总局及省、自治区、直辖市税务局公布的网络发票管理系统开具的发票。国家积极推广使用网络发票管理系统开具发票，并提供便捷的网络发票信息查询渠道。

自2013年4月1日起：

(1) 税务机关应根据开具发票的单位和个人的经营情况，核定其在线开具网络发票的种类、行业类别、开票限额等内容。开具发票的单位和个人需要变更网络发票核定内容的，可向税务机关提出书面申请，经税务机关确认，予以变更。

(2) 开具发票的单位和个人开具网络发票应登录网络发票管理系统，如实完整填写发票的相关内容及数据，确认保存后打印发票。开具发票的单位和个人在线开具的网络发票，经系统自动保存数据后即完成开票信息的确认、查验。

(3) 单位和个人取得网络发票时，应及时查询验证网络发票信息的真实性、完整性，对不符合规定的发票，不得作为财务报销凭证，任何单位和个人有权拒收。

(4) 开具发票的单位和个人需要开具红字发票的，必须收回原网络发票全部联次或取得受票方出具的有效证明，通过网络发票管理系统开具金额为负数的红字网络发票。开具发票的单位和个人作废开具的网络发票，应收回原网络发票全部联次，注明“作废”，并在网络发票管理系统中进行发票作废处理。开具发票的单位和个人应当在办理变更或者注销税务登记的同时，办理网络发票管理系统的用户变更、注销手续并缴销空白发票。

(5) 税务机关根据发票管理的需要，可以按照国家税务总局的规定委托其他单位通过网络发票管理系统代开网络发票。税务机关应当与受托代开发票的单位签订协议，明确代开网络发票的种类、对象、内容和相关责任等内容。

(6) 开具发票的单位和个人必须如实在线开具网络发票，不得利用网络发票进行转借、转让、虚开发票及其他违法活动。当网络出现故障，无法在线开具发票时，可离线开具发票。开具发票后，不得改动开票信息，并于48小时内上传开票信息。

(7) 省以上税务机关在确保网络发票电子信息正确生成、可靠存储、查询验证、安全唯一等条件的情况下，可以试行电子发票。

（三）税控管理

税控管理是税收征收管理的一个重要组成部分，也是近期提出来的一个崭新的概念。它是指税务机关利用税控装置对纳税人的生产、经营情况进行监督和管理，以保障国家税收收入，防止税款流失，提高税收征管工作效率，降低征收成本的各项活动的名称。

《税收征管法》第二十三条规定，国家根据税收征收管理的需要，积极推广使用税控装置。纳税人应当按照规定安装、使用税控装置，不得损毁或者擅自改变税控装置。同时还在第六十条中增加了一款规定，不能按照规定安装、使用税控装置，或者损毁或者擅自改动税控装置的，由税务机关责令限期改正，可以处以2 000元以下的罚款；情节严重的，处

2 000元以上1万元以下的罚款。这样不仅使推广使用税控装置有法可依，而且可以打击在推广使用税控装置中的各种违法犯罪活动。

三、纳税申报管理

纳税申报是纳税人按照税法规定的期限和内容，向税务机关提交有关纳税事项书面报告的法律行为，是纳税人履行纳税义务、界定纳税人法律责任的主要依据，是税务机关税收管理信息的主要来源和税务管理的重要制度。

(一) 纳税申报的对象

根据《税收征管法》第二十五条的规定，纳税申报的对象为纳税人和扣缴义务人。纳税人在纳税期内没有应纳税款的，也应当按照规定办理纳税申报。纳税人享受减税、免税待遇的，在减税、免税期间应当按照规定办理纳税申报。

(二) 纳税申报的内容

纳税申报的内容主要在各税种的纳税申报表和代扣代缴、代收代缴税款报告表中体现，还有的是随纳税申报表附报的财务报表和有关纳税资料中体现。纳税人和扣缴义务人的纳税申报和代扣代缴、代收代缴税款报告的主要内容包括：税种、税目，应纳税项目或者应代扣代缴、代收代缴税款项目，计税依据，扣除项目及标准，适用税率或者单位税额，应退税项目及税额、应减免税项目及税额，应纳税额或者应代扣代缴、代收代缴税额，税款所属期限、延期缴纳税款、欠税、滞纳金等。

(三) 纳税申报的期限

《税收征管法》规定纳税人和扣缴义务人都必须按照法定的期限办理纳税申报。申报期限有两种：一种是法律、行政法规明确规定的；另一种是税务机关按照法律、行政法规的原则规定，结合纳税人生产、经营的实际情况及其所应缴纳的税种等相关问题予以确定的。两种期限具有同等的法律效力。

(四) 纳税申报的要求

纳税人办理纳税申报时，应当如实填写纳税申报表，并根据不同的情况相应报送下列有关证件、资料：

(1) 财务会计报表及其说明材料。

(2) 与纳税有关的合同、协议书及凭证。

(3) 税控装置的电子报税资料。

(4) 外出经营活动税收管理证明和异地完税凭证。

(5) 境内或者境外公证机构出具的有关证明文件。

(6) 税务机关规定应当报送的其他有关证件、资料。

(7) 扣缴义务人办理代扣代缴、代收代缴税款报告时，应当如实填写代扣代缴、代收代缴税款报告表，并报送代扣代缴、代收代缴税款的合法凭证以及税务机关规定的其他有关证件、资料。

（五）纳税申报的方式

《税收征管法》第二十六条规定，纳税人、扣缴义务人可以直接到税务机关办理纳税申报或者报送代扣代缴、代收代缴税款报告表，也可以按照规定采取邮寄、数据电文或者其他方式办理上述申报、报送事项。

1. 直接申报

直接申报是指纳税人自行到税务机关办理纳税申报。这是一种传统的申报方式。

2. 邮寄申报

邮寄申报是指经税务机关批准的纳税人使用统一规定的纳税申报特快专递专用信封，通过邮政部门办理交寄手续，并向邮政部门索取收据作为申报凭据的方式。纳税人采取邮寄方式办理纳税申报的，应当使用统一的纳税申报专用信封，并以邮政部门收据作为申报凭据。邮寄申报以寄出的邮戳日期为实际申报日期。

3. 数据电文

数据电文是指经税务机关确定的电话语音、电子数据交换和网络传输等电文方式。例如，目前纳税人的网上申报，就是数据电文申报方式的一种形式。

纳税人采取电文方式办理纳税申报的，应当按照税务机关规定的期限和要求保存有关资料，并定期书面报送主管税务机关。纳税人、扣缴义务人采取数据电文方式办理纳税申报的，其申报日期以税务机关计算机网络系统收到该数据电文的时间为准。

4. 其他方式

实行定期定额缴纳税款的纳税人，可以实行简易申报、简并征期等申报纳税方式。"简易申报"是指实行定期定额缴纳税款的纳税人在法律、行政法规规定的期限内或税务机关依据法规的规定确定的期限内缴纳税款的，税务机关可以视同申报；"简并征期"是指实行定期定额缴纳税款的纳税人，经税务机关批准，可以采取将纳税期限合并为按季、半年、年的方式缴纳税款。

（六）延期申报管理

延期申报是指纳税人、扣缴义务人不能按照税法规定的期限办理纳税申报或扣缴税款报告。

根据《税收征管法》第二十七条和《税收征管法实施细则》第三十七条及有关法规的规定，纳税人因有特殊情况，不能按期进行纳税申报的，经县以上税务机关核准，可以延期申报。但应当在规定的期限内向税务机关提出书面延期申请，经税务机关核准，在核准的期限内办理。如纳税人、扣缴义务人因不可抗力，不能按期办理纳税申报或者报送代扣代缴、代收代缴税款报告表的，可以延期办理，但应当在不可抗力情形消除后立即向税务机关报告。

经核准延期办理纳税申报的，应当在纳税期内按照上期实际缴纳的税额或者税务机关核定的税额预缴税款，并在核准的延期内办理纳税结算。

第三节 税款征收

税款征收是税收征收管理工作中的中心环节，是全部税收征管工作的目的和归宿，在整个税收工作中占据着极其重要的地位。

一、税款征收的方式

税款征收方式是指税务机关根据各税种的不同特点、征纳双方的具体条件而确定的计算征收税款的方法和形式。税款征收的方式主要有以下几种。

（一）查账征收

查账征收是指税务机关按照纳税人提供的账表所反映的经营情况，依照适用税率计算缴纳税款的方式。

（二）查定征收

查定征收是指税务机关根据纳税人的从业人员、生产设备、采用原材料等因素，对其产制的应税产品查实核定产量、销售额并据以征收税款的方式。这种方式一般适用于账册不够健全，但是能够控制原材料或进销货的纳税单位。

（三）查验征收

查验征收是指税务机关对纳税人应税商品，通过查验数量，按市场一般销售单价计算其销售收入并据以征税的方式。这种方式一般适用于经营品种比较单一，经营地点、时间和商品来源不固定的纳税单位。

（四）定期定额征收

定期定额征收是指税务机关通过典型调查，逐户确定营业额和所得额并据以征税的方式。这种方式一般适用于无完整考核依据的小型纳税单位。

（五）委托代征税款

委托代征税款是指税务机关委托代征人以税务机关的名义征收税款，并将税款缴入国库的方式。这种方式一般适用于小额、零散税源的征收。

（六）邮寄纳税

邮寄纳税是一种新的纳税方式。这种方式主要适用于那些有能力按期纳税，但采用其他方式纳税又不方便的纳税人。

（七）其他方式

例如，利用网络申报、用IC卡纳税等方式。

二、税款征收制度

(一) 代扣代缴、代收代缴税款制度

(1) 税法规定的扣缴义务人必须依法履行代扣、代收税款义务。如果不履行义务,就要承担法律责任。除按征管法及实施细则的规定给予处罚外,应当责成扣缴义务人限期将应扣未扣、应收未收的税款补扣或补收。但对法律、行政法规没有规定负有代扣、代收税款义务的单位和个人,税务机关不得要求其履行代扣、代收税款义务。

(2) 扣缴义务人依法履行代扣、代收税款义务时,纳税人不得拒绝。纳税人拒绝的,扣缴义务人应当在1日之内报告主管税务机关处理。不及时向主管税务机关报告的,扣缴义务人应承担应扣未扣、应收未收税款的责任。

(3) 扣缴义务人代扣、代收税款,只限于法律、行政法规规定的范围,并依照法律、行政法规规定的征收标准执行。对法律、行政法规没有规定代扣、代收的,扣缴义务人不能超越范围代扣、代收税款,扣缴义务人也不得提高或降低标准代扣、代收税款。

(4) 税务机关按照规定付给扣缴义务人代扣、代收手续费。代扣、代收税款手续费只能由县(市)以上税务机关统一办理退库手续,不得在征收税款过程中坐支。

(二) 延期缴纳税款制度

纳税人和扣缴义务人必须在税法规定的期限内缴纳、解缴税款。但考虑到纳税人在履行纳税义务的过程中,可能会遇到特殊困难的客观情况,为了保护纳税人的合法权益,《税收征管法》第三十一条第二款规定,纳税人因有特殊困难,不能按期缴纳税款的,经省、自治区、直辖市国家税务局、地方税务局批准,可以延期缴纳税款,但最长不得超过3个月。

特殊困难的主要内容:一是因不可抗力,导致纳税人发生较大损失,正常生产、经营活动受到较大影响的;二是当期货币资金在扣除应付职工工资、社会保险费后,不足以缴纳税款的。所谓"当期货币资金",是指纳税人申请延期缴纳税款之日的资金余额,其中不含国家法律和行政法规明确规定企业不可动用的资金;"应付职工工资"是指当期计提数。

纳税人在申请延期缴纳税款时应当注意以下几个问题:

(1) 在规定期限内提出书面申请。纳税人需要延期缴纳税款的,应当在缴纳税款期限届满前提出申请,并报送下列材料:申请延期缴纳税款报告,当期货币资金余额情况及所有银行存款账户的对账单,资产负债表,应付职工工资和社会保险费等税务机关要求提供的支出预算。

税务机关应当自收到申请延期缴纳税款报告之日起20日内做出批准或者不予批准的决定;不予批准的,从缴纳税款期限届满之次日起加收滞纳金。

(2) 税款的延期缴纳,必须经省、自治区、直辖市国家税务局、地方税务局批准,方为有效。

(3) 延期期限最长不得超过3个月,同一笔税款不得滚动审批。

(4) 批准延期内免予加收滞纳金。

(三) 税收滞纳金征收制度

《税收征管法》第三十二条规定，纳税人未按照规定期限缴纳税款的，扣缴义务人未按照规定期限解缴税款的，税务机关除责令限期缴纳外，从滞纳税款之日起，按日加收滞纳税款万分之五的滞纳金。

加收滞纳金的具体操作应按下列程序进行：

(1) 先由税务机关发出催缴税款通知书，责令限期缴纳或解缴税款，告知纳税人如不按期履行纳税义务，将依法按日加收滞纳税款5‱的滞纳金。

(2) 从滞纳之日起加收滞纳金(加收滞纳金的起止时间为法律、行政法规规定或者税务机关依照法律、行政法规的规定确定的税款缴纳期限届满次日起至纳税人、扣缴义务人实际缴纳或者解缴税款之日止)。

(3) 拒绝缴纳滞纳金的，可以按不履行纳税义务实行强制执行措施，强行划拨或者强制征收。

(四) 税额核定和税收调整制度

1. 税额核定制度

根据《税收征管法》第三十五条的规定，纳税人(包括单位纳税人和个人纳税人)有下列情形之一的，税务机关有权核定其应纳税额：

(1) 依照法律、行政法规的规定可以不设置账簿的。

(2) 依照法律、行政法规的规定应当设置账簿但未设置的。

(3) 擅自销毁账簿或者拒不提供纳税资料的。

(4) 虽设置账簿，但账目混乱或者成本资料、收入凭证、费用凭证残缺不全，难以查账的。

(5) 发生纳税义务，未按照规定的期限办理纳税申报，经税务机关责令限期申报，逾期仍不申报的。

(6) 纳税人申报的计税依据明显偏低，又无正当理由的。

(7) 未按照规定办理税务登记的从事生产、经营的纳税人以及临时经营的纳税人。

税务机关按以下方式核定应纳税额：① 参照当地同类行业或者类似行业中经营规模和收入水平相近的纳税人的税负水平核定。② 按照营业收入或者成本(费用)加合理的利润或其他方法核定。③ 按照耗用的原材料、燃料、动力等推算或者测算核定。④ 按照其他合理方法核定。

当其中一种方法不足以正确核定应纳税额时，可以同时采用两种以上的方法核定。

2. 税收调整制度

这里所说的税收调整制度，主要是指关联企业的税收调整制度。

《税收征管法》第三十六条规定，企业或者外国企业在中国境内设立的从事生产、经营的机构、场所与其关联企业之间的业务往来，应当按照独立企业之间的业务往来收取或者支付价款、费用；不按照独立企业之间的业务往来收取或者支付价款、费用，而减少其应纳税的收入或者所得额的，税务机关有权进行合理调整。

调整期限：纳税人与其关联企业未按照独立企业之间的业务往来支付价款、费用的，税务机关自该业务往来发生的纳税年度起 3 年内进行调整；有特殊情况的，可以自该业务往来发生的纳税年度起 10 年内进行调整。

上述所称“特殊情况”是指纳税人有下列情形之一：① 纳税人在以前年度与其关联企业间的业务往来累计达到或超过 10 万元人民币的。② 经税务机关案头审计分析，纳税人在以前年度与其关联企业业务往来，预计需调增其应纳税收入或所得额达 50 万元人民币的。③ 纳税人在以前年度与设在避税地的关联企业有业务往来的。④ 纳税人在以前年度未按规定进行关联企业间业务往来年度申报，或申报内容不实，或不提供有关价格、费用标准的。

（五）税收保全措施

税收保全措施是指税务机关对可能由于纳税人的行为或者某种客观原因，致使以后税款的征收不能保证或难以保证的案件，采取限制纳税人处理或转移商品、货物或其他财产的措施。

《税收征管法》第三十八条规定，税务机关有根据认为从事生产、经营的纳税人有逃避纳税义务行为的，可以在规定的纳税期之前，责令限期缴纳税款；在限期内发现纳税人有明显的转移、隐匿其应纳税的商品、货物以及其他财产迹象的，税务机关应责令其提供纳税担保。如果纳税人不能提供纳税担保，经县以上税务局（分局）局长批准，税务机关可以采取下列税收保全措施：

（1）书面通知纳税人开户银行或者其他金融机构冻结纳税人的金额相当于应纳税款的存款

（2）扣押、查封纳税人的价值相当于应纳税款的商品、货物或者其他财产。其他财产包括纳税人的房地产、现金、有价证券等不动产和动产

纳税人在规定的限期内缴纳税款的，税务机关必须立即解除税收保全措施；限期期满仍未缴纳税款的，经县以上税务局（分局）局长批准，税务机关可以书面通知纳税人开户银行或者其他金融机构，从其冻结的存款中扣缴税款，或者依法拍卖或者变卖所扣押、查封的商品、货物或者其他财产，以拍卖或者变卖所得抵缴税款。

采取税收保全措施不当，或者纳税人在期限内已缴纳税款，税务机关未立即解除税收保全措施，使纳税人的合法利益遭受损失的，税务机关应当承担赔偿责任。

个人及其所扶养家属维持生活必需的住房和用品，不在税收保全措施的范围之内。个人所扶养家属是指与纳税人共同居住生活的配偶、直系亲属以及无生活来源并由纳税人扶养的其他亲属。生活必需的住房和用品不包括机动车辆、金银饰品、古玩字画、豪华

住宅或者一处以外的住房。税务机关对单价 5 000 元以下的其他生活用品，不采取税收保全措施和强制执行措施。

根据上述规定，采取税收保全措施应注意以下几个方面。

1. 采取税收保全措施的前提和条件

税务机关采取税收保全措施的前提是，从事生产、经营的纳税人有逃避纳税义务行为的。也就是说，税务机关采取税收保全措施的前提是对逃税的纳税人采取的。采取时，应当符合下列两个条件：

(1) 纳税人有逃避纳税义务的行为。没有逃避纳税义务行为的，不能采取税收保全措施。逃避纳税义务的行为的最终目的是为了不缴或少缴税款，其采取的方法主要是转移、隐匿可以用来缴纳税款的资金或实物。

(2) 必须是在规定的纳税期之前和责令限期缴纳应纳税款的限期内。如果纳税期和责令缴纳应纳税款的限期届满，纳税人又没有缴纳应纳税款的，税务机关可以按规定采取强制执行措施，就无所谓税收保全了。

2. 采取税收保全措施的法定程序

(1) 责令纳税人提前缴纳税款。税务机关有根据认为从事生产、经营的纳税人有逃避纳税义务行为的，可以在规定的纳税期之前，责令限期缴纳应纳税款。税务机关对有逃税行为的纳税人在规定的纳税期之前，责令限期缴纳税款时，主管税务机关应下达给有逃税行为的纳税人执行。同时主管税务机关填制由纳税人签章的"税务文书送达回证"。执行时应注意的问题：① "有根据认为"是指税务机关依据一定线索做出的符合逻辑的判断，根据不等于证据。证据是能够表明真相的事实和材料，证据须依法定程序收集和取得。税收保全措施是针对纳税人即将转移、隐匿应税的商品、货物或其他财产的紧急情况下采取的一种紧急处理措施。不可能等到事实全部查清，取得充分的证据以后再采取行动，如果这样，纳税人早已将其收入和财产转移或隐匿完毕，到时再想采取税收保全措施就晚了。当然，这并不是说税务机关采取税收保全措施想什么时候采取就什么时候采取。② 可以采取税收保全措施的纳税人仅限于从事生产、经营的纳税人，不包括非从事生产、经营的纳税人，也不包括扣缴义务人和纳税担保人。

(2) 责成纳税人提供纳税担保。在限期内，纳税人有明显转移、隐匿应纳税的商品、货物以及其他财产或者应纳税的收入迹象的，税务机关可以责成纳税人提供纳税担保。① 纳税担保的具体内容。纳税担保是纳税人为按时足额履行纳税义务而向税务机关做出的保证。纳税担保人是指在中国境内具有纳税担保能力的公民、法人或其他经济组织。国家机关不得作为纳税担保人。② 纳税担保的提供。纳税担保人同意为纳税人提供纳税担保的，填写纳税担保书，写明担保对象、担保范围、担保期限和担保责任以及其他有关事项。担保书须经纳税人、纳税担保人和税务机关签字盖章后方为有效。纳税人以其所拥有的未设置抵押权的财产作纳税担保的，应当填写作为纳税担保的财产清单，并写明担保财产的价值以及其他有关事项。纳税担保清单须经纳税人和税务机关签字盖章后方为有效。

(3) 冻结纳税人的存款。纳税人不能提供纳税担保的，经县以上税务局(分局)局长批准，书面通知纳税人开户银行或者其他金融机构冻结纳税人的金额相当于应纳税款的存款。

税务机关在采取此项措施时，应当注意的问题：① 应经县以上税务局(分局)局长批准。② 冻结的存款数额要以相当于纳税人应纳税款的数额为限，而不是全部存款。③ 注意解除保全措施的时间。如果纳税人在税务机关采取税收保全措施后按照税务机关规定的期限缴纳了税款的，税务机关应当自收到税款或银行转回的完税凭证之日起1日内解除税收保全。

(4) 查封、扣押纳税人的商品、货物或其他财产。纳税人在开户银行或其他金融机构中没有存款，或者税务机关无法掌握其存款情况的，税务机关可以扣押、查封纳税人的价值相当于应纳税款的商品、货物或其他财产。

查封、扣押应注意以下几个问题：① 税务机关执行扣押、查封商品、货物或者其他财产时，必须由两名以上税务人员执行，并通知被执行人。被执行人是公民的，应当通知被执行人本人或成年家属到场；被执行人是法人或者其他组织的，应当通知其法定代表人或者主要负责人到场；拒不到场的，不影响执行。② 税务机关按照前款方法确定应扣押、查封的商品、货物或者其他财产的价值时，还应当包括滞纳金和扣押、查封、保管、拍卖、变卖所发生的费用。③ 扣押、查封价值相当于应纳税款的商品、货物或者其他财产时，参照同类商品的市场价、出厂价或者评估价估算。④ 税务机关扣押商品、货物或者其他财产时，必须开付收据；查封商品、货物或者其他财产时，必须开付清单。⑤ 税务人员私分所扣押、查封的商品、货物或者其他财产的，必须责令退回并给予行政处分；情节严重、构成犯罪的，移送司法机关依法追究刑事责任。

3. 税收保全措施的终止

税收保全的终止有两种情况：一是纳税人在规定的期限内缴纳了应纳税款的，税务机关必须立即解除税收保全措施；二是纳税人超过规定的期限仍不缴纳税款的，经税务局(分局)局长批准，终止保全措施，转入强制执行措施，即：书面通知纳税人开户银行或者其他金融机构从其冻结的存款中扣缴税款，或者拍卖、变卖所扣押、查封的商品、货物或其他财产，以拍卖或者变卖所得抵缴税款。

(六) 税收强制执行措施

税收强制执行措施是指当事人不履行法律、行政法规规定的义务，有关国家机关采用法定的强制手段，强迫当事人履行义务的行为。

《税收征管法》第四十条规定，从事生产、经营的纳税人、扣缴义务人未按照规定的期限缴纳或者解缴税款，纳税担保人未按照规定的期限缴纳所担保的税款，由税务机关责令限期缴纳，逾期仍未缴纳的，经县以上税务局（分局）局长批准，税务机关可以采取下列强制执行措施：① 书面通知其开户银行或者其他金融机构从其存款中扣缴税款。② 扣押、查封、依法拍卖或者变卖其价值相当于应纳税款的商品、货物或者其他财产，以拍卖或者变卖所得抵缴税款。

税务机关采取强制执行措施时，对纳税人、扣缴义务人、纳税担保人未缴纳的滞纳金同时强制执行。

个人及其所扶养家属维持生活必需的住房和用品，不在强制执行措施的范围之内。

根据上述规定，采取税收强制执行措施应注意以下五个方面。

1. 税收强制执行的适用范围

强制执行措施的适用范围仅限于未按照规定的期限缴纳或者解缴税款，经责令限期缴纳，逾期仍未缴纳的从事生产、经营的纳税人。需要强调的是，采取强制执行措施适用于扣缴义务人、纳税担保人，采取税收保全措施时则不适用。

2. 税收强制执行应坚持的原则

税务机关采取税收强制执行措施时，必须坚持告诫在先的原则，即纳税人、扣缴义务人、纳税担保人未按照规定的期限缴纳或者解缴税款的，应当先行告诫，责令限期缴纳。逾期仍未缴纳的，再采取税收强制执行措施。如果没有责令限期缴纳，就采取强制执行措施，也就违背了告诫在先的原则，所采取的措施和程序是违法的。

3. 采取税收强制执行措施的程序

（1）税款的强制征收（扣缴税款）。纳税人、扣缴义务人、纳税担保人在规定的期限内未缴纳或者解缴税款或者提供担保的，经主管税务机关责令限期缴纳，逾期仍未缴纳的，经县以上税务局（分局）局长批准，书面通知其开户银行或者其他金融机构，从其存款中扣缴税款。

在扣缴税款的同时，主管税务机关应按照《税收征管法》第六十八条的规定，可以处以不缴或者少缴的税款50%以上5倍以下的罚款。

（2）扣押、查封、拍卖或者变卖，以拍卖或者变卖所得抵缴税款。按照《征管法》第四十条的规定，扣押、查封、拍卖或者变卖等行为具有连续性，即扣押、查封后，不再给纳税人自动履行纳税义务的期间，税务机关可以直接拍卖或者变卖其价值相当于应纳税款的商品、货物或者其他财产，以拍卖或者变卖所得抵缴税款。

4. 滞纳金的强行划拨

采取税收强制执行措施时，对纳税人、扣缴义务人、纳税担保人未缴纳的滞纳金必须同时强制执行。对纳税人已缴纳税款，但拒不缴纳滞纳金的，税务机关可以单独对纳税人应缴未缴的滞纳金采取强制执行措施。

5. 其他注意事项

（1）实施扣押、查封、拍卖或者变卖等强制执行措施时，应当通知被执行人或其成年家属到场，否则不能直接采取扣押和查封措施。但被执行人或其成年家属接到通知后拒不到场的，不影响执行。同时，应当通知有关单位和基层组织，他们是扣押、查封财产的见证人，也是税务机关执行工作的协助人。

(2) 扣押、查封、拍卖或者变卖被执行人的商品、货物或者其他财产，应当以应纳税额和滞纳金等为限。对于被执行人必要的生产工具，他本人及他所供养的家属的生活必需品应当予以保留，不得对其进行扣押、查封、拍卖或者变卖。

(3) 对价值超过应纳税额且不可分割的商品、货物或者其他财产，税务机关在纳税人、扣缴义务人或者纳税担保人无其他可供强制执行的财产的情况下，可以整体扣押、查封、拍卖，以拍卖所得抵缴税款、滞纳金、罚款以及扣押、查封、保管、拍卖等费用。

(4) 实施扣押、查封时，对有产权证件的动产或者不动产，税务机关可以责令当事人将产权证件交税务机关保管，同时可以向有关机关发出协助执行通知书，有关机关在扣押、查封期间不再办理该动产或者不动产的过户手续。

(5) 对查封的商品、货物或者其他财产，税务机关可以指令被执行人负责保管，保管责任由被执行人承担。

继续使用被查封的财产不会减少其价值的，税务机关可以允许被执行人继续使用；因被执行人保管或者使用的过错造成的损失，由被执行人承担。

(6) 税务机关将扣押、查封的商品、货物或者其他财产变价抵缴税款时，应当交由依法成立的拍卖机构拍卖；无法委托拍卖或者不适于拍卖的，可以交由当地商业企业代为销售，也可以责令纳税人限期处理；无法委托商业企业销售，纳税人也无法处理的，可以由税务机关变价处理，具体办法由国家税务总局规定。国家禁止自由买卖的商品，应当交由有关单位按照国家规定的价格收购。

拍卖或者变卖所得抵缴税款、滞纳金、罚款以及扣押、查封、保管、拍卖、变卖等费用后，剩余部分应当在 3 日内退还被执行人。

(七) 欠税清缴制度

欠税是指纳税人未按照规定期限缴纳税款，扣缴义务人未按照规定期限解缴税款的行为。《税收征管法》在欠税清缴方面主要采取了以下措施。

1. 严格控制欠缴税款的审批权限

根据《税收征管法》第三十一条的规定，缓缴税款的审批权限集中在省、自治区、直辖市国家税务局、地方税务局。这样规定，一方面能帮助纳税人渡过暂时的难关；另一方面也体现了严格控制欠税的精神，保证国家税收免遭损失。

2. 限期缴税时限

从事生产、经营的纳税人、扣缴义务人未按照规定的期限缴纳或者解缴税款的，纳税担保人未按照规定的期限缴纳所担保的税款的，由税务机关发出限期缴纳税款通知书，责令缴纳或者解缴税款的最长期限不得超过 15 日。

3. 建立欠税清缴制度，防止税款流失

(1) 扩大了阻止出境对象的范围。《税收征管法》第四十四条规定，欠缴税款的纳税人及其法定代表需要出境的，应当在出境前向税务机关结清应纳税款或者提供担保。未结清税款，又不提供担保的，税务机关可以通知出境管理机关阻止其出境。

执行离境清税制度应注意下列问题：① 离境清税制度适用于依照我国税法规定，负有纳税义务且欠缴税款的所有自然人、法人的法定代表人和其他经济组织的负责人，包括外国人、无国籍人和中国公民。② 纳税人以其所拥有的未做抵押的财产作纳税担保的，应当就作为纳税担保的财产的监管和处分等事项在中国境内委托代理人，并将作为纳税担保的财产清单和委托代理证书(副本)交税务机关。担保使用的所有文书和手续如前所述。③ 需要阻止出境的，税务机关应当书面通知出入境管理机关执行。阻止出境是出入境管理机关依法对违反我国法律或者有未了结民事案件，以及其他法律规定不能离境等原因的外国人、中国公民告之不准离境、听候处理的一项法律制度，是国家实施主权管理的重要方面。

(2) 建立改制纳税人欠税的清缴制度。《税收征管法》第四十八条规定，纳税人有合并、分立情形的，应当向税务机关报告，并依法缴清税款。纳税人合并时未缴清税款的，应当由合并后的纳税人继续履行未履行的纳税义务；纳税人分立时未缴清税款的，分立后的纳税人对未履行的纳税义务应当承担连带责任。

(3) 大额欠税处分财产报告制度。根据《税收征管法》第四十九条和《税收征管法实施细则》第七十七条的规定，欠缴税款数额在 5 万元以上的纳税人，在处分其不动产或者大额资产之前，应当向税务机关报告。这一规定有利于税务机关及时掌握欠税企业处置不动产和大额资产的动向。税务机关可以根据其是否侵害了国家税收，是否有转移资产、逃避纳税义务的情形，决定是否行使税收优先权，是否采取税收保全措施或者强制执行措施。

(4) 税务机关可以对欠缴税款的纳税人行使代位权、撤销权，即对纳税人的到期债权等财产权利，税务机关可以依法向第三者追索以抵缴税款。《税收征管法》第五十条规定了在哪些情况下税务机关可以依据《中华人民共和国合同法》行使代位权、撤销权。税务机关代表国家，拥有对欠税的债权，是纳税人应该偿还国家的债务。

如果欠税的纳税人，怠于行使其到期的债权，怠于收回其到期的资产、款项等，税务机关可以向人民法院请求以自己的名义代为行使债权。

(5) 建立欠税公告制度。根据《税收征管法》第四十五条和《税收征管法实施细则》第七十六条规定，税务机关应当对纳税人欠缴税款的情况，在办税场所或者广播、电视、报纸、期刊、网络等新闻媒体上定期予以公告。定期公告是指税务机关定期向社会公告纳税人的欠税情况。同时税务机关还可以根据实际情况和实际需要，制定纳税人的纳税信用等级评比制度。

(八) 其他措施

1. 税收优先执行

(1) 税务机关征收税款,税收优先于无担保债权,法律另有规定的除外。

(2) 纳税人欠缴的税款发生在纳税人以其财产设定抵押、质押或者纳税人的财产被留置之前的,税收应当先于抵押权、质权和留置权执行。

(3) 纳税人欠缴税款,同时又被行政机关决定处以罚款、没收违法所得的,税收优先于罚款、没收违法所得。

2. 税收代位权与撤销权

欠缴税款的纳税人因怠于行使其到期债权,或者放弃到期债权,或者无偿转让财产,或者以明显不合理的低价转让财产而受让人知道该情形,对国家税收造成损害的,税务机关可以依照合同法的规定行使代位权、撤销权。税务机关行使代位权、撤销权的,不免除欠缴税款的纳税人尚未履行的纳税义务和应承担的法律责任。

3. 税款的追缴

《税收征管法》第五十二条规定,因税务机关责任,致使纳税人、扣缴义务人未缴或者少缴税款的,税务机关在3年内可要求纳税人、扣缴义务人补缴税款,但是不得加收滞纳金。因纳税人、扣缴义务人计算等失误,未缴或者少缴税款的,税务机关在3年内可以追征税款、滞纳金;有特殊情况的追征期可以延长到5年。所称特殊情况,是指纳税人或者扣缴义务人因计算错误等失误,未缴或者少缴、未扣或者少扣、未收或者少收税款,累计数额在10万元以上的。对偷税、抗税、骗税的,税务机关追征其未缴或者少缴的税款、滞纳金或者所骗取的税款,不受前款规定期限的限制。

4. 税款的退还

《税收征管法》第五十一条规定,纳税人超过应纳税额缴纳的税款,税务机关发现后应当立即退还;纳税人自结算缴纳税款之日起3年内发现的,可以向税务机关要求退还多缴的税款并加算银行同期存款利息,税务机关及时查实后应当立即退还;涉及从国库中退库的,依照法律、行政法规有关国库管理的规定退还。

第四节 税务检查

一、税务检查的概念

税务检查又称为纳税检查,是指税务机关根据税收法律、行政法规的规定,对纳税人、扣缴义务人履行纳税义务、扣缴义务及其有关税务事项进行审查、核实、监督活动的总称。

它是税收征收管理工作的重要组成内容，是确保国家财政收入和税收法律法规贯彻落实的重要手段。

二、税务检查的范围

(1) 检查纳税人的账簿、记账凭证、报表和有关资料，检查扣缴义务人代扣代缴、代收代缴税款账簿、记账凭证和有关资料。

(2) 到纳税人的生产、经营场所和货物存放地检查纳税人应纳税的商品、货物或者其他财产，检查扣缴义务人与代扣代缴、代收代缴税款有关的经营情况。

(3) 责成纳税人、扣缴义务人提供与纳税或者代扣代缴、代收代缴税款有关的文件、证明材料和有关资料。

(4) 询问纳税人、扣缴义务人与纳税或者代扣代缴、代收代缴税款有关的问题和情况。

(5) 到车站、码头、机场、邮政企业及其分支机构检查纳税人托运、邮寄应税商品、货物或者其他财产的有关单据凭证和资料。

(6) 经县以上税务局(分局)局长批准，凭全国统一格式的检查存款账户许可证明，查询从事生产、经营的纳税人、扣缴义务人在银行或者其他金融机构的存款账户。税务机关在调查税收违法案件时，经设区的市、自治州以上税务局(分局)局长批准，可以查询案件涉嫌人员的储蓄存款。

税务机关依法进行税务检查时，有权向有关单位和个人调查纳税人、扣缴义务人和其他当事人与纳税或者代扣代缴、代收代缴税款有关的情况，有关单位和个人有义务向税务机关如实提供有关资料及证明材料。纳税人、扣缴义务人必须接受税务机关依法进行的税务检查，如实反映情况，提供有关资料，不得拒绝、隐瞒。

税务机关查询的内容，包括纳税人存款账户余额和资金往来情况。查询时应当指定专人负责，凭全国统一格式的检查存款账户许可证明进行，并有责任为被检查人保守秘密。

税务机关调查税务违法案件时，对与案件有关的情况和资料，可以记录、录音、录像、照相和复制。税务机关查询所获得的资料，不得用于税收以外的用途。

第五节　法律责任

一、税收违法行为及其行政责任

(一) 税收行政管理相对人实施的税收违法行为及其行政责任

税收行政管理相对人实施的税收违法行为及其行政责任分为违法税收日常管理制度

的违法行为、直接妨害税款征收的违法行为、妨害发票管理的违法行为三类。

1. 违反税收日常管理制度的违法行为

(1) 违反税务登记管理制度的行为。包括：纳税人不办理税务登记，未按照规定的期限申报办理税务登记、变更或者注销税务登记，未按照规定使用税务登记证件，或者转售、涂改、损毁、买卖、伪造税务登记证件的行为。根据《税收征管法》第六十条第二款的规定，纳税人不办理税务登记的，由税务机关责令限期改正，逾期不改正的，经税务机关提请，由工商行政管理机关吊销其营业执照。根据《税收征管法》第六十条第一款的规定，纳税人未按照规定的期限申报办理税务登记、变更或者注销税务登记，由税务机关责令限期改正，可以处 2 000 元以下的罚款；情节严重的，处以 2 000 元以上 10 000 元以下的罚款。根据《税收征管法》第六十条第三款的规定，纳税人未按照规定使用税务登记证件，或者转售、涂改、损毁、买卖、伪造税务登记证件的，处以 2 000 元以上 10 000 元以下的罚款；情节严重的，处以 10 000 元以上 50 000 元以下的罚款。

(2) 违反账簿、凭证管理制度的行为。包括：① 纳税人未按规定设置、保管账簿或者保管记账凭证和有关资料，未按照规定将财务、会计制度或者财务、会计处理办法和会计核算软件报送税务机关备查，未按规定将其银行账号向税务机关报送的行为。② 扣缴义务人未按照规定设置、保管代扣(收)代缴税款账簿或者保管代扣(收)代缴税款记账凭证及有关资料的行为。根据《税收征管法》第六十条第一款的规定，纳税人有上述①行为的，由税务机关责令限期改正，可以处 2 000 元以下的罚款；情节严重的，处以 2 000 元以上 10 000 元以下的罚款。根据《税收征管法》第六十一条的规定，扣缴义务人有上述②行为的，由税务机关责令限期改正，可以处 2 000 元以下的罚款；情节严重的，处以 2 000 元以上 5 000 元以下的罚款。

(3) 违反纳税申报管理制度的行为。包括：纳税人未按照规定的期限办理纳税申报和报送纳税资料的行为，以及扣缴义务人未按照规定的期限向税务机关报送代扣(收)代缴税款报告表和有关资料的行为。根据《税收征管法》第六十二条的规定，有上述行为的，由税务机关责令限期改正，可以处 2 000 元以下的罚款；情节严重的，处以 2 000 元以上 10 000 元以下的罚款。

(4) 违反税控装置管理制度的行为。违反税控装置管理制度的行为是指纳税人未按照规定安装、使用税控装置，或者损毁或者擅自改动税控装置的行为。根据《税收征管法》第六十条第一款的规定，纳税人有上述行为的，由税务机关责令限期改正，可以处 2 000 元以下的罚款；情节严重的，处以 2 000 元以上 10 000 元以下的罚款。

(5) 妨害税务检查的违法行为。纳税人、扣缴义务人逃避、拒绝或者以其他方式阻碍税务机关检查的行为。根据《税收征管法》第七十条的规定，有上述行为的，由税务机关责令限期改正，可以处 10 000 元以下的罚款；情节严重的，处以 10 000 元以上 50 000 元以下的罚款。

(6) 纳税人、扣缴义务人的开户银行或者其他金融机构拒绝接受税务机关依法检查纳税人、扣缴义务人存款账户的行为。根据《税收征管法》第七十三条的规定，有上述行为的，由税务机关处以100 000元以上500 000元以下的罚款，对直接负责的主管人员和其他直接责任人员处以1 000元以上10 000元以下的罚款。

(7) 拒绝执行税务机关依法作出的行政决定的行为。拒绝执行税务机关依法作出的行政决定的行为主要是指纳税人、扣缴义务人的开户银行或者其他金融机构拒绝执行税务机关做出的冻结存款或者扣缴税款的决定，或者在接到税务机关的书面通知后帮助纳税人、扣缴义务人转移存款，造成税款流失的行为。根据《税收征管法》第七十三条的规定，有上述行为的，由税务机关处以100 000元以上500 000元以下的罚款，对直接负责的主管人员和其他直接责任人员处以1 000元以上10 000元以下的罚款。

2. 直接妨害税款征收的违法行为

(1) 拒绝缴纳税款的行为。拒绝缴纳税款的行为是指纳税人、扣缴义务人在规定的期限内不缴或者少缴应纳或者应解缴的税款，经税务机关责令限期缴纳，逾期仍未缴纳的行为。依据《税收征管法》第六十八条的规定，有上述行为的，税务机关除采取强制执行措施追缴其不缴或者少缴应纳或者应解缴的税款外，可以处不缴或者少缴应纳或者应解缴的税款的50%以上5倍以下的罚款。

(2) 编造虚假计税依据的行为。纳税人、扣缴义务人编造虚假计税依据的，根据《税收征管法》第六十四条第二款的规定，由税务机关责令限期改正，并处50 000元以下罚款。

(3) 纳税人不进行纳税申报，不缴或者少缴应纳税款的行为。纳税人有上述行为的，根据《税收征管法》第六十四条第二款的规定，由税务机关追缴其不缴或者少缴的税款、滞纳金，并处不缴或者少缴税款的50%以上5倍以下的罚款。

(4) 扣缴义务人应扣未扣、应收未收税款的行为。扣缴义务人有上述行为的，根据《税收征管法》第六十九条的规定，由税务机关向纳税人追缴税款，对扣缴义务人处应扣未扣、应收而不收税款的50%以上3倍以下的罚款。

(5) 偷税行为。偷税是指纳税人采取伪造、变造、隐匿、擅自销毁账簿、记账凭证，在账簿上多列支出或者不列、少列收入，或者经税务机关通知申报而拒不申报或者进行虚假的纳税申报的手段，不缴或者少缴应纳税款的行为。扣缴义务人采取前款所列手段，不缴或者少缴已扣、已收税款的，按偷税论处。根据《税收征管法》第六十三条规定，纳税人、扣缴义务人偷税的，由税务机关追缴其所偷税款、滞纳金，并处偷税数额50%以上5倍以下的罚款。

(6) 逃避追缴欠税的行为。逃避追缴欠税的行为是指纳税人欠缴应纳税款，采取转移或者隐匿财产的手段，妨碍税务机关追缴欠缴税款的行为。根据《税收征管法》第六十五条规定，纳税人逃避追缴欠税的，由税务机关追缴欠缴的税款、滞纳金，并处欠缴税款

50%以上5倍以下的罚款。

(7) 骗取出口退税的行为。骗取出口退税的行为是指以假报出口或者其他欺骗手段，骗取国家出口退税款的行为。根据《税收征管法》第六十六条规定，有骗取出口退税行为的，由税务机关追缴其骗取的退税款，并处骗取税款1倍以上5倍以下的罚款。

(8) 抗税行为。抗税行为是指以暴力、威胁方法拒不缴纳税款的行为。依据《税收征管法》第六十七条规定，抗税情节轻微，未构成犯罪的，由税务机关追缴其拒缴的税款、滞纳金，并处拒缴税款1倍以上5倍以下的罚款。

3. 妨害发票管理的违法行为

(1) 非法印制发票、非法生产发票相关物品的行为。非法印制发票、非法生产发票相关物品的行为分为四类：

第一类：没有发票印制权的企业或者个人非法印制发票。根据《税收征管法》第二十二条规定，增值税专用发票由国家税务总局指定的企业印制；其他发票由省、自治区及直辖市国家税务局、地方税务局按照有关规定指定的企业印制。违反这一规定印制发票的，属于非法印制发票。根据《税收征管法》第七十一条的规定，违反《税收征管法》第二十二条规定，非法印制发票的，由税务机关销毁非法印制的发票，没收违法所得和作案工具，并处10 000元以上50 000元以下的罚款。

第二类：有发票印制权的企业违法印制发票的行为。《发票管理办法》以及国家税务总局的有关文件对发票的印制规格、数量等问题有明确要求，有发票印制权的企业违法上述规定印制发票的。属于违法行为。根据《发票管理办法》第三十六条的规定，有发票印制权的企业违法印制发票的，税务机关应责令限期改正，没收非法所得。可以并处10 000元以下的罚款。

第三类：非法制造发票防伪专用品的行为。《发票管理办法》第八条规定，发票防伪专用品由国家税务总局指定的企业生产，其他企业生产的，属于非法制造。根据《发票管理办法》第三十六条的规定，非法制造发票防伪专用品的，税务机关应责令限期改正，没收非法所得，可以并处10 000元以下的罚款。

第四类：私自制作发票监制章的行为。《发票管理办法》第十条规定，发票监制章由省、自治区、直辖市税务机关制作，其他单位和个人制作的属于违法行为。根据《发票管理办法》第三十八条的规定，私自制作发票监制章的，税务机关应查封、扣押或者销毁有关物品，没收非法所得和作案工具，可以并处10 000元以上50 000元以下的罚款。

(2) 未按规定领购、开具、取得、保管发票，未按规定接受税务机关对发票的检查的行为。根据《发票管理办法》第三十六条的规定，有上述行为之一的，税务机关应责令限期改正，没收非法所得，可以并处10 000元以下的罚款。

(3) 非法携带、邮寄、运输、存放空白发票的行为。根据《发票管理办法》第二十七条的规定，有上述行为之一的，税务机关应收缴发票，没收非法所得，可以并处10 000元以下的罚款。

(4) 倒买倒卖发票、发票防伪专用品的行为。根据《发票管理办法》第三十八条的规定,有上述行为之一的。税务机关应查封、扣押或者销毁有关物品,没收非法所得和作案工具,可以并处 10 000 元以上 50 000 元以下的罚款。

最后应当说明的是,行为人有上述妨害发票管理的违法行为,导致他人未缴、少缴或骗取税款的,依据《发票管理办法》第三十九条的规定,税务机关除没收非法所得外,可以并处未缴、少缴或骗取的税款 1 倍以下的罚款。

(二) 税务代理人税收违法行为及其行政责任

税务代理人违反税收法律、行政法规,造成纳税人未缴或者少缴税款的,除由纳税人缴纳或者补缴应纳税款、滞纳金外,对税务代理人处纳税人未缴或者少缴税款 50%以上 3 倍以下的罚款。

(三) 银行及其他金融机构税收违法行为及其行政责任

(1) 银行和其他金融机构未依照《税收征管法》的规定在从事生产、经营的纳税人的账户中登录税务登记证件号码,或者未按规定在税务登记证件中登录从事生产、经营的纳税人的账户账号的,由税务机关责令其限期改正,处 2 000 元以上 2 万元以下的罚款;情节严重的,处 2 万元以上 5 万元以下的罚款。

(2) 为纳税人、扣缴义务人非法提供银行账户、发票、证明或者其他方便,导致未缴、少缴税款或者骗取国家出口退税款的,税务机关除没收其违法所得外,可以处未缴、少缴或者骗取的税款 1 倍以下的罚款。

(3)《税收征管法》第七十三条规定,纳税人、扣缴义务人的开户银行或者其他金融机构拒绝接受税务机关依法检查纳税人、扣缴义务人存款账户,或者拒绝执行税务机关作出的冻结存款或者扣缴税款的决定,或者在接到税务机关的书面通知后帮助纳税人、扣缴义务人转移存款,造成税款流失的,由税务机关处 10 万元以上 50 万元以下的罚款,对直接负责的主管人员和其他直接责任人员处 1 000 元以上 1 万元以下的罚款。

(四) 税务机关、税务人员实施的税收违法行为及其行政责任

税务机关、税务人员实施的税收违法行为,是指其在履行税收征管职务活动中发生的违法行为。《税收征管法》规定的税务机关、税务人员的税收违法行为包括:

(1) 税务机关违反规定擅自改变税收征管范围和税款入库级次的行为。

(2) 查封、扣押纳税人个人及其所扶养家属维持生活必需的住房和用品的行为。

(3) 唆使、协助纳税人、扣缴义务人实施偷税、逃避追缴欠税、骗取出口退税的行为。

(4) 收受、索取纳税人、扣缴义务人贿赂或者利用职务便利谋取其他不正当利益的行为。

(5) 徇私舞弊、玩忽职守不征、少征应征税款的行为。

(6) 滥用职权,故意刁难纳税人、扣缴义务人的行为。

(7) 打击报复税收违法违纪行为检举人、控告人的行为。

(8) 违反法律、行政法规规定，故意高估或者低估农业税计税产量，致使多征或者少征税款，侵犯农民合法权益或者损害国家利益的行为。

(9) 违反法律、行政法规规定，提前征收、延缓征收或者摊派税款的行为。

(10) 违反法律、行政法规规定，擅自作出税收开征、停征或者减、免、退、补税以及其他同法律、行政法规相抵触决定的行为。

(11) 执法过程中未按规定回避的行为。

(12) 未按规定为纳税人、扣缴义务人、检举人保密的行为。

根据《税收征管法》的有关规定，税务机关或者税务人员有上述其他税收违法行为，依法给予行为人，或者直接负责的主管人员和其他直接责任人员行政处分。

税务机关、税务人员在履行税收征管职务活动中，发生有违反《中华人民共和国行政处罚法》《中华人民共和国行政复议法》《行政机关移送涉嫌犯罪案件的规定》的违法行为，按相关规定予以处罚。

二、税收犯罪行为及其刑事责任

危害税收征管罪即通常所说的狭义上的涉税犯罪。新《刑法》规定了税务机关工作人员职务犯罪，由于其直接与税收事务有关，因而被视为广义上的涉税犯罪。

危害税收征管罪实际上包括两类犯罪：一是直接针对税款的包括偷税罪、抗税罪、逃避追缴欠税罪、骗取出口退税罪；二是妨害发票管理的，包括虚开增值税专用发票用于骗取出口退税、抵扣税款发票罪，伪造、出售伪造的增值税专用发票罪，非法出售增值税专用发票罪，非法购买增值税专用发票，购买伪造的增值税专用发票罪，非法制造、出售非法制造的用于骗取出口退税、抵扣税款发票罪，非法制造、出售非法制造的发票罪，非法出售用于骗取出口退税、抵扣税款发票罪，非法出售发票罪。

关于税收犯罪及其刑事责任，见《刑法》《关于惩治偷税、抗税犯罪的规定》《关于惩治虚开、伪造和非法出售增值税专用发票犯罪的决定》。

本章小结

税收征收管理是税务机关对纳税人依法征收税款和进行税务监督管理的总称。《税收征管法》是税收征收管理的主要依据。第一节主要强调税收征收管理机关的权利和义务，纳税人、扣缴义务人的权利和义务；第二节主要讲述税务管理的内容；第三节讲述税款征收方式和税款征收制度；第四节介绍税务检查的基本内容；第五节则介绍税收违法行为及其行政责任和税收犯罪行为及其刑事责任。

思考题

1. 税务管理包括哪些内容?
2. 税收征收管理法有哪些特点?
3. 税款征收有哪些法律规定? 税务机关在税款征收中的权限和责任是什么?
4. 简述违反税务管理基本规定的处罚。
5. 简述对偷税的认定及法律责任。